面向HR　服务HR

HUMAN RESOURCES

增订6版

HR全程法律顾问

企业人力资源管理高效工作指南

周丽霞◎著

中国法制出版社
CHINA LEGAL PUBLISHING HOUSE

图书在版编目（CIP）数据

HR全程法律顾问：企业人力资源管理高效工作指南：增订版 / 周丽霞著. —6版. —北京：中国法制出版社，2022.10（2025.8重印）

ISBN 978-7-5216-2900-2

Ⅰ. ①H… Ⅱ. ①周… Ⅲ. ①劳动法-中国-学习参考资料 Ⅳ. ①D922.504

中国版本图书馆CIP数据核字（2022）第174281号

策划编辑：戴　蕊　　责任编辑：程　思　　封面设计：周黎明

HR全程法律顾问：企业人力资源管理高效工作指南：增订版

HR QUANCHENG FALÜ GUWEN：QIYE RENLI ZIYUAN GUANLI GAOXIAO GONGZUO ZHINAN：ZENGDINGBAN

著者/周丽霞

经销/新华书店

印刷/北京虎彩文化传播有限公司

开本/787毫米×1092毫米　16开　　印张/28.25　字数/452千

版次/2022年10月第6版　　2025年8月第5次印刷

中国法制出版社出版

书号 ISBN 978-7-5216-2900-2　　定价：98.00元

北京市西城区西便门西里甲16号西便门办公区

邮政编码：100053　　传真：010-63141600

网址：http://www.zgfzs.com　　**编辑部电话：010-63141806**

市场营销部电话：010-63141612　　**印务部电话：010-63141606**

（如有印装质量问题，请与本社印务部联系。）

六版序言

2011、2013、2015、2017、2019，平均每两年更新一版的节奏，直到今年2022，我又开启了本书第6版的修订。写这一版序言时，翻看着前面的每一版序言，回忆着这十年的过往，彼时的情景，此时的心境，颇有感触。尤其是看到最近的五版序言，那时的我，对即将到来的2020年充满了无限的期待和憧憬，但谁也没想到新冠肺炎疫情已经在暗处步步逼近。和所有人一样，我在新冠肺炎疫情当中也经历了前面40年从未经历过的生活，线上会议成了工作中的常态，我们把更多的时间花在了手机上。

新冠肺炎疫情之下，我想每个人都经历过突如其来的变化。我身边的创业者和创始人们，更是经受着比常人更大的压力和挑战。有的减薪裁员，断臂求生；有的苦苦挣扎，最终倒下；有的歇业休眠，等待时机。但无论是哪种情况，当我们一起沟通讨论的时候，却鲜少听到有人抱怨，创始人们永远是在积极地寻找解决方案。我想这也是为什么人们会更喜欢乐观的强者，因为世界并不总是美好，人生并非永远顺境，面对困难挫折，如何接受逆境，调整应对，抵抗悲观，拥抱变化，这才是真正重要和需要我们学习的，或许也正是这一场疫情要教给我们的。

2022年的春天，我集中精力进一步升级了我们的股权激励产品，做了我们新一期的新冠肺炎疫情时期用工管理与组织优化线上训练营，完成了本书的第6版更新。最近两年随着《民法典》的颁布，相关法律法规的更新也相对较多，这次我们仅新版的修订要点就达万字，所以也是借此机会对全书作了一次全面深入的梳理和修订，在此也特别感谢我们极光邹的卢律师带领的劳动法团队，对本书的细致修订所付出的巨大努力。

最后，特别感谢我的家人，这些年来对我的工作毫无怨言的理解与支持。这两年，我们也经历了亲人离去，与我们在一起生活了十几年的婆婆，永远地离开了我们。2010年最初写这本书的时候，正是我儿子刚出生不久的时候，婆婆为了让我安心工作与写书，义无反顾地承担了全部的家务和对孩子的照料，当我第一次把样书拿给她看的时候，她小心地抚摸着那些铅字，开心和激动地像个孩子。从遥远的老家来到陌生的北京，为了我们这个小家，像全中国千千万万的父母一样，他们付出了所有的辛劳与爱，愿她在天堂安息，她给予我们的爱、善良与美好，也将永远与我们同在，在我们的家里，继续传承下去！

周丽霞

2022 年 5 月 3 日

五版序言

写这版序言的时候，忍不住翻了前面的序言，2011、2013、2015、2017，直到今年2019，基本上是平均每两年更新一版的节奏，明年2020年，就是这本书出版的第10个年头了，编辑告诉我，到现在这本书已经卖出6万册，一想到已经有6万人看过这本书，书里的知识或多或少，在某个时间，某个场合，都曾经给过他们点滴帮助，我就禁不住有一些激动。

这本书走过的10年，也是我律师职业生涯成长耕耘的10年，和许多律师的成长史相似，当年写书的时候，我还只是一个年轻的律师助理；本书首次出版的那一年，我成为一名独立的提成律师；等本书再版的时候，我已经加入了一家公司化律所，成为一名合伙人律师；直到2017年，我创办了自己的律师事务所——北京极光律师事务所。

创办极光，源于一个简单的初心，就是希望在这个大众创业、万众创新的时代，能在更细分的领域为创业者们提供更加专注和与众不同的法律服务。创业两年，经历了最初的艰难与坚持，我们创新地研发了深受创始人们认可与欢迎的法律产品“动态合伙股权”，每年服务近百家互联网与高科技企业，为企业家们讲授股权法律课程超过百场。我的这两年几乎是全年无休，每天不是在讲课，就是在企业驻场辅导，虽然很累，但也很快乐，因为每一天都在更真切地感受法律服务带给客户的价值，享受在帮助客户成功的同时自我成长的幸福。

“助力创业者成就伟大的组织”——这是极光的使命，也是极光的创业初心。创业之初，靠的是懵懂之中的那份勇气和简单，两年走来，更多的是坦然与笃定，创业就像“尘世里的一场修行”，她给你力量，带你走去更远的地方，看更美的风景，她也磨炼你的心性，让你有机会成为更好的人。这一路，必定崎岖坎坷，布满荆棘，必定要时时在黑暗中摸索，虽然会撞得头破血流，但也因此有了不一样的人生和那么多的故事。

10年，从一个人，到一个团队，到一家律所，感恩当年父亲为我选择了法律专业，感恩我的爱人和儿子一直以来都是那么百分之百地支持我的工作，感恩职业生涯中遇到那么多的良师益友，何其幸运。我的老东家金诺律师事务所的李海波主任，他真的是我所见过的律师里最有情怀与人格魅力的前辈，他说，你离开金诺，我虽有千般不舍，但明日你展翅高飞，我必定会助一臂之力。我的合作伙伴 iCourt 创始人胡清平，与胡老师相识 12 年，他改变法律行业的梦想时时引领和激励着我，创业路上也一直有他的鼓励与支持；我的合伙人邹的卢律师和王姣姣律师，她们差不多都是毕业刚入行的时候就加入我的团队，一路走来，因为我的创业梦想和我一起创办极光；我们极光自己培养的第一位合伙人——李洋，她的成长让我们更加坚信年轻人的力量；还有我们极光每一位年轻的伙伴，因为他们的辛勤工作，才有了极光的飞速发展。最后，尤其要感谢极光的姚新方、罗湘媛和赵梓臣律师在邹的卢律师的带领下，为本书的此次增订付出的努力与工作。

2020 年马上就要来了，我也将奔入 40 岁，期待下一个精彩的十年。律师，这个我将为之奋斗一生的职业，现在才正值当年。极光，这个我将为之奉献一生的事业，一切才刚刚开始。

周丽霞

2019 年 10 月 31 日

四版序言

2017年，初春的北京。

本书终于完成了第四次升级，距离上一次，已经有两年的时间。这两年，我在全国各地讲课，认识了很多志同道合的律师朋友；走出国门，从美国到欧洲，也见识了国外先进的法律服务市场。但是不管走多远，极致、专注的初心不曾改变。

这两年，给我感触最深的两个字，就是“开放”。身处这样一个风云变幻的时代，即便是最传统的法律行业，也无时无刻不在被互联网和技术的浪潮搅动着，这其中，有人引领，有人追随，有人称赞，有人旁观，有人质疑，有人诟病，无论你是哪一种，身在其中，我们谁也无法避开。在我看来，互联网给我们带来的最大改变，就是开放的精神，与其说是技术改变这个时代，不如说是开放的意识和精神。当下，任何人想要基于信息、经验或者专业对某个行业形成垄断，也许过去可以，但现在，已经不可能了。

当初写这本书的时候，其实也是源于一种开放的想法，希望把自己对这个专业的研究和实务的经验分享出去，让更多的人受益。从本书今天好几万册的销量，当当网1万多条的好评来看，这个初衷应该是实现了。我也并没有像很多人担心的那样，因为开放而失去所谓的优势，相反比起我分享的，我获得的更多。那些各地读者的好评、反馈与各种实务问题的邮件讨论，那些因书结缘的来自四面八方的好朋友，还有那股子倒逼自己精进专业永无止境的动力，这些美好而励志的获得都是写书之初不曾预想到的。

开放是一种精神，它需要勇气，但当开放变成行动时，它更需要的是底气！当我们走进国外律所，赞叹他们细致的专业分工和强大的知识管理时，不禁深深地感触，对律师而言，做好业务仅仅是第一步，如何沉下心来，深耕专业，如何让专业形成有形化的积累，得以分享传承，这些可能是更有意义的事情，它也正是追求极致的客户服务的前提。

未来，我还会继续写下去，继续升级，继续分享，也许会以一种更极致的方式实现专业的积累与开放。无关名利，无关赚钱，我们总要做一些事情，至少对得起我们身处的这个时代，当有一天我们离开的时候，这个世界会知道，我们曾经来过。

周丽霞

2017年3月15日

三版序言

转瞬之间，时间就到了2015年，本书新的增订版也终于在我的日夜奋笔中完稿了，较之前两次（2012年的“小修”和2013年的“大修”），本次的修订异常漫长和艰苦，从年初一直修到现在。一方面，是由于工作担子越来越重，只能尽可能挤时间来完成研究和写作，另一方面，更重要的是，劳动法律法规、政策，以及地方性规定和司法审判指导意见，一直在密集出台，导致刚修得差不多了，一个新规出来了，于是赶紧着手修订新的部分，结果从年初修劳务派遣，到5月份按北京新的审判指导意见重新全书梳理，再到8月份修工伤保险，9月份又根据北京最新通知的规定修外国人用工。我想，恐怕再也没有一个法律领域，像劳动用工法律这样一直处于一个活跃的立法状态，使得我们律师一天都不能懈怠学习，这也许就是劳动法的魅力所在吧！

这本书自2011年首次出版至今已经三年有余，销量达到三万册，我也因此收获了全国各地众多热心的读者朋友的来信和来电。这其中有公司HR，也有研究劳动法的律师同行，还有企业老板、管理者，在校大学生和各行各业的劳动者，你们通过微博、微信、email，或者打来电话，毫不吝惜地表达着对这本书的赞扬和肯定，提出一些实务中的问题与我探讨，更令我感动的是，一些细心的读者指出了书中个别引用法规、序号、标点和细小的印刷错误，这是多么细致的研读才能做到的呀！再次感谢所有读到这本书的朋友，你们的支持与厚爱，是我无论多辛苦，都要把这本书继续做好，做成经典的最大动力！

最后，衷心地感谢我的家人，由于平日的工作已经超负荷，这本书的增订只能占用休息时间完成，也因此挤占了与家人的欢聚时光，感谢家人的付出，爱人的理解支持和儿子的懂事，他也经常翻开这本书，从里面念出个把他认识的字，试图在告诉妈妈，他知道我写的是什么。希望等你长大真正能读懂她的时候，这本书还在，也许那时她已经修订到20版了。

感恩时光，感恩我们所拥有的一切，祝福每一位虽不曾谋面，但在书那头与我相遇的你！

周丽霞

2015年1月30日

再版序言

也许是巧合，此次提笔为增订版书写序言之时，距离本书首次出版正好满两年。两年间，本书赢得了众多读者如潮的好评与肯定，首次面世5个月即售罄，数月蝉联当当网法律类书籍销售榜冠军，两年之间3次加印，当当网逾5000的用户好评，虽说是一本心血之作，但能得到大家如此的厚爱，的确大大超乎我的预料，尤其是每每看到“很实用、很全面”，“理论与案例结合、很生动、不枯燥”，“HR的工具书、HR必备的法律字典”等等的读者留言和评论时，更倍感欣慰，无数个挑灯奋笔的夜晚，一切辛苦的付出都是值得的。

两年来，我的业务方向更加专注于劳动法律领域，也见证着劳动立法又进入一个新的活跃期，2012年以来，《企业民主管理规定》、《女职工劳动保护特别规定》、《防暑降温措施管理办法》等法规相继出台，《特殊工时管理规定》和《生育保险办法》先后公布了征求意见稿，特别是2012年年末至2013年年初，《全国人民代表大会常务委员会关于修改〈中华人民共和国劳动合同法〉的决定》和《最高人民法院关于审理劳动争议案件适用法律若干问题的解释（四）》也相继公布，这些新的法律法规的着眼点更侧重在对劳动者民主权利与福利待遇的保护上，因此势必给企业的人力资源和用工管理带来新的挑战和影响。同时，伴随着法律法规的变化，相关的政策和司法实务也在发生着改变，如何在实际工作中有效和及时地应对这些变化，也是HR亟须了解和解决的问题。

基于上述新的立法动态和实务变化，本次增订着重从以下三个方面对原书的内容进行了梳理和修订：

一是对所涉及的全部法律法规进行了更新。结合近两年劳动法律法规变化的实际情况，本次增订中对所涉及的劳动法律法规及司法解释进行了全面的更新，以确保书中所援用和依据的法律法规均是最新出台和现行有效的。

二是对相关的实务操作进行了全面梳理。由于法律法规、相关政策及社会经济环境的变化，导致在实务操作中面对某个具体问题时，司法裁判口径和尺度也在发生着或微妙或重大的改变。本次增订中结合原有案例和做法，进一步向大家阐述了相关实务中最新的操作口径和办案经验。

三是对原书的文字和语义又进行了一次精修，使得内容读起来更通顺、更有条理，用词更准确、更规范。

最后，特别感谢策划编辑戴蕊女士在本书出版过程中付出的辛劳，也希望这本书未来能成为更多HR工作的好帮手，这是我们的初衷与共同的愿望！

周丽霞

2013年4月1日

前　言

2008 年，《劳动合同法》《劳动争议调解仲裁法》《劳动合同法实施条例》《职工带薪年休假条例》等劳动法律法规的相继实施，给企业 HR 带来了严峻挑战。经过 2008、2009 两年的调整适应和平稳过渡，2010 年又进入劳动立法非常活跃的一年，先是最高人民法院颁布了《关于审理劳动争议案件适用法律若干问题的解释(三)》，紧接着《社会保险法》正式出台，作为其配套法规，《工伤保险条例》《工伤认定办法》《非法用工单位伤亡人员一次性赔偿办法》等法规也相继被重新修订。劳动法律法规的不断更新和完善，不但加大了企业依法用工的难度，同时也加重了企业违法用工的成本和风险。

在为企业提供劳动法律咨询的过程中，笔者就时刻感受到 HR 的困扰和压力，一方面平时被大量具体和繁琐的人事工作所牵绊，根本没有足够的时间研究劳动法律；另一方面，劳动法律专业性较强，各类法律法规众多，实务操作中口径不一，因此，面对实际问题时，HR 常常感到束手无策。由此，笔者萌发了编写一本真正面向 HR，服务 HR，为 HR 的实际工作提供指导的实务用书的想法。因此，本书突出以下三个特点：

1. 全面性

笔者集结多年的劳动法律实务经验和研究成果，旨在打造一本劳动人事管理的全书，为企业 HR 提供用工管理的全程法务指导。本书涵盖了企业劳动用工和人事管理所涉及的各个方面的法律事务，以企业劳动用工管理的流程为主线，辅之以用工管理中的特殊问题和特殊人群的劳动关系管理，内容全面完整，体例简洁清晰。

本书共 18 章，既囊括了招聘录用，合同订立，合同变更和履行，合同解除、终止与续订以及劳动争议的解决等 HR 日常法律事务，同时也关注了集体合同、工会等特殊劳动法律问题，尤其是对外国人和外国企业、“三期”女职工等特殊劳动主体的用工管理给予了专门介绍和指导。

2. 实用性

笔者编写本书的目的在于，从企业 HR 的实际工作需要出发，切实解答 HR 实务中碰到的问题和困惑，为 HR 依法、灵活、高效地开展人事管理工作支招献策。基于这一出发点，在章节内容的编排上，既注重对基本法律背景知识的介绍和大量典型案例的分析，同时更对相关问题的实务处理提出了具体的应对意见和解决方案，真正做到易懂实用。

3. 时效性

由于近年劳动立法活跃，不少旧法被废止，新法不断出台，各地的审判指导意见也层出不穷，这使得 HR 在寻找法律依据解决实务问题时经常被搞得一头雾水。本书依据国家颁布的最新法律法规和司法解释，结合地方的审判实践，深入分析和把握了劳动立法精神，充分吸收了仲裁和司法机关的审判意见，具有较强的时效性和成熟性。

由于笔者水平有限，书中或有疏漏之处，还请各位读者多多批评指正。

周丽霞

2011 年 4 月 1 日

目 录

案例问题索引

第一章　招聘录用与入职管理

招聘是企业人力资源管理的第一个环节，也是非常重要却极易被忽视的一个环节。实践中，很多企业引进人才时，由于自认为握有录用员工的主动权，因此常常忽视了招聘过程中的法律风险，为企业之后的正常运营和用工管理埋下了隐患。

第一节　招聘广告与录用条件

企业招聘员工时，往往通过报纸、网站等媒体上刊登招聘广告来招贤纳士。一般来说，招聘广告包含工作地点、薪资待遇、学历、年龄、工作经验和能力素质等要求和限制。一个好的招聘广告，既能为企业吸纳到合适的人才，也能为企业日后的劳动用工管理奠定良好的基础。为了避免招聘广告可能带来的法律风险，企业 HR 在拟订招聘广告时，应注意以下两个方面的内容。

1. 避免就业歧视

根据《中华人民共和国就业促进法》的规定，劳动者享有平等就业的权利，如遭受用人单位就业歧视，劳动者可直接向法院提起诉讼。因此，如果招聘广告涉嫌就业歧视，比如包含对招聘者“性别、婚姻状况、民族、户籍、健康状况”等方面的不合理限制，则刊登该广告的企业将可能面临侵权诉讼，并将承担相应的法律责任。

2. 明确所招聘职位的录用条件

《中华人民共和国劳动合同法》（以下简称《劳动合同法》）明确规定，劳动者在试用期间被证明不符合录用条件，单位可以立即解除劳动合同。因此，明确的录用条件是企业行使合法解除劳动合同权利的前提。

以案说法

1. 单位如何适用“不符合录用条件”辞退新员工？

北京某公司筹备开业，在一家网站上同时刊登了数十个岗位的招聘启事，招聘条件统一为“同行业两年以上从业经验；如果应聘的是管理职位，还需有同行业管理职位两年以上从业经验”。张某看到招聘广告后决定应聘该公司行政主管一职，经面试合格后该公司与张某签订了一份劳动合同，合同约定试用期为2个月。试用期满前，公司通知张某，由于其未通过公司试用期的考核评估，因此，公司决定与其解除劳动合同。张某认为，公司的行为属于违法解除劳动合同，遂向劳动争议仲裁委员会申请仲裁，要求公司支付违法解除劳动合同的经济赔偿金。

【审理结果】

仲裁委员会经审理认为，公司以张某试用期的工作表现不符合录用条件为由要求解除劳动合同，首先应当拿出经双方确认的或已向张某公示的具体的录用条件。本案中，由于公司对符合法律要求的具体录用条件无法举证，因此，仲裁委员会认定公司招聘广告中写明的招聘条件即为公司的录用条件，鉴于张某完全符合该条件的要求，仲裁委员会支持了张某的申诉请求，要求公司承担违法解除劳动合同的赔偿责任。

【律师点评】

根据法律规定，如果劳动者在试用期间被证明不符合录用条件，单位可以立即解除劳动合同，并不予支付经济补偿金。很多单位据此认为，试用期内可以随便解除劳动合同，因此忽视了入职审查和相关录用条件的明确，这些环节本应在招聘和录用员工时就把握好。同时，为了吸引更多的人才应聘，招聘启事中刊登的录用条件往往都比较简单和宽泛，是该职位应当满足的最低条件。因此，一旦发生劳动争议，单位不是拿不出明确的录用条件，就是录用条件内容过于宽泛，难以证明员工不符合录用条件，这些都给用人单位以劳动者试用期内不符合录用条件为由解除劳动合同带来了障碍。因此，单位要想利用“不符合录用条件”在试用期内辞退员工，前提是必须有明确的录用条件，并且该条件是在招聘录用员工之时，就已经向员工公示并经过员工确认的。

【HR 应对】

1. 用人单位在招聘广告中应根据所招聘职位的要求，明确自己的招聘条件，并将此招聘广告存档备查。

2. “录用条件”应根据所招聘职位的要求逐条拟订，并且内容应当明确化、具体化，切忌空泛化、简单化。一般来说，录用条件的设定可以包括，工作能力方面，如学历、工作经验、专业技能等；身体状况方面，如没有不适合从事相关工作的疾病等；工作态度方面，如遵守公司的规章制度等；法律规定方面，如与其他任何单位不存在劳动关系等；以及用人单位的其他特殊要求。企业 HR 在招聘的过程中，可根据本单位的实际情况具体设定录用条件。应当注意的是，根据2019年2月发布的《人力资源社会保障部、教育部等九部门关于进一步规范招聘行为促进妇女就业的通知》的规定，用人单位录用女职工时不得将限制生育作为录用条件，且不得差别化地提高对妇女的录用标准等。因此，企业 HR 应当关注已有招聘信息中，是否存在性别歧视的内容，如“男性优先、未婚、已婚已育”等，在女职工招聘及员工关系管理过程中应当注意：（1）不得询问妇女婚育情况；（2）不得将妊娠测试作为入职体检项目；（3）不得将限制生育作为录用条件。

3. 各职位的“录用条件”应事先向劳动者公示，并保留相应的公示证据。公示方法包括：（1）通过招聘广告来公示，并采取一定方式予以固定和保留；（2）员工入职时，向其明示录用条件，并要求员工签字确认；（3）劳动关系建立以前，在录用通知书中向员工明示录用条件，并要求其签字确认；（4）在劳动合同中明确约定录用条件或不符合录用条件的情形。上述方法，企业 HR 可根据本单位的实际情况选择或结合使用。

【法条链接】

《中华人民共和国就业促进法》

第三条 劳动者依法享有平等就业和自主择业的权利。

劳动者就业，不因民族、种族、性别、宗教信仰等不同而受歧视。

第二十六条 用人单位招用人员、职业中介机构从事职业中介活动，应当向劳动者提供平等的就业机会和公平的就业条件，不得实施就业歧视。

第二十七条 国家保障妇女享有与男子平等的劳动权利。

用人单位招用人员，除国家规定的不适合妇女的工种或者岗位外，不得以性别为由拒绝录用妇女或者提高对妇女的录用标准。

用人单位录用女职工，不得在劳动合同中规定限制女职工结婚、生育的内容。

第二十八条 各民族劳动者享有平等的劳动权利。

用人单位招用人员，应当依法对少数民族劳动者给予适当照顾。

第二十九条 国家保障残疾人的劳动权利。

各级人民政府应当对残疾人就业统筹规划，为残疾人创造就业条件。

用人单位招用人员，不得歧视残疾人。

第三十条 用人单位招用人员，不得以是传染病病原携带者为由拒绝录用。但是，经医学鉴定传染病病原携带者在治愈前或者排除传染嫌疑前，不得从事法律、行政法规和国务院卫生行政部门规定禁止从事的易使传染病扩散的工作。

第三十一条 农村劳动者进城就业享有与城镇劳动者平等的劳动权利，不得对农村劳动者进城就业设置歧视性限制。

第六十二条 违反本法规定，实施就业歧视的，劳动者可以向人民法院提起诉讼。

《人力资源社会保障部、教育部等九部门关于进一步规范招聘行为促进妇女就业的通知》

二、依法禁止招聘环节中的就业性别歧视。各类用人单位、人力资源服务机构在拟定招聘计划、发布招聘信息、招用人员过程中，不得限定性别（国家规定的女职工禁忌劳动范围等情况除外）或性别优先，不得以性别为由限制妇女求职就业、拒绝录用妇女，不得询问妇女婚育情况，不得将妊娠测试作为入职体检项目，不得将限制生育作为录用条件，不得差别化地提高对妇女的录用标准。国有企事业单位、公共就业人才服务机构及各部门所属人力资源服务机构要带头遵法守法，坚决禁止就业性别歧视行为。

《中华人民共和国劳动合同法》

第三十九条 劳动者有下列情形之一的，用人单位可以解除劳动合同：

（一）在试用期间被证明不符合录用条件的；

……

第二节 录用通知的发放

经过前期的招聘和面试后，用人单位一般会在决定录用应聘者后，向其发出录用通知书（offer letter）。录用通知书中一般包括工资待遇、试用期、社保、福利、报到时间等与工作相关的全部主要事项。但是，关于录用通知书的性质和法律效力，《劳动合同法》未作出明确规定，由于在很多用人单位眼里，录用通知书不是正式的劳动合同，没有法律效力，因此，在录用通知书的设计、发送及撤销方面都很随意，容易引发大量劳动争议。

解读：录用通知书和劳动合同规定的条款发生冲突，以哪个为准？

实务中，一些企业在与劳动者签订劳动合同以后，对之前发出的录用通知书不做任何处理，这就引发了两者发生冲突时，以哪个文件的规定为准的问题。因为这两份文件都是企业提供的，根据劳动法律法规的基本原则，很可能会作出有利于劳动者的解释，使企业承担不利后果。因此，企业有必要在签订劳动合同时约定录用通知书失效，或者应约定在两者发生冲突时，以劳动合同规定的条款为准。

以案说法

2. 录用通知书具有法律效力吗？

刘某是上海某大学的大四学生，毕业前经过两轮面试，他被一家知名外企看中。第二次面试结束后，负责面试的HR直接向刘某出具了录用通知书，该通知上写明了刘某的职位、月工资标准、年终奖、其他福利待遇和报到时间。刘某觉得很满意，因此此后便没再参加其他招聘，开开心心地过完了在学校最后的一段时光。毕业后，刘某如期去公司报到，可意想不到的事情发生了，他被告知公司因故需要临时裁员，对于新一批的员工都将不再聘用。刘某无论如何也接受不了这样的事实，于是，向劳动争议仲裁委员会申请了劳动仲裁，要求公司承担赔偿责任。

【审理结果】

劳动争议仲裁委员会认为，该公司向刘某所发的录用通知书是一个内容具体确定的要约，于送达刘某时即已生效，用人单位就应该受到该要约全部内容的约束。刘某在该通知上写明的报到日期前如期报到，即表明双方已经就该录用通知书的全部内容达成了合意，该合意对双方当事人都具有法律约束力。本案中，刘某放弃继续求职，完全是基于对该通知的合理信赖，因此，该公司因自身原因不履行订立劳动合同的义务，构成违约，应赔偿刘某因此遭受的全部损失。

【律师点评】

根据我国《民法典》的规定，一项合同的订立要经过要约和承诺两个程序。所谓“要约”是希望和他人订立合同的意思表示，该意思表示应满足两个条件：一是，内容具体确定；二是，表明经受要约人承诺，要约人即受该意思表示约束。所谓“承诺”，是指受要约人作出的同意要约内容以成立合同的意思表示。承诺一旦生效，合同即成立并产生法律约束力。

根据上述法律规定，我们可以看出，本案中的录用通知书符合要约的全部特征，其由公司向刘某发出，包含和明确了与工作相关的全部主要信息，因此，其构成要约，也就具有要约的法律效力。刘某接到录用通知书后，以如期报到的行为表明了接受录用通知书全部内容的意思表示，属于对该公司发出要约的承诺，因此，该录用通知书对公司和刘某均产生法律约束力，任何一方违反都应承担违约责任。

另外，在录用通知书送达劳动者之前，用人单位可以撤回，该通知即不会产生“要约”的法律效力。但是，一般情况下录用通知书是不能撤销的，因为录用通知书上往往载明了期限，而且应聘者可以主张自己相信录用通知是不可撤销的，并已经做好了上班的准备，从而要求用人单位承担违约赔偿责任。

【HR 应对】

1. 用人单位在发出录用通知书时，应十分谨慎，在确需录用该员工的前提下，才能发出录用通知书。HR 应在录用通知书中逐一列明不予录用的除外情形，以保留一定的录用主动权。录用通知书一经发出即具有了法律效力，单位不得随意单方面变更其中的内容。

2. 用人单位在制作和签发录用通知书时，应尤其注意两点：其一，明确应聘者应予承诺的期限。如收到录用通知书的应聘者不能按期确认，公司有权取消此职位或另招新人。其二，明确约定违约责任。双方就录用通知书达成合意后，应聘者未在通知书规定的时间内报到，公司可要求其承担相应的违约责任。

3. 需要特别强调的是，录用通知书与体检的先后顺序。一般来说，对应聘者相关信息的审查，是贯穿在整个招聘过程中的，但最终的具体核实及签署和保留相关书面文件，往往是在员工入职时才进行的工作（下节“拟录用员工的入职审查和管理”将详细介绍)。但笔者建议，对应聘者的体检一定不要等到入职时才进行，应先让劳动者参加入职体检，在体检合格以后再发出录用通知书。这样，用人单位既可以根据体检结果来决定是否录用员工，又能避免涉嫌就业歧视，引发劳动争议。

4. 录用通知书只表明用人单位愿意以一定条件接纳劳动者为其工作的意向，它和正式的劳动合同还是有区别的。因此，单位一旦录用员工，应尽快和员工签订劳动合同，由劳动合同规范双方的权利义务，以避免承担不利的法律后果。

【法条链接】

《中华人民共和国民法典》

第四百七十一条 当事人订立合同，可以采取要约、承诺方式或者其他方式。

第四百七十二条 要约是希望与他人订立合同的意思表示，该意思表示应当符合下列条件：

（一）内容具体确定；

（二）表明经受要约人承诺，要约人即受该意思表示约束。

第四百七十三条 要约邀请是希望他人向自己发出要约的表示。拍卖公告、招标公告、招股说明书、债券募集办法、基金招募说明书、商业广告和宣传、寄送的价目表等为要约邀请。

商业广告和宣传的内容符合要约条件的，构成要约。

第四百七十四条 要约生效的时间适用本法第一百三十七条的规定。

第四百七十五条 要约可以撤回。要约的撤回适用本法第一百四十一条的规定。

第四百七十六条 要约可以撤销，但是有下列情形之一的除外：

（一）要约人以确定承诺期限或者其他形式明示要约不可撤销；

（二）受要约人有理由认为要约是不可撤销的，并已经为履行合同做了合理准备工作。

第四百七十七条 撤销要约的意思表示以对话方式作出的，该意思表示的内容应当在受要约人作出承诺之前为受要约人所知道；撤销要约的意思表示以非对话方式作出的，应当在受要约人作出承诺之前到达受要约人。

第四百七十八条 有下列情形之一的，要约失效：

（一）要约被拒绝；

（二）要约被依法撤销；

（三）承诺期限届满，受要约人未作出承诺；

（四）受要约人对要约的内容作出实质性变更。

第四百七十九条 承诺是受要约人同意要约的意思表示。

第四百八十条 承诺应当以通知的方式作出；但是，根据交易习惯或者要约表明可以通过行为作出承诺的除外。

第四百八十一条 承诺应当在要约确定的期限内到达要约人。

要约没有确定承诺期限的，承诺应当依照下列规定到达：

（一）要约以对话方式作出的，应当即时作出承诺；

（二）要约以非对话方式作出的，承诺应当在合理期限内到达。

第四百八十三条　承诺生效时合同成立，但是法律另有规定或者当事人另有约定的除外。

第四百八十四条　以通知方式作出的承诺，生效的时间适用本法第一百三十七条的规定。

承诺不需要通知的，根据交易习惯或者要约的要求作出承诺的行为时生效。

第三节　拟录用员工的入职审查和管理

《劳动合同法》明确规定了用人单位对与劳动合同直接相关的劳动者基本情况有知情权，因此，企业 HR 应利用好法律赋予的这项权利，做好对拟录用员工的入职审查和管理工作，为从根本上防范用工法律风险把好第一关。

对拟录用员工的入职审查和管理，重点在于对招聘过程中得到的劳动者相关信息的固定和整理，这不仅有利于规范企业的用工管理，更重要的是为将来可能发生的劳动争议留存证据。

1. 年龄审查：身份证明

根据《中华人民共和国劳动法》（以下简称《劳动法》）的规定，单位只能招用年满 16 周岁的劳动者，否则，会构成违法用工。因此，单位招聘时，应当要求应聘者提供身份证明。

2. 资质审查：与应聘职位相关的学历证明和各种资格证明

单位应根据招聘职位的情况，要求应聘者提供相关的学历证明和各种资格证明，并进行真实性审查，如将相关资格证书送至专业机构验证，或登录教育部网站核实学历证书等。如果单位忽视上述审查，使得劳动者以欺诈手段骗取录用，将导致劳动合同无效，进而提高用人单位的劳动雇佣成本。

3. 劳动关系状态审查：离职证明

根据《劳动合同法》的规定，单位招用了与其他用人单位尚未解除或者终止劳动合同的劳动者，给其他用人单位造成损失的，用人单位应当承担连带赔偿责任。因此，招聘员工时，企业必须要求应聘者提供已与原用人单位解除或终止劳动合同的证明，在员工无法提供的情况下，企业可要求员工提供原单位的联系方式或证明人，以便进行工作背景调查。用人单位只有严格审查，才能避免因招用未解除劳动关系的劳动者而承担连带赔偿责任。

另外，企业 HR 还需注意，若员工与原单位签订有限制就业的相关法律文件，如竞业限制协议，那么员工进入本企业工作就有可能构成对上述协议的违反。因此，企业 HR 在招聘和录用员工，尤其是企业高管时，应询问应聘者是否与原单位签订有保密协议、竞业限制协议等法律文件，以及该员工在本企业工作是否违反了相关协议，必要时还可以联系其原单位进行求证。

4. 身体状况审查：体检报告

根据《劳动合同法》的规定，用人单位对劳动者的身体状况有知情权，尤其是，如果员工患有潜在的疾病或职业病，这将给未来的用工带来巨大的风险和成本。因此，单位有权要求应聘者提供正规的体检报告或者要求应聘者到指定医院参加体检。

实践中，有关就业体检，争议最大的是关于单位是否有权拒绝录用乙肝病原携带者的问题。为了规范和避免用人单位滥用知情权，2010 年 2 月 10 日，人力资源和社会保障部出台了《关于进一步规范入学和就业体检项目维护乙肝表面抗原携带者入学和就业权利的通知》，明确规定了用人单位在就业体检中，不得要求乙肝项目检测，不得因劳动者是乙肝病原携带者而拒绝予以招用或辞退。另外，有关就业体检的最新相关规定中明确，禁止企业将妊娠测试作为入职体检项目。

解读：员工学历或工作履历造假，企业能以其欺诈为由直接解除劳动合同吗？

实务中，相关案件的处理是比较复杂的，员工提供虚假信息究竟是否构成欺诈也争议颇大。结合员工造假的程度、录用条件是否明示、企业发现的时间阶段、员工的岗位要求以及工作表现等因素，类似的案件可能会有不同的裁判结果。比如，如果企业是在员工试用期时经核查发现的，以员工简历虚假为由解聘，是比较容易得到支持的；而如果员工在企业已经工作了一段时间，且工作表现良好，那么这时企业以简历造假为由予以解聘将面临很大的风险。在这类案件的司法实践中，企业常常被要求举证证明录用前已经向员工明示了录用条件，包括对学历及工作经历的要求，而且员工的学历或者工作经历是当初录用其的决定性条件，如不能证明则很有可能要承担败诉后果。

以案说法

3. 企业能拒绝录用乙肝病原携带者吗？

王某曾是上海一家单位的助理工程师，通过测试被北京某公司录取。但在王某正式办理了上海公司的离职手续之后，北京某公司却拒绝与王某签订劳动合同，理由是其体检结果为“小三阳”。王某认为，北京某公司的行为违反了相关法律规定，故一纸诉状将公司告上法庭，要求其赔偿相应损失。

【审理结果】

北京市某区人民法院开庭审理了此案，并作出了一审判决，认定北京某公司因王某乙肝“小三阳”而拒绝录用的行为已经违反了公平就业的原则，故判令北京某公司向王某书面赔礼道歉，并赔偿经济损失 17572.75 元和精神损害抚慰金 2000 元。

【律师点评】

根据现行的法律规定和司法实践，企业以拟聘用的员工携带乙肝病原为由拒绝予以录用或辞退，将被认定为违法，并须承担相关的赔偿责任。实务中，除非用人单位能够书面证明拟聘用的员工将在本单位从事国家法律、法规和卫生部规定禁止乙肝病原携带者从事的工作，比如，餐饮、医疗、保育等服务行业的相关工作，否则，不能在入职体检中强制要求员工参加乙肝项目检测。

【HR 应对】

1. 在新的劳动法律框架下，企业 HR 应严格做好入职审查的各项工作，包括建立职工名册，要求员工提供身份证、学历证明、资格证明、离职证明和体检证明等文件的原件，以及家庭住址和联系电话等个人信息，一一核实并保留复印件存档。

2. 有关员工“通讯地址”的特别提醒：劳动争议发生后，变更、解除劳动合同的通知等相关法律文件的送达，往往成了单位的一个难题，单位常常因为不能提供合法送达相关文件的书面证据而承担败诉后果。为避免上述问题的发生，企业 HR 应注意相关入职文件的法律审查和拟订，如要求新员工在填写《员工入职信息登记表》等文件中明确其个人通讯地址或紧急状态下联系人的通讯地址，并且确认上述地址为本企业向员工送达各类法律文书或工作文书的送达地址，企业以挂号信方式向上述地址邮寄文件，即视为该文件已向员工本人送达。

5. 入职审查个人信息管理

根据《劳动合同法》的相关规定，企业在招聘时仅有权了解劳动者与劳动合同直接相关的基本情况，如教育和工作经历、职业资格、竞业限制等情况，而与劳动合同间接相关甚至无关的信息，如婚育情况、家庭成员（职业冲突除外）情况等员工有权不予提供，企业强行要求提供的可能涉嫌就业歧视。此外，企业通过何种途径获取劳动者信息也可能涉及不同的侵权风险。

企业通过自有平台或借助第三方平台或主体查看、获取劳动者求职信息或简历的，均需征得劳动者的相关同意，对于涉及劳动者敏感个人信息的，应单独提示敏感个人信息的收集目的及必要性，就此类敏感个人信息还应单独征得劳动者同意。通过第三方获取劳动者信息的，应与第三方平台或主体签订协议并明确第三方平台或主体收集信息的法律义务，以及明确第三方平台或主体已经获得应聘者对平台进行个人信息处理（提供、传输等）的同意。

此外，企业获取相关信息后，应对相关信息以及载体进行加密处理，或者添加保密标识，非经员工本人同意，不得随意使用此类信息。如企业最终未正式录用该劳动者，其应及时删除或返还相关信息并告知劳动者本人。

6. 入职员工个人信息在职管理

敏感个人信息是指关涉个人人格尊严、人身、财产安全的个人信息，包括生物识别、宗教信仰、特定身份、医疗健康、金融账户、行踪轨迹等信息。企业在日常劳动管理中，如考勤打卡、病假管理、用品采购、防疫管理等方面均可能需要收集员工个人信息，甚至敏感个人信息。

个人基因、指纹、声纹、掌纹、虹膜、面部识别特征等信息均属于《民法典》规定的生物识别信息，即属于《个人信息保护法》所指的敏感个人信息。企业对于此类信息的处理应单独取得个人的同意，不能通过一揽子告知同意等方式征得个人同意，否则处理生物识别信息的行为属于侵害人格权益的行为。

因此，企业在使用人脸或指纹识别方式进行考勤前，应当向员工告知收集、使用生物识别信息的目的、方式和范围；同时征得个人信息主体的明示同意，如员工拒绝提供并使用的，企业应提供其他可替代的考勤方式。

7. 离职员工个人信息管理

企业收集、保留、处理员工个人信息是基于劳动关系的存续，一旦企业与员工劳动关系终止或解除，企业即丧失处理员工个人信息的基础。除部分行业对于员工个人信息保留的特别规定或企业特殊需要外，企业应在劳动关系解除或终止后及时删除员工个人信息或匿名化处理。对于需要在一定期限内继续保留的，企业需通过劳动合同、员工隐私政策、规章制度等或与员工签署的相关协议中提前约定。员工个人信息保存期限届满或企业已无必要存储时，企业应及时删除相关信息或匿名化处理。

【法条链接】

《中华人民共和国劳动法》

第十五条 禁止用人单位招用未满十六周岁的未成年人。

文艺、体育和特种工艺单位招用未满十六周岁的未成年人，必须遵守国家有关规定，并保障其接受义务教育的权利。

《中华人民共和国劳动合同法》

第八条 用人单位有权了解劳动者与劳动合同直接相关的基本情况，劳动者应当如实说明。

第九十一条 用人单位招用与其他用人单位尚未解除或者终止劳动合同的劳动者，给其他用人单位造成损失的，应当承担连带赔偿责任。

《关于进一步规范入学和就业体检项目维护乙肝表面抗原携带者入学和就业权利的通知》

一、进一步明确取消入学、就业体检中的乙肝检测项目

用人单位在就业体检中，不得要求开展乙肝项目检测，不得要求提供乙肝项目检测报告，也不得询问是否为乙肝表面抗原携带者。

二、进一步维护乙肝表面抗原携带者入学、就业权利，保护乙肝表面抗原携带者隐私权

除卫生部核准并予以公布的特殊职业外，健康体检非因受检者要求不得检测乙肝项目，用人单位不得以劳动者携带乙肝表面抗原为由予以拒绝招（聘）用或辞退、解聘。有关检测乙肝项目的检测体检报告应密封，由受检者自行拆阅；任何单位和个人不得擅自拆阅他人的体检报告。

《中华人民共和国个人信息保护法》

第四条 个人信息是以电子或者其他方式记录的与已识别或者可识别的自然人有关的各种信息，不包括匿名化处理后的信息。

个人信息的处理包括个人信息的收集、存储、使用、加工、传输、提供、公开、删除等。

第十三条 符合下列情形之一的，个人信息处理者方可处理个人信息：

（一）取得个人的同意；

（二）为订立、履行个人作为一方当事人的合同所必需，或者按照依法制定的劳动规章制度和依法签订的集体合同实施人力资源管理所必需；

（三）为履行法定职责或者法定义务所必需；

（四）为应对突发公共卫生事件，或者紧急情况下为保护自然人的生命健康和财产安全所必需；

（五）为公共利益实施新闻报道、舆论监督等行为，在合理的范围内处理个人信息；

（六）依照本法规定在合理的范围内处理个人自行公开或者其他已经合法公开的个人信息；

（七）法律、行政法规规定的其他情形。

依照本法其他有关规定，处理个人信息应当取得个人同意，但是有前款第二项至第七项规定情形的，不需取得个人同意。

第二十八条 敏感个人信息是一旦泄露或者非法使用，容易导致自然人的人格尊严受到侵害或者人身、财产安全受到危害的个人信息，包括生物识别、宗教信仰、特定身份、医疗健康、金融账户、行踪轨迹等信息，以及不满十四周岁未成年人的个人信息。

只有在具有特定的目的和充分的必要性，并采取严格保护措施的情形下，个人信息处理者方可处理敏感个人信息。

第二十九条 处理敏感个人信息应当取得个人的单独同意；法律、行政法规规定处理敏感个人信息应当取得书面同意的，从其规定。

第四十七条 有下列情形之一的，个人信息处理者应当主动删除个人信息；个人信息处理者未删除的，个人有权请求删除：

（一）处理目的已实现、无法实现或者为实现处理目的不再必要；

（二）个人信息处理者停止提供产品或者服务，或者保存期限已届满；

（三）个人撤回同意；

（四）个人信息处理者违反法律、行政法规或者违反约定处理个人信息；

（五）法律、行政法规规定的其他情形。

法律、行政法规规定的保存期限未届满，或者删除个人信息从技术上难以实现的，个人信息处理者应当停止除存储和采取必要的安全保护措施之外的处理。

《中华人民共和国民法典》

第一千零三十四条 自然人的个人信息受法律保护。

个人信息是以电子或者其他方式记录的能够单独或者与其他信息结合识别特定自然人的各种信息，包括自然人的姓名、出生日期、身份证件号码、生物识别信息、住址、电话号码、电子邮箱、健康信息、行踪信息等。

个人信息中的私密信息，适用有关隐私权的规定；没有规定的，适用有关个人信息保护的规定。

《最高人民法院关于审理使用人脸识别技术处理个人信息相关民事案件适用法律若干问题的规定》

第二条 信息处理者处理人脸信息有下列情形之一的，人民法院应当认定属于侵害自然人人格权益的行为：

（一）在宾馆、商场、银行、车站、机场、体育场馆、娱乐场所等经营场所、公共场所违反法律、行政法规的规定使用人脸识别技术进行人脸验证、辨识或者分析；

（二）未公开处理人脸信息的规则或者未明示处理的目的、方式、范围；

（三）基于个人同意处理人脸信息的，未征得自然人或者其监护人的单独同意，或者未按照法律、行政法规的规定征得自然人或者其监护人的书面同意；

（四）违反信息处理者明示或者双方约定的处理人脸信息的目的、方式、范围等；

（五）未采取应有的技术措施或者其他必要措施确保其收集、存储的人脸信息安全，致使人脸信息泄露、篡改、丢失；

（六）违反法律、行政法规的规定或者双方的约定，向他人提供人脸信息；

（七）违背公序良俗处理人脸信息；

（八）违反合法、正当、必要原则处理人脸信息的其他情形。

第十条 物业服务企业或者其他建筑物管理人以人脸识别作为业主或者物业使用人出入物业服务区域的唯一验证方式，不同意的业主或者物业使用人请求其提供其他合理验证方式的，人民法院依法予以支持。

物业服务企业或者其他建筑物管理人存在本规定第二条规定的情形，当事人请求物业服务企业或者其他建筑物管理人承担侵权责任的，人民法院依法予以支持。

第四节 单位的如实告知和禁止担保的义务

一、员工入职前，单位承担如实告知义务

企业和员工建立劳动关系应以诚实信用为基础，不仅用人单位享有对劳动者相关情况的知情权，劳动者对与工作有关的情况也有充分了解和获得告知的权利。根据《劳动合同法》的规定，新员工入职时，用人单位应如实告知其与工作有关的全部情况。具体来说，单位应告知的内容是比较广泛的，基本上涵盖了劳动关系的全部内容，包括劳动者的工作内容、工作条件、工作地点、职业危害、安全生产状况、劳动报酬，以及劳动者要求了解的其他情况，比如工作时间、假期、劳动合同期限、培训计划等。

二、禁止单位扣押证件、要求担保和收取财物

实践中，很多用人单位为了保护自身的利益，在招聘员工时，要求重要岗位

（如财务人员、仓库管理员）或者掌握了用人单位财产的劳动者（如司机）提供担保或风险抵押金。对此，《劳动合同法》明确规定，用人单位招用劳动者不得要求劳动者提供担保或者以其他名义向劳动者收取财物。如发生上述行为，单位将被处以行政处罚并须承担相应的赔偿责任。

以案说法

4. 企业要求具有本地户口的人员出具担保有效吗？

2003 年 7 月 8 日，谢某入职深圳一家食品销售公司，其工作职责是向深圳市各商场销售公司的冷冻食品，并收回货款。为了避免业务员在收到货款后私吞，公司要求谢某提供有深圳户口的亲友作担保。2004 年 10 月，该食品销售公司发现谢某收取大量现金后并未上交公司，并卷款潜逃，于是便把担保人林某告到了法院，要求担保人林某偿还谢某所侵占公司的所有货款。

【审理结果】

在庭审中，公司认为，用人单位与劳动者之间的劳动合同关系虽然适用《劳动法》，但在没有违反法律的情况下，同样可以适用担保法，在法律没有明文规定禁止“深户担保”这一担保形式的情况下，这种担保是合法有效的。林某作为谢某的担保人，应当承担连带清偿责任。

林某则辩称，公司在聘用谢某时要求有深圳户口的林某作担保，其行为违反了劳动法有关规定，属无效行为。

法院经审理后认为，食品销售公司、林某及谢某之间存在的担保关系，实际上属于劳动合同担保关系，因此不适用当时施行的民法通则及担保法的规定。同时，根据相关法律规定，用人单位不得以任何方式向劳动者收取定金、保证金（物）、抵押金（物）。本案中，虽然林某提供保证与公司向谢某收取钱物作抵押在形式上不同，但两者实质内容相同，均在主观上违背了求职者的真实意愿，在客观后果上给劳动者就业人为地设置了条件和障碍，因此，公司与林某之间建立的劳动合同担保关系无效，法院驳回了公司的全部诉讼请求。

【律师点评】

由于在北京、上海、广州、深圳等大城市，外来打工者人数众多，很多企业为了避免因外来打工者侵占公司财产却无从追诉的风险，便要求员工在入职时必须有本地户籍的亲友提供担保，但是相关纠纷一旦发生，这种担保是否有效呢？本案发生在 2008 年《劳动合同法》施行之前，在当时法律没有明确规定的情况下，审判法官基于一般的法理原则作出了该劳动合同担保关系无效的判决。《劳动合同法》施行后，对此更是作出了明确规定，即单位要求劳动者提供任何形式的担保，都是违法的，这里当然包括提供保证人的所谓“人保”。因此，依据现行法律规定，要求劳动者提供任何担保，和向劳动者收取财物一样，都是被法律所禁止的。

【HR 应对】

1. 用人单位的告知义务会对合同效力产生影响，隐瞒或虚构真实情况，诱使劳动者作出错误的判断而签订劳动合同，将被认定为欺诈，单位应承担由此导致的劳动合同无效的赔偿责任。因此，企业应在《员工入职信息登记表》或《劳动合同》等文件中声明：公司已经告知本人工作内容、工作条件、工作地点、职业危害、安全生产状况、劳动报酬和其他与工作相关的情况，并请劳动者签名确认。

2. 员工入职时，用人单位务必不能以任何形式收取和扣押劳动者的财物，或采取其他方法变相为之，如收取报名费、培训费和服装费等，或扣押员工一个月工资或一部分工资。同时，不能要求劳动者提供任何其他形式的担保，包括人保或户保，否则，不但达不到预期的担保作用，还将被处以行政处罚。

【法条链接】

《中华人民共和国劳动合同法》

第八条 用人单位招用劳动者时，应当如实告知劳动者工作内容、工作条件、工作地点、职业危害、安全生产状况、劳动报酬，以及劳动者要求了解的其他情况。

第九条 用人单位招用劳动者，不得扣押劳动者的居民身份证和其他证件，不得要求劳动者提供担保或者以其他名义向劳动者收取财物。

第八十四条 用人单位违反本法规定，扣押劳动者居民身份证等证件的，由劳动行政部门责令限期退还劳动者本人，并依照有关法律规定给予处罚。

用人单位违反本法规定，以担保或者其他名义向劳动者收取财物的，由劳动行政部门责令限期退还劳动者本人，并以每人五百元以上二千元以下的标准处以罚款；给劳动者造成损害的，应当承担赔偿责任。

《劳动部关于严禁用人单位录用职工非法收费的通知》

有些用人单位在录用职工时非法向劳动者收取费用，把缴费作为录用的前提条件，其名目有集资、风险基金、培训费、抵押金、保证金等。更为严重的是，个别用人单位根本没有新的工作岗位，而把录用职工仅仅作为筹集资金的渠道，被录用的职工长期不能上班，严重损害了这部分劳动者的合法权益。这种在录用职工中非法收费的行为必须予以纠正。

第二章 订立劳动合同

劳动合同是证明用人单位与劳动者建立劳动关系及双方权利义务的基本依据，是劳动争议中的核心证据。因此，用人单位在与劳动者签订劳动合同时，必须依法进行。

第一节 劳动合同的订立

一、订立形式

根据《劳动合同法》的规定，用人单位与劳动者建立劳动关系，应当订立书面的劳动合同。也就是说，现行法律规定排除了事实劳动关系存在的合法性，一切劳动关系建立的同时，都必须签订书面的劳动合同。但是，需要注意的是，上述法律规定有一个例外，那就是在非全日制用工情况下，双方当事人可以仅订立口头协议，而不签订书面劳动合同。

值得注意的是，电子劳动合同的订立或将逐渐成为劳动合同订立的常见形式。人力资源社会保障部办公厅发布的《人力资源社会保障部办公厅关于订立电子劳动合同有关问题的函》人社厅函〔2020〕33号文在答复北京市人力资源和社会保障局《关于在疫情防控期间开展劳动合同管理电子化工作的请示》时，进一步明确"用人单位与劳动者协商一致，可以采用电子形式订立书面劳动合同。采用电子形式订立劳动合同，应当使用符合电子签名法等法律法规规定的可视为书面形式的数据电文和可靠的电子签名。"在此基础上，北京市人社局在2020年11月份进一步发布《关于推进电子劳动合同相关工作的实施意见》，就推进电子劳动合同相关工作提出了落地实施意见。

为进一步规范电子劳动合同的订立，人力资源社会保障部办公厅于2021年7月1日发布了《电子劳动合同订立指引》的通知，明确电子劳动合同的订立、调取、储存、应用以及信息保护和安全，为用人单位提供了更加明确的指引。由此可知，随着全国打造市场化法治化营商环境的开展，采用电子形式订立书面劳动合同也将逐步成为主流的合同订立形式。

【HR应对】

用人单位采用电子劳动合同形式的，应注意以下要点：

1. 电子劳动合同的订立以用人单位与劳动者双方一致同意为前提，因此企业无法单方决定采用电子劳动合同形式。建议企业在电子劳动合同文本里注明企业与劳动者协商一致同意采用电子劳动合同形式的类似表述。

2. 用人单位与劳动者订立电子劳动合同的，需通过电子劳动合同订立平台订立。鉴于目前还未建立全国性的电子劳动合同订立平台，建议企业在订立电子劳动合同前咨询当地人社部门是否已建立政府平台，如果企业所在省市已建立地方性电子劳动合同订立平台，则选择该平台；如果当地还未建立政府平台，则优先选择具有一定社会影响力和公信力的非政府平台。此外，《电子劳动合同订立指引》中明确相关平台应当满足的条件和要求，因此企业在选择非政府平台时应重点核查该平台是否满足相关的条件和要求。

3. 用人单位负有通知/告知义务。在订立电子劳动合同之前，用人单位应明确告知劳动者订立电子劳动合同的流程、操作方法、注意事项和查看、下载完整的劳动合同文本的途径；在电子劳动合同订立之后，用人单位应以手机短信、微信、电子邮件或APP信息提示等方式通知劳动者电子劳动合同已订立完成，并告知劳动者查看、下载电子劳动合同的方法。

【法条链接】

《电子劳动合同订立指引》

第三条 用人单位与劳动者订立电子劳动合同的，要通过电子劳动合同订立平台订立。

第六条 双方同意订立电子劳动合同的，用人单位要在订立电子劳动合同前，明确告知劳动者订立电子劳动合同的流程、操作方法、注意事项和查看、下载完整的劳动合同文本的途径，并不得向劳动者收取费用。

第十条 电子劳动合同订立后，用人单位要以手机短信、微信、电子邮件或者APP信息提示等方式通知劳动者电子劳动合同已订立完成。

第十一条 用人单位要提示劳动者及时下载和保存电子劳动合同文本，告知劳动者查看、下载电子劳动合同的方法，并提供必要的指导和帮助。

第十五条 鼓励用人单位和劳动者优先选用人力资源社会保障部门等政府部门建设的电子劳动合同订立平台（以下简称政府平台）。用人单位和劳动者未通过政府平台订立电子劳动合同的，要按照当地人力资源社会保障部门公布的数据格式和标准，提交满足电子政务要求的电子劳动合同数据，便捷办理就业创业、劳动用工备案、社会保险、人事人才、职业培训等业务。非政府平台的电子劳动合同订立平台要支持用人单位和劳动者及时提交相关数据。

二、订立时间

根据《劳动合同法》的规定，用人单位与劳动者订立劳动合同，可以在用工前，也可以在用工开始的同时，但最迟必须在用工之日起 1 个月内与劳动者订立书面合同，如图：

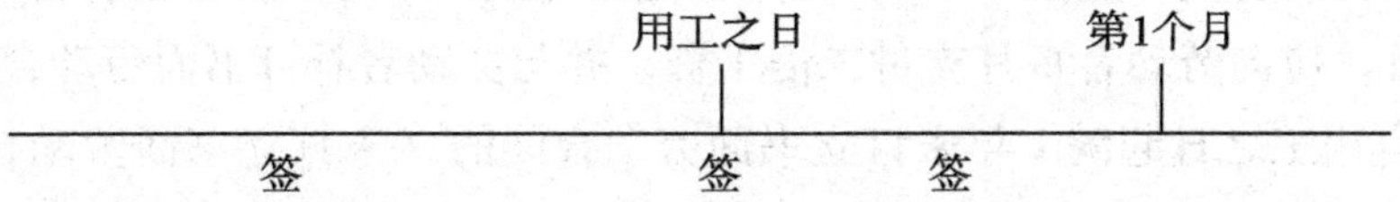

解读：劳动关系的建立以订立劳动合同的时间为准吗？

不是。根据《劳动合同法》的规定，用人单位自用工之日起与劳动者建立劳动关系。也就是说，确立双方劳动关系的时间点是用工之日，而非签订劳动合同之日。一般来说，劳动者根据录用通知书上的约定或用人单位的指令到单位报到的第一天，即为用工之日，而不看是否从事了具体的工作或签订了劳动合同。

以案说法

5. 参加岗前培训能否认定是建立劳动关系？

张某应聘到某房地产公司担任售楼人员，正式上岗前，公司告知张某，根据公司的规定，新员工上岗前应参加为期 1 个月的岗前培训，由于培训期间不算正式工作，因此，这 1 个月只发给张某 500 元生活费。培训期满后，公司根据张某在培训期间的表现，决定是否聘用。张某不同意公司的做法，向公司提出异议。

【律师点评】

根据《劳动合同法》的规定，用人单位自用工之日起即与劳动者建立劳动关系。所谓"用工"，是指用人单位实际上开始使用劳动者的劳动力，劳动者开始在用人单位的指挥、监督、管理下提供劳动。用工之日，通俗地讲，就是劳动者在用人单位开始上班的那一天。

岗前培训，根据《劳动法》的规定，既是劳动者的权利，也是用人单位的义务。同时，岗前培训也是劳动者受用人单位指派参加的，即使没有参加正式的工作，也应视为劳动者提供了"用工"。

因此，本案中，张某自第一天参加培训时起就与公司建立了劳动关系，公司的做法是违反法律规定的。

三、用人单位不依法订立劳动合同的法律后果

根据《劳动合同法》和《中华人民共和国劳动合同法实施条例》（以下简称《劳动合同法实施条例》）的规定，用人单位与劳动者建立劳动关系，应当最迟在用工之日起 1 个月内与劳动者订立书面劳动合同，否则，用人单位应承担相应的法律责任：

1. 支付二倍工资，并补签劳动合同

(1) 自用工之日起超过1个月不满1年未订立书面劳动合同的（用工1个月 < 未订立书面劳动合同 < 用工1年），自用工之日起满1个月的次日至补订书面劳动合同的前1日，应向劳动者每月支付二倍工资，并与劳动者补订书面劳动合同。

(2) 自用工之日起满1年未订立书面劳动合同的（未订立书面劳动合同≥用工1年），自用工之日起满1个月的次日至满1年的前1日，应向劳动者每月支付二倍工资，并视为自用工之日起满1年的当日已经与劳动者订立无固定期限劳动合同，应立即与劳动者补订书面劳动合同。

(3) 应当订立无固定期限劳动合同而未订立的，自应当订立无固定期限劳动合同之日起，应向劳动者每月支付二倍工资。

解读："二倍工资"赔偿的计算基数是实得工资吗？

对于"二倍工资"赔偿的计算基数，实践中有一定的争议，一种观点认为直接按照已发生的对应月份的全部实得工资计付应支付的工资赔偿即可；但另一种较为普遍的观点认为，应当按照正常工作时间下应支付的固定工资计付"二倍工资"赔偿，也就是说，对于可能发生的提成工资、加班费等不固定的收入应予剔除，而以实得工资中的基本工资、岗位工资和各种津贴、补贴等每月固定发放的部分作为"二倍工资"的计算基数。

未订立无固定期限劳动合同支付二倍工资的，支付期限是否有上限限制？

法律明确规定了用人单位未与劳动者签订书面劳动合同的法律后果，即每月支付二倍工资，最长支付11个月。但是，《劳动合同法》没有明确规定未签订无固定期限劳动合同二倍工资的支付期限，因此，对于此种情况下二倍工资是否有11个月的上限限制，实务当中一直存在争议。目前审判实务中比较主流的观点认为，应当受11个月或12个月的支付上限的限制，这是因为不订立无固定期限劳动合同也属于未签订书面劳动合同的一种，两者性质、危害基本相同，因此法律责任也应该相同。同时，从合理确定用人单位的违法成本负担和道德风险控制的角度考量，也应确定支付上限。实务中，有些地区，比如北京，在明确的法律规定欠缺的情况下，主要是依据仲裁时效来限制支付上限的。根据北京市2014年5月发布的《北京市高级人民法院、北京市劳动争议仲裁委员会关于劳动争议案件法律适用问题研讨会会议纪要（二）》第28条第5项的规定，"二倍工资适用时效的计算方法为：在劳动者主张二倍工资时，因未签劳动合同行为处于持续状态，故时效可从其主张权利之日起向前计算一年，据此实际给付的二倍工资不超过十二个月"。

2. 行政责任

根据《劳动法》的规定，用人单位故意拖延不订立劳动合同的，由劳动行政部门责令改正。各地的劳动法规，还规定了此种情况下，劳动和社会保障行政部门有权对用人单位处以罚款。如《上海市劳动合同条例》规定，可以按每人500至1000元对用人单位处以罚款。

3. 给劳动者造成损害的，用人单位还应当承担赔偿责任

四、劳动者久拖不签劳动合同的法律后果

如果劳动合同的无法订立，是由劳动者的借故不签导致的，用人单位应书面通知劳动者终止劳动关系，同时，根据下述具体情况确定经济补偿金的支付：

（1）自用工之日起1个月内，书面通知劳动者终止劳动关系的，用人单位无需向劳动者支付经济补偿。

（2）自用工之日起超过1个月不满1年，书面通知劳动者终止劳动关系的，用人单位应当根据劳动者的工作年限支付经济补偿金。

值得注意的是，用人单位以劳动者不签劳动合同为由终止劳动关系，最迟必须在用工之日起1年内作出。如超过1年，无论是双方谁的原因导致的劳动合同未订立，都视为双方已经订立了无固定期限劳动合同，用人单位也无权再以劳动者不签劳动合同为由终止劳动关系，同时，还面临被追索11个月二倍工资的法律风险。

解读：假如劳动者出具本人不愿意签订劳动合同的书面声明，用人单位还承担责任吗？

用人单位仍然承担不依法订立劳动合同的法律责任。根据《劳动合同法》的规定，订立书面劳动合同是用人单位的法定义务，它包括通知义务（用人单位应当在规定期限内主动提出与劳动者签订劳动合同）和拒签义务（用人单位应当对不愿意签订劳动合同的劳动者拒绝使用）。用人单位的上述义务并不是劳动者的单方面声明放弃就可以免除的。因此，劳动者提供的不愿意订立劳动合同的书面声明，不具有免除单位签订劳动合同义务的法律效力。即使劳动者同意不订立书面劳动合同，用人单位也要承担未依法订立书面劳动合同的法律责任。

【HR应对】

1. 用人单位不在法律规定的期限内与劳动者订立书面劳动合同，将面临巨大的违法成本，因此，企业HR应制定完善的劳动合同签订流程，及时依法与劳动者订立劳动合同。

2. 对于拒不订立劳动合同的劳动者的处理，法律已经明确赋予了用人单位相应的权利，用人单位应当在法律规定的期限内行使好这项权利，切不可听之任之。同时，注意固定和保存好劳动者不签劳动合同的相关书面证据，以免争议发生后陷入被动。

【法条链接】

《中华人民共和国劳动合同法》

第七条 用人单位自用工之日起即与劳动者建立劳动关系。用人单位应当建立职工名册备查。

第十条 建立劳动关系，应当订立书面劳动合同。

已建立劳动关系，未同时订立书面劳动合同的，应当自用工之日起一个月内订立书面劳动合同。

用人单位与劳动者在用工前订立劳动合同的，劳动关系自用工之日起建立。

《中华人民共和国劳动法》

第九十八条 用人单位违反本法规定的条件解除劳动合同或者故意拖延不订立劳动合同的，由劳动行政部门责令改正；对劳动者造成损害的，应当承担赔偿责任。

《中华人民共和国劳动合同法实施条例》

第五条 自用工之日起一个月内，经用人单位书面通知后，劳动者不与用人单位订立书面劳动合同的，用人单位应当书面通知劳动者终止劳动关系，无需向劳动者支付经济补偿，但是应当依法向劳动者支付其实际工作时间的劳动报酬。

第六条 用人单位自用工之日起超过一个月不满一年未与劳动者订立书面劳动合同的，应当依照劳动合同法第八十二条的规定向劳动者每月支付两倍的工资，并与劳动者补订书面劳动合同；劳动者不与用人单位订立书面劳动合同的，用人单位应当书面通知劳动者终止劳动关系，并依照劳动合同法第四十七条的规定支付经济补偿。

前款规定的用人单位向劳动者每月支付两倍工资的起算时间为用工之日起满一个月的次日，截止时间为补订书面劳动合同的前一日。

第七条 用人单位自用工之日起满一年未与劳动者订立书面劳动合同的，自用工之日起满一个月的次日至满一年的前一日应当依照劳动合同法第八十二条的规定向劳动者每月支付两倍的工资，并视为自用工之日起满一年的当日已经与劳动者订立无固定期限劳动合同，应当立即与劳动者补订书面劳动合同。

《上海市劳动合同条例》

第五十六条 用人单位未按照本条例规定与劳动者订立书面劳动合同的，由劳动保障行政部门责令限期改正，并可以按每人五百至一千元处以罚款。

《北京市高级人民法院、北京市劳动争议仲裁委员会关于劳动争议案件法律适用问题研讨会会议纪要（二）》

28.《劳动合同法》第八十二条“二倍工资”的认定与起止时间、计算方法？

……（5）二倍工资中属于劳动者正常工作时间劳动报酬的部分，适用《调解仲裁法》二十七条第四款的规定；增加一倍的工资属于惩罚性赔偿的部分，不属于劳动报酬，适用《调解仲裁法》二十七条第一款的规定，即一年的仲裁时效。

二倍工资适用时效的计算方法为：在劳动者主张二倍工资时，因未签劳动合同行为处于持续状态，故时效可从其主张权利之日起向前计算一年，据此实际给付的二倍工资不超过十二个月，二倍工资按未订立劳动合同所对应时间用人单位应当正常支付的工资为标准计算。

第二节 劳动合同的主体

根据《劳动合同法》调整范围的规定，劳动合同的主体双方，一方是劳动者，另一方是用人单位，其他任何主体都不能签订劳动合同。

一、用人单位

用人单位是指在劳动关系中依法使用和管理劳动者并付给其劳动报酬的组织。根据《劳动合同法》及其《实施条例》的规定，用人单位的范围主要包括两类八种形式：

（1）直接适用《劳动合同法》的单位，包括中华人民共和国境内的企业、个体经济组织、民办非企业单位等组织、依法成立的会计师事务所、律师事务所等合伙组织和基金会。其中，民办非企业单位主要包括各类民办学校、医院、文艺团体、科研院所、体育场馆、职业培训中心、福利院、人才交流中心等。

（2）依照执行《劳动合同法》的单位，包括国家机关、事业单位、社会团体。上述单位采用合同制或聘用制用工时，依照《劳动合同法》执行。

解读：非法用工单位用工的，是否按劳动关系处理？

非法用工单位，主要是指不具备合法经营资格的用人单位，主要包括未办理营业执照、营业执照被吊销或者营业期限届满仍继续经营这三种情况。实践中，只要非法用工单位与劳动者之间签订的劳动合同不违反法律强制性规定，即便存在非法用工，也承认其劳动关系的存在。根据《劳动合同法》第93条的规定，劳动者已经付出劳动的，该用人单位或者其出资人应当根据《劳动合同法》的规定向劳动者支付劳动报酬、经济补偿、赔偿金；给劳动者造成损害的，应当承担赔偿责任。

分公司能否签订劳动合同？

根据我国公司法的相关规定，分公司不具有独立的法人资格，那么其是否具有独立的用工权呢，根据《劳动合同法实施条例》的规定，应根据情况区别对待。如果分公司依法取得了营业执照或者登记证书的，就可以作为用人单位直接与劳动者订立劳动合同；如未依法取得营业执照或者登记证书的，受总公司委托后才可以与劳动者订立劳动合同。

以案说法

6. 民办医院医生属于劳动法律调整的劳动者主体吗？

某民办医院的医生王某违反计划生育政策怀孕后，收到了医院发出的“严重违纪开除通知”。王某对此很不满，经和医院交涉无果，即向劳动争议仲裁委员会申请仲裁，但是，仲裁委员会以“不属于劳动争议仲裁委员会的受理范围”为由驳回了王某的仲裁申请。

7. 会计师事务所员工属于劳动法律调整的劳动者主体吗？

张某受聘于某会计师事务所担任办公室文员，2007年“五一”期间张某因为加班工资问题与主管发生争执，为此向有关部门咨询能否通过劳动争议仲裁来解决这个问题。有关部门告诉张某，如果申请仲裁，将有可能不被劳动争议仲裁委员会受理。

【律师点评】

上述两个案例均发生在2008年《劳动合同法》及其《实施条例》施行之前，由于根据之前的《劳动法》界定的用人单位的主体范围，不包括民办非企业和会计师事务所等这类主体，因此，对于上述主体与其劳动者之间发生的用工争议，不受《劳动法》的调整，劳动者也就享受不到劳动法律法规的相关保护。

根据《民办非企业单位登记管理暂行条例》的规定，我国民办非企业单位主要包括各类民办学校、医院、文艺团体、科研院所、体育场馆、职业培训中心、福利院、人才交流中心等，实践中，这一类单位也是一支庞大的用工主体。因此，《劳动合同法》及其《实施条例》将民办非企业单位，以及会计师事务所、律师事务所等合伙组织和基金会明确纳入了劳动法律法规的调整范围，与上述主体建立劳动关系的劳动者，其权益受劳动法律法规的保护，相关劳动争议不会再出现状告无门的问题了。

【法条链接】

《中华人民共和国劳动合同法》

第二条 中华人民共和国境内的企业、个体经济组织、民办非企业单位等组织（以下称用人单位）与劳动者建立劳动关系，订立、履行、变更、解除或者终止劳动合同，适用本法。

国家机关、事业单位、社会团体和与其建立劳动关系的劳动者，订立、履行、变更、解除或者终止劳动合同，依照本法执行。

第九十三条 对不具备合法经营资格的用人单位的违法犯罪行为，依法追究法律责任；劳动者已经付出劳动的，该单位或者其出资人应当依照本法有关规定向劳动者支付劳动报酬、经济补偿、赔偿金；给劳动者造成损害的，应当承担赔偿责任。

《中华人民共和国劳动合同法实施条例》

第三条 依法成立的会计师事务所、律师事务所等合伙组织和基金会，属于劳动合同法规定的用人单位。

第四条　劳动合同法规定的用人单位设立的分支机构，依法取得营业执照或者登记证书的，可以作为用人单位与劳动者订立劳动合同；未依法取得营业执照或者登记证书的，受用人单位委托可以与劳动者订立劳动合同。

二、劳动者

劳动者是在劳动关系中为用人单位提供劳动服务并获取劳动报酬的自然人。一般来说，要成为合法的劳动者，只需满足两个条件，一是达到法定年龄，即年满 16 周岁；二是具有劳动行为能力，即具备能以自己的行为行使劳动权利和履行劳动义务的资格。但是，需要注意的是，劳动法律法规将现役军人、保姆和公务员等排除在了劳动权利义务主体之外，上述人员的相关权益受其他法律法规的调整和保护。

实践中，企业 HR 需要特别关注的是几类特殊的劳动者，包括未成年人、退休返聘人员、在校实习生和外国人等，上述劳动者中，有的是劳动法律法规对其作出了特别规定，如未成年人和外国人；有的是对其是否适用劳动法律法规调整，实践中存在争议，如退休返聘人员和在校实习生。

1. 未成年人

劳动关系中的未成年人，是指年满 16 周岁未满 18 周岁的自然人。由于未成年人在与用人单位建立劳动关系时，仍处于生长发育期，以及有接受义务教育的需要，因此，法律对未成年劳动者依法采取了特殊的劳动保护措施，具体包括：

（1）不得安排未成年劳动者从事禁忌的劳动

用人单位不得安排未成年劳动者从事矿山井下、有毒有害、国家规定的第四级体力劳动强度的劳动和其他禁忌从事的劳动。

（2）应当对未成年劳动者进行定期健康检查

用人单位应当分别在以下阶段对未成年劳动者进行定期健康检查：安排工作岗位之前；工作满 1 年；年满 18 周岁，距前一次的体检时间已超过半年。

（3）招用未成年劳动者，应当办理登记

用人单位招用未成年劳动者，除符合一般用工要求外，还须向所在地的县级以上劳动行政部门办理登记，由劳动行政部门核发《未成年工登记证》，未成年劳动者须持证方能上岗。

【法条链接】

《中华人民共和国劳动法》

第五十八条　国家对女职工和未成年工实行特殊劳动保护。

未成年工是指年满十六周岁未满十八周岁的劳动者。

第六十四条 不得安排未成年工从事矿山井下、有毒有害、国家规定的第四级体力劳动强度的劳动和其他禁忌从事的劳动。

《未成年工特殊保护规定》

第六条 用人单位应按下列要求对未成年工定期进行健康检查：

（一）安排工作岗位之前；

（二）工作满 1 年；

（三）年满 18 周岁，距前一次的体检时间已超过半年。

第九条 对未成年工的使用和特殊保护实行登记制度。

（一）用人单位招收使用未成年工，除符合一般用工要求外，还须向所在地的县级以上劳动行政部门办理登记。劳动行政部门根据《未成年工健康检查表》《未成年工登记表》，核发《未成年工登记证》。

（二）各级劳动行政部门须按本规定第三、四、五、七条的有关规定，审核体检情况和拟安排的劳动范围。

（三）未成年工须持《未成年工登记证》上岗。

2. 退休返聘人员

退休返聘人员，是指已享受养老保险待遇或已达到法定退休年龄后被再次聘用的员工。

根据我国相关法律规定，男性劳动者的退休年龄为，年满 60 周岁；女性劳动者的退休年龄为，工人年满 50 周岁，干部年满 55 周岁。根据《劳动部关于实行劳动合同制度若干问题的通知》的规定，聘用离退休人员时，用人单位应与其签订书面协议，明确聘用期内的工作内容、报酬、医疗、劳保待遇等权利和义务。

关于“超龄”劳动者与用人单位之间建立的用工关系属于劳动关系还是劳务关系，司法实践中一直存在争议和分歧，但《最高人民法院关于审理劳动争议案件适用法律若干问题的解释（三）》（已失效）以及 2021 年施行的《最高人民法院关于审理劳动争议案件适用法律问题的解释（一）》对此问题给予了明确的回答，即“用人单位与其招用的已经依法享受养老保险待遇或领取退休金的人员发生用工争议，向人民法院提起诉讼的，人民法院应当按劳务关系处理”。由于劳动者享受养老保险待遇和达到法定退休年龄是劳动合同终止的情形之一，因此，单位在招用达到法定退休年龄的劳动者时，形成的是劳务关系而非劳动关系，其不适用《劳动法》和《劳动合同法》等相关的劳动法律法规，相关权利义务由普通民事法律调整。

以案说法

8. 返聘人员上班路遇车祸，能算工伤吗？

吴某，系四川某单位的退休职工，2005 年 1 月 1 日，63 岁的吴某与某职业中专学校签订了《聘用协议书》，担任学校机械加工专业教师，报酬是每月3000元，协议有效期自2005年1月1日至2007年1月1日止。2006年6月5日，吴某骑自行车由家到学校途中发生交通事故，事故中吴某受伤，被送至医院救治，共花医疗费用7700元，伤残鉴定费800元。

事后，吴某要求学校按工伤处理，享受工伤待遇。学校表示，吴某受伤不属于工伤，并且不予支付任何赔偿。吴某于是向市劳动和社会保障局提出工伤认定申请。但市劳动和社会保障局经审查认定，吴某所受的伤害性质不属于工伤，或不视同工伤。此后，吴某提出行政复议，四川省劳动和社会保障厅最终作出决定，维持了市劳动和社会保障局的决定。

【审理结果】

吴某对四川省劳动和社会保障厅的决定不服，向法院提起诉讼。此案经过一审和二审，市中院最终认定，吴某与学校形成的用工关系不属于《工伤保险条例》调整的劳动关系范畴，不符合申请工伤认定的条件，因此不应认定为工伤。

【律师点评】

本案中，由于法院认为，已享受养老保险待遇的离退休人员，不再具有劳动法律调整的劳动者主体资格，其被再次聘用的，与用人单位签订的是聘用协议，不是劳动合同，双方之间是劳务关系，而非劳动关系，而工伤认定一般以双方存在劳动关系为前提，因此，吴某在上班途中发生交通事故受伤，不适用《工伤保险条例》，不能依据《工伤保险条例》的认定条件来认定工伤。

虽然2016年3月28日人社部颁布实施的《人力资源社会保障部关于执行〈工伤保险条例〉若干问题的意见（二）》（以下简称《意见（二）》）中，规定“用人单位招用已经达到、超过法定退休年龄或已经领取城镇职工基本养老保险待遇的人员，在用工期间因工作原因受到事故伤害或患职业病的，如招用单位已按项目参保等方式为其缴纳工伤保险费的，应适用《工伤保险条例》”，即有限制的认可返聘人员适用《工伤保险条例》的规定，但是本案中吴某不属于按项目参保的人员，所以结果仍然相同，仍不能认定工伤。

【法条链接】

《最高人民法院关于审理劳动争议案件适用法律问题的解释（一）》

第三十二条 用人单位与其招用的已经依法享受养老保险待遇或者领取退休金的人员发生用工争议而提起诉讼的，人民法院应当按劳务关系处理。

《人力资源和社会保障部关于执行〈工伤保险条例〉若干问题的意见（二）》

二、达到或超过法定退休年龄，但未办理退休手续或者未依法享受城镇职工基本养老保险待遇，继续在原用人单位工作期间受到事故伤害或患职业病的，用人单位依法承担工伤保险责任。

用人单位招用已经达到、超过法定退休年龄或已经领取城镇职工基本养老保险待遇的人员，在用工期间因工作原因受到事故伤害或患职业病的，如招用单位已按项目参保等方式为其缴纳工伤保险费的，应适用《工伤保险条例》。

《劳动部关于实行劳动合同制度若干问题的通知》

13. 已享受养老保险待遇的离退休人员被再次聘用时，用人单位应与其签订书面协议，明确聘用期内的工作内容、报酬、医疗、劳动待遇等权利和义务。

3. 在校实习生

在校实习生，是指在用人单位从事实践和学习的在校学生。

在校生在用人单位实习是很普遍的现象，但是实习这种行为能否构成劳动关系，是否受劳动法律法规的调整和保护呢？根据《关于贯彻执行〈中华人民共和国劳动法〉若干问题的意见》的规定，在校生利用业余时间勤工助学，不视为就业，未建立劳动关系，可以不签订劳动合同。因此，根据上述规定，在校实习生不是《劳动合同法》意义上的劳动者，其与用人单位之间的关系不属于劳动关系，不受劳动法律法规的调整和保护。

但是，目前的司法实践在确认实习生是否和用人单位存在劳动关系时，会将面临毕业的在校学生以就业为目的的实习和普通的勤工助学的实习区别对待。对于面临毕业的大学生参加社会实践和到用人单位实习，其在用人单位和该单位普通员工一样的全日制工作，通常会被认为是就业，而非实习，大学生和用人单位之间属于劳动关系，其权益受《劳动合同法》的调整和保护。

以案说法

9. 在校大学生能与用人单位订立劳动合同吗？

刘某是北京农学院的应届大学毕业生，2009年7月将从该大学正式毕业。2008年12月，北京某投资顾问公司到北京农学院进行招聘。刘某于2009年1月8日被招聘进入该公司工作，职务为投资顾问，负责开发行业市场，吸纳客户。双方签订了聘用协议，约定试用期为1个月，试用期底薪800元，提成另计，第2个月转正，底薪提高到1500元。2月10日，投资顾问公司以工资条形式发放刘某工资539元。3月11日因为公司拖欠工资，刘某离开了公司。由于公司一直拖欠刘某的工资不付，刘某向当地劳动争议仲裁委员会提起了仲裁申请，要求公司支付拖欠工资。

【审理结果】

仲裁委员会认为，刘某属于未取得毕业证的在校生，未完成学业并取得学历证明，在校期间到投资顾问公司从事工作，仅作为参与社会实践的活动，不属于《劳动合同法》中规定的劳动者，不是与用人单位订立劳动合同并建立劳动关系的适格主体，最终裁决驳回了他的仲裁申请。

刘某不服诉至北京某法院，要求公司支付拖欠工资并向他赔礼道歉。

刘某认为，自己已年满16周岁，就具有就业的权利能力和行为能力。同时，对于其自身相关情况，包括尚未正式毕业的事实，公司录用时予以了审查，不存在隐瞒和欺诈。由于法律并没有禁止在校大学生就业的规定，因此自己具备劳动法意义上的劳动者主体资格。

公司认为，刘某作为尚未毕业的大学生进入公司只能是实习，而非就业，因此无权索要工资。

法院经过审理认为，劳动者与单位建立劳动关系，付出劳动，应当从单位取得相应的劳动报酬。本案中，公司承认刘某于2009年1月8日至3月11日在该公司工作，法院予以确认。对于双方是否存在劳动关系的问题，法院经审理认为，刘某在进入公司工作时已年满16周岁，符合劳动法规定的就业年龄，其在校大学生的身份也非劳动法规定排除适用的对象，法律并没有禁止临毕业大学生就业的规定。公司明知刘某尚未正式毕业，刘某并未隐瞒和欺诈，因此，法院有理由确认刘某为适格的劳动合同主体。公司虽称刘某在该单位属于实习，但鉴于公司向刘某明确了在单位的具体岗位和职责，并向其发放了一月份的工资，以上事实充分表明，刘某在该公司并非实习，而应属于就业，属于劳动合同法管辖的范围，法院据此判决公司给付学生刘某2009年2月1日至3月11日的工资共计1847元。

【律师点评】

本案的重要意义在于，这是北京法院首次以判决的形式确认在校大学生的劳动者主体地位，明确肯定了大学生可以就业，相关法律关系属于《劳动合同法》的调整范围。

虽然法律对于在校大学生能否作为《劳动合同法》的主体与用人单位签订劳动合同，为单位提供劳务后能否得到劳动报酬，以及发生纠纷后能否适用劳动法律法规维权等一系列问题仍然没有明确的规定，但是，从法院的审判实践来看，如果今天用人单位仍然抱着过去那种认为聘用在校大学生，劳动力成本低，不适用《劳动法合同法》，可随意解聘的想法，就很有可能承担不利的法律后果。因此，建议用人单位聘用在校人学生，尤其是那些即将毕业的大学生时，如果仅仅是提供实习和实践机会，与学生毕业后的就业无关的话，务必订立实习协议，明确说明上述情况，并具体约定实习期间的报酬、工作时间和事故责任等，以最大程度降低用工风险。

【法条链接】

《关于贯彻执行〈中华人民共和国劳动法〉若干问题的意见》

12. 在校生利用业余时间勤工助学，不视为就业，未建立劳动关系，可以不签订劳动合同。

4. 外国人

关于聘用外国人的相关规定，请参考本书第十七章“涉外劳动关系管理”的相关内容。

5. 港澳台员工

2018 年 8 月 23 日，人力资源社会保障部发布关于废止《台湾香港澳门居民在内地就业管理规定》的决定，该决定自发布之日起对《台湾香港澳门居民在内地就业管理规定》予以废止。同时，同步印发《关于香港澳门台湾居民在内地（大陆）就业有关事项的通知》（以下简称《通知》），明确港澳台人员在内地（大陆）就业不再需要办理《台港澳人员就业证》，并对取消许可后港澳台人员在内地（大陆）就业的有关事项作出规定。

对于已经发放的《台港澳人员就业证》，自 2019 年 1 月 1 日起终止使用。不再发放《台港澳人员就业证》后，在内地（大陆）求职、就业的港澳台人员，可使用港澳台居民居住证、港澳居民来往内地通行证、台湾居民来往大陆通行证等有效身份证件办理人力资源社会保障各项业务，以工商营业执照、劳动合同（聘用合同）、工资支付凭证或社会保险缴费记录等作为其在内地（大陆）就业的证明材料。

【HR 应对】

1. 对于特殊人群的聘用，企业 HR 应当做好专门的人事档案登记和管理，将这类人群的聘用和管理手续与其他普通员工区别开来，随时跟踪和审查，以避免承担不利的法律后果。

2. 在聘用未成年人和外国人时，企业 HR 应当严格遵守法律对其实体和程序上的特殊聘用要求和规定，做好相应的用工登记备案，以保证企业的合法用工。

3. 在聘用退休返聘人员和在校实习生时，企业 HR 可以与其协商由其自行或由单位为其购买意外伤害险、雇主责任险等商业保险，从而避免相应的法律责任和用工风险。

第三节　劳动合同的条款

用人单位在拟订劳动合同具体条款的过程中，应当严格依据法律的规定进行。根据《劳动合同法》的规定，有九项必备条款，用人单位必须在劳动合同中明确约定。除必备条款以外的其他条款，用人单位可以根据实际用工情况决定是否写入劳动合同。

一、必备条款

根据《劳动合同法》第 17 条的规定，劳动合同必须具备以下条款：

（1）用人单位的名称、住所和法定代表人或者主要负责人；
（2）劳动者的姓名、住址和居民身份证或者其他有效身份证件号码；
（3）劳动合同期限；
（4）工作内容和工作地点；
（5）工作时间和休息休假；
（6）劳动报酬；
（7）社会保险；
（8）劳动保护、劳动条件和职业危害防护；
（9）法律、法规规定应当纳入劳动合同的其他事项。

二、约定条款

除了前述必备条款之外，用人单位与劳动者还可以就试用期、培训、保守商业秘密、补充保险和福利待遇等事项进行约定。对于上述事项，劳动合同可以约定，也可以不约定，如果进行约定，也必须遵守相应的法律规定。

解读：《劳动法》规定的劳动合同必备条款还继续适用吗？

虽然《劳动法》在《劳动合同法》施行之后仍然有效，但与之相冲突的部分已由《劳动合同法》所取代。因此，劳动纪律条款、劳动合同终止的条件条款、违反劳动合同的责任条款这3项根据《劳动法》应当写明的必备条款，根据《劳动合同法》已经没有必要或不得在劳动合同中进行约定。

其中，关于劳动合同终止的条件条款和违反劳动合同的责任条款，《劳动合同法》明确规定，用人单位不得在法律规定的情形之外与劳动者约定劳动合同的终止条件或为劳动者规定违约责任。

以案说法

10. 工作地点应如何约定？

王某与广州一家公司签订了劳动合同，由于该公司在全国有多家分公司，为了方便公司的整体工作安排和人员调配，公司在劳动合同中约定，工作地点由公司根据具体情况决定。半年后，公司人事经理通知王某，公司决定将她调往肇庆市的分公司工作，王某不同意。公司则认为，根据劳动合同的约定，王小姐已自愿服从公司对工作地点的安排。

【律师点评】

为了防止用人单位利用其强势地位直接或者间接损害劳动者权益，《劳动合同法》首次将“工作地点”确定为劳动合同的必备条款。根据立法的本意和基本原则，用人单位对于工作地点的约定应当是明确的，本案中，劳动合同约定，“工作地点由公司根据具体情况决定”，这种约定显然是违反立法本意的，没有法律根据。因此，王某有权拒绝公司对其工作地点的变更。

由于工作地点的变更意味着工作环境、工资收入和亲友关系等的变更，因此该条款对劳动者意义重大，用人单位不能任意约定。但是，对于在各地设立分公司和在同一城市建有很多分店或连锁店的公司，人员的内部频繁调配和调动是在所难免的，所以，很多公司都倾向于对工作地点做较为模糊和宽松的约定，如本案中约定“工作地点由公司根据具体情况决定”，或约定工作地点为“中国”或“省内”。但是，如果发生争议，上述约定会因违反法律规定和立法本意，导致对用人单位不利的法律后果。

不过需要注意的是，2015 年广东高院审理的一起再审案例，对于司法实践中的主流观点有所突破。具体案情为深圳某公司与员工签订的劳动合同中，约定的工作地点为全国，且员工同意公司根据生产经营状况不时安排其到其他地方完成公司任务。员工入职后实际工作地点为深圳，后公司因仓库搬迁，要求员工至东莞上班，员工不服提起仲裁要求支付经济补偿金，最终二审判决公司胜诉，员工申请再审亦被广东高院裁定驳回。本案在司法实践中也引起了较大的争议和讨论，从目前主流观点来看，劳动合同约定“工作地点为全国”还是存在一定风险，建议用人单位谨慎适用。

笔者认为，企业 HR 在约定“工作地点”时应把握以下几点：首先，对工作地点的约定应当至少细化到城市，单位在一个城市内，根据业务的需要变动劳动者的具体工作地点，是可行的。另外需要注意的是，目前北京地区实务口径对此问题予以进一步地放宽，一定程度上与深圳的实务口径趋同，即根据 2017 年北京市高级人民法院、北京市劳动人事争议仲裁委员会发布的《关于审理劳动争议案件法律适用问题的解答》的规定，单位与员工在签订劳动合同时，如果约定工作地点为“全国”，因单位对其经营模式或工作岗位的特殊性有所明示，使得劳动者对于工作地点变更有所预见，那么劳动合同履行中将实际工作地点由一个城市调整为另一个城市是有效的，但建议单位同时要对劳动者采取合理的弥补措施以尽可能降低对劳动者产生的影响，如发放交通补助、提供通勤班车等。其次，根据自身业务和劳动者岗位的特殊性，单位可以在劳动合同中同时约定几个工作地点，并要求劳动者在签订劳动合同时予以确认。总的来说，用人单位可以在劳动合同中与劳动者明确一个合理的流动工作地点的范围，以保证一定范围内的员工流动，但前提是必须经过劳动者的确认，而且在履行劳动合同时，不能任意扩大其范围。

以案说法

11. 劳动合同欠缺必备条款，企业是否承担法律责任？

2018 年 3 月，陈某与某公司订立为期 2 年的劳动合同。劳动合同约定了合同期限、工作岗位、工资标准和工作任务等，但没有休息休假和社会保险等条款。2018 年 7 月 30 日，陈某以与企业订立的劳动合同条款未具备《劳动合同法》规定必备条款为由，向劳动争议仲裁委员会申请仲裁，请求确认此劳动合同无效，应视同未订立劳动合同，故要求企业支付 3 月至 7 月的二倍工资。

【审理结果】

劳动争议仲裁委员会经审理认为，企业并不是没有与陈某订立书面劳动合同，而是订立的书面劳动合同条款未完全具备《劳动合同法》规定的必备条款，这种情况不等于未订立书面劳动合同，因此驳回了陈某的全部申诉请求。

【律师点评】

未订立书面劳动合同和劳动合同欠缺必备条款，两者不能等同，用人单位承担的法律责任也是不同的。根据《劳动合同法》第 81 条的规定，用人单位提供的劳动合同文本中未载明必备条款，由劳动行政部门责令改正，给劳动者造成损害的，应当承担赔偿责任。可见，法律明确规定了劳动合同欠缺必备条款，用人单位所应承担的法律责任，本案中，如果陈某因劳动合同未载明部分必备条款给其造成了实际损害，可以要求企业承担相应的赔偿责任。

【HR 应对】

1. 企业 HR 应根据《劳动合同法》重新逐一修订企业的劳动合同的各项条款，或采用当地政府发布的新的劳动合同范本，在其基础上根据企业自身的情况增加或修改相应的规定。

2. 企业 HR 应严格遵守关于必备条款中法律法规的强制性和禁止性规定，以免承担因违法而导致合同无效的法律后果。

【法条链接】

《中华人民共和国劳动合同法》

第十七条　劳动合同应当具备以下条款：（略）

第八十一条　用人单位提供的劳动合同文本未载明本法规定的劳动合同必备条款或者用人单位未将劳动合同文本交付劳动者的，由劳动行政部门责令改正；给劳动者造成损害的，应当承担赔偿责任。

北京市高级人民法院、北京市劳动人事争议仲裁委员会《关于审理劳动争议案件法律适用问题的解答》

6. 用人单位与劳动者在劳动合同中宽泛地约定工作地点是“全国”、“北京”等，用人单位在履行劳动合同过程中调整劳动者的工作地点，劳动者不同意，用人单位依据规章制度作出解除劳动合同决定是否支持?

用人单位与劳动者在劳动合同中宽泛地约定工作地点是“全国”、“北京”等，如无对用人单位经营模式、劳动者工作岗位特性等特别提示，属于对工作地点约定不明。劳动者在签订劳动合同后，已经在实际履行地点工作的，视为双方确定具体的工作地点。用人单位不得仅以工作地点约定为“全国”、“北京”为由，无正当理由变更劳动者的工作地点。

第四节 劳动合同的期限

根据《劳动合同法》的规定，劳动合同的期限分为3种：固定期限、无固定期限和以完成一定工作任务为期限。劳动合同的期限是法律要求的劳动合同的必备条款，因此，用人单位必须在劳动合同中与劳动者明确约定合同期限。

一、固定期限劳动合同

固定期限劳动合同，是指用人单位与劳动者明确约定合同终止时间的劳动合同。用人单位与劳动者协商一致，可以订立固定期限劳动合同。固定期限的劳动合同可以是较短时间的，如半年、1年、2年，也可以是较长时间的，如5年、10年，甚至更长时间。不管时间长短，劳动合同的起始和终止日期都是固定的。劳动合同期限届满，劳动关系即告终止。如果双方协商一致，还可以续订劳动合同，延长期限。

【法条链接】

《中华人民共和国劳动合同法》

第十三条 固定期限劳动合同，是指用人单位与劳动者约定合同终止时间的劳动合同。

用人单位与劳动者协商一致，可以订立固定期限劳动合同。

二、无固定期限劳动合同

无固定期限劳动合同，是指用人单位与劳动者约定无确定终止时间的劳动合同。实践中，不少人对无固定期限劳动合同存在认识上的误区，认为无固定期限劳动合同就是“铁饭碗”“终身制”，一经签订就不能解除。于是，很多劳动者把无固定期限劳动合同视为“护身符”，千方百计要与用人单位签订无固定期限劳动合同。另一方面，用人单位则将无固定期限劳动合同看成“洪水猛兽”，想方设法逃避签订无固定期限劳动合同的法定义务。

其实，这里所说的无确定终止时间，并不是没有终止时间，只是没有一个确切的终止时间，也就是说，劳动合同不存在到期的问题。但是，一旦出现法律规定的情形，无固定期限劳动合同也同样能够终止和解除。

根据《劳动合同法》的规定，可签订无固定期限劳动合同的情形有以下 3 种：

1. 约定订立

用人单位和劳动者双方协商一致，同意签订无固定期限劳动合同。

2. 法定订立

根据《劳动合同法》的规定，出现下列情形之一的，除劳动者提出订立固定期限劳动合同外，用人单位应当订立无固定期限劳动合同：

（1）劳动者在该用人单位连续工作满 10 年的。

解读：何谓"连续工作"？

连续工作，即中途无间断。如果一个员工在一个单位工作 5 年后，离开该单位又去别的单位工作了 1 年，又回到该单位工作了 5 年，该员工在该单位虽然也工作了 10 年，但由于不是连续，而是累计工作了 10 年，因此，也不符合"连续工作满 10 年"的条件。

有的单位为了避免签订无固定期限劳动合同，采取要求劳动者"主动辞职"或离职后间隔一段时间再入职的手段以达到工作年限"不连续"的目的，对于这种恶意规避法律的行为，司法实践中人民法院通常会确认该行为无效，用人单位将承担不利的法律后果。

（2）用人单位初次实行劳动合同制度或者国有企业改制重新订立劳动合同时，劳动者在该用人单位连续工作满 10 年且距法定退休年龄不足 10 年的，即满足"双十"条件。

（3）连续订立 2 次固定期限劳动合同，且劳动者没有《劳动合同法》第 39 条和第 40 条第 1 项、第 2 项规定的情形，续订劳动合同的。

解读：连续订立两次劳动合同后，是否必须订立无固定期限劳动合同？

对于上述问题，实践中一直有很大争议，最主要的分歧就是企业与员工连续订立两次劳动合同后，是否还具有续订与否的选择权。一种观点认为，在第二次合同到期后，用人单位没有终止劳动合同的权利，除非劳动者决定不续订劳动合同，或者提出订立固定期限劳动合同，否则，用人单位与劳动者必须订立无固定期限劳动合同。另一种观点认为，用人单位在第二次劳动合同期满时，有决定是否续订劳动合同的选择权，如果同意续订，则应当订立无固定期限劳动合同，但如果用人单位不同意续订的，则劳动关系即行终止。

目前的审判实践中，第一种观点占主导地位，也就是说，企业在与劳动者连续第二次订立劳动合同的当时，就意味着丧失了在第二次合同到期后，决定是否续订劳动合同的选择权，合同是否续订，完全取决于劳动者。因此，笔者建议，企业在对员工劳动合同期限的设置上，应务必谨慎，尽量避免短期化的劳动合同，在与员工首次续订劳动合同时，就要做好合同到期后将根据员工的要求签订无固定期限劳动合同的准备。

3. 视为订立

用人单位自用工之日起满1年不与劳动者订立书面劳动合同的，视为用人单位与劳动者已订立无固定期限劳动合同。

以案说法

12. 应订立无固定期限劳动合同而订立了固定期限劳动合同，公司是否应当支付二倍工资？

员工刘某于2009年8月18日与北京某公司签订了一年的固定期限劳动合同，并于2010年8月18日续签一年的劳动合同至2011年8月17日。双方于2011年8月18日再次续订了三年期固定期限劳动合同，至2014年8月17日止。2013年1月18日，双方协商一致解除劳动合同，其后刘某向劳动争议仲裁委申请劳动仲裁，要求公司支付2011年8月18日至2013年1月18日应当订立而未订立无固定期限劳动合同的二倍工资差额。劳动争议仲裁委作出裁决未予支持刘某的仲裁请求，刘某不服诉至一审法院。

【审理结果】

法院经审理认为，根据《劳动合同法》第14条第2款规定，“有下列情形之一，劳动者提出或者同意续订、订立劳动合同的，除劳动者提出订立固定期限劳动合同外，应当订立无固定期限劳动合同：……（三）连续订立二次固定期限劳动合同，且劳动者没有本法第三十九条和第四十条第一项、第二项规定的情形，续订劳动合同的”。本案中双方均认可第三次固定期限劳动合同的真实性，应视为双方于2011年8月18日就续签劳动合同事宜达成合意。刘某虽表示该次续签公司并未与其协商，其本人未仔细浏览内容即签字，但作为完全民事行为能力人，应当知晓并须承担其上述签字行为的相应法律后果。故认为2011年8月18日双方续签劳动合同至2014年8月17日的行为系双方的真实意思表示，刘某主张公司支付其2011年8月18日至2013年1月18日未签订无固定期限劳动合同二倍工资差额的请求没有事实依据，不予支持。

【律师点评】

首先，就目前的实践而言，大多数地区实务中认为，在符合《劳动合同法》第14条规定的法定情形下，对于订立何种期限的劳动合同，劳动者具有选择权，也就是说，无固定期限劳动合同的签订主动权掌握在劳动者手中，只要劳动者作出签订无固定期限合同的意思表示，用人单位就必须与其签订无固定期限劳动合同。但是，需要强调的是，这里法律的目的并不是强行规定双方必须续订无固定期限劳动合同，这一点，在《劳动合同法实施条例》第 11 条的规定中也得到了印证，该条规定，“除劳动者与用人单位协商一致的情形外，劳动者依照劳动合同法第十四条第二款的规定，提出订立无固定期限劳动合同的，用人单位应当与其订立无固定期限劳动合同。”可见，只要劳动者与用人单位协商一致，签订固定期限劳动合同也是完全可以的。

实践中，如果劳动者以书面声明的方式选择签订固定期限劳动合同，或者双方实际上签订了固定期限劳动合同，且过程中劳动者并未提出异议并予以签订的，应当认为劳动者依法行使了自己的选择权，与用人单位协商一致签订了固定期限的劳动合同。本案中，刘某与公司之间连续订立二次固定期限劳动合同之后，又续签了固定期限劳动合同，未有证据显示所签订的第三次固定期限劳动合同非基于其真实意思表示，也未能证明签订合同时公司存在欺诈、胁迫、乘人之危等导致劳动合同无效的行为，因此，法院最终认定，该固定期限的劳动合同具有法律效力，属于双方真实意思表示，用人单位无须承担支付二倍工资的法律责任。

13. 连续工作满 10 年后，是否能在固定期限劳动合同履行中提出变更合同期限？

张某在某公司已连续工作多年，2007 年公司与张某续签一次 3 年期的劳动合同。2008 年 5 月，张某发现自己在该公司已经连续工作超过 10 年，因此，张某提出，根据《劳动合同法》的规定，公司应与其重新订立无固定期限劳动合同。公司认为之前续签的劳动合同是经双方协商一致签订的，更改期限也应经协商一致，现公司不同意张某提出的变更劳动合同期限的要求。

【律师点评】

本案的争议焦点是，应当订立无固定期限劳动合同的时间点，劳动者连续工作满 10 年后，能否在固定期限劳动合同的履行过程中提出变更为无固定期限劳动合同。根据《劳动合同法》的规定，用人单位应当订立无固定期限劳动合同的时间，只能是在双方续订或订立劳动合同时。如果是在劳动合同履行的过程中，劳动者达到连续工作满 10 年的条件，提出订立无固定期限劳动合同的，如果双方协商一致，可以变更劳动合同期限，但是，如果用人单位不同意，则应继续履行原劳动合同。但是，待劳动合同期限届满时，劳动者提出续订无固定期限劳动合同的，用人单位则必须订立，不得拒绝。

【HR 应对】

1. 由于《劳动合同法》降低了签订无固定期限劳动合同的门槛，企业 HR 应时刻做好劳动合同的续订和跟踪工作，确保当劳动者符合法定情形时，即签订相应的无固定期限劳动合同，以避免二倍工资赔偿的不利法律后果。

2. 第二次固定期限劳动合同届满前，企业 HR 应书面告知劳动者其有权订立无固定期限劳动合同，并征询劳动者是否续订。如果劳动者要求或同意订立固定期限劳动合同的，HR 一定要保存好相应的书面证据，以免劳动者日后反悔，用人单位由于不能举证系劳动者提出的订立固定期限劳动合同，而仍面临支付二倍工资的风险。

【法条链接】

《中华人民共和国劳动合同法》

第十四条 无固定期限劳动合同，是指用人单位与劳动者约定无确定终止时间的劳动合同。

用人单位与劳动者协商一致，可以订立无固定期限劳动合同。有下列情形之一，劳动者提出或者同意续订、订立劳动合同的，除劳动者提出订立固定期限劳动合同外，应当订立无固定期限劳动合同：

（一）劳动者在该用人单位连续工作满十年的；

（二）用人单位初次实行劳动合同制度或者国有企业改制重新订立劳动合同时，劳动者在该用人单位连续工作满十年且距法定退休年龄不足十年的；

（三）连续订立二次固定期限劳动合同，且劳动者没有本法第三十九条和第四十条第一项、第二项规定的情形，续订劳动合同的。

用人单位自用工之日起满一年不与劳动者订立书面劳动合同的，视为用人单位与劳动者已订立无固定期限劳动合同。

第八十二条 用人单位违反本法规定不与劳动者订立无固定期限劳动合同的，自应当订立无固定期限劳动合同之日起向劳动者每月支付二倍的工资。

《中华人民共和国劳动合同法实施条例》

第十一条 除劳动者与用人单位协商一致的情形外，劳动者依照劳动合同法第十四条第二款的规定，提出订立无固定期限劳动合同的，用人单位应当与其订立无固定期限劳动合同。对劳动合同的内容，双方应当按照合法、公平、平等自愿、协商一致、诚实信用的原则协商确定；对协商不一致的内容，依照劳动合同法第十八条的规定执行。

三、以完成一定工作任务为期限的劳动合同

以完成一定工作任务为期限的劳动合同，是指用人单位与劳动者约定以某项工作的完成为合同期限的劳动合同。该类劳动合同，以某一项工作开始之日，作为其期限起算之日，以劳动者完成该项工作之日，作为其期限终止之日，因此，可能存在合同的变更、解除、中止（双方协议暂停履行）或终止等问题，但不存在合同续签的问题。

用人单位与劳动者协商一致，可以订立以完成一定工作任务为期限的劳动合同。实践中，以完成一定工作任务为期限签订的劳动合同主要有，以完成单项工作任务为期限的劳动合同、以项目承包方式完成承包任务的劳动合同、因季节原因临时用

工的劳动合同等。

解读：以完成一定工作任务为期限的劳动合同，单位是否应支付经济补偿金？

应当支付。根据《劳动合同法》第46条的规定，劳动合同终止需支付经济补偿的情形仅适用于固定期限劳动合同，但是，《劳动合同法实施条例》对此作出了补充规定，即以完成一定工作任务为期限的劳动合同因任务完成而终止的，用人单位应当依照《劳动合同法》第47条的规定向劳动者支付经济补偿。据此，以完成一定工作任务为期限的劳动合同终止时，单位也应当根据劳动者实际工作年限支付相应的经济补偿。

【HR应对】

1. 在订立以完成一定工作任务为期限的劳动合同时，企业HR一定要在合同中明确工作任务完成的标志或时间点，以避免双方在劳动合同的履行过程中发生争议，导致合同无法终止。

2. 以完成一定工作任务为期限的劳动合同虽然特殊，但也是法律明确规定的劳动合同，劳动者的相关权益与固定期限和无固定期限劳动合同的劳动者是一致的，企业HR应当为劳动者办理社会保险，提供劳动法律规定的各项劳动条件、劳动保护和薪酬待遇等。

【法条链接】

《中华人民共和国劳动合同法》

第十五条　以完成一定工作任务为期限的劳动合同，是指用人单位与劳动者约定以某项工作的完成为合同期限的劳动合同。

用人单位与劳动者协商一致，可以订立以完成一定工作任务为期限的劳动合同。

《中华人民共和国劳动合同法实施条例》

第二十二条　以完成一定工作任务为期限的劳动合同因任务完成而终止的，用人单位应当依照劳动合同法第四十七条的规定向劳动者支付经济补偿。

第五节　劳动合同的效力

用人单位无论在制定劳动合同条款，还是与劳动者签订劳动合同的过程中，都应当严格依据法律的相关规定，否则，有可能导致劳动合同的全部或部分无效，不但不能有效地发挥劳动合同的作用，还可能使企业面临不利的法律后果。

一、劳动合同的有效要件

一个有效的劳动合同，应具备以下四方面的要件：

1. 主体合格：用人单位应是有用工自主权的适格主体，劳动者为有劳动权利能力和行为能力的公民（相关内容参见本章第二节“劳动合同的主体”）；

2. 形式合法：劳动合同必须以书面形式订立（相关内容参见本章第一节“劳动合同的订立”）；

3. 内容合法：劳动合同内容不得违背法律法规的相关规定；

4. 程序合法：劳动合同的订立遵循合法、公平、自愿和协商一致的原则，双方当事人的意思表示真实，不存在欺诈、胁迫或乘人之危的情况。

二、无效劳动合同

1. 劳动合同无效的法定情形

（1）以欺诈、胁迫的手段或者乘人之危，使对方在违背真实意思的情况下订立或者变更劳动合同的

订立劳动合同，和其他一般的民事合同一样，都应当遵循自愿、协商一致和诚实信用等基本原则。因此，任何一方采用欺诈、胁迫的手段或者乘人之危，致使对方违反本意与其订立或变更劳动合同的，该劳动合同无效。

欺诈是指劳动合同的一方当事人故意陈述虚伪事实、隐瞒真实情况或者捏造假相，误导对方，使对方违背真实意思而订立合同。

实践中比较常见的情形有，劳动者伪造学历、履历或者提供其他虚假情况以骗取与用人单位签订劳动合同；劳动者隐瞒尚未和原单位解除劳动关系的事实，与用人单位订立劳动合同；用人单位虚假承诺向劳动者提供福利待遇或夸大工资标准等。

胁迫是指当事人一方以暴力或其他手段，威胁、强迫对方，或以将来要发生的损害相威胁，致使对方屈服其压力，违背自己的真实意思而订立合同。如用人单位限制劳动者人身自由，或威胁抵押金不予退还，合同期满后强迫续订劳动合同等。

乘人之危是指乘对方处于危难之际，诱骗或强迫对方违背自己的真实意思接受某种明显不公平的条件而订立合同。如用人单位乘劳动者生活处于窘迫急于找到工作之机，将劳动者的工资压得过低，与其实际劳动力价值不相符，使劳动者不得已而接受显失公平的合同条款。

（2）用人单位免除自己的法定责任、排除劳动者权利的

由于实践中，劳动者与用人单位订立的劳动合同，基本上都是用人单位事先拟定好的格式合同，劳动者不能对劳动合同的内容提出异议或进行协商，只有签或不签的权利。因此，为了防止用人单位滥用单方确定合同内容的地位，法律对于用人

单位提供的劳动合同的内容设定了上述限制。也就是说，用人单位应该公平合理地确定双方当事人的权利义务，而不得免除自己的法定责任、排除劳动者的法定权利，使得劳动合同的内容显失公平。

实务中，比较典型的霸王条款有："用人单位对工伤概不负责"；"无工资上岗"；"生病与单位无关，单位不负责治疗"；"合同期内不准恋爱、结婚、生育"；"用人单位有权根据经营状况随时变动劳动者工作岗位，劳动者必须服从单位安排"等。用人单位在制作劳动合同时，应在法律规定的范围内拟订相关的条款，避免出现上述限制或排除劳动者权利的条款。

（3）违反法律、行政法规强制性规定的。

内容合法是劳动合同生效的必备要件，对于"违反法律、行政法规强制性规定"这个无效情形，需要注意两点：一是，违反的必须是法律和行政法规，即违反的是由全国人大及其常务委员会制定的法律和国务院制定的行政法规，不包括各部委所制定的部门规章，也不包括地方性法规或地方政府规章。二是，违反的必须是法律、行政法规中的强制性规定。强制性规定是指法律规定的内容具有强制性，当事人只能无条件地遵守，不能随意更改的法律规范。

"违反法律、行政法规强制性规定"属于兜底条款，因为，以欺诈手段订立劳动合同，用人单位免除自己的法定责任、排除劳动者权利的条款，也都是违反法律、行政法规强制性规定的，但对于上述无效情形无法覆盖的情况或条款，《劳动合同法》以违反法律、行政法规强制性规定作为兜底，认定相应条款无效。常见的违法条款有：违法约定劳动者支付违约金的条款；超过法定期限的试用期条款；违法约定劳动合同期限的条款；违法约定工资标准的条款等。

以案说法

14. 劳动合同中约定将社会保险费直接支付给员工有效吗？

陈某为农村进城务工人员，2018 年到一家公司工作，双方的劳动合同期限为 2018 年 6 月到 2019 年 6 月，试用期 2 个月，月工资 2000 元。订立劳动合同时，陈某表示不愿意上社会保险，能否将公司应缴纳的相应社保费直接支付给其本人。公司也考虑到一部分员工经济困难，不想参保，希望直接获得货币形式的社会保险费用，因此，同意将应付的社保费 446 元，折现为 400 元，每月连同工资一起支付给陈某。双方在劳动合同中对此做了明确约定，公司还要求陈某签署了保证书，保证不再要求缴纳社会保险费。

2019 年 6 月，劳动合同到期，公司通知陈某将不与其续签劳动合同。陈某要求公司为其补缴 2018 年 6 月到 2019 年 6 月期间的社会保险费。公司认为，试用期员工不享受社会保险待遇，这是合同事先就有规定的，陈某转正以后，公司每月都支付了 400 元的社会保险费用，陈某现要求公司为其补缴社会保险费是不合理的。陈某不同意，于2019年8月向劳动争议仲裁委员会申请仲裁，要求公司为其补缴从2018年6月到2019年6月的社会保险费。

【审理结果】

劳动争议仲裁委员会经审理，裁决公司于裁决书生效之日起5日内，为陈某补缴从2018年6月到2019年6月的社会保险费，陈某应将已领取的社会保险费返还给公司。

【律师点评】

《劳动法》第72条规定，用人单位和劳动者必须依法参加社会保险，缴纳社会保险费。可见，社会保险具有强制性，依法参加社会保险，缴纳保险费用，是用人单位和劳动者的法定责任和义务。只要用人单位和劳动者依法确立了劳动关系，用人单位就必须参加社会保险，按照社会保险的项目、保险费缴纳的方式和标准、保险待遇的内容和标准等为员工办理参加社会保险的相关手续。由于参加社会保险是法律规定的强制性义务，因此，其不因双方当事人的任何约定而被排除或免除。本案中，虽然双方对不办理社会保险和以其他形式支付社保费用达成了协议，但由于该约定违反了上述法律的强制性规定，因此，该约定无效。

另外，由于陈某已经按月领取的社会保险费是基于双方的无效约定获得的，因此，根据法律的相关规定，陈某应将该笔款项返还给公司，故仲裁委员会裁决陈某将已领取的社会保险费返还公司。

【法条链接】

《中华人民共和国劳动合同法》

第二十六条 下列劳动合同无效或者部分无效：

（一）以欺诈、胁迫的手段或者乘人之危，使对方在违背真实意思的情况下订立或者变更劳动合同的；

（二）用人单位免除自己的法定责任、排除劳动者权利的；

（三）违反法律、行政法规强制性规定的。

对劳动合同的无效或者部分无效有争议的，由劳动争议仲裁机构或者人民法院确认。

2. 劳动合同无效的法律后果

劳动合同无效分为全部无效和部分无效两种情况，无论是全部无效，还是部分无效，无效的部分从订立时起，就不具有法律效力。对于无效劳动合同，因导致无效的原因不同，订立合同后，合同履行的程度不同，引起的劳动关系的变化程度不同，引起的法律后果也不尽相同。

（1）劳动合同全部无效

劳动合同全部无效，是指劳动合同的全部条款不发生法律效力，对双方当事人没有约束力。劳动合同被认定全部无效的情况下，双方当事人之间的劳动关系及相应的权利义务都归于消灭。

①随时解除劳动合同

根据《劳动合同法》的相关规定，如果是用人单位的原因导致劳动合同无效的，劳动者可以随时解除劳动合同，此时用人单位需要按照法定标准向其支付经济补偿金；如果是劳动者的原因导致劳动合同无效的，用人单位可以随时解除劳动合同，而无需支付任何经济补偿。

②劳动者已付出劳动的，用人单位应支付报酬

劳动合同被确认无效后，无论是哪一方的过错，只要劳动者已经付出劳动的，用人单位就应当向劳动者支付劳动报酬。劳动报酬的数额，可以参照本单位相同或者相近岗位劳动者的劳动报酬确定；用人单位无相同或相近岗位的，按照本单位职工平均工资确定。

③有过错的一方承担赔偿责任

劳动合同被确认为无效后，因无效劳动合同给一方当事人造成实际损失的，有过错的一方应承担赔偿责任。如因劳动者过错而造成劳动合同无效，用人单位可以要求劳动者赔偿其为招聘劳动者而支付的合理费用，及为劳动者支付的培训费用等。

以案说法

15. 劳动者原因导致劳动合同无效如何处理？

2018 年 5 月，某食品加工企业公开向社会招聘一名销售主管，王某前往应聘。面试过程中，王某向企业提交了以往在多个知名企业从事过销售主管的书面简历。企业对王某以往的工作经历相当满意，由于急需一名销售主管打开销售局面，于是双方当即签订了劳动合同，企业聘用王某为销售主管，工资为 8000 元。工作 4 个月后，企业发现王某的销售水平和能力一般，销售业绩也仍无起色，遂对王某的工作经历产生了怀疑。随后企业经调查发现，王某所说的在多个知名企业担任过销售主管的经历纯属虚构，企业当即以王某欺诈为由，作出了解除合同的决定，并不予支付王某 2018 年 9 月的工资。

王某认为自己正在努力开拓销售渠道并即将取得业绩，以往工作经历与目前工作并无关系，企业作出解除劳动合同的决定没有依据。双方协商未果，王某遂向劳动争议仲裁委员会申请了劳动仲裁，要求企业支付 2018 年 9 月的工资 8000 元和违法解除劳动合同的经济赔偿金 8000 元。

【审理结果】

庭审中，企业认为，由于王某虚构工作经历，导致企业与其签订劳动合同，其行为已经构成欺诈，应确认双方的劳动合同无效，并要求根据王某的真实履历和实

际工作情况确定其劳动报酬，同时要求其返还多发的工资。

劳动争议仲裁委员会经审理认为，企业与王某于 2018 年 5 月订立的劳动合同无效，企业应向王某支付 2018 年 9 月的工资 8000 元。

【律师点评】

本案的争议焦点是企业是否可以在调查发现王某工作经历虚假后作出解除合同的决定，并且以此为由不支付王某工资。首先，对于当事人采取欺诈的行为签订的劳动合同是否具有法律约束力，《劳动合同法》第 26 条明确规定，采取欺诈、胁迫等手段订立的劳动合同无效。对于该无效劳动合同，根据《劳动合同法》第 39 条的规定，用人单位可以立即解除劳动合同。

本案中，王某为了达到与企业签订劳动合同的目的，隐瞒了真实情况，虚构了以往在多个知名企业担任过销售主管的工作经历，骗取了企业的信任，致使企业在急需销售主管的时候与其签订了劳动合同。王某的这种做法属于欺诈行为，影响了企业的正常生产工作秩序。因此，王某与企业订立的劳动合同应属无效合同，企业有权解除劳动合同。但是，由于劳动合同的特殊性，对于王某已经为企业提供和付出的劳动，其有权向企业主张相应的劳动报酬，因此，仲裁委员会最终认定企业仍需按照双方劳动合同中确定的工资标准向王某支付劳动报酬。

（2）劳动合同部分无效

劳动合同部分无效是指劳动合同的部分条款虽然被确认无效，但并不影响其他条款的效力。在部分无效的劳动合同中，无效条款如不影响其余部分的效力，则其余部分仍然有效，对双方当事人具有约束力。

①无效条款约定的事项按法律规定确定，且追溯到合同订立之时

劳动合同部分无效，不影响整个劳动合同的效力，无效的部分，从订立时起，就没有法律约束力。对于无效部分事项的确定和相应法律关系的调整，应根据相关的法律规定进行，并且此种调整可以追溯到合同订立之时。

②有过错的一方承担赔偿责任

劳动合同部分条款被确认无效，因此给一方当事人造成实际损失的，有过错的一方应承担赔偿责任。

【HR 应对】

1. 在与劳动者签订劳动合同时，企业 HR 应当谨慎审查劳动者的相关资质和所提供的各种信息，严格根据法律规定确定劳动合同的内容，避免出现劳动合同全部或部分无效的情形。

2. 无论是用人单位还是劳动者的原因造成劳动合同的无效，于用人单位而言，都面临着责任和损失的承担。如果是用人单位原因造成的劳动合同无效，用人单位除给付相应的劳动报酬外，还须承担一定的损害赔偿责任。如果是劳动者原因造成

的劳动合同无效，用人单位仍应支付相应的劳动报酬。

【法条链接】

《中华人民共和国劳动法》

第十八条 无效的劳动合同，从订立的时候起，就没有法律约束力。确认劳动合同部分无效的，如果不影响其余部分的效力，其余部分仍然有效。

《中华人民共和国劳动合同法》

第二十七条 劳动合同部分无效，不影响其他部分效力的，其他部分仍然有效。

第二十八条 劳动合同被确认无效，劳动者已付出劳动的，用人单位应当向劳动者支付劳动报酬。劳动报酬的数额，参照本单位相同或者相近岗位劳动者的劳动报酬确定。

第八十六条 劳动合同依照本法第二十六条规定被确认无效，给对方造成损害的，有过错的一方应当承担赔偿责任。

第三章 试用期管理

试用期是一个用人单位和劳动者双方约定的最长期限不超过 6 个月的考察期，在这段期间内，用人单位考察劳动者的工作能力，劳动者也考察用人单位的实际情况，经过相互的考察，决定是否继续履行劳动合同。

但近年来，用人单位滥用试用期条款，严重侵害劳动者合法权益的现象却愈演愈烈。例如，约定过长的试用期期限，约定较低的试用期工资，试用期内不享受社会保险和其他福利待遇，试用期内可随意解除劳动合同等，难怪有人戏称，“试用期”变成了“白用期”。针对上述情况，2008 年 1 月 1 日施行的《劳动合同法》对试用期的期限、工资待遇、劳动合同的解除等问题做了更加明确的规定，用人单位违法约定试用期将承担更重的法律责任。

第一节 试用期期限

一、试用期的法定上限

用人单位与劳动者可以协商一致确定试用期期限，但不能超过《劳动合同法》规定的试用期的最长期限。《劳动合同法》根据劳动合同的期限长短，确定了不同的试用期最长期限：

（1）劳动合同期限 3 个月以上（包括 3 个月）不满 1 年的，试用期不得超过 1 个月，即可以约定 1 个月或短于 1 个月的试用期；

（2）劳动合同期限 1 年以上（包括 1 年）不满 3 年的，试用期不得超过 2 个月，即可以约定 2 个月或短于 2 个月的试用期；

（3）3 年以上（包括 3 年）固定期限和无固定期限的劳动合同，试用期不得超过 6 个月，即可以约定 6 个月或短于 6 个月的试用期。

3 个月≤劳动合同期限〈1 年	试用期≤1 个月
1 年≤劳动合同期限〈3 年	试用期≤2 个月
劳动合同期限≥3 年	试用期≤6 个月

解读：1 年期的合同和 3 年期的合同分别能约定多长的试用期？

笔者经常会看到用人单位约定1年零1天，或3年零1个月等各种奇怪期限的劳动合同，实际上是企业的HR对于“不满”“以上”等用语在法律语境中是否包含“本数”缺乏概念，这需要借助于《民法典》中对“本数”的界定来理解，民法所称的“以上”“以下”“以内”“届满”，包括本数；所称的“不满”“超过”“以外”，不包括本数。由此可见，3年期的劳动合同就可以约定6个月的试用期；1年整的劳动合同则可以约定2个月的试用期，用人单位无需为了“凑足”试用期而增加劳动合同期限。

二、试用期的延长和缩短

实践中，用人单位可以根据实际情况提出延长或缩短对劳动者的考察期限，但是必须满足以下3个条件：

1. 用人单位与劳动者协商一致

对试用期的延长和缩短，都是对双方之前签订的劳动合同条款的变更，因此必须经过双方协商一致。一般来说，劳动者对于“提前转正”都会欣然接受，提出异议和发生纠纷的可能性较小。但是，关于试用期的延长，经常会引发争议和纠纷，需要明确的是，试用期可以在法律规定的范围内延长，但是任何一方都没有单方决定延长试用期的权利。因此，未经劳动者的同意，用人单位不能单方面随意延长试用期，否则，将承担不利的法律后果。

但是，北京地区的HR还应注意的是，近两年以来，北京的司法实践进一步收紧了裁判口径，倾向于认为用人单位和劳动者在已经明确约定试用期的情况下，双方又再次约定延长试用期的行为违反了“同一用人单位与同一劳动者只能约定一次试用期”的法律规定，构成违法约定试用期。因此，北京地区的用人单位在与员工约定延长试用期时，应非常谨慎。

2. 延长后的试用期不得超过法定上限

即使是用人单位和劳动者协商一致同意延长试用期，延长后的总期限也必须在前述法律规定的最高上限内，即如果企业之前已经约定了法定上限作为试用期期限，则即使双方协商一致也不能延长。

3. 必须在之前约定的试用期届满前延长

用人单位和劳动者关于延长试用期的协商及一致意见的达成，均必须在之前约定的试用期届满之前作出，否则，试用期届满后，任何一方都没有提出延长试用期的权利，而只有履行劳动合同的义务。

以案说法

16. 企业随意延长试用期，应承担何种法律责任？

2019 年 5 月，唐某被 A 公司聘为销售人员，双方签订了期限为 1 年的劳动合同，约定试用期为 1 个月，试用期工资为 2500 元，转正后工资为 3000 元。劳动合同中还约定公司可根据她的表现适当延长或缩短试用期。2019 年 6 月，由于在试用期内唐某未完成公司制定的销售任务，公司决定延长试用期 1 个月，再予以考核决定是否录用。2019 年 7 月，在延长的试用期内，公司以唐某不符合录用条件为由将其辞退。唐某不服，向劳动争议仲裁委员会提出申请，要求公司补发 2019 年 6 月至 7 月延长的 1 个月未支付转正工资的差额 500 元，并支付违法解除劳动合同的经济赔偿金。

【审理结果】

庭审中，A 公司认为公司在试用期内与不符合录用条件的员工解除劳动合同，是用人单位的权利。唐某未能按时获得公司转正，原因在于其自身水平达不到公司要求，单位要求延长试用期，她也并未提出异议，应视为同意，故单位继续支付试用期工资并无不妥。

劳动争议仲裁委员会经审理裁决，A 公司补发唐某 2019 年 6 月工资 500 元，并支付唐某月平均工资 2750 元作为违法解除劳动合同的经济赔偿金。

【律师点评】

本案的争议焦点是，A 公司能否单方决定延长试用期。本案中，A 公司应在约定的试用期内及时对唐某考评，并决定是否予以录用。因为试用期经过即进入正式的合同履行期，双方均负有完全履行合同约定的义务。试用期过后，A 公司单方决定延长试用期的做法没有法律依据，其延长试用期的通知不能作为双方协商一致延长试用期的依据。

唐某虽继续在 A 公司工作，但因试用期延长的决定无效，只能视为唐某在继续履行劳动合同。合同履行期间，A 公司应当按合同的约定，给付唐某转正待遇。同时，由于公司在合法的试用期内未解除劳动合同，试用期过后，公司已无权再以员工不符合录用条件为由行使试用期内才享有的解除劳动合同的权利，因此，公司作出解除劳动合同的决定没有法律依据，属于违法解除，其应当向唐某支付违法解除劳动合同的经济赔偿金。

【HR 应对】

1. 企业应当按照《劳动合同法》的规定和岗位的实际情况确定合法合理的试用期期限。试用期并非越长越好，也不应当千篇一律，企业 HR 应当针对不同的劳动者、不同的岗位、不同的劳动合同期限，对试用期进行“个性化”的设置。对于那些背景不是很了解的员工和需要较长时间考察的岗位，可以约定劳动合同期限所对应的法定上限的试用期；对于那些背景较为熟悉的员工和不需要较长时间考察的岗位，可以根据用人单位的需要设置一个较短的试用期。

2. 企业应当谨慎决定是否延长试用期，如果企业要在法定上限内延长试用期，企业 HR 应当注意，首先必须在之前约定的试用期届满前与员工达成一致或征得员工的同意，同时，为了避免事后取证难的风险，建议用人单位务必采用书面形式征求劳动者的意见，劳动者同意的，让其签字确认。而且，企业还应注意其所在地的司法裁判口径，如明显倾向于不认同协商延长试用期这一操作的，更应谨慎处理。以北京为例，企业应尽量执行双方首次约定的试用期，而不应轻易与员工约定延长试用期。

【法条链接】

《中华人民共和国劳动合同法》

第十九条　劳动合同期限三个月以上不满一年的，试用期不得超过一个月；劳动合同期限一年以上不满三年的，试用期不得超过二个月；三年以上固定期限和无固定期限的劳动合同，试用期不得超过六个月。

第二节　试用期工资和福利待遇

一、试用期工资

试用期的工资由用人单位和劳动者协商一致确定，但不得低于《劳动合同法》规定的最低标准。为了防止用人单位滥用试用期，任意压低员工的工资，《劳动合同法》对于试用期的员工工资标准确定了两条原则：

1. 试用期工资不得低于用人单位所在地的最低工资标准

我国实行最低工资保障制度，即职工在劳动过程中领取的最低劳动报酬不得低于当地最低工资标准。实践中，会出现用人单位的注册地和实际经营地或劳动合同履行地不一致的情况，由于各地的最低工资标准不尽相同，应当适用哪一地的最低工资标准，直接关系到用人单位和劳动者的权益。

根据《劳动合同法实施条例》的规定，劳动合同履行地与用人单位注册地不一致的，最低工资标准按照劳动合同履行地的有关规定执行；如果用人单位注册地的有关标准高于劳动合同履行地的有关标准，且用人单位与劳动者约定按照用人单位注册地的有关规定执行的，则按照用人单位注册地的标准执行。

2. 试用期工资不得低于本单位相同岗位最低档工资的80%或者不得低于劳动合同约定工资的80%

上述两个条件，用人单位只要满足其一即可，即试用期工资低于本单位相同岗位最低档工资的80%，但是不低于劳动合同约定工资的80%，或者试用期工资低于劳动合同约定工资的80%，但是不低于本单位相同岗位最低档工资的80%，都是可以的。

解读：用人单位注册地和劳动合同履行地不一致，用人单位能否直接适用较低的最低工资标准？

用人单位注册地和劳动合同履行地不一致时，如果用人单位和劳动者在劳动合同中对于适用哪一地的最低工资标准未做约定，则直接根据法律规定适用劳动合同履行地的标准，该标准高于还是低于注册地的标准在所不问。如果用人单位和劳动者约定适用用人单位注册地的标准，则前提条件必须是注册地的最低工资标准高于劳动合同履行地的标准，否则，该约定无效。所以，用人单位不能事先约定或直接适用较低的最低工资标准。

二、试用期福利待遇

很多企业认为员工在试用期内，尚不属于企业的正式员工，因此不给员工缴纳社会保险或克扣其他福利待遇。事实上，自用工之日起，劳动者就与用人单位缔结了劳动关系，劳动者享有法律规定的全部权利，用人单位应当按照法律规定和劳动合同约定履行全部义务，这并不因劳动者处于试用期而有所不同。因此，除了试用期工资标准可以在法律规定的范围内区别于转正后的工资，其他方面，企业均应像对待正式员工一样对待试用期员工，维护试用期员工的相关权益，包括缴纳社会保险和提供其他福利待遇等。

解读：试用期内员工是否能享受医疗期、婚假、产假等福利待遇？

可以。试用期虽然是一个考察期，但它包含在正式的劳动合同期限内，并不影响双方间存在劳动关系的认定。因此，员工在试用期内，仍然依法享受医疗期、婚假、产假及其福利待遇，即使发生重合，甚至导致试用期虚设，用人单位也无权单方面剥夺其权益或延长试用期。

【法条链接】

《中华人民共和国劳动合同法》

第二十条 劳动者在试用期的工资不得低于本单位相同岗位最低档工资或者劳动合同约定工资的百分之八十，并不得低于用人单位所在地的最低工资标准。

《中华人民共和国劳动合同法实施条例》

第十四条 劳动合同履行地与用人单位注册地不一致的，有关劳动者的最低工资标准、劳动保护、劳动条件、职业危害防护和本地区上年度职工月平均工资标准等事项，按照劳动合同履行地的有关规定执行；用人单位注册地的有关标准高于劳动合同履行地的有关标准，且用人单位与劳动者约定按照用人单位注册地的有关规定执行的，从其约定。

第十五条　劳动者在试用期的工资不得低于本单位相同岗位最低档工资的80%或者不得低于劳动合同约定工资的80%，并不得低于用人单位所在地的最低工资标准。

第三节　试用期的约定限制

一、部分劳动合同不得约定试用期

并非所有的劳动合同都能约定试用期，根据《劳动合同法》的规定，下列3类劳动合同不能约定试用期：

（1）短期劳动合同，劳动合同期限不满3个月的（不包括正好3个月的劳动合同）；

（2）以完成一定工作任务为期限的劳动合同；

（3）非全日制用工的劳动合同。

二、试用期不得单独设定

不少用人单位在劳动者入职时只与其签订试用期协议，而不签订劳动合同，对此，《劳动合同法》明确规定，如果用人单位只约定了试用期，没有约定劳动合同期限的，则试用期不成立，该期限视为劳动合同期限。

三、试用期只能约定一次

《劳动合同法》明确禁止，用人单位对劳动者反复约定试用期，即同一用人单位与同一劳动者只能约定一次试用期。根据这一规定，员工与A公司解除劳动合同，到B公司工作两年后，又重新回到A公司工作，A公司也不得与其重新约定试用期，即使岗位与之前不一样了。

解读：劳动者转岗或升职后，能否再次约定试用期？

不能。《劳动合同法》对于用人单位对劳动者反复约定试用期是明确禁止的，并且没有规定例外情形。建议用人单位此时可以与劳动者约定转岗考察期等类似的期限，在该期限内，如果劳动者能够胜任新岗位工作的话，则予以转正；如果不能胜任的话，则可以回到原先的岗位。

【法条链接】

《中华人民共和国劳动合同法》

第十九条 同一用人单位与同一劳动者只能约定一次试用期。

以完成一定工作任务为期限的劳动合同或者劳动合同期限不满三个月的，不得约定试用期。

试用期包含在劳动合同期限内。劳动合同仅约定试用期的，试用期不成立，该期限为劳动合同期限。

第七十条 非全日制用工双方当事人不得约定试用期。

四、违法约定试用期的法律后果

《劳动合同法》对试用期的相关内容作了更加严格细致的规定，对于用人单位违法约定试用期的行为，也规定了明确的法律责任：

1. 由劳动行政部门责令改正

本规定针对的是违法约定的试用期尚未履行的情况。虽然试用期尚未履行，但劳动行政部门有权责令改正。

2. 支付赔偿金

本规定主要针对的是用人单位约定试用期超过法定上限或违法延长试用期的情况。如果违法约定的试用期已经实际履行的，则用人单位应以劳动者试用期满月工资为标准，按已经履行的超过法定试用期的期间向劳动者支付赔偿金。

以案说法

17. 违法约定的试用期已履行的，企业应如何承担责任？

王某与 A 公司签订了为期 2 年的劳动合同，约定试用期为 6 个月，试用期工资为 3000 元，试用期满后的工资为 3500 元。6 个月的试用期结束前，王某决定解除与 A 公司的劳动合同，却从电视普法节目中得知 A 公司约定的试用期比法律规定多了 4 个月，于是王某要求 A 公司按照法律规定支付赔偿金。

【律师点评】

根据《劳动合同法》的规定，劳动合同期限 1 年以上不满 3 年的，试用期不得超过 2 个月。本案中，王某和 A 公司订立的是两年期的劳动合同，最多可约定 2 个月的试用期，因此，公司约定 6 个月的试用期违反了法律规定。由于违法约定的试用期已经全部履行，因此，根据法律规定，A 公司应当从第 3 个月开始每月按照转正后的工资标准 3500 元支付王某赔偿金，共计 14000 元（3500 元 ×4 个月）。该赔偿金不包含用人单位已经支付的工资 18000 元（3000 元 ×6 个月）。

【HR 应对】

《劳动合同法》对于用人单位违法约定试用期的行为规定了较为严厉的法律责

任，因此，企业应当及时扭转旧观念，全面解读新规定。例如，单独约定试用期，看似用人单位拥有了很大的主动权，实际上却因该约定无效而丧失了试用期内享有的一定的灵活性和相关权利；再如，超出法定上限约定试用期，用人单位不但不能获得任何好处，还要白白搭上超出期间的工资。所以，建议企业 HR 严格根据法律的规定拟定试用期条款和各项试用期制度，以避免承担不利的法律后果。

【法条链接】

《中华人民共和国劳动合同法》

第八十三条　用人单位违反本法规定与劳动者约定试用期的，由劳动行政部门责令改正；违法约定的试用期已经履行的，由用人单位以劳动者试用期满月工资为标准，按已经履行的超过法定试用期的期间向劳动者支付赔偿金。

第四节　试用期内劳动合同的解除

试用期既然是考察期，双方就应享有根据考察结果做出选择的权利，因此，法律赋予用人单位和劳动者相对自由的解约权。双方不仅享有一般法定情形下解除劳动合同的权利，还可以根据试用期的特殊规定解除劳动合同。

一、劳动者在试用期内解除劳动合同

1. 劳动者解约的条件

根据《劳动合同法》的规定，劳动者在试用期内提前 3 日通知用人单位，即可以解除劳动合同。虽然与《劳动法》规定的“劳动者在试用期内可以随时通知用人单位解除劳动合同”相比，《劳动合同法》对劳动者在试用期内解除劳动合同做了时间上的一定限制，但劳动者可以在试用期内任意解除劳动合同的权利并未发生改变。也就是说，劳动者只要提前 3 天通知用人单位，就可以解除劳动合同，不需要任何理由，也不需要满足任何条件。

2. 特殊情形下的解约处理

（1）用人单位出资对员工进行培训，员工在试用期内解约的

虽然劳动者在试用期内违反服务期协议解除劳动合同，无须支付违约金的规定（原劳动部办公厅《关于试用期内解除劳动合同处理依据问题的复函》）已被废止，但依据理论观点及实务口径，如果用人单位出资培训的员工在试用期内解约的，用人单位还是很难要求员工支付违约金或赔偿培训费用。

（2）用人单位出资招用员工，员工在试用期内解约的

根据《违反〈劳动法〉有关劳动合同规定的赔偿办法》第 4 条第 1 项规定，劳

动者违反规定或劳动合同的约定解除劳动合同，对用人单位造成损失的，用人单位可以向职工索赔招收录用其所支付的费用，如猎头费用。

【HR 应对】

1. 由于员工在试用期内可以任意解除劳动合同，因此，企业 HR 应当在工作安排上有所区别，尽量不要给试用期的员工安排一些连续性较强、不易交接和比较重要的工作，以免员工随时走人使公司的工作陷入被动。

2. 由于企业出资培训的员工在试用期内解约，用人单位很难要求其赔偿培训费用，因此，建议企业 HR 在制定企业的培训计划和选择培训对象时，应尽量将专项出资技术培训放在试用期结束之后进行，对于试用期内的员工则主要提供一些基础的入职培训和上岗培训等。

【法条链接】

《中华人民共和国劳动合同法》

第三十七条 劳动者在试用期内提前三日通知用人单位，可以解除劳动合同。

《违反〈劳动法〉有关劳动合同规定的赔偿办法》

第四条 劳动者违反规定或劳动合同的约定解除劳动合同，对用人单位造成损失的，劳动者应赔偿用人单位下列损失：

（一）用人单位招收录用其所支付的费用；

（二）用人单位为其支付的培训费用，双方另有约定的按约定办理；

（三）对生产、经营和工作造成的直接经济损失；

（四）劳动合同约定的其他赔偿费用。

二、用人单位在试用期内解除劳动合同

不少企业认为，既然是试用期，企业就应当可以较为随意地解除劳动合同，但事实上，用人单位在试用期内的解约权也是受到比较严格的限制的，根据《劳动合同法》的规定，在试用期中，除劳动者有该法第 39 条和第 40 条第 1 项、第 2 项规定的情形外，用人单位不得解除劳动合同。用人单位在试用期解除劳动合同的，应当向劳动者说明理由。

1. 用人单位解约的条件

根据《劳动合同法》的规定，劳动者具有第 39 条 6 项情形和第 40 条两种情形之一的，用人单位才可以与劳动者解除劳动合同。需要注意的是，前述两条款 8 项解约情形中的 7 项针对非试用期内的劳动者也是适用的，其中只有 1 项是专门针对试用期内的劳动者的，即第 39 条第 1 项，劳动者在试用期间被证明不符合录用条件的，用人单位可以解除劳动合同。

（1）劳动者在试用期间被证明不符合录用条件的

这是用人单位在试用期内解约常用的杀手锏，但是，企业 HR 却经常苦恼于用不好这个杀手锏，导致在利用其解约时，引发大量的纠纷和争议。企业 HR 在以此为由解除劳动合同时，应当把握以下几点：

①合法、清晰和明示的录用条件

用人单位要以不符合录用条件为由解除劳动合同，首先必须明确录用条件是什么，没有这个前提和标准，用人单位就很容易丧失以此为由解除劳动合同的权利。关于录用条件，我们在第一章“招聘录用与入职管理”的第一节“招聘广告与录用条件”中就做了专门的介绍，这里我们再简要强调一下，一个有效的录用条件，应当满足 3 个要素：第一，内容必须合法；第二，必须明确具体；第三，必须经过向劳动者公示程序。只有满足上述三点的“录用条件”，才能作为有效的前提和标准在用人单位以不符合录用条件为由解除劳动合同时援用。另外在北京地区，根据 2017 年北京市高级人民法院、北京市劳动人事争议仲裁委员会《关于审理劳动争议案件法律适用问题的解答》的规定，实务中认为不符合录用条件的情形还包括两种情形，一是劳动者对学历证书、身份证等重要个人证件存在造假、隐瞒或虚构履历、知识、技能、健康等与职业相关的重要信息等违反诚信的行为，二是在试用期间存在工作失误的。因此，企业 HR 也要将这两点明确在不符合录用条件的情形中，并说明相关后果。其中，对工作失误的认定，由于劳动法相关规定未具体细化规定何种情况属于“工作失误”，建议企业通过用人单位规章制度以及双方合同约定内容，进一步详细明确“工作失误”的判断标准。

②有效的试用期评估考核

用人单位要以试用期内不符合录用条件为由解除劳动合同，必须举证证明劳动者不符合录用条件。实践中，很多用人单位都以未通过试用期考核作为证明劳动者不符合录用条件的依据，但要么仅仅是根据直接上级的个人主观喜好，要么是缺乏明确的考核标准和办法，以及客观的考核记录，这些都使考核不合格的结论失去了制度依据，从而达不到证明劳动者不符合录用条件的目的。

因此，用人单位应当科学地设定试用期考核标准和办法，并且将其和录用条件结合起来，从而对员工是否符合录用条件作出客观有效的判断。

③必须在试用期届满前作出解除决定

根据《劳动部办公厅对〈关于如何确定试用期内不符合录用条件可以解除劳动合同的请示〉的复函》的规定，用人单位只有在劳动者试用期届满前，才能以不符合录用条件为由解除劳动合同，否则，试用期一旦届满，劳动者便如期转正，用人单位无权再以不符合录用条件为由解除劳动合同。

以案说法

18. 试用期内合不合格，谁说了算？

A 公司因为业务需要，通过某知名招聘网站发布了招聘销售经理的招聘广告，大致要求如下：1. 本科以上学历；2. 英语水平良好，CET6 级以上水平；3. 2 年以上同行业从业经验。张某看到了该则招聘广告后，向 A 公司投递了自己的简历。而后，经过面试，张某与 A 公司签订了为期 1 年的劳动合同，其中试用期 2 个月。但是，在试用期临近 1 周届满的时候，A 公司通知张某，由于其试用期内未通过考核，属不符合录用条件，因此公司作出辞退决定。张某认为自己工作认真努力，对公司的辞退决定不服，因此，向劳动争议仲裁委员会提起仲裁申请，要求撤销公司的辞退决定。

【审理结果】

审理过程中，A 公司认为，对销售人员最主要的考核指标当然是销售业绩。张某入职 1 个多月来既未给公司带来订单，也未介绍新的客户给公司（贡献客户名单），完全不是一个称职销售人员的表现，因此，不符合录用条件。

张某则认为，对销售人员有业绩考核是正常的，他的业绩确实不大理想，但是招聘的时候没有明确业绩必须达到多少，招聘广告上也没有具体要求。入职后，公司也没有向其公示过岗位说明书，及任何有关业绩考核的标准和文件，因此，公司无权以未通过试用期考核，不符合录用条件为由将其辞退。

劳动争议仲裁委员会经审理认为，用人单位作为实施劳动用工管理的主体，应当依法建立员工招聘录用条件、岗位职责描述、考核标准等相关规章制度。本案中，一方面，公司的招聘广告中未将业绩考核合格作为明确的录用条件，另一方面，公司也未能提供包括岗位说明书、考核标准及考核过程记录等在内的规章制度，因此，仲裁委员会裁决，公司以张某试用期内未通过考核，不符合录用条件为由解除劳动合同的行为缺乏制度依据，违反法律规定，应予撤销。

【律师点评】

本案的焦点在于，用人单位是否能够提出足够的证据证明张某试用期内不符合录用条件。现在很多企业认为，只要员工在试用期内考核不合格就可以随时辞退，然而结果却常常事与愿违。这是由于：一方面，录用条件中没有明确“试用期内考核合格”这一条件；另一方面，公司缺乏岗位职责描述、试用期考核标准和考核办法等相关规章制度，这就使得发生争议时，公司无法举证证明员工不符合录用条件。如本案，虽然张某也认可试用期内表现不佳的事实，但由于公司未将通过销售业绩考核列入录用条件，入职后，也从未向张某公示过相关业绩考核标准和办法，因此，公司以试用期内未通过考核，不符合录用条件为由辞退张某的做法，缺乏制度依据，最终被仲裁委员会认定为违法行为。

【HR 应对】

1. 由于用人单位对劳动者试用期内不符合录用条件负有举证责任，因此，企业HR在日常管理中应当做好招聘录用条件、岗位职责描述、考核标准等相关规章制度的完善。同时，应当树立较强的证据意识，比如，对于上述规章制度向劳动者的公示，就应通过采用书面形式，让员工签字确认等方式来固定相关的证据，以免日后因无法举证而陷入被动。

2. 企业 HR 在员工试用期考核工作中，应当注意，以不符合录用条件为由解除劳动合同，解除决定必须在试用期内作出并送达劳动者，这也就意味着试用期评估考核也应当提前，尽量不要在试用期即将届满时才进行，否则，一旦拖过试用期，才作出解除决定，很有可能会造成违法解除的法律后果。

（2）劳动者具有其他过错性解除情形之一的

根据《劳动合同法》第 39 条的规定，劳动者在劳动合同履行过程中存在以下过错的，用人单位可以解除劳动合同：①在试用期间被证明不符合录用条件的；②严重违反用人单位的规章制度的；③严重失职，营私舞弊，给用人单位造成重大损害的；④劳动者同时与其他用人单位建立劳动关系，对完成本单位的工作任务造成严重影响，或者经用人单位提出，拒不改正的；⑤劳动者以欺诈、胁迫的手段或者乘人之危，使用人单位在违背真实意思的情况下订立或者变更劳动合同，致使劳动合同无效的；⑥劳动者被依法追究刑事责任的。

劳动者在试用期内有上述情形的，用人单位均可以解除劳动合同，其中，第 1 种情形“在试用期间被证明不符合录用条件的”前面已有专门介绍，不再赘述。

（3）劳动者具有非过错性解除情形之一的

劳动者本身没有过错，但由于特定情形的出现，用人单位可以在试用期内解除劳动合同，包括：①劳动者患病或者非因工负伤，在规定的医疗期满后不能从事原工作，也不能从事由用人单位另行安排的工作的；②劳动者不能胜任工作，经过培训或者调整工作岗位，仍不能胜任工作的。

解读：用人单位能依据《劳动合同法》第 40 条第 3 项和第 41 条的规定在试用期内解除劳动合同吗？

这个问题在实践中一直争议很大。早在《劳动合同法》出台之际，对第 21 条规定的质疑声就不绝于耳，很多学者和律师更认为法律将第 40 条第 3 项（即客观条件发生重大变化，双方无法就变更劳动合同达成一致意见）和第 41 条（经济性裁员）排除在试用期内用人单位可以解除劳动合同的情形之外，是立法的一大漏洞。尤其是对于经济性裁员，根据上述规定，不能裁减试用期内的员工，却只能裁减签订了固定期限或无固定期限的劳动合同的老员工，有违公平原则。因此，《劳动合同法实施条例（草案）》公布时，其中第27条第2款规定，依照《劳动合同法》第40条第3项关于客观情况发生重大变化解除劳动合同的规定和第41条关于裁减人员的规定，用人单位可以解除试用期内的劳动者的劳动合同。但是，在《劳动合同法实施条例》正式出台时，上述第27条却不见了踪影。

立法机关在这个问题上最终采取了回避态度，却给司法实践带来了更大的纷争和困扰。目前，在新的法律规定和司法解释尚未出台之前，从《劳动合同法》第21条的字面含义和立法精神来看，原则上还是限制用人单位与试用期内的员工解除劳动合同，也就是说，只有劳动者具有第39条6项情形和第40条第1项、第2项两项情形之一的，用人单位才可以与劳动者解除劳动合同。因此，HR若想依据《劳动合同法》第40条第3项和第41条解除劳动合同，还是要慎之又慎，最好等员工经过了试用期，再适用上述规定解除劳动合同。

2. 用人单位解约的程序

（1）应当向劳动者说明理由

根据《劳动合同法》的规定，用人单位在试用期解除劳动合同的，应当向劳动者说明理由。对于告知理由的形式，法律并没有作出强制性的规定，但为了规范管理和保留证据，建议最好采用书面形式，告知劳动者解约理由。

（2）经过工会程序

根据《劳动合同法》的规定，用人单位还应在解除劳动合同前，将解约理由通知工会。如果用人单位违反法律、行政法规规定或者劳动合同约定的，工会有权要求用人单位纠正。用人单位应当研究工会的意见，并将处理结果书面通知工会。

3. 用人单位解约的法律后果

用人单位依据不同的情形解约，承担的法律后果是不同的：

（1）如果劳动者具有过错性解除情形之一的，包括“在试用期间被证明不符合录用条件”，用人单位解除劳动合同后无需支付任何经济补偿。

（2）如果劳动者具有非过错性解除情形之一的，用人单位解除劳动合同后应当按规定支付经济补偿，此外，用人单位还需提前30日书面通知劳动者本人或支付相当于1个月工资的代通知金。

【法条链接】

《中华人民共和国劳动合同法》

第二十一条 在试用期中，除劳动者有本法第三十九条和第四十条第一项、第二项规定的情形外，用人单位不得解除劳动合同。用人单位在试用期解除劳动合同的，应当向劳动者说明理由。

《劳动部办公厅对〈关于如何确定试用期内不符合录用条件可以解除劳动合同的请示〉的复函》

四川省劳动厅：

你厅《关于如何确定试用期内不符合录用条件可以解除劳动合同的请示》（川劳仲〈1994〉45 号）收悉。现答复如下：

同意你厅第一种意见，即：对试用期内不符合录用条件的劳动者，企业可以解除劳动合同；若超过试用期，则企业不能以试用期内不符合录用条件为由解除劳动合同。

北京市高级人民法院、北京市劳动人事争议仲裁委员会《关于审理劳动争议案件法律适用问题的解答》

11. 劳动者不符合录用条件的情况主要有以下情形：（1）劳动者违反诚实信用原则对影响劳动合同履行的自身基本情况有隐瞒或虚构事实的，包括提供虚假学历证书、假身份证、假护照等个人重要证件；对履历、知识、技能、业绩、健康等个人情况说明与事实有重大出入的；（2）在试用期间存在工作失误的，对工作失误的认定以劳动法相关规定、用人单位规章制度以及双方合同约定内容为判断标准；（3）双方约定属于用人单位考核劳动者试用期不符合录用条件的其他情况。

第四章 规章制度

俗话说“国有国法，家有家规”，企业规章制度就好比是企业内部的“法律”。制定完善有效的规章制度，既是企业实现规范化管理和用工自主权的重要方式和依据，也是保障劳动者合法权益的法定义务。

第一节 规章制度的生效要件

根据《最高人民法院关于审理劳动争议案件适用法律若干问题的解释》（已失效）、2021 年 1 月 1 日施行的《最高人民法院关于审理劳动争议案件适用法律问题的解释（一）》的规定，一个企业的规章制度要具有法律效力，能有效地约束员工，应当具备 3 个条件：第一，规章制度的内容应具有合法性；第二，制定和通过应经过民主程序；第三，应向劳动者公示。

一、内容合法

内容合法是指用人单位的规章制度，其内容符合《劳动法》《劳动合同法》及相关的法律法规，不能与法律法规相抵触，如发生抵触，则相抵触的部分是无效的。《劳动合同法》第 4 条规定，企业的规章制度要依法制定，这里的“依法”，应做广义理解，是指依据所有的法律、法规、规章，包括宪法、法律、行政法规、地方法规、行政规章。

依法制定规章制度，是保证其内容合法的基础。法律有明文规定的，用人单位可以依据法律的规定，制定出符合本企业实际情况的细化、具体的规章制度；对于没有相关法律规定以及法律没有禁止性规定的，用人单位可以依据劳动法律立法的基本精神以及公平合理原则制定相应的规章制度。

以案说法

19. “行规”写进员工手册，能合法吗？

李某应聘到上海市某商场，担任专柜营业员，商场与李某签订了劳动合同，合同约定月薪为固定工资1000元+提成，同时，李某在商场提供的员工手册上也签了字。1个月后，到了发薪日，李某拿到工资一看，比合同约定的工资少了200多元，一打听才知道，由于店里少了货物，她要承担200多元的失货赔偿金，而且直接从工资中扣除。接下来的第2个月，李某又被扣了300多元工资。李某非常气愤，与商场理论，她认为东西失窃的责任在没有查清的情况下，就一定要员工分摊，很不合理。商场称，员工手册中明确规定了失货责任由员工承担，李某自己也签字确认过，况且在零售行业，如果货物缺失，由当班员工负责，这已经成为“行规”了。

【律师点评】

上述是一起企业规章制度因违法而无效的典型案例。虽然企业振振有词，还搬出了所谓“行规”压人，但法律面前，行规与法规孰轻孰重，这是不言而喻的。根据《上海市企业工资支付办法》的规定，劳动者因本人原因给单位造成经济损失，企业依法要其赔偿，并需从工资中扣除赔偿费的，扣除的部分不得超过劳动者当月工资收入的20%，且扣除后的剩余工资不得低于本市规定的最低工资标准。

依据上述规定，本案中企业违法的方面主要有两个：第一，李某被商场扣除的失货赔偿金超过了她的月工资的20%，且扣除后的工资又低于上海市的最低工资标准。第二，法律规定，只有因劳动者本人原因给单位造成经济损失的，用人单位才可以要求赔偿，商场在没有确凿的证据证明货物缺失是由李某本人的原因造成的，也没有查到明确的责任人的情况下，就要求李某承担赔偿金，这也是违反法律规定的。

可见，企业在制定规章制度时，一定要依法进行，即便是行规，违反法律规定，也是无效的。

二、民主程序

在我国的司法实践中，一直存在着“重实体，轻程序”的观念，认为只要“实体，即内容合法”即可，但是，《劳动合同法》在“程序合法”方面迈出了重要的一步，即对规章制度的制定程序作出了明确的规定和具体的要求。《劳动合同法》第4条第2款规定：“用人单位在制定、修改或者决定有关劳动报酬、工作时间、休息休假、劳动安全卫生、保险福利、职工培训、劳动纪律以及劳动定额管理等直接涉及劳动者切身利益的规章制度或者重大事项时，应当经职工代表大会或者全体职工讨论，提出方案和意见，与工会或者职工代表平等协商确定。”

首先，这里的“规章制度”应做广义的理解，是指企业为了加强劳动关系管理，在企业内部实施的规范劳动者义务和保障劳动者权利的全部行为准则，包括劳动合同管理制度、岗位职责制度、绩效考核制度、薪酬福利制度、考勤制度、休假制度、奖励与惩罚制度和培训制度等等。总的来说，凡是涉及劳动者切身利益的规章制度都应走民主程序。

其次，这里的“民主程序”主要包括两个步骤，第一步是讨论程序，即与全体职工或职工代表讨论规章制度草案，全体职工或职工代表可提出方案和意见；第二步是协商确定程序，即用人单位与工会或者职工协商确定规章制度文本。

可见，企业规章制度的制定权已经发生了根本性的转变，过去在我国实践中规章制度的制定一直被认为是企业单方的权利，很多企业的规章制度都是由企业自行制定并公布给员工，员工只有接受和遵守的义务，没有参与讨论和提出意见的权利，而《劳动合同法》关于企业规章制度的制定程序最后定格在“平等协商”上，这就意味着企业规章制度的制定权由原来企业的“单决权”变为了企业与员工的“共决权”。

解读：企业规章制度没有经过民主程序，就全部无效吗？

不是。民主程序对规章制度效力的影响以《劳动合同法》实施时间为准有所不同，就 2008 年 1 月 1 日以前制定的规章制度只要内容合法且经过公示程序，即使缺少制定阶段的民主程序也可以作为用人单位管理、处分劳动者的依据。

而对于 2008 年 1 月 1 日以后制定的规章制度，一般来说，只要缺少制定阶段的民主程序，都将被认定为无效，不能作为用人单位管理、处分劳动者的依据。但某些地区，如江苏、广东，其法院审判指导意见则作出了不同的规定，即《劳动合同法》实施后制定的规章制度虽未经过民主程序，但规章制度的内容合法且经过公示程序，劳动者没有异议的，也可以作为劳动仲裁和人民法院裁判的依据。

如果规章制度经“平等协商确定”程序无法达成一致，企业能最终决定吗？

可以。因为《劳动合同法》第 4 条第 2 款规定的“平等协商确定”主要是指程序上的要求，如果企业和职工或工会经平等协商无法达成一致，那么最后的决定权还在用人单位手里。如果该规章制度违反法律法规的规定，给劳动者造成损害的，劳动者可依据《劳动合同法》第 80 条寻求救济。

企业没有组建工会，会影响规章制度的生效吗？

不会。工会是企业职工自愿结合的组织，法律并不强制企业必须建立工会。如果企业职工没有组建工会，制定和修改规章制度可以与职工民主选举的代表平等协商，不会影响规章制度的效力。

【法条链接】

《中华人民共和国劳动合同法》

第四条 用人单位应当依法建立和完善劳动规章制度，保障劳动者享有劳动权利、履行劳动义务。

用人单位在制定、修改或者决定有关劳动报酬、工作时间、休息休假、劳动安全卫生、保险福利、职工培训、劳动纪律以及劳动定额管理等直接涉及劳动者切身利益的规章制度或者重大事项时，应当经职工代表大会或者全体职工讨论，提出方案和意见，与工会或者职工代表平等协商确定。

在规章制度和重大事项决定实施过程中，工会或者职工认为不适当的，有权向用人单位提出，通过协商予以修改完善。

用人单位应当将直接涉及劳动者切身利益的规章制度和重大事项决定公示，或者告知劳动者。

广东省高级人民法院、广东省劳动争议仲裁委员会《关于适用〈劳动争议调解仲裁法〉、〈劳动合同法〉若干问题的指导意见》

第二十条　用人单位在《劳动合同法》实施前制定的规章制度，虽未经过《劳动合同法》第四条第二款规定的民主程序，但内容未违反法律、行政法规及政策规定，并已向劳动者公示或告知的，可以作为用人单位用工管理的依据。

《劳动合同法》实施后，用人单位制定、修改直接涉及劳动者切身利益的规章制度或者重大事项时，未经过《劳动合同法》第四条第二款规定的民主程序的，原则上不能作为用人单位用工管理的依据。但规章制度或者重大事项的内容未违反法律、行政法规及政策规定，不存在明显不合理的情形，并已向劳动者公示或告知，劳动者没有异议的，可以作为劳动仲裁和人民法院裁判的依据。

深圳市中级人民法院《关于审理劳动争议案件若干问题的指导意见》（试行）

78. 用人单位在《劳动合同法》实施以前制定的规章制度，虽未经过《劳动合同法》第四条第二款规定的民主程序，但内容未违反法律、行政法规及政策规定，并已向劳动者公示或告知的，可以作为用人单位用工管理的依据。

《劳动合同法》实施后，用人单位制定、修改直接涉及劳动者切身利益的规章制度或重大事项时，未经过《劳动合同法》第四条第二款规定的民主程序的，原则上不能作为用人单位用工管理的依据。但规章制度或重大事项的内容未违反法律、行政法规及政策规定，不存在明显不合理的情形，并已向劳动者公示或告知的，劳动者没有异议的，可以作为劳动仲裁和人民法院裁判的依据。

79. 《劳动合同法》第四条第二款规定的“平等协商确定”主要是指程序上的要求，如果平等协商无法达成一致，最后决定权在用人单位。如该规章制度违反法律法规的规定，给劳动者造成损害的，劳动者可依据《劳动合同法》第八十条寻求救济。

江苏省高级人民法院、江苏省劳动争议仲裁委员会《关于审理劳动争议案件的指导意见》

第十八条　用人单位在《劳动合同法》实施前制定的规章制度，虽未经过《劳动合同法》第四条规定的民主程序，但其内容不违反法律、行政法规及政策规定，且不存在明显不合理的情形，并已向劳动者公示或者告知的，可以作为处理劳动争议的依据。

用人单位在《劳动合同法》实施后制定、修改规章制度，经法定民主程序与工会或职工代表协商，但未达成一致意见，若该规章制度的内容不违反法律、行政法规的规定、不存在明显不合理的情形，且已向劳动者公示或者告知的，可以作为处理劳动争议的依据。

《最高人民法院关于审理劳动争议案件适用法律问题的解释（一）》

第五十条　用人单位根据劳动合同法第四条规定，通过民主程序制定的规章制度，不违反国家法律、行政法规及政策规定，并已向劳动者公示的，可以作为确定双方权利义务的依据。

三、公示程序

《劳动合同法》第4条第4款规定："用人单位应当将直接涉及劳动者切身利益的规章制度和重大事项决定公示，或者告知劳动者。"作为企业内部的规章制度必须对其适用的人公示，未经公示的企业内部规章制度，对员工不具有约束力。

以案说法

20. 企业规章制度应如何公示？

案例1 A公司将新制定的《考勤管理制度》公布在公司的告示栏里，连续张贴了1个月。公司员工王某离职时，主张其在该公司工作期间存在加班，但公司认为其加班未经过主管领导的审批，不符合公司《考勤管理制度》的要求，所以不认可其加班事实。王某向劳动争议仲裁委员会提起仲裁，要求补发加班工资。劳动争议仲裁委员会认为公司不能提供该《考勤管理制度》已向王某进行过公示的证据，因此该制度对王某不具有约束力，公司应向其支付加班工资。

案例2 一家合资服装公司制定了《员工奖惩制度》，其中明确写明了公司各岗位员工的工作纪律及违纪的处罚标准，并且在中、高层管理干部会议上正式宣布实施，对全体员工生效。随后不久，公司依据《员工奖惩制度》对两个在公司里吵架的员工王某和李某作出了解除劳动合同的处理，王某和李某以他们不知道有上述制度为由申请劳动仲裁。劳动争议仲裁委员会认为公司的《员工奖惩制度》未事先向劳动者公示，不可以作为公司解除劳动合同的依据，裁决公司与王某和李某恢复劳动关系。

【律师点评】

上述两个案例都是由于企业对规章制度的公示方法或手段欠妥，而导致企业败诉的案例。实务中，虽然很多企业也知道规章制度公示的重要性，但由于欠缺证据意识，因此，虽然也采取了公示，如上述案例，但发生争议后却因举证不能而无法得到法律的支持。

关于如何公示、公示的方式及形式，法律上均无明文规定。实践中可用作公示或告知的手段很多，比如，很多企业将规章制度张贴在公告栏中进行公示，还有一些IT企业或大公司利用自己发达的内部网络进行公示，或发送"公共邮件"等，这些方法虽然简捷高效，却不能有效地防范法律风险，由于存在举证困难的问题，一旦员工否认，企业将会非常被动。因此，为了方便证据的固定和保留，我们建议用人单位首选发放员工手册的办法来作为公示手段，即将企业的规章制度汇编成册并融合进企业的员工手册里，让员工签收，并确认已知悉该规章制度的全部内容且同意遵守。

四、企业规章制度违法的法律后果

企业制定规章制度违法，主要体现在两个方面：一是实体违法，即规章制度的内容本身违反法律、法规的规定；二是程序违法，即规章制度未通过法律要求的民主程序制定，或未依法向劳动者公示。实务中，上述两个方面的违法引起的法律后果不同：

1. 规章制度的内容违反法律、法规的规定

（1）由劳动行政部门责令改正。

用人单位直接涉及劳动者切身利益的规章制度违反法律、法规规定的，由劳动行政部门责令改正，并给予警告。

（2）承担赔偿责任。

用人单位直接涉及劳动者切身利益的规章制度违反法律、法规规定，给劳动者造成损害的，应当承担赔偿责任。

（3）劳动者可以解除劳动合同，企业还应支付经济补偿。

2. 规章制度未按民主程序制定，并公示

原则上，未经过民主程序制定和公示的规章制度，对劳动者不具有约束力，企业不能援用相关的内容对劳动者作出处理。但实务中，对于未经过民主程序或经过平等协商仍无法达成一致而制定的规章制度"网开一面"，即只要其内容不违反法律、法规的规定，就可以作为企业用工管理的依据。

【法条链接】

《中华人民共和国劳动合同法》

第三十八条　用人单位有下列情形之一的，劳动者可以解除劳动合同：

……（四）用人单位的规章制度违反法律、法规的规定，损害劳动者权益的；……

第八十条　用人单位直接涉及劳动者切身利益的规章制度违反法律、法规规定的，由劳动行政部门责令改正，给予警告；给劳动者造成损害的，应当承担赔偿责任。

第二节　规章制度的制定

一个好的规章制度，除了必须严格遵守法律规定制定，还应当从本企业的实际出发，具备合理性和较强的操作性，否则，看起来再完美的制度也不过是废纸一张。如何制定出适合本企业的规章制度呢，企业 HR 应当重点把握以下几点：

一、内容合理

实践中，很多企业认为只要是法律不禁止的，企业就可以根据自己的需要在规

章制度中进行规定，并依据该规定处理劳动关系。但事实上，企业的规章制度在保证合法性的同时，还必须注意合理性。如果企业的规章制度超出合理的范围，也很可能被认定无效。

以案说法

21. 企业规章制度如此规定，是否合理？

案例1 一家生产烟花爆竹的企业规定，职工在单位车间内吸烟，一经发现企业即可解除劳动关系。一家在写字楼里办公的商贸公司也规定，员工在公司办公室内吸烟，公司即可解除劳动合同。

案例2 一家生产型企业规定，工厂流水线上的职工迟到两次，企业即可解除劳动合同。一家普通的公司也规定，员工迟到两次，企业即可解除劳动合同。

【律师点评】

通过上述两个案例可以看出，关于“合理”标准，很难有一个统一的界定，必须具体情况具体分析。由于用人单位各行各业千差万别，同样的规章制度，放在不同的企业，其效力和适用结果很可能大相径庭。比如案例1，对于生产烟花爆竹的企业，员工在车间内吸烟是极其危险的，因此，在规章制度中将吸烟作为劳动合同的解除条件是很有必要的，也是很合理的；但是对于一般公司而言，吸烟行为就是一般的违纪行为，若企业将该行为作为解除条件，就存在很大的不合理性。

再如案例2，对于生产型企业，流水线上的一个员工的迟到可能会造成停产，给企业带来重大损失，因此，解除合同也不为过。但是对于普通公司而言，尤其是在北京、上海这样的大城市，面对十分糟糕的交通状况，这样的规定显然过于苛刻，缺乏合理性。

二、细化标准

实践中，很多企业不是没有规章制度，而是有很全的规章制度，对于企业经营管理涉及的方方面面均有规定，但是真正需要靠规章制度解决劳动争议和纠纷的时候，却发现规章制度根本不管用。原因就在于企业的规章制度虽然多而全，但是不具有实际操作性，缺乏明确的适用标准，导致面临实际问题时成了一纸空文。

以案说法

22. 员工的何种行为构成“严重违纪”？

案例1 刘某是物业公司的出纳，在审核报销时，分别给自己和同事多报了4元和6元打车费用，公司发现后，刘某及时作出了解释和更正。但是两天后，公司书面通知刘某，因她在公司担任出纳期间，有财务报销上的弄虚作假行为，而财务人员在报销中不能实事求是，性质较为严重，符合公司规章制度中随时解除劳动合同的情形，因此公司决定与其解除劳动合同。刘某不服，向劳动争议仲裁委员会申请仲裁，要求公司支付违法解除劳动合同的经济赔偿金，获得仲裁庭支持。

案例2　李某在某毛巾公司工作，职务内容包括对各生产工序进行质量确认。某日，李某未仔细检查生产用的染料，指挥上中班的操作工使用了错误的染料加工毛巾。第2天李某来公司上班时，才得知他前1天的失误致使价值1万元的毛巾无法修复。下午，毛巾公司书面通知李某，根据公司《员工手册》的规定：员工严重失职，并造成不良影响和经济损失5000元以上的，公司可以予以辞退。李某未按照工艺质量管理流程操作，严重失职给公司造成了巨大经济损失，因此，公司决定与其解除劳动合同。李某不服，向劳动争议仲裁委员会申请仲裁，要求公司撤销解除决定，继续履行劳动合同。仲裁委员会驳回了李某的仲裁请求。

案例3　张某为北京某公司食堂员工，某日，某员工向领导举报张某用公司食堂的洗菜盆清洗内衣裤。经食堂负责人、员工调查后确认确有此事，张某也予以承认。此事在公司引起了恶劣影响，之后公司以张某作为食品卫生人员，理应知晓相关操作规范，其行为严重超出正常职业行为范围构成严重违纪为由，将张某开除。张某不服，向劳动争议仲裁委员会申请仲裁，要求公司支付违法解除劳动合同经济赔偿金，获得仲裁庭支持。公司不服，诉至法院，最终经调解由公司支付张某4万元作为最终补偿。

【律师点评】

对于案例1和案例2，同样是严重违纪，同样在公司规章制度中都有相关规定，结果却大不相同。两个公司一个败诉，一个胜诉的关键就在于企业规章制度中对于“严重违纪”标准的界定。根据《劳动合同法》第39条的规定，用人单位可以以“严重违反规章制度”为由与任何员工解除劳动合同，包括对处于患病期、孕期、产期、哺乳期等不能轻易解除劳动合同的员工。但是，何谓“严重违纪”，法律没有也不可能作出明确规定，这就赋予了用人单位界定“严重违纪”的自主权。

案例2中，毛巾公司在《员工手册》中对《劳动合同法》中规定的“严重违反”、“严重失职”的情形做了进一步细化，明确了劳动者严重失职，并造成不良影响和经济损失达5000元以上可以予以辞退，这就从根本上解决了处理依据的问题。因此，毛巾公司对违纪员工李某的处理合理合法，获得了仲裁委员会的支持。

但是案例1，由于公司缺乏对“严重违纪”标准的明确界定，因此，是否能够适用《劳动合同法》第39条“严重违反规章制度”辞退员工，即员工的行为是否达到“严重违纪”的程度，其标准就要由仲裁委员会或法院来作出评判和裁量了。仲裁委员会审理认为，刘某的行为确实构成违纪，但一方面该违纪行为是否构成“严重违纪”在规章制度中没有明确规定，另一方面，其工作失误导致多报款项的行为与恶意占有公司财产之间毕竟存在着本质的区别，因此，不能简单地认定刘某的行为构成严重违纪，公司据此解除劳动合同的行为属于违法解除，应向刘某支付经济赔偿金。

从上述两个案例可以看出，规章制度不应只是法律规定和条文的简单罗列，更应是一套符合企业自身实际，切实可行的标准化手册。对于“严重违纪”“不能胜任工作”“严重失职”“重大损害”等等，这些《劳动合同法》中的原则性的概念，用人单位完全可以通过相关制度的完善和标准的细化来达到对自己有利的局面，从而在法律允许的范围内实现更自主的用工管理。

对于案例 3 的裁判观点及结果，实务中一种看法认为，公司规章制度里既没有对此类行为的相关规定，也没有将规章制度向劳动者公示，因此公司确实应该支付经济赔偿金；另一种看法认为，张某的做法实在超出正常人理解范围，很难要求公司将此类行为提前明确在规章制度中，考虑到张某的工作职责与其行为的严重程度，一概认定公司解除劳动合同违法有不妥之处。值得注意的是，在北京地区的理论观点及实务操作中，对此类情况已经形成了较为明确的统一口径，根据 2017 年北京市高级人民法院、北京市劳动人事争议仲裁委员会《关于审理劳动争议案件法律适用问题的解答》的规定，如果劳动者存在严重违反劳动纪律或职业道德的行为，即使该行为没有被规章制度或者劳动合同列为严重违纪行为，单位也可以根据《劳动法》第 3 条第 2 款的规定解除劳动合同。不过，用人单位在依据此条意见解除劳动合同时，也要谨慎为之，劳动者的行为是否达到“严重”的程度应当审慎掌握、严格限制，避免导致用人单位侵害劳动者合法权益的后果。

【法条链接】

江苏省高级人民法院、江苏省劳动争议仲裁委员会《关于审理劳动争议案件的指导意见》

第十九条 用人单位以劳动者严重违反规章制度为由解除劳动合同的，人民法院、仲裁机构应当审查用人单位规章制度的制定程序是否合法、劳动者的违纪行为在规章制度中是否有明确规定、规章制度对劳动者严重违纪行为的规定是否公平合理等，以判断劳动者是否属于严重违反用人单位规章制度、用人单位解除劳动合同的行为是否合法有效。

北京市高级人民法院、北京市劳动人事争议仲裁委员会《关于审理劳动争议案件法律适用问题的解答》

13. 在规章制度未作出明确规定、劳动合同亦未明确约定的情况下，劳动者严重违反劳动纪律和职业道德的，用人单位是否可以解除劳动合同?《劳动法》第三条第二款中规定：“劳动者应当遵守劳动纪律和职业道德”。上述规定是对劳动者的基本要求，即便在规章制度未作出明确规定、劳动合同亦未明确约定的情况下，如劳动者存在严重违反劳动纪律或职业道德的行为，用人单位可以依据《劳动法》第三条第二款的规定与劳动者解除劳动合同。

三、规章制度和劳动合同的关系

当企业的规章制度与用人单位和劳动者签订的劳动合同发生冲突或不一致时，

应当以哪个约定为准呢？根据《最高人民法院关于审理劳动争议案件适用法律若干问题的解释（二）》（已失效）、2021 年 1 月 1 日施行的《最高人民法院关于审理劳动争议案件适用法律问题的解释（一）》的规定，用人单位制定的内部规章制度与集体合同或者劳动合同约定的内容不一致时，劳动者有权选择适用对其有利的劳动合同的约定。

也就是说，选择权在劳动者手里，如果劳动者选择适用劳动合同的约定，那么，企业规章制度的相关规定将不被适用。这是因为，规章制度是用人单位对员工管理的依据，管理范围为多数员工的一般行为，是规范劳动权利义务的一般标准；劳动合同形成于劳动者与用人单位双方，是双方协商一致的结果，也是规范双方权利义务的特殊约定。因此，按照“特殊优于一般”的法律效力原则，用人单位与劳动者在劳动合同中的特殊约定的法律效力高于规章制度的一般规定，应被优先适用。

根据上述规定，企业 HR 在处理规章制度和劳动合同之间的关系时，应当注意两点：

第一，避免将规章制度作为劳动合同的附件。实践中，不少企业把规章制度作为劳动合同的附件，要求劳动者在签订劳动合同时确认接受该规章制度。这种做法表面上看起来很规范很严谨，实际上却给企业今后的用工管理埋下了隐患。事实上，劳动合同和规章制度之间虽然是密切相关的，但却又是相互独立的，他们的制定和修改程序、侧重规定的内容和法律对其的要求均不相同。企业将规章制度作为劳动合同的附件，导致的最大问题就是，对规章制度的修订也不得不适用劳动合同变更的程序，也就是说，任何修改都必须经过和单个劳动者的协商一致，如果某个劳动者不同意变更的话，企业还必须按照原规章制度继续履行，这将使得对规章制度的修改变成一件充满变数的难事。

第二，在制定或修改规章制度时，避免和劳动合同已经明确约定的内容出现冲突或不一致。由于在出现冲突时，劳动者有权选择适用在劳动合同中约定的、对其有利的内容，因此，企业 HR 在制定或修改规章制度时，应当尽可能避免出现冲突，从而降低法律风险。

【法条链接】

《最高人民法院关于审理劳动争议案件适用法律问题的解释（一）》

第五十条　用人单位根据劳动合同法第四条规定，通过民主程序制定的规章制度，不违反国家法律、行政法规及政策规定，并已向劳动者公示的，可以作为确定双方权利义务的依据。

用人单位制定的内部规章制度与集体合同或者劳动合同约定的内容不一致，劳动者请求优先适用合同约定的，人民法院应予支持。

第五章 保密与竞业限制

随着知识经济时代的到来和人才流动的频繁，商业秘密的有效保护已越来越成为困扰企业的一大难题。就目前的现实情况而言，人才流动是导致企业商业秘密流失的主要渠道，部分跳槽者甚至将原单位的商业秘密作为重新择业的筹码，由此引发的商业秘密侵权纠纷层出不穷。如何建立和健全企业的商业秘密保护机制，通过一整套流程体系的规范管理，有效地预防泄密现象的发生，是企业 HR 必须面对和解决的问题。

第一节 商业秘密

一、商业秘密的认定

根据《中华人民共和国反不正当竞争法》规定，商业秘密是指不为公众所知悉，具有商业价值并经权利人采取相应保密措施的技术信息和经营信息。也就是说，相关信息是否构成商业秘密，必须具备三要素，即秘密性、价值性和合理的保密措施：

（1）秘密性：该信息不向社会公开，不能从公开渠道直接获取；

（2）价值性：该信息具有现实的或潜在的商业价值，能为权利人带来竞争优势；

（3）合理的保密措施：权利人采取了具体的保密措施，足以使承担保密义务的相对人意识到该信息为需要保密的信息。如在规章制度中明确保密信息，或签订保密协议等。

企业如果没有依据上述三要素来合理确定自己需保密的信息，相关信息就很可能因不构成法律规定的“商业秘密”，而得不到法律的保护。

以案说法

23. 未采取保密措施的信息能构成商业秘密吗？

案例 1 李某为某机械制造公司技术副总，主持研究开发了某新型产品。2018 年公司下发了《商业秘密保护规则》（讨论稿）至各部门征求意见，但直至2019年8月该《规则》才正式下发，《规则》中明确规定了李某主持研发的新型产品的生产技术系公司商业秘密。2019年3月，李某携公司其他几位技术人员离开公司自行成立了另外一家公司，并开展了与上述新型产品相类似产品的生产和销售。机械制造公司知悉后，便以李某及其新成立的公司为被告向人民法院提起了诉讼，要求停止侵权，并要求赔偿损失200万元人民币。

法院最终审理认定，生产新型产品的技术在李某等离开机械制造公司时因未采取保密措施而不构成机械制造公司的商业秘密，因此李某及其公司不构成侵权，驳回机械制造公司的全部诉讼请求。

案例2 某技术公司于2015年开始研发高科技项目光网络（又称光传输或者SDH）技术，截至2021年10月已投入研发经费人民币2.1亿多元、科研力量每年1500多人，开发完成并生产出光网络系列设备。据该公司报称，国内销售额已达人民币150亿元。员工王某、刘某、秦某等人曾是该公司光网络的研发人员，在职时分别与公司签有《员工保密合同书》《保密承诺书》，承诺除履行职务需要外，未经公司同意，不得以任何方式向第三方泄露公司的商业秘密，也不在履行职务之外使用这些秘密信息。2021年8月至11月间，上述人员先后辞职离开公司，并与公司签订《离职员工承诺书》，承诺不带走从公司获取的任何保密资料、未经公司书面同意不向任何单位和个人透露公司的商业秘密、不擅自使用公司商业秘密或利用公司商业秘密从事经营活动。但秦某在离开公司时，用光盘秘密记载了公司光网络产品时钟模块核心器件选型与组合设计、主控模块核心器件选型与组合设计等技术信息，私自带走，之后，秦某等人利用该公司技术秘密，获得巨额收益，给公司造成巨大经济损失。最终，法院认定秦某等人的行为构成侵犯商业秘密罪。

【律师点评】

同样是企业的技术信息，同样具有秘密性和价值性，却因为企业有无合理的保密措施而导致结果大相径庭。案例1中，虽然机械制造公司意识到了采取保密措施的重要性，于2019年8月正式下发了《商业秘密保护规则》，但此时李某等人已离开公司，该《规则》对李某等人不发生法律效力，而《规则》讨论稿虽然是在李某等人离职前下发，但由于不是正式生效的规章制度，因此，对李某也不发生法律效力。同时，机械制造公司从未与李某等人签署过任何保密协议，法院据此认定，在李某等人离职前和离职时，机械制造公司实际上未对新型产品的生产技术采取任何保密措施，因此，该技术不构成商业秘密。

案例2是一个很经典的案例，该案让我们看到该技术公司在对其商业秘密的管理和保护上很多值得借鉴的地方。庭审中，一方面，技术公司出具的对光网络产品技术采取的保密措施报告及附件，说明技术公司的保密措施是一整套系统的、综合的商业秘密保护体系；另一方面，员工秦某等人分别与技术公司所签的《员工聘用协议书》《员工保密合同书》《离职员工承诺书》，证实秦某等人对技术公司保密措施的认可及承诺。基于上述事实，法院认可技术公司对其技术信息采取了合理的保密措施，因此该信息构成商业秘密。

二、商业秘密的范围和内容

1. 商业秘密的范围

企业在界定商业秘密的范围时，应当严格按照前述商业秘密三要素的要求确定，不能随意约定。如果欠缺某一要素，即便企业在保密协议或规章制度中明确规定为商业秘密，也不可能受到法律的保护。实务中，由于签订保密协议或制定保密规章制度本身就是采取保密措施的表现，因此，对于是否属于商业秘密，主要考察的是信息的秘密性和价值性。

（1）信息的秘密性

根据《最高人民法院关于审理不正当竞争民事案件应用法律若干问题的解释》（2020年修正）的规定，有下列情形的，可以认定信息不具有秘密性：

①该信息为其所属技术或者经济领域的人的一般常识或者行业惯例；

②该信息仅涉及产品的尺寸、结构、材料、部件的简单组合等内容，进入市场后相关公众通过观察产品即可直接获得；

③该信息已经在公开出版物或者其他媒体上公开披露；

④该信息已通过公开的报告会、展览等方式公开；

⑤该信息从其他公开渠道可以获得；

⑥该信息无需付出一定的代价而容易获得。

可见，如果企业的信息是可以通过公开渠道轻易获得的，那该信息就不能构成商业秘密。

（2）信息的价值性

信息必须具有现实的或潜在的商业价值，能为权利人带来竞争优势，才能成为商业秘密。关于信息的价值性，应注意以下几点：

①价值既包括现实的价值，也包括潜在的价值。不管是现实的可直接使用的信息，还是正在研究、试制、开发等具有潜在的（可预期的）价值的信息，都可以构成商业秘密。

②无论是积极信息还是消极信息，只要具有价值性，就可以构成商业秘密。不论是对生产、销售、研究、开发等生产经营活动直接有用的信息，还是在生产经营中有利于节省费用、提高经营效率的信息，如失败的试验报告、顾客名单、设计图纸等，都属于商业秘密。

③价值具有客观性，即除权利人认为有实用价值外，还必须在客观上确实具有实用价值。仅仅是权利人认为有价值，并作为商业秘密进行管理，而客观上没有价值的信息，也不能构成商业秘密。

2. 商业秘密的内容

经营信息，如企业的经营战略、经营规划和经营决策，合同、可行性研究报告和重要会议纪要，客户资料，进货渠道，招投标信息等；

技术信息，如技术方案，设计图纸，计算机程序，产品配方，产品模型，制作工艺、制作方法等；

财务信息，如财务预决算报告、各类财务报表、银行账务信息等；

人事信息，如企业的人事档案、组织架构、薪酬体系等；

第三方信息，指企业在对外交往和合作过程中知悉的第三方的保密信息。对于该信息，不仅企业对外承担保密义务，其员工也应承担相应的义务。

以案说法

24. 客户名单能构成商业秘密吗？

郭某原是某化工公司销售业务员。郭某在其任职期间与化工公司签订有包含对客户名单有保密义务的协议书，郭某另又签署了《保密责任承诺书》。郭某负责化工公司产品在东北市场的开发和销售，并直接负责与东北客户签订产品销售合同。后郭某从化工公司辞职至与化工公司销售产品相竞争的另一化工公司，担任销售部经理，并在较短的时间内与多家原化工公司的东北客户签订了购销合同。原化工公司以商业秘密被侵害为由要求郭某停止侵权、赔礼道歉、赔偿损失。

【审理结果】

法院经审理，认定郭某使用化工公司客户名单的行为构成对其商业秘密的侵害，判决郭某停止侵权行为并赔偿相应损失。

【律师点评】

员工离职，带走大批客户，一直是困扰很多企业，尤其是销售企业的难题。实践中，以离职员工使用原企业客户信息为由，提起商业秘密侵权之诉的案子也不在少数，但判决结果却各有输赢。这是由于客户名单的特殊性，在考察是否具备商业秘密的三要素时，无法像技术信息那样比较明显和容易判断。从实务来看，客户名单，要构成商业秘密，除具备商业秘密的一般要件外，还应满足以下几点要求：

（1）客户名单具有特定性

受法律保护的客户名单应是具体明确的、区别于可以从公开渠道获得的普通客户的名单。

（2）客户名单内容较为全面

客户名单的内容应包括客户名称、客户联系方法、客户需求类型和需求习惯、客户的经营规律、客户对商品价格的承受能力等综合性客户信息。需要强调的是，单独的客户名称的列举不构成商业秘密。

（3）客户名单具有稳定性

受法律保护的客户名单中的客户群应是权利人经过一定的努力和付出，包括人、财、物和时间的投入，在一定时间段内相对固定的、有独特交易习惯内容的客户。

（4）客户名单具有秘密性

受法律保护的客户名单应是权利人采取了合理的保密措施予以保护的客户信息，他人无法通过公开途径获得。

客户名单只有满足了上述几点要求，才能比较容易被认定为商业秘密，受到法律的保护。本案中，郭某基于其在化工公司的销售工作，掌握了包括具体的交易产品、需求数量、价格政策、结算方式、供货和交货方式等信息在内的客户名单。该客户名单并非其他企业所能普遍知晓，且由于化工公司采取了保密措施其他企业不能轻易获得。因而，法院最终认定郭某使用化工公司客户名单的行为构成对其商业秘密的侵害。

【法条链接】

《中华人民共和国反不正当竞争法》

第九条 经营者不得实施下列侵犯商业秘密的行为：

（一）以盗窃、贿赂、欺诈、胁迫、电子侵入或者其他不正当手段获取权利人的商业秘密；

（二）披露、使用或者允许他人使用以前项手段获取的权利人的商业秘密；

（三）违反保密义务或者违反权利人有关保守商业秘密的要求，披露、使用或者允许他人使用其所掌握的商业秘密；

（四）教唆、引诱、帮助他人违反保密义务或者违反权利人有关保守商业秘密的要求，获取、披露、使用或者允许他人使用权利人的商业秘密。

经营者以外的其他自然人、法人和非法人组织实施前款所列违法行为的，视为侵犯商业秘密。

第三人明知或者应知商业秘密权利人的员工、前员工或者其他单位、个人实施本条第一款所列违法行为，仍获取、披露、使用或者允许他人使用该商业秘密的，视为侵犯商业秘密。

本法所称的商业秘密，是指不为公众所知悉、具有商业价值并经权利人采取相应保密措施的技术信息、经营信息等商业信息。

《最高人民法院关于审理不正当竞争民事案件应用法律若干问题的解释》（2020 修正）

第九条 有关信息不为其所属领域的相关人员普遍知悉和容易获得，应当认定为反不正当竞争法第十条第三款规定的“不为公众所知悉”。具有下列情形之一的，可以认定有关信息不构成不为公众所知悉：（略）

第十三条 商业秘密中的客户名单，一般是指客户的名称、地址、联系方式以及交易的习惯、意向、内容等构成的区别于相关公知信息的特殊客户信息，包括汇集众多客户的客户名册，以及保持长期稳定交易关系的特定客户。

客户基于对职工个人的信赖而与职工所在单位进行市场交易，该职工离职后，能够证明客户自愿选择与自己或者其新单位进行市场交易的，应当认定没有采用不正当手段，但职工与原单位另有约定的除外。

第二节 保密措施与保密制度

实务中，企业对员工提起的商业秘密侵权案件，以败诉居多。归根结底，还是由于企业忽视对其技术和经营信息的管理，没有采取合理的保密措施，缺乏相应的保密制度。不少企业，对商业秘密管理仅限于在劳动合同或公司规章制度中设置一个保密条款，或者仅订立一个保密协议，如此薄弱的制度设计，一方面增加了商业秘密泄露的可能，另一方面，权利人在遭到侵权时很可能被认定为未采取合理保密措施，不构成商业秘密，致使相关权益无法得到法律的保护。

一、建立完善严格的保密规章制度

企业应根据自身的实际情况建立完善的保密规章制度，并做好相应的公示，确保员工能明确知晓保密信息的存在，以及违反保密制度的法律责任。

1. 建立登记制度和设定保密区域

（1）建立外来人员登记制度，禁止外来人员随意进入办公区域，企业的出入口都应有专人负责外来人员的审查、登记，条件允许的，还可以配备电子监视系统和防盗系统。

（2）在企业内部设定保密区域，如技术部、产品研发部等，限制无关的人员进入保密区域。企业内部无关人员进出保密区域，应当进行登记。

2. 文件和档案的保密管理

（1）根据文件和档案的内容，确定保密级别、保密期限，加盖保密章，实行专人、专库、专柜保管，规定文件的借阅范围和手续。

（2）对于发放给特定人的含有商业秘密的文件和资料，应当加盖保密章，并对保密事项以书面形式作出说明。如果条件允许，还可以要求对方签署保密声明。

3. 对生产设备、生产过程、原材料等的物理隔离

将含有商业秘密的生产设备和生产过程安排在特定的保密区域内进行，对设备机器的保密部分应用箱体封闭。对属于商业秘密的原材料或模具等，应用密闭容器盛装，并标注“保密”标志。

4. 计算机的使用管理

明确计算机的使用和操作规程，任何员工不能随意复制含有商业秘密的软件或

电子文件，更不能将上述软件或文件带出保密区域或企业。比如，在一些跨国公司，如微软、西门子等，为了防止员工从硬件设备上拷贝公司资料，根据级别，大部分员工的电脑是不能安装软驱和移动硬盘接口的。

对于企业内含有商业秘密的专用计算机，应确定专人管理，并全面记录和登记其使用情况。对于计算机内的保密信息，可以使用密码或代码。

5. 对离职人员的保密管理

对企业而言，那些即将离职的员工是极度危险的，而且员工职位越高，其威胁越大。对此，企业 HR 应注意以下几点：

（1）应明确员工离职时工作交接的具体内容，并且以书面形式确定员工必须交还的资料；

（2）员工个人档案中应保存相应的培训记录，并尽量记录其所接触的保密信息范围。

（3）要求离职人员承诺，已根据企业指示交回一切含有商业秘密的资料和文件。

6. 保密措施和制度的明示

根据《劳动合同法》的规定，任何规章制度都需要经过公示才能发生法律效力，对于保密措施和保密制度，这一点更为重要。企业应当向相关员工明示相应的制度和规范，并进行全面的保密教育，使员工明确知晓其所负有的保密义务及相应的法律责任。

二、签订保密或竞业限制协议

与员工签订保密协议，或在劳动合同中设立保密条款，是企业最常使用的保密措施。保密协议可以对保密的内容和范围、保密协议双方的权利义务、保密期限和违约责任等作出约定，它不仅可以规范员工的日常行为，还是要求泄密员工承担赔偿责任的依据。

对于涉密性特强的员工，企业还可以与其签订竞业限制协议，要求竞业限制人员在离职后一定期限内未经同意不得从事与本单位相同或相类似的业务，以从根本上阻断泄密的渠道。

三、建立商业秘密侵权索赔机制

商业秘密一旦遭受侵权，就很难恢复到圆满状态，企业应当建立一套商业秘密侵权应急和索赔机制，以使企业在遭受侵权后，能将影响和损失减小到最低程度。企业应第一时间收集和保留好相关证据，确定侵权的范围、程度和侵权行为采用的手段及影响，进而决定相应的补救措施和索赔方案。

【法条链接】

《最高人民法院关于审理不正当竞争民事案件应用法律若干问题的解释》（2020 年修正）

第十一条　权利人为防止信息泄漏所采取的与其商业价值等具体情况相适应的合理保护措施，应当认定为反不正当竞争法第十条第三款规定的“保密措施”。

人民法院应当根据所涉信息载体的特性、权利人保密的意愿、保密措施的可识别程度、他人通过正当方式获得的难易程度等因素，认定权利人是否采取了保密措施。

具有下列情形之一，在正常情况下足以防止涉密信息泄漏的，应当认定权利人采取了保密措施：

（一）限定涉密信息的知悉范围，只对必须知悉的相关人员告知其内容；

（二）对于涉密信息载体采取加锁等防范措施；

（三）在涉密信息的载体上标有保密标志；

（四）对于涉密信息采用密码或者代码等；

（五）签订保密协议；

（六）对于涉密的机器、厂房、车间等场所限制来访者或者提出保密要求；

（七）确保信息秘密的其他合理措施。

第三节　保密协议实务操作

保密协议，是用人单位与劳动者签订的要求劳动者保守用人单位商业秘密的协议。保密协议是企业最常采用的保密措施，但不少企业 HR 对其相应的内容和规定，却存在认识上的误区，尤其是，常常混淆保密协议和竞业限制协议，甚至将两者完全等同起来，引发了争议和纠纷。

一、保密协议和竞业限制协议的区别与联系

保密协议和竞业限制协议都是企业采取保密措施，防范企业商业秘密泄露的手段，两者内容有所重叠，但其法律内涵和适用却有着本质的区别。

1. 义务的基础不同

保密义务是法定义务，一般是基于法律的直接规定或劳动合同的附随义务，不管用人单位与劳动者是否签订保密协议，劳动者均有义务保守企业的商业秘密。而竞业限制是约定义务，是基于用人单位与劳动者的约定产生的，没有约定的，劳动者无须承担竞业限制义务。

2. 义务的侧重内容不同

保密义务要求保密者不得泄露商业秘密，侧重的不能“说”，竞业限制义务要求劳动者不能到竞争单位任职或自营竞争业务，侧重的是不能“做”。

3. 义务的期限不同

保密义务一般期限较长，只要商业秘密存在，劳动者的保密义务就存在，而竞业限制期限较短，最长不得超过2年。

4. 违约责任不同

用人单位不能在保密协议中直接为劳动者约定违约金，劳动者违反保密义务，给用人单位造成损失的，用人单位只能根据实际损害要求其承担赔偿责任。而用人单位可以约定违反竞业限制义务的违约金，劳动者违反竞业限制义务的，用人单位可以直接要求其按约定支付违约金。

二、保密协议的内容

保密协议的主要内容一般包括：保密的内容和范围、用人单位和劳动者双方的权利和义务、保密期限和违约责任等。关于保密的内容和范围，在本章第一节第二部分“商业秘密的范围和内容”中已做了详细的介绍，我们这里重点讨论双方的权利义务、保密期限和违约责任。

1. 企业与员工的权利义务

保密协议最重要的权利义务内容，就是员工应按照法律的规定和双方的约定对企业的商业秘密承担保密义务。同时，企业不能滥用保密协议或保密条款限制和侵害员工的权益，比如限制员工的择业自由。

以案说法

25. 企业要员工保密，必须支付保密费吗？

李某于2016年8月入职某科技公司，担任IT工程师，公司与李某签订劳动合同的同时，签订了一份《保密协议》，协议约定李某应当保守公司商业秘密，且该义务不因劳动合同的解除或终止而免除。2018年7月，李某提出辞职，公司同意，双方办理离职手续时，公司向李某发送了一份书面通知，要求李某对在劳动期间知悉的公司的商业秘密负有保密义务，否则应当承担相应的赔偿责任。李某接到通知后，要求公司支付保密费，否则不承担保密义务。

【律师点评】

关于保密协议双方权利义务的履行，实务中，最容易出现争议的问题就是，员工保密义务的履行是否以企业支付保密费为对价，很多HR将保密费和竞业限制补偿金混为一谈，认为要求员工履行保密义务，企业也必须支付保密费。事实上，如前所述，保密义务是劳动者的一项法定义务，该义务的履行不以企业支付保密费为前提和条件，因此，企业不支付保密费，劳动者也应保守企业的商业秘密，本案中，李某的请求没有法律依据，公司可以要求其承担保密义务且不支付保密费。

2. 保密期限

保密期限是应和劳动合同期限一致呢，还是可以长于劳动合同期限？实务中，不少 HR 认为用人单位和劳动者之间的保密义务是基于双方之间劳动关系的建立和存续，因此，劳动关系一旦解除或终止，保密义务也就失去了存在的基础。上述观点是片面和错误的，因为，保密义务的产生，并不仅仅是基于双方之间劳动关系的存在，更重要的是由于劳动者在工作过程中接触或知悉了用人单位的商业秘密。因此，只要企业的信息属于商业秘密，保密义务就存在，保密期限可以长于劳动合同期限，从劳动者知悉用人单位的商业秘密开始到商业秘密解密时为止。

3. 违约责任

根据《劳动合同法》的规定，除了员工违反服务期约定或违反竞业限制义务两种情形外，用人单位不得与劳动者约定由劳动者承担违约金。因此，即便企业在《保密协议》中约定了保密义务的违约金条款，该条款也属于无效条款。如果员工泄露企业的商业秘密，企业不能要求员工支付违约金，只能要求员工赔偿由此给企业造成的损失。

司法实践中，追偿员工泄密给企业造成的损失，存在的最大问题就是“举证难”，一方面，是有关员工泄密的事实的举证；另一方面，是关于员工泄密给企业造成的损失数额的举证。对此，企业 HR 应在《保密协议》中对员工泄密行为和泄密造成损失的计算标准及方法作出明确约定，并注意保留好相关的证据。

【法条链接】

《中华人民共和国劳动合同法》

第二十三条　用人单位与劳动者可以在劳动合同中约定保守用人单位的商业秘密和与知识产权相关的保密事项。……

第九十条　劳动者违反本法规定解除劳动合同，或者违反劳动合同中约定的保密义务或者竞业限制，给用人单位造成损失的，应当承担赔偿责任。

第四节　竞业限制协议实务操作

竞业限制，是指用人单位与劳动者约定在解除或者终止劳动合同后一定期限内，劳动者不得到与本单位生产或者经营同类产品、从事同类业务的有竞争关系的其他用人单位任职，或者自己开业生产或者经营同类产品或同类业务。竞业限制毕竟在一定程度上限制了员工的自由择业权利，会对其及家人的生活构成重大影响，因此，法律对于竞业限制的主体范围、内容、期限和补偿金等方面都做了明确规定，力求在保护用人单位商业秘密不受侵害和保障劳动者的基本生存权利之间找到一个平衡点。

近年来，随着用人单位保护商业秘密及维护企业竞争优势意识的增强，用人单位越来越重视与劳动者签署竞业限制协议，尤其在互联网行业，企业对于人才争夺的激烈程度愈演愈烈且呈白热化趋势，而用人单位保护自身利益的法宝——竞业限制，也成为司法实践中的热点问题。至此，竞业限制不仅仅是原用人单位保护商业秘密与离职劳动者行使自主择业权之间的博弈，更成为企业之间商业竞争的重要攻防手段。值得注意的是，企业激励股权与竞业限制的交织，让问题变得更加复杂和疑难。激励股权能否作为竞业限制对价这一新的问题，到底是合同纠纷还是劳动争议，裁审机构在审查和认定相关案件时仍有较大的分歧和争议。

实务中不少用人单位对竞业限制的相关法律法规存在误读和不当适用，并且由于双方协议的履行是在劳动合同解除和终止之后，客观上存在复杂性，因此，审判实务中也面临了各种各样的有关竞业限制引发的劳动争议。目前关于竞业限制争议处理仍存在难点，包括竞业行为查明难、竞争关系认定难、交叉领域适法难、在职竞业违约金条款审查难和违约金合理区间酌定难，等等。

为了统一司法实务中的裁判口径，最高人民法院此前出台的《关于审理劳动争议案件适用法律若干问题的解释（四）》（以下简称《司法解释四》）（已失效）以及 2021 年 1 月 1 日施行的《最高人民法院关于审理劳动争议案件适用法律问题的解释（一）》对竞业限制的相关法律问题进行了明确的规定，我们在本节也将为 HR 详细介绍和解读这些最新的法律规定。

1. 竞业限制主体范围

为了保险起见，企业可以和所有员工毫无例外地签订《保密协议》。但是，对于签订竞业限制协议的员工范围，应当根据法律的规定有所选择，毕竟，要求员工承担竞业限制义务，企业是要支付竞业限制补偿金的。

根据《劳动合同法》的规定，竞业限制的人员限于用人单位的高级管理人员、高级技术人员和其他负有保密义务的人员。这里的“高级管理人员”一般是指《公司法》规定的公司经理、副经理、财务负责人、上市公司董事会秘书和公司章程规定的其他人员；除此之外，对于生产制造和科技类行业的企业，还包括高级研究开发人员、技术人员、关键岗位的技术工人等比较容易接触到企业的商业秘密的人员；其他可能知悉企业商业秘密的人员，包括市场销售人员、财会人员、秘书等。总之，企业应选择与掌握企业核心和重要商业秘密的劳动者签订竞业限制协议，对于不可能接触到用人单位商业秘密的普通劳动者，企业不必订立竞业限制协议。

2. 竞争对手范围

如果用人单位与劳动者在竞业限制协议或条款中约定竞争对手过于宽泛，即竞争对手的范围难以囊括劳动者新入职的单位，那么竞业限制协议很容易就变成一纸空文。对于原用人单位来说，除了已经支付至劳动者的竞业限制补偿金成为额外的成本之外，希望通过竞业限制协议来达到限制劳动者至竞争对手处工作的目的也同样难以实现。

因此，建议用人单位在与劳动者约定竞争对手范围时可采用以下方式：（1）概述和列举并用形式。该种形式除笼统说明不得到竞争对手及其关联公司处就职外，还应具体列明竞争对手公司名单。（2）除在竞业限制协议中明确竞争对手范围外，用人单位也可以定期梳理更新竞争对手名称清单，并与员工以补充协议条款的方式共同书面确认。（3）员工离职时，用人单位向员工送达的《履行竞业限制通知书》等相关文件中，要进一步明确补充并强调不得就职的竞争对手范围和确切的公司名称，并由员工书面签署确认知悉并认可相关内容。

3. 竞业限制义务的内容

竞业限制义务主要包括两个方面，一是，限制员工到生产同类产品或经营同类业务且有竞争关系或其他利害关系的企业任职；二是，员工不得自行建立与本单位业务范围相同的企业，不得自己生产、经营与本单位有竞争关系的同类产品或业务。通俗地说，就是员工不能到原单位的竞争对手那里工作，也不能自己成为原单位的竞争对手。

由于劳动者自由择业的权利受到了限制，依据公平原则，法律要求企业应对竞业限制的范围和区域作出明确约定，一般来说，限制就业的职业种类和范围，应当限定在员工在企业所从事的特殊的、专门的业务范围内，而不能任意扩大到整个行业和各种职业，否则，如企业完全剥夺了员工再就业的机会和可能性，员工甚至连一般知识、技能和经验等特长都无法发挥，则相关约定将会被认定为侵犯了员工的就业权，属于无效条款。

解读：用人单位违法解除劳动合同或劳动者被迫解除劳动合同的，竞业限制条款对劳动者是否仍有约束力？

这一点，2021年1月1日施行的《最高人民法院关于审理劳动争议案件适用法律问题的解释（一）》作出了明确规定，即“当事人在劳动合同或者保密协议中约定了竞业限制和经济补偿，当事人解除劳动合同时，除另有约定外，用人单位要求劳动者履行竞业限制义务，或者劳动者履行了竞业限制义务后要求用人单位支付经济补偿的，人民法院应予支持。”该条明确了劳动合同的解除不影响竞业限制约定的效力，该约定具有相对独立性。也就是说，不论是用人单位违法解除还是劳动者被迫解除，都不必然导致竞业限制的约定失效。除非双方另有约定，否则不论劳动合同因何解除，竞业限制条款对双方都具有约束力，双方应当依约履行。

4. 竞业限制期限

根据《劳动合同法》的规定，用人单位和劳动者可以约定竞业限制期限，但最长不得超过2年。法律规定了竞业限制期限的上限，用人单位约定竞业限制期限可以短于两年，但超过两年的，超出部分无效。

5. 竞业限制协议的签订时间

竞业限制协议应在什么时候签订呢？由于竞业限制协议限制了劳动者自由择业的权利，因此，很多员工都不愿意签订竞业限制协议。对此，企业HR应选择在员工入职前或入职时，与《劳动合同书》同时签订，此时，员工为了得到工作机会，通常会同意签订竞业限制协议。

以案说法

26. 员工自动履行竞业限制协议的，能要求补偿金吗？

杨某2015年11月13日进入某科技公司担任技术岗位工作，劳动合同期限至2017年12月31日。双方同时签订了《保密及竞业限制协议书》，该协议设定了杨某离职后的竞业限制义务，但未约定补偿金。2017年11月30日，科技公司向杨某发出《终止劳动合同通知书》，决定终止与杨某的劳动合同。杨某离职后，一直在家休息，2018年3月，杨某向劳动争议仲裁委员会提出仲裁申请，要求公司支付竞业限制补偿金。

【审理结果】

劳动争议仲裁委员会经审理，裁决公司向杨某支付第1年度竞业限制补偿金40800元。双方均不服，向法院提起诉讼。2018年8月4日庭审中，公司方面单方声明放弃竞业限制要求，并且主张为无效条款。法院审理后判决，《保密及竞业限制协议书》关于竞业限制义务的约定有效，因杨某自2018年1月1日至2018年8月4日期间已按协议约定履行竞业限制义务，用人单位应向杨某支付上述期间的竞业限制补偿金27053元。

【律师点评】

关于竞业限制协议未约定补偿金是否导致协议无效，司法实践中一直存在争议。一种意见认为，竞业限制协议没有约定补偿金，并不导致竞业限制协议的必然无效，因此，劳动者已履行竞业限制义务的，用人单位应当支付竞业限制补偿金。另一种意见认为，竞业限制协议为劳动者设定了离职后所应履行的竞业限制义务，但并未对其应享有的权利进行约定，明显违反权利义务的对等原则，故该条款属于无效条款。由于用人单位对于协议的无效存在一定的过错，因此，要求用人单位支付相应的竞业限制补偿金作为造成竞业限制条款无效的过错责任的承担方式。可以看出，无论协议有效还是无效，只要劳动者证明其履行了竞业限制义务，用人单位就须向劳动者支付竞业限制补偿金，作为其就业受限的合理补偿。

当然，如果这个案子放到现在，意见就比较统一了。根据2021年1月1日施行的《最高人民法院关于审理劳动争议案件适用法律问题的解释（一）》第36条的规定，企业和员工约定了竞业限制但未约定经济补偿，员工又履行了竞业限制义务的，竞业限制约定对双方具有法律效力，企业应向员工支付竞业限制补偿金，而不能以没有约定或约定不明等否认竞业限制协议对其的约束力。

企业HR应从本案中吸取的教训是：首先，竞业限制协议不能随便乱签，只能和确实掌握企业核心商业秘密的员工签订；其次，即便企业事先与员工签订了竞业限制协议，当员工离职时，企业HR也应就竞业限制问题作出专门说明，如果要求员工承担竞业限制义务的，应按协议约定支付补偿金或达成其他补充协议；如果企业决定放弃对员工竞业限制要求的，应当予以书面通知，表明员工离职后无须承担竞业限制义务，企业将不支付竞业限制补偿金。

6. 竞业限制补偿金

（1）竞业限制补偿金的数额

根据《劳动合同法》的规定，员工承担竞业限制义务的，企业在竞业限制期限内按月向劳动者支付经济补偿。但是，对于经济补偿的标准，此前国家并没有统一的规定，实务中各地根据当地的情况出台了一些地方性规定。比如《江苏省劳动合同条例》规定，“月经济补偿额不得低于该劳动者离开用人单位前十二个月的月平均工资的三分之一。”《北京市高级人民法院、北京市劳动争议仲裁委员会关于劳动争议案件法律适用问题研讨会会议纪要》规定，“用人单位和劳动者未能就补偿费的给付协商一致的，可按照双方劳动关系终止前最后一个年度劳动者工资的20%—60%支付补偿费。”

但是，《司法解释四》（已失效）以及2021年1月1日施行的《最高人民法院关于审理劳动争议案件适用法律问题的解释（一）》统一和明确了竞业限制经济补偿金的支付标准，即用人单位应当按照劳动者在劳动合同解除或者终止前12个月平均工资的30%按月支付经济补偿，如果该月平均工资的30%低于劳动合同履行地最低工资标准的，则应当按照劳动合同履行地最低工资标准支付。因此，如果企业的竞业限制协议和相关做法与上述规定相冲突的，HR应当尽快予以调整，同时，还应对新规定可能会给企业带来的相关成本费用的增加作出评估。

司法实践中，北京、上海、深圳三地在竞业限制经济补偿金的标准认定上存在一定程度的地域差异。北京地区裁审机构关于竞业限制经济补偿金约定标准这一问题，实践中倾向于以不低于劳动合同解除或者终止前12个月平均工资的30%为主流观点和口径。上海地区裁审机构有观点认为用人单位应当按照劳动者离职前正常工资的20%至50%约定和支付竞业限制补偿金。深圳地区司法口径中对于竞业限制经济补偿金标准的认定存在争议，主要分两个口径，一种认为应按照《最高人民法院关于审理劳动争议案件适用法律问题的解释（一）》（2021 年 1 月 1 日生效，之前发布的 4 个司法解释均废止）的规定，不低于离职前十二个月月平均工资的 30%；一种认为按照《深圳经济特区企业技术秘密保护条例》的规定，不应低于离职前 12 个月月平均工资的 50%。

（2）竞业限制补偿金的支付

补偿金应当如何支付？根据《劳动合同法》的规定，企业应在解除或者终止劳动合同后，按月支付竞业限制补偿。

实务中，除了按法律规定离职后按月支付经济补偿的做法外，企业还会采用员工离职时一次性支付或在职时与工资一起按月发放的形式支付竞业限制补偿金。对于前者，操作比较简单，节省人力成本，但缺点是无法对员工履行竞业限制义务进行有效的监督；对于后者，在《劳动合同法》施行后，则存在很大的风险。对于企业能否约定每月支付给劳动者的工资福利待遇中已经包含竞业限制补偿金，实践中做法不一，某些法院直接认定上述约定违反法律规定，属于无效条款；某些法院虽不当然认定该条款无效，但要求用人单位必须举证证明该补偿金和工资是能够明确区分的，否则，用人单位仍然要承担支付竞业限制补偿金的不利后果。

因此，我们建议，企业应严格按法律规定，在竞业限制期限内按月向员工支付补偿金，如果员工违反约定，企业可以及时终止补偿金的支付，将损失降到最低。

以案说法

27. 不支付补偿金，员工还需要承担竞业限制义务吗？

2015 年 3 月，王某入职一家高新技术公司，担任业务经理，月薪为 10000 元。公司与王某签订了一份《竞业限制协议》，协议约定王某“离职后 1 年内不得到与本单位生产或者经营同类产品、从事同类业务的有竞争关系的其他用人单位任职，或者自己生产或者经营同类产品。”同时，协议还约定从王某离职后开始计算竞业限制补偿，补偿金为 1000 元/月，如果王某违约，应向公司支付违约金 50000 元。2017 年 2 月，王某向公司提出辞职，双方解除劳动合同，但公司却并未向王某支付竞业限制补偿金。5 月，公司通过其他途径了解到王某在一家同类型企业担任业务经理，可能会给公司造成经济损失，于是公司发函书面通知王某，要求王某履行竞业限制协议，否则追究其法律责任，王某收到公司的函件后，未予理睬。公司于是向劳动争议仲裁委员会申请仲裁，要求王某支付违反竞业限制的违约金 50000 元。劳动争议仲裁委员会审理后，驳回了公司的全部申诉请求。

【律师点评】

实践中，很多用人单位与劳动者订立的竞业限制协议中，往往未约定用人单位需向劳动者支付经济补偿，或即使约定了用人单位需支付经济补偿，但用人单位实际上并未向劳动者支付竞业限制补偿金，这种情况下，劳动者是否还需要承担竞业限制义务呢？司法实践中，有的观点认为，用人单位未支付补偿金的，竞业限制条款自动失效或自动终止；也有观点认为，用人单位未支付补偿金的，劳动者即获得了解除竞业限制协议的单方解除权。无论是基于哪种理由，有一点是肯定的，即竞业限制协议有效存续的前提是用人单位根据公平原则支付了竞业限制补偿金，用人单位未支付补偿金的，竞业限制协议对劳动者就丧失了法律约束力，劳动者可自由选择自己的职业。本案中，公司未支付竞业限制补偿金，因此，无权要求王某履行竞业限制义务。

但是，需要强调的是，《司法解释四》（已失效）、2021 年 1 月 1 日施行的《最高人民法院关于审理劳动争议案件适用法律问题的解释（一）》的出台对类似案件的实务操作也有了新的要求。考虑到竞业限制涉及企业核心商业秘密的保护，《司法解释四》（已失效）、2021 年 1 月 1 日施行的《最高人民法院关于审理劳动争议案件适用法律问题的解释（一）》在制定时采纳了上述第二种观点，即企业未支付竞业限制经济补偿的，员工就取得了对竞业限制协议的单方解除权。但该解除权的行使应当具备两个条件，一是实体上，应当满足“因用人单位的原因导致 3 个月未支付经济补偿”，也就是说企业有 3 个月的宽限期，企业未支付经济补偿尚未超过 3 个月的，员工不能以此为由拒绝履行竞业限制义务；二是程序上，根据《民法典》第五百六十五条的一般规定，一方行使合同解除权时，“应当通知对方，合同自通知到达对方时解除”。所以，即便企业超过 3 个月未支付经济补偿，员工也应在另行择业前将解除的意思表示告知企业，如果未通知企业即另行择业的，也将承担违反竞业限制义务的法律责任。

7. 竞业限制的违约金

根据《劳动合同法》的规定，劳动者违反竞业限制义务的，应当按照约定向用人单位支付违约金。

违约金是双方当事人约定的如果一方不履行合同义务应当承担的法律责任。法律赋予用人单位在竞业限制协议中约定违约金的权利，用人单位就应当运用好这项权利，明确员工违反竞业限制约定应承担的违约金标准，以便发生违约时，企业的相关权益能得到及时充分的救济。

对于违约金的具体支付标准，法律没有作出任何规定。实务中常见约定的标准有以下几种：（1）直接约定具体违约金金额；（2）约定竞业限制补偿金总额的一定倍数（如 3 倍或以上）作为违约金；（3）约定离职前 12 个月工资总额的一定倍数

（如 1 倍至 3 倍）作为违约金。因此，企业应遵循合理原则根据实际情况确定，如果违约金过分高于用人单位所遭受的实际损失的，劳动者可以请求仲裁委员会或法院予以适当减少。

以案说法

28. 劳动争议仲裁委员会或法院如何考量违反竞业限制义务违约金是否过高？

2015 年 7 月，李某入职一家高新技术公司，担任技术工程师。同时，双方签订了一份《竞业限制协议》，协议约定李某离职后的竞业期限为 1 年，竞业期内，李某每个月需书面汇报就业情况，公司每月向李某支付竞业限制补偿 6360 元（税前），如李某违反协议约定应当承担下列违约责任：（1）退还公司已经支付但李某违反竞业限制义务期间的竞业限制补偿；（2）违约金为公司已支付竞业限制补偿金的 5 倍；（3）赔偿公司全部损失。2020 年 6 月，李某离职，离职前 12 月平均工资为 28046.67 元。自 2020 年 7 月起，公司按月向李某支付竞业限制补偿金 6360 元（税前），税后金额为 5342.4 元。2021 年 2 月，公司通过其他途径了解到李某入职一家竞争对手企业，于是向劳动争议仲裁委员会申请仲裁，要求李某返还竞业限制补偿金、支付违反竞业限制义务违约金、继续履行竞业限制义务。

【审理结果】

劳动争议仲裁委员会经审理，认定李某违反竞业限制义务，裁决李某向公司返还已支付的竞业限制补偿金 37396.8 元；并向公司支付违反竞业限制义务的违约金 186984 元；同时继续履行竞业限制义务。

后公司将李某的竞业限制补偿金支付至 2021 年 6 月竞业限制期届满，并向法院起诉，要求李某返还竞业限制补偿金 76320 元，并支付违约金 381600 元。法院审理后认为，公司已按双方约定的标准向李某支付了为期 1 年的竞业限制补偿金，而李某在其 1 年的竞业限制期限内存在违反约定的竞业限制义务行为，故对公司要求李某返还已支付的上述期间的竞业限制补偿金 76320 元予以了支持。但关于违约金标准的问题，法院认为，对比公司与李某约定的竞业限制补偿金标准与李某离职前 12 个月平均工资的水平，公司与李某关于违反竞业限制义务的违约金标准及李某应返还已支付的竞业限制补偿金的约定，明显存在权利义务不对等的情况，二者比例严重失衡，对李某而言显失公平。在此情况下，结合李某违反竞业限制义务的时间长度、公司与李某约定的竞业限制补偿金的标准及李某应向公司返还违反竞业限制补偿金的情况，并考虑李某向公司提供虚假就业信息、先后通过隐藏真实社会保险缴费单位和以变更社会保险缴费单位的方式掩盖违反竞业限制义务事实的情况，以及李某在劳动争议仲裁及诉讼中表现出的较为明显的负面主观态度等情况，酌情认定李某应按照双方约定的竞业限制补偿金标准的2.5倍即190800元向公司支付违反竞业限制义务的违约金。

【律师点评】

实践中，法院认定违约金标准是否过高，与个案情况有很大关系。在具体的劳动争议案件审查中，法院往往会根据实际情况，综合考量竞业限制补偿金标准、员工收入、员工的主观恶意程度、员工违反竞业限制义务的持续时间、原单位的预期利益与实际损失等多个因素来酌情确定违约金是否畸高，进而决定是否下调；当然，也不排除个别案件中可能会直接支持原单位约定和主张的高额违约金，但大多数情况下还是会综合考量多种因素予以调整。

【HR应对】

1. 作为原用人单位，企业在与员工签署《竞业限制协议》时，仍可考虑在合理范围内约定相对较高的违约金，以作为维护企业竞争优势的防御手段，敦促员工切实履行竞业限制义务。该类约定并不会因为数额过高而被认定为条款无效，至多在争议审查处理中被裁审机构酌情调低，而且一定情况下仍有被全额支持的可能性。

2. 作为员工及新用人单位，在应对原单位针对员工的竞业限制追责时，亦有权利主张和抗辩原单位主张违约金标准过高，请求裁审机构予以酌情调低。

以案说法

29. 员工违反竞业限制义务的，公司能否依据协议约定要求员工返还股票期权收益？

2014年4月，程某入职某网络游戏公司从事开发运营工作。劳动合同中约定，离职后程某违反不竞争约定的，须向公司支付20万元违约金。2017年10月，双方签订《协议书》约定，公司向程某授予限制性股票作为程某承诺保密与不竞争的对价，程某在职期间及离职后2年内不得自营或参与经营有竞争关系的企业；如程某违约，应向公司支付限制性股票的收益，以公司采取法律行动当日市值计算。2019年5月，程某辞职。之后，公司发现程某出资设立的一家公司开发了一款网络游戏，且该公司的经营范围与公司的经营范围高度重合，于是以程某违反竞业限制为由向劳动争议仲裁委员会申请仲裁，后又向法院起诉，要求程某向公司支付限制性股票的所有收益。

【审理结果】

法院经审理后认为，《协议书》明确约定，由公司授予程某限制性股票作为对价，约定有效。双方2017年10月签订的《协议书》构成对劳动合同中违约责任的变更。程某取得了限制性股票，理应根据《协议书》的约定承担违约责任，即公司有权向程某追索所有限制性股票所生之收益。最终判决程某向公司支付限制性股票收益 900,000 元（收益数额以公司采取法律行动当日股票市值计算）。

【律师点评】

近年来，互联网行业企业常采用股票期权机制激励员工，在相应的股权/期权授予协议中，约定竞业限制条款，且将激励股权作为履行竞业限制义务的对价。但是，该类约定并未基于《劳动合同法》的相关规定而进一步明确约定另行支付竞业限制经济补偿。因此，实务中就产生了约定“将员工获得激励股权及相关收益作为其向用人单位履行竞业限制义务的对价”此类条款是否有效，以及“是否需要另行支付竞业限制经济补偿金”等方面的问题。

对此，司法实践的处理和认定尚存在一定争议。有观点认为，激励股权收益作为员工承担竞业限制义务的对价之约定，系双方真实意思表示，应属有效；也有观点认为，竞业限制补偿金应该是确定的，而激励股权的收益具有不确定性，因此约定激励股权作为员工竞业限制义务的对价缺乏合法性。

此外，在此类案件中，因为激励股权的处理与竞业限制交织在一起，对相关争议的案由认定也存在一定争议。有观点认为激励股权不属于法定的劳动报酬组成部分或法定的劳动报酬支付形式，其获得主体仅限于特定群体，有别于劳动法所保护的群体，且法律法规依据也不同于劳动合同，故将其排除出了劳动争议的审理和解决范围，认为属于合同纠纷；也有观点认为激励股权亦属于劳动者提供劳动获得的对价，或认为属于薪酬待遇的组成部分，且激励股权的授予、归属及退出等均基于劳动关系的存续，体现了劳动者接受用人单位管理、约束和激励的特征，不同于普通的民商事纠纷，应纳入劳动争议的范畴进行审理。

【HR 应对】

虽然司法实践在案件处理时仍有争议，不过在用人单位保护商业秘密与劳动者自主择业权的博弈中，司法实践中法院对于竞业限制纠纷案件的处理，在公平合理的原则之下，仍充分考量和尊重企业与员工双方之间当事人的意思自治，保障当事人自主磋商的权利，以尽可能平衡地去维护劳动者切身利益与保护用人单位竞争优势。

因此，建议企业在协议中明确约定，股票期权作为员工履行竞业限制义务的对价，如有违反应当承担违约责任，返还其所获得的股票期权及股票期权所生收益；而对于是否需要另行支付竞业限制经济补偿金，需要进一步考量员工是否因股权激励的实施而实际上享受收益。具体如下：

1. 明确约定股票期权作为竞业限制的对价，赋予对价独立性和显著性。

建议企业可以在股权激励协议或竞业限制协议中约定：（1）员工在职期间和离职后需遵守竞业限制义务；（2）同时约定股票期权本身及所生收益属于员工履行竞业限制义务的对价；（3）同时强调，激励对价包括员工与公司长期合作义务及其对公司的忠实义务。如违反竞业限制义务，员工应当承担违约责任，返还股票所生之收益或期权行权差价。

2. 区分股权激励的实施情况以及员工的收益情况，保障对价的明确性和确定性。

如约定股票期权作为员工履行竞业限制义务的对价，在实际履行过程中，公司应根据是否实施了股权激励以及员工是否实际获得股权激励收益等情况来判断是否需要额外支付竞业限制经济补偿金。

此外，如员工离职时公司需收回已行权的股权激励时，也可以考虑约定回购价款中包含竞业限制补偿金的操作方案。

最后，考虑到竞业限制履行中，员工仍有权要求以企业 3 个月未支付竞业限制补偿金为由提出单方解除竞业限制协议，为确保企业更有效地启动竞业限制，对于履行竞业限制义务的重点员工，即便其已经享受了股权激励的收益，建议仍按不低于解约前 12 个月平均工资 30% 的标准，按时固定明确发放竞业限制补偿。

3. 确定违约金的计算方式，保障企业追究违约责任的主动权。

基于股权激励本身存在一定的不确定性，因此尤其需要重视，在协议中将违约金的数额或计算方式予以明确，以确保违约金具备可预期性与明确性，并且能够实际支付或者执行。

解读：员工违反竞业限制义务向企业支付违约金后，企业还能要求其继续履行竞业限制义务吗？

考虑到竞业限制对企业商业秘密保护的重要性，对于违反竞业限制义务的劳动者，法律法规并没有给予倾向性的保护。2021 年 1 月 1 日施行的《最高人民法院关于审理劳动争议案件适用法律问题的解释（一）》第 40 条明确规定，劳动者违反竞业限制约定，向用人单位支付违约金后，用人单位仍然有权要求劳动者按照约定继续履行竞业限制义务。

8. 竞业限制协议的解除

企业与员工的劳动合同解除或终止后，任何一方能否单方提出解除竞业限制协议？2021 年 1 月 1 日《最高人民法院关于审理劳动争议案件适用法律问题的解释（一）》中有统一的意见和规定。

（1）劳动者单方解除竞业限制协议

根据 2021 年 1 月 1 日施行的《最高人民法院关于审理劳动争议案件适用法律问题的解释（一）》第 38 条的规定，劳动合同解除或终止后，由于用人单位的原因导致 3 个月未支付竞业限制经济补偿的，劳动者有权请求解除竞业限制约定。该条明确了员工单方解除竞业限制协议的权利和条件，即企业 3 个月未支付经济补偿，因此，并不是企业一不支付经济补偿，员工就可以立刻解除竞业限制协议。当然，一且 3 个月不支付经济补偿的事实形成，员工即可以马上提出解除竞业限制约定，而无须企业的同意。

（2）用人单位单方解除竞业限制协议

根据 2021 年 1 月 1 日施行的《最高人民法院关于审理劳动争议案件适用法律问题的解释（一）》第 39 条的规定，在竞业限制期限内，用人单位有权请求解除竞业限制协议。但在解除竞业限制协议时，劳动者有权请求用人单位额外支付劳动者 3 个月的竞业限制经济补偿。该条确认了企业享有单方解除竞业限制协议的权利，即可以根据自己的经营状况和实际需要随时通知离职员工解除竞业限制协议。但为了保护劳动者的预期利益以及合理的择业期间，司法解释又给用人单位附加了要额外支付劳动者 3 个月经济补偿的义务。

【HR 应对】

1. 只有对于企业极为核心和重要的商业秘密，才需要采用竞业限制这种形式来加以保护。一些 HR 由于对竞业限制规定的不了解，不加区别地对劳动者采用竞业限制，常常是搬起石头砸了自己的脚。尤其是在 2021 年 1 月 1 日施行的《最高人民法院关于审理劳动争议案件适用法律问题的解释（一）》出台之后，HR 更应准确理解和适用这些新的法律规定，避免由于理解错误和适用不当导致人力资源管理成本的增加和引发劳动争议。

2. 在确定竞业限制的范围时，应当尽量明确合理，企业 HR 可以采取列举的方式明确限制员工就业的竞争对手名单。

3. 在与劳动者协商确定补偿金和违约金数额时，企业应当遵循自愿、公平、合理的原则，依照相关的法律规定予以确定，避免利用强势地位约定不合理的补偿及违约条款，损害劳动者的合法权益。

【法条链接】

《中华人民共和国劳动合同法》

第二十三条 用人单位与劳动者可以在劳动合同中约定保守用人单位的商业秘密和与知识产权相关的保密事项。

对负有保密义务的劳动者，用人单位可以在劳动合同或者保密协议中与劳动者约定竞业限制条款，并约定在解除或者终止劳动合同后，在竞业限制期限内按月给予劳动者经济补偿。劳动者违反竞业限制约定的，应当按照约定向用人单位支付违约金。

第二十四条 竞业限制的人员限于用人单位的高级管理人员、高级技术人员和其他负有保密义务的人员。竞业限制的范围、地域、期限由用人单位与劳动者约定，竞业限制的约定不得违反法律、法规的规定。

在解除或者终止劳动合同后，前款规定的人员到与本单位生产或者经营同类产品、从事同类业务的有竞争关系的其他用人单位，或者自己开业生产或者经营同类产品、从事同类业务的竞业限制期限，不得超过二年。

第二十五条　除本法第二十二条和第二十三条规定的情形外，用人单位不得与劳动者约定由劳动者承担违约金。

《中华人民共和国民法典》

第五百六十五条　当事人一方依法主张解除合同的，应当通知对方。合同自通知到达对方时解除；通知载明债务人在一定期限内不履行债务则合同自动解除，债务人在该期限内未履行债务的，合同自通知载明的期限届满时解除。对方对解除合同有异议的，任何一方当事人均可以请求人民法院或者仲裁机构确认解除行为的效力。

当事人一方未通知对方，直接以提起诉讼或者申请仲裁的方式依法主张解除合同，人民法院或者仲裁机构确认该主张的，合同自起诉状副本或者仲裁申请书副本送达对方时解除。

《最高人民法院关于审理劳动争议案件适用法律问题的解释（一）》

第三十六条　当事人在劳动合同或者保密协议中约定了竞业限制，但未约定解除或者终止劳动合同后给予劳动者经济补偿，劳动者履行了竞业限制义务，要求用人单位按照劳动者在劳动合同解除或者终止前十二个月平均工资的30%按月支付经济补偿的，人民法院应予支持。

前款规定的月平均工资的30%低于劳动合同履行地最低工资标准的，按照劳动合同履行地最低工资标准支付。

第三十七条　当事人在劳动合同或者保密协议中约定了竞业限制和经济补偿，当事人解除劳动合同时，除另有约定外，用人单位要求劳动者履行竞业限制义务，或者劳动者履行了竞业限制义务后要求用人单位支付经济补偿的，人民法院应予支持。

第三十八条　当事人在劳动合同或者保密协议中约定了竞业限制和经济补偿，劳动合同解除或者终止后，因用人单位的原因导致三个月未支付经济补偿，劳动者请求解除竞业限制约定的，人民法院应予支持。

第三十九条　在竞业限制期限内，用人单位请求解除竞业限制协议时，人民法院应予支持。

在解除竞业限制协议时，劳动者请求用人单位额外支付劳动者三个月的竞业限制经济补偿的，人民法院应予支持。

第四十条　劳动者违反竞业限制约定，向用人单位支付违约金后，用人单位要求劳动者按照约定继续履行竞业限制义务的，人民法院应予支持。

《江苏省劳动合同条例》（2013年修正）

第二十八条　用人单位对处于竞业限制期限内的离职劳动者应当按月给予经济补偿，月经济补偿额不得低于该劳动者离开用人单位前十二个月的月平均工资的三分之一。……

《北京市高级人民法院、北京市劳动争议仲裁委员会关于劳动争议案件法律适用问题研讨会会议纪要》

38. 用人单位与劳动者在劳动合同或保密协议中约定了竞业限制条款，但未就补偿费的给付或具体给付标准进行约定，不应据此认定竞业限制条款无效，双方在劳动关系存续期间或在解除、终止劳动合同时，可以通过协商予以补救，经协商不能达成一致的，可按照双方劳动关系终止前最后一个年度劳动者工资的20%－60%确定补偿费数额。用人单位明确表示不支付补偿费的，竞业限制条款对劳动者不具有约束力。

第六章　培训与服务期

职业培训是提高劳动者素质的重要手段，通过培训，企业可以培养出适合本单位的人才，从而进一步提升企业的管理水平和竞争能力。但员工接受培训“翅膀硬了”之后的频繁跳槽，却极大地挫伤了企业的培训热情。如何既能让员工享受到企业的再教育福利，又能对企业的培训投入起到一定的保护作用，就是我们本章要讨论的如何利用好服务期和如何签订培训协议的问题。

第一节　服务期

一、什么是服务期

所谓服务期，是用人单位与获得特殊待遇的劳动者在劳动合同或者其他协议中约定的劳动者应当为用人单位服务的期限。约定服务期，以双方存在劳动关系为前提，但它又不同于劳动合同的期限。实务中，需要注意以下两个方面：

1. 服务期必须在法定情形下才能约定

服务期不能随意约定，必须是用人单位根据法律规定履行了特别义务，即为劳动者提供专项培训费用，对其进行专业技术培训的，才能与员工约定服务期。

2. 服务期内劳动者不能解除或终止劳动合同

对于没有约定服务期的普通劳动合同，劳动者想要解除合同，只要提前30日书面通知用人单位即可。但是，如果用人单位与劳动者签订了培训协议或劳动合同中约定了服务期条款的，服务期届满前，劳动者不能随意解除劳动合同，如果劳动者解除劳动合同的，应当支付违约金或承担赔偿责任。另外，劳动合同期满，但用人单位与劳动者约定的服务期尚未到期的，劳动合同应当续延至服务期满。

二、可以约定服务期的情形

根据《劳动合同法》的规定，用人单位为劳动者提供专项培训费用，对其进行专业技术培训的，可以与该劳动者约定服务期。可见，企业出资提供专业技术培训，是其能与劳动者约定服务期的前提条件，但是关于何谓“专项培训费用”和“专业技术培训”，法律法规没有给出明确的界定，实务中，主要把握以下两点：

1. 用人单位提供了培训费用

一般来说，用人单位应当是委托具有培训和教育资格的第三方单位进行培训，并且有第三方出具的，用人单位为劳动者参加培训出资的货币支付凭证；同时，这笔培训费用的数额应当是比较大的，但这个数额到底是多少，法律也没有规定一个具体的数字，实践中还是由仲裁庭和法官根据当地的实际情况自由裁量。

解读：培训费用包括哪些项目？

根据《劳动合同法实施条例》的规定，培训费用包括用人单位为了对劳动者进行专业技术培训而支付的有凭证的培训费用、培训期间的差旅费用以及因培训产生的用于该劳动者的其他直接费用。

至于企业在劳动者培训期间支付的工资和其他福利待遇，能否计入培训费用，则需要具体分析。一般来说，上述费用是基于双方之间的劳动关系而产生的，与培训无关，不应计入培训费用。但是，实践中，在用人单位同意员工参加为期时间较长的学历教育，并承担了培训费和正常支付工资的情形下，员工毕业后违反服务期约定的，一般要求其承担包括用人单位已支付的工资和福利待遇在内的全部费用。

2. 用人单位给员工提供的是除义务性培训以外的专业技术培训

义务性培训主要是指用人单位根据法律要求，为劳动者提供的安全卫生教育、岗前培训或转岗培训等。对员工进行义务性培训，是用人单位的法定义务，因此，不能约定服务期。专业技术培训是指为员工提供的专业知识和职业技能的培训，一般包括：（1）委托大专院校、科研院所、培训中心、职业学校代为培训；（2）学历教育；（3）专项能力培训，如外语培训、专业职称培训等；（4）出国或异地培训、进修、研修、做访问学者等。

解读：企业提供住房、解决户口，或提供其他福利待遇的，能否与劳动者约定服务期？

根据《劳动合同法》的规定，用人单位只有为劳动者提供专项培训费用，进行专业技术培训的，才能与劳动者约定服务期。因此，用人单位提供其他特殊福利待遇的，不能约定服务期或违约金。实践中，上述情形主要发生在北京、上海等大城市，需要注意的是，这些地区为了平衡用人单位的利益，也作出一些保护性的规定，如北京规定用人单位为劳动者解决户口的，如确因劳动者违反了诚实信用原则，给用人单位造成损失的，劳动者应当予以赔偿。

以案说法

30. 岗前培训能约定服务期吗？

2018年5月，刘某应聘到某专卖店工作，店里将刘某派到公司总部进行为期1个月的新手培训，主要培训产品知识和相关销售技巧。出发前，店长拿出一份《培训协议》要求刘某签订，协议中约定了2年的服务期，并约定如果刘某违反服务期协议，应当向专卖店支付违约金5000元。2019年2月，刘某提出解除劳动合同，专卖店以刘某违反服务期约定为由要求刘某支付违约金5000元。刘某认为，专卖店提供的只是一般的入职培训，不应约定服务期和违约金，因此，拒绝支付。

【律师点评】

本案的争议焦点在于，专卖店提供的培训是否构成法律规定的用人单位可以约定服务期的情形。根据《劳动合同法》的规定，提供专项培训费用，进行专业技术培训是约定服务期的唯一情形和条件。本案中，首先，专卖店提供的培训，是由总部统一安排的培训，其并没有委托专门的第三方机构进行培训，而且，专卖店也无法提供证据证明其为此次培训支付了专项费用；其次，就培训内容而言，专卖店给刘某提供的培训虽然是脱产培训，但仅涉及产品知识和销售技巧，属于一般的岗前培训，因此，专卖店无权与刘某约定服务期，双方关于服务期的约定无效，刘某辞职无需向专卖店支付违约金。

【法条链接】

《中华人民共和国劳动合同法》

第二十二条 用人单位为劳动者提供专项培训费用，对其进行专业技术培训的，可以与该劳动者订立协议，约定服务期。

《中华人民共和国劳动合同法实施条例》

第十六条 劳动合同法第二十二条第二款规定的培训费用，包括用人单位为了对劳动者进行专业技术培训而支付的有凭证的培训费用、培训期间的差旅费用以及因培训产生的用于该劳动者的其他直接费用。

《北京市高级人民法院、北京市劳动争议仲裁委员会关于劳动争议案件法律适用问题研讨会会议纪要》

33. 用人单位为其招用的劳动者办理了本市户口，双方据此约定了服务期和违约金，用人单位以双方约定为依据要求劳动者支付违约金的，不应予以支持。确因劳动者违反了诚实信用原则，给用人单位造成损失的，劳动者应当予以赔偿。

三、服务期期限

企业为劳动者支付了培训成本，根据权利义务对等原则，法律允许企业为劳动者约定在本单位工作的最短年限。但是，法律对服务期的年限没有作出具体规定，实务中，劳动合同双方当事人可以协商确定服务期的长短。但这并不意味着企业可以滥用权利随意约定服务期，企业应当按照公平、合理的原则，根据企业为劳动者提供培训的时间长短、费用多寡来综合确定服务期的期限，如果约定显失公平，将无法得到法律的支持。

以案说法

31. 服务期内劳动合同到期，用人单位能终止劳动合同吗？

2017 年 7 月徐某大学毕业后进入一家日资公司工作，并签订了两年期的劳动合同。2018 年 3 月，公司即提供给徐某一个去日本深造的机会，为期半年，出发前，公司要求徐某签订《培训协议》，约定徐某培训结束后应在公司服务 3 年。培训结束后，徐某便回到该日资公司工作。2019 年 6 月，徐某的劳动合同到期，公司经过讨论，认为徐某工作能力不强，且不图上进，所以想终止劳动合同，于是公司将终止劳动合同的决定通知了徐某，并提出由于徐某尚有服务期未履行，所以公司要求徐某返还剩余服务期的相关费用。徐某当即表示不同意，认为劳动合同虽然到期，但服务期尚未结束，所以劳动合同应当顺延至服务期结束，因此，公司无权终止其劳动合同，应按原合同继续履行。

【律师点评】

劳动合同期满，服务期尚未届满的，劳动者无权终止劳动合同，否则应承担违约责任，这一点，是毫无疑问的。但是，这种情况下，用人单位能否放弃剩余服务期的履行要求呢？实践中，争议较大。一种意见认为，培训协议中约定的服务期长于劳动合同期限的，视作劳动合同期限的变更，这种变更对双方都有约束力。因此，劳动合同期满，但服务期尚未届满的，用人单位和劳动者任何一方都不能终止劳动合同。另一种意见认为，服务期是用人单位以给付一定培训费用为代价，要求接受对价的劳动者为用人单位提供相应服务的约定。用人单位依约支付相应对价后，即已完全履行自己的合同义务，是否要求劳动者提供服务则成为用人单位的权利。基于民事权利都可以放弃的原则，在劳动合同期满后，用人单位可以放弃对剩余服务期的履行要求。笔者比较倾向于第二种意见，因为服务期的规定主要是为保护用人单位的利益而设的，可以说，服务期是赋予企业的一项权利，因此，应当允许企业根据实际情况决定是否放弃。

本案中，公司可以终止到期劳动合同，但这种情况下结束服务期，企业不得向劳动者追索剩余服务期未履行的违约金或赔偿责任。在实务操作中，由于法律允许双方就劳动合同期在服务期内的顺延问题进行约定，因此，我们建议，企业最好在《培训协议》中明确约定，劳动合同期满，服务期尚未届满的，企业可以终止劳动合同。

【HR 应对】

1. 企业在约定服务期时，应当明确约定服务期的长短和起算时间，但是，应尽量避免服务期限过长，损害劳动者的合法权益。

2. 劳动合同期满，服务期尚未届满的，用人单位应及时与劳动者续订劳动合同。如果劳动合同约定的权利义务与原劳动合同不一致的，必须经过与劳动者的协商一致，否则，仍应按原劳动合同履行。

【法条链接】

《中华人民共和国劳动合同法实施条例》

第十七条 劳动合同期满，但是用人单位与劳动者依照劳动合同法第二十二条的规定约定的服务期尚未到期的，劳动合同应当续延至服务期满；双方另有约定的，从其约定。

四、违反服务期约定的法律后果

1. 支付违约金

《劳动合同法》允许用人单位与劳动者在培训及服务期协议中依法约定违约金，如果劳动者违反服务期约定的，应按照约定向用人单位支付违约金。但是违约金不能任意约定，法律明确规定了违约金数额的上限，主要分为以下两种情形：

（1）服务期尚未开始的，违约金的数额不得超过用人单位提供的培训费用。

（2）服务期已经开始的，违约金的数额不得超过服务期尚未履行部分所应分摊的培训费用。

根据上述规定，企业在确定违约金数额时，可以直接按培训费用总额来约定，如果员工发生实际违约的，再根据违约时间和服务期已履行的时间长短来确定员工应承担的违约金数额。比如，A 企业将员工王某派到国外培训 3 个月，共花费了 5 万元培训费，双方约定了 5 年服务期，但王某工作到第 3 年结束的时候提出辞职，那么，王某应承担多少违约金呢？答案是 2 万元，即将王某已履行的 3 年服务期所应分摊的培训费 3 万元扣除掉，剩下的部分 2 万元便是王某应当支付的违约金数额。

2. 承担损失赔偿责任

如果用人单位与劳动者未签订培训或服务期协议，或虽然签订了协议，但未对违约金作出明确约定，劳动者违反服务期约定的，就可以不承担违约责任了吗？

当然不是。依据《违反〈劳动法〉有关劳动合同规定的赔偿办法》第 4 条的规定，劳动者违反规定或劳动合同的约定解除劳动合同，对用人单位造成损失的，劳动者应赔偿用人单位为其支付的培训费用。因此，在上述情形下，劳动者应当按照用人单位实际支付的培训费用总额和已履行的服务期的情况，承担损失赔偿责任。但是，还是建议企业要与员工签订培训或服务期协议，并明确约定违约金的计算方式。

以案说法

32. 劳动者违反服务期约定的，用人单位能要求劳动者继续履约吗？

李某系某高校教师。2013 年 10 月 19 日，李某为提高自身素质，向学校提出报考外地院校 2014 年的博士研究生，并表示，毕业后愿返校工作。2014 年 4 月 9 日，李某与高校签订协议书约定：高校同意李某录取为外地某大学定向研究生，李某在外地学习期间享受高校按国家规定提供的工资、福利待遇和学院规定的津贴，李某毕业后必须返回高校工作，服务期为 5 年。李某后进入外地某大学攻读博士学位，并于 2017 年 6 月取得了博士学位。毕业在即，李某向原高校提出了辞职申请，高校以李某尚未履行 5 年服务期为由拒不同意。李某于是向当地劳动争议仲裁委员会提起仲裁申请，要求高校同意办理辞职手续和移交人事档案。

【审理结果】

仲裁委员会经审理，裁决高校为李某办理辞职手续，并将李某的人事档案移交当地人才流动服务机构；同时，裁决李某向高校支付在外地学习期间的培训费、工资、福利待遇、津贴及差旅费，共计 8.95 万元。高校不服裁决，诉至法院，请求判决李某继续在高校任教。

法院经审理，判决驳回高校要求李某继续任教的诉讼请求。

【律师点评】

本案争议的焦点在于，劳动者发生实际违约后，用人单位能否要求劳动者继续履行劳动合同？根据一般的合同法法理和规定，一方不履行合同义务或履行合同义务不符合约定的，应当承担继续履行、采取补救措施或赔偿损失等违约责任。但由于劳动合同的特殊性，在违反服务期违约责任的承担上，法律还是作出了倾向于劳动者利益的规定，即劳动者违反服务期约定的，只需支付违约金或承担赔偿责任，用人单位不能要求劳动者继续履行劳动合同。

另外，即便企业与员工对违约责任未作出约定，劳动者违反服务期约定的，企业仍然可以依法追究员工的损失赔偿责任，但从规范管理和降低风险及诉讼成本的角度考虑，还是强烈建议企业在出资培训前，与员工签订书面培训及服务期协议，对培训费用、服务期和违约责任等作出明确规定。

【法条链接】

《中华人民共和国劳动合同法》

第二十二条　劳动者违反服务期约定的，应当按照约定向用人单位支付违约金。违约金的数额不得超过用人单位提供的培训费用。用人单位要求劳动者支付的违约金不得超过服务期尚未履行部分所应分摊的培训费用。

《违反〈劳动法〉有关劳动合同规定的赔偿办法》

第四条 劳动者违反规定或劳动合同的约定解除劳动合同，对用人单位造成损失的，劳动者应赔偿用人单位下列损失：

（一）用人单位招收录用其所支付的费用；

（二）用人单位为其支付的培训费用，双方另有约定的按约定办理；

（三）对生产、经营和工作造成的直接经济损失；

（四）劳动合同约定的其他赔偿费用。

五、支付违约金的情形

《劳动合同法》规定，劳动者违反服务期约定的，应按照约定向用人单位支付违约金，这主要包括以下 3 种情形：

（1）服务期尚未届满，劳动者因个人原因单方提出解除劳动合同的；

（2）服务期尚未届满，经劳动者提出双方协商一致解除劳动合同的；

（3）服务期尚未届满，用人单位因劳动者有下列情形，而依法解除劳动合同的：①劳动者严重违反用人单位的规章制度的；②劳动者严重失职，营私舞弊，给用人单位造成重大损害的；③劳动者同时与其他用人单位建立劳动关系，对完成本单位的工作任务造成严重影响，或者经用人单位提出，拒不改正的；④劳动者以欺诈、胁迫的手段或者乘人之危，使用人单位在违背真实意思的情况下订立或者变更劳动合同致使劳动合同无效的；⑤劳动者被依法追究刑事责任的。

这里还需特别注意，劳动者在服务期内解除劳动合同，无须支付违约金的例外情形：

根据《劳动合同法实施条例》的规定，用人单位与劳动者约定了服务期，劳动者依照《劳动合同法》第 38 条的规定解除劳动合同的，即由于用人单位存在违法行为导致解除劳动合同的，不属于违反服务期的约定，用人单位不得要求劳动者支付违约金。具体情形包括：（1）未按照劳动合同约定提供劳动保护或者劳动条件的；（2）未及时足额支付劳动报酬的；（3）未依法为劳动者缴纳社会保险费的；（4）规章制度违反法律、法规的规定，损害劳动者权益的；（5）以欺诈、胁迫的手段或者乘人之危，使劳动者在违背真实意思的情况下订立或者变更劳动合同致使劳动合同无效的；（6）法律、行政法规规定劳动者可以解除劳动合同的其他情形。

以案说法

33. 企业拖欠工资，员工能解除服务期劳动合同吗？

王某是一名高级电力工程师，2017 年 3 月应聘到某企业上班，企业出资 1 万元安排王某参加了为期 1 个月的专业技术培训，并且与其约定了 3 年的服务期限。王某培训结束，在该企业上班后，发现企业管理极不规范，经常拖欠工资，于是，王某提出解除劳动合同，企业认为其在服务期内离职，必须支付违约金。

【律师点评】

根据《劳动合同法实施条例》的规定，在企业违法或存在过失的情形下，员工要求解除劳动合同的，不属于违反服务期的约定，企业无权要求员工支付违约金。本案中，企业拖欠工资的行为构成《劳动合同法》第 38 条规定的“未及时足额支付劳动报酬”的情形，因此，王某虽然与企业约定了 3 年的服务期，仍然可以解除劳动合同，企业不得要求其支付违约金。

上述案例给企业敲响的警钟，就是企业在用工和劳动关系管理中，一定要严格遵守法律法规的相关规定，否则，不但自己的权益得不到保护，还可能承担高昂的违法成本。

【法条链接】

《中华人民共和国劳动合同法实施条例》

第二十六条　用人单位与劳动者约定了服务期，劳动者依照劳动合同法第三十八条的规定解除劳动合同的，不属于违反服务期的约定，用人单位不得要求劳动者支付违约金。

有下列情形之一，用人单位与劳动者解除约定服务期的劳动合同的，劳动者应当按照劳动合同的约定向用人单位支付违约金：（略）

第二节　培训协议签订实务技巧

培训对于企业和员工都是很有利的事情，但是受训员工在培训后就另谋高就的现象比比皆是，使得企业的培训投入全部付诸东流。对此，企业 HR 应做好防患未然的工作，尤其是要与员工签订书面培训协议，对培训费用、服务期和违约责任等作出明确规定，以最大程度保护企业的利益，降低争讼成本。

1. 确定受训人员

对何种类型的员工提供出资培训，需要企业综合考虑各方面的情况作出决定。虽然劳动者在试用期内违反服务协议解除劳动合同，无须支付违约金的规定已被废止，但依据相关理论观点及实务经验，我们建议企业安排专业培训时仍尽量将试用期的员工排除在外。

2. 明确培训费用

培训协议中应明确约定培训费用的数额和所包括的项目，如果培训前无法确定的，应明确费用的支付依据和支付标准，并规定由劳动者先行垫付，培训结束后凭有效票据报销。

3. 约定合理的服务期限

企业在订立培训协议时，切忌约定过长的服务期，否则，过长的部分将会因显失公平，被认定为无效或可撤销，对劳动者丧失约束力。比如，有企业提供一个3个月的出资培训，却为员工约定10年的服务期。一般来说，服务期以3－5年为宜。

4. 约定培训期间的待遇

法律对于培训期间员工工资和福利待遇的支付没有作出强制性规定，因此，企业可以根据具体情况，与劳动者协商确定培训期间的工资和福利待遇支付标准，如员工脱产培训期间，由于未向企业提供正常劳动，因此，可以约定企业不支付工资或仅支付最低工资。

5. 明确违约金标准

用人单位应当利用好法律赋予的权利，明确劳动者违反服务期约定的违约责任。在确定违约金的数额或计算方法时，应严格遵守法律关于违约金上限的规定，不能随意扩大。

第七章　工作时间与休息休假

工作时间和休假制度，由于涉及每个员工的切身利益，因此，既是劳动用工管理的重要内容，也是劳动争议和纠纷的高发地带。为了保障劳动者的休息权，法律法规对工作时间作出了明确的规定和限制，企业 HR 应当熟悉和掌握这些规定，依法做好相应的用工管理。

第一节　工作时间

工作时间，是指劳动者根据法律的规定和劳动合同的约定，在用人单位提供正常劳动的时间。就目前的法律规定而言，我国主要存在 3 种工时制度：标准工时制、综合计算工时制和不定时工作制。

一、标准工时制

根据《劳动法》和《国务院关于职工工作时间的规定》，我国目前实行劳动者每日工作 8 小时，每周工作 40 小时这一标准工时制。根据 2008 年《关于职工全年月平均工作时间和工资折算问题的通知》，目前职工的法定工作时间具体是：

年工作日：365 天 - 104 天（休息日） - 11 天（法定节假日） =250 天

季工作日：250 天 ÷ 4 季 =62.5 天/季

月工作日：250 天 ÷ 12 月 =20.83 天/月

工作小时数的计算：以月、季、年的工作日乘以每日的 8 小时。

需要注意的是，上述规定将工作日与计薪天数进行了区分，法定节假日虽然不是工作日，但是算作计薪天数，因此，目前的月计薪天数是 21.75 天，但月工作日为 20.83 天。因此，根据新的折算方法，日工资和小时工资的折算均以月计薪天数作为除数，而不是月工作日。

以案说法

34. “做六休一”，合法吗？

张某是某专卖店的销售人员，专卖店实行每周上6天班，休息1天，每天工作8小时的工作时间制度。张某认为，别的单位都是“做五休二”，专卖店凭什么只休息1天，而且，如果只休1天，在休息日工作店里应当按200%支付加班工资。张某于是找到店里，店长解释说，法律没规定一周必须休两天，因此，专卖店的工时制度是合法的，也不需要支付加班工资。

【律师点评】

根据《劳动法》和《关于〈劳动法〉若干条文的说明》的规定，用人单位必须保证劳动者每周至少有一次24小时不间断的休息。也就是说，法律并不强制用人单位每周必须安排两个休息日，“做六休一”是可以的。但是“做六休一”也必须满足两个条件的限制：（1）每天工作不超过8小时；（2）每周工作不超过40小时。比如，某公司安排员工周一至周五每天工作7小时，周六工作4小时，周日全天休息，这样的“做六休一”就是合法的。

本案中，专卖店实行的“做六休一”，虽然每天工作未超过8小时，但每周工作达到48小时，超过了40小时的上限，因此，专卖店的做法是违法的。对于超出40小时的部分，张某可以主张按休息日加班的标准，要求专卖店支付日工资200%的加班工资。

以案说法

35. 每日工作8小时，包含午休和用餐时间吗？

李某入职某贸易公司，公司实行“朝九晚六”的工作时间制度，即每日9:00上班，18:00下班，12:00—13:00点午休1小时。李某原来所在的公司实行的是“朝九晚五”，即每日9:00上班，17:00下班，午休也是1小时。李某认为贸易公司将午休1小时排除在工作时间之外，要求一天上班9小时，是不合法的，因此，要求公司作出调整。公司认为，法律没有明确禁止公司这么做，而且很多企业都采用的是这种工作时间制度，因此，拒绝给予调整，员工不同意可以辞职。

【律师点评】

所谓午休用餐时间，其实是劳动法上所称的“工作日的间歇时间”，指的是在工作过程中给予劳动者的必要的休息和用餐时间。在工作过程中，用人单位应当给予劳动者一定的休息时间和用餐时间，以使劳动者的体力得到恢复，能够精力充沛地投入工作。一般来说，实行一班制或两班制的企业、事业单位，其间歇时间应当在职工开始工作以后4小时左右开始，间歇时间供劳动者用餐和休息，通常为一至两个小时，但最少不应少于半个小时。对因生产不能间断而不能实行固定的间歇时间的员工，企业应尽量保证其在工作时间内有用餐时间。

至于午休时间是否计入8小时工作时间，法律没有明确规定，因此，用人单位有权根据实际情况决定是否将午休时间计算在8小时工作时间内。本案中，公司将午休1小时排除在工作时间之外，只要是在李某入职时明确告知的，就是符合法律规定的。

但是，对于未将午休时间计算在8小时工作时间内的企业，需要注意的是，上述午休时间属于劳动者的休息时间，应由劳动者自行支配，企业应避免安排工作和随意占用。

【法条链接】

《中华人民共和国劳动法》

第三十六条　国家实行劳动者每日工作时间不超过八小时、平均每周工作时间不超过四十四小时的工时制度。

第三十七条　对实行计件工作的劳动者，用人单位应当根据本法第三十六条规定的工时制度合理确定其劳动定额和计件报酬标准。

《国务院关于职工工作时间的规定》

第三条　职工每日工作8小时、每周工作40小时。

第七条　国家机关、事业单位实行统一的工作时间，星期六和星期日为周休息日。

企业和不能实行前款规定的统一工作时间的事业单位，可以根据实际情况灵活安排周休息日。

《关于〈劳动法〉若干条文的说明》

第三十八条　用人单位应当保证劳动者每周至少休息一日。

本条应理解为：用人单位必须保证劳动者每周至少有一次24小时不间断的休息。

二、综合计算工时制

综合计算工时制，是用人单位因生产特点无法执行标准工时制，而采用的以周、月、季、年等为周期综合计算工作时间的一种工时制度。在综合计算工时周期内，某一具体日（或周）的实际工作时间可以超过法定标准工作时间，即8小时（或40小时），但其平均日工作时间和平均周工作时间应与法定标准工作时间基本相同。

根据1997年《劳动部关于职工工作时间有关问题的复函》的举例，某企业经批准以季为周期综合计算工时，（总工时应为508小时/季，注：根据2008年新的折算办法，总工时应为62.5天×8小时=500时/季）。若职工在该季的第一、二月份刚好完成了508小时的工作，第三个月整月休息。该企业这样做应视为合法且没有延长工作时间。但对于这种打破常规的工作时间安排，企业一定要取得工会和劳动者的同意，并且注意劳逸结合，切实保障劳动者身体健康。

企业实行综合计算工时制，必须满足两个条件：一是，确实由于工作性质特殊无法执行标准工时制；二是，必须经过劳动行政部门的审批。未经审批的，用人单位不能擅自决定或与劳动者约定实行综合计算工时制。

1. 可以实行综合计算工时制的员工

根据相关法律法规，下列劳动者可以实行综合计算工时制：

（1）交通、铁路、邮电、水运、航空、渔业等行业中因工作性质特殊，需要连续作业的职工；

（2）地质、石油及资源勘探、建筑、制盐、制糖、旅游等受季节和自然条件限制的行业的部分职工；

（3）亦工亦农或由于受能源、原材料供应等条件限制难以均衡生产的乡镇企业的职工；

（4）对于那些在市场竞争中，由于外界因素影响，生产任务不均衡的企业的部分职工；

（5）其他适合实行综合计算工时工作制的职工，如因职工家庭住址距工作地点较远或根据企业生产经营特点，可以采用集中工作、集中休息方式的。

2. 申请实行综合计算工时制的程序

企业实行综合计算工时制，除了要符合法律法规规定的可以实行综合计算工时制的情形，还必须向当地劳动行政部门提出申请和获得批准。各地对于综合计算工时制的申请和审批程序，都有明确的规定和指引，企业 HR 可以根据当地的要求准备申请材料。一般来说，应当提交实行综合计算工时制的申请报告、实施方案、工时管理、工资支付规章制度，以及申请实行综合计算工时制的职工名册及职工签名表，实施方案及规章制度需向本单位职工公示至少 5 个工作日，并提交公示反馈意见。需要强调的是，企业 HR 在申请表及申请报告中一定要写明岗位（工种）的职能、特点和申请理由。

以案说法

36. 企业能自主实行综合计算工时制吗？

某外资企业是以生产出口产品为主的公司，2019 年初，公司突然接到国外的一份订单，要求公司尽快供货。公司总经理欣喜若狂，但考虑到要求交货的期限十分紧张，于是，向全体员工宣布，由于这批活交货时间紧，任务重，因此，决定此后的三个月内，全公司每天加班三小时，周六、周日一律不休息。等到完成这批活儿后，公司将比照综合计算工时制度的标准，给全体人员放假，让大家集中休息一段时间。

经历了一个多月没有休息日的连续工作后，一些员工因连续工作感到疲劳或因家中有事儿需要处理，而申请星期日休息，但遭到了公司拒绝，并被告知：谁若在星期日擅自休息，不来上班，公司将对其按旷工处理，并扣发当月奖金。员工不服，向劳动争议仲裁委员会提起仲裁申请。

37. 实行综合计算工时制后，员工的工作时间就完全由企业安排吗？

2017 年，胡某入职某建筑公司，担任司机，负责运送材料、工人和设备等。公司拿出劳动合同文本要求胡某签字，合同约定，公司实行综合计算工时制，不能保证劳动者按照标准工作时间上班，也不能保证每周休息 1 天。合同还明确说明，公司对司机岗位实行的综合计算工时制是经过当地劳动行政部门批准的。胡某考虑到当地雨季与霜冻期较长，每年真正能实施工程建筑的时间较短，所以同意了合同条款，双方签订了一份为期 3 年的劳动合同。

2018 年，当地气候一改往年状况，气温回升很快，雨水也较少，胡某的工作任务因此就比较繁重，起居不定，昼夜兼程简直是家常便饭。到入冬前，较之往年已经多工作了 1 个半月左右，本来想着可以好好休息一段时间了。而这年冬天，公司却在南方承揽了一项工程，领导决定入冬后马上南下。胡某提出休假，领导却说："咱们公司实行的是综合计算工时制，这一点，在劳动合同中有明确规定。白纸黑字，你也都同意了的，既然是综合计算工时制，就不可能像标准工时那样保证你的休息。现在公司要求南下，你必须服从领导安排，否则，公司将按旷工处理你。"

【律师点评】

上述两个案例，是企业在实行综合计算工时制方面，最容易出现的两个误区。

第一个问题，关于企业能否自主决定实行综合计算工时制，答案是否定的。根据法律的相关规定，如果企业因工作性质或生产特点，确需实行综合计算工时制的，必须经劳动行政部门批准后，方可实施。企业自身无权决定将标准工时制变更为综合计算工时制或其他工时制，即便是暂时的也不行。本案中，尽管公司为完成这批急活儿而暂时采取综合计算工时制，让职工连续上班 3 个月后，再放长假集中休息，表面上来看，似乎合情合理，但由于未经过劳动行政部门的批准，实际上是违反劳动法的，因此，劳动争议仲裁委员会裁决公司予以纠正，严格执行标准工时制，并向员工支付已加班部分的加班工资。

第二个问题，关于经过批准实行综合计算工时制的企业，是否就能随意安排员工的工作时间，答案也是否定的。根据法律的相关规定，实行综合计算工时制的，其工作时间可分别以月、季、年为周期，综合计算工作时间，但其平均日工作时间和平均周工作时间应与法定标准工作时间基本相同。可见，实行综合计算工时制后，企业也必须在劳动行政部门审批的，相应的周期时间内安排劳动者工作和休息，而无权随意安排员工的工作时间。本案中，胡某早已完成并超出了该工作年度的工作时间，如果再南下，工作时间将大大超过法定标准工作时间。因此，公司的说法是错误的，胡某可以拒绝南下。

【法条链接】

《中华人民共和国劳动法》

第三十九条 企业因生产特点不能实行本法第三十六条、第三十八条规定的，经劳动行政部门批准，可以实行其他工作和休息办法。

《关于企业实行不定时工作制和综合计算工时工作制的审批办法》

第五条 企业对符合下列条件之一的职工，可实行综合计算工时工作制，即分别以周、月、季、年等为周期，综合计算工作时间，但其平均日工作时间和平均周工作时间应与法定标准工作时间基本相同。

（一）交通、铁路、邮电、水运、航空、渔业等行业中因工作性质特殊，需连续作业的职工；

（二）地质及资源勘探、建筑、制盐、制糖、旅游等受季节和自然条件限制的行业的部分职工；

（三）其他适合实行综合计算工时工作制的职工。

第六条 对于实行不定时工作制和综合计算工时工作制等其他工作和休息办法的职工，企业应根据《中华人民共和国劳动法》第一章、第四章有关规定，在保障职工身体健康并充分听取职工意见的基础上，采用集中工作、集中休息、轮休调休、弹性工作时间等适当方式，确保职工的休息休假权利和生产、工作任务的完成。

《国务院〈关于职工工作时间的规定〉问题解答》

六、问：哪些企业职工可实行综合计算工时工作制？

答：综合计算工时工作制是针对因工作性质特殊，需连续作业或受季节及自然条件限制的企业的部分职工，采用的以周、月、季、年等为周期综合计算工作时间的一种工时制度，但其平均日工作时间和平均周工作时间应与法定标准工作时间基本相同。主要是指：交通、铁路、邮电、水运、航空、渔业等行业中因工作性质特殊，需要连续作业的职工；地质、石油及资源勘探、建筑、制盐、制糖、旅游等受季节和自然条件限制的行业的部分职工；亦工亦农或由于受能源、原材料供应等条件限制难以均衡生产的乡镇企业的职工等。另外，对于那些在市场竞争中，由于外界因素影响，生产任务不均衡的企业的部分职工也可以参照综合计算工时工作制的办法实施。

《劳动部关于职工工作时间有关问题的复函》

六、若甲企业经批准以季为周期综合计算工时（总工时应为 40 时/周 × 12 周/季 = 480 时/季）。若乙职工在该季的第一、二月份刚好完成了 480 小时的工作，第三个月整月休息。甲企业这样做是否合法且不存在着延长工作时间问题，该季各月的工资及加班费（若认定为延长工作时间的话）应如何计发？

某企业经劳动行政部门批准以季为周期综合计算工时（总工时应为 508 小时/季）。该企业因生产任务需要，经商工会和劳动者同意，安排劳动者在该季的第一、二月份刚好完成了 508 小时的工作，第三个月整月休息。该企业这样做应视为合法且没有延长工作时间。对于这种打破常规的工作时间安排，一定要取得工会和劳动者的同意，并且注意劳逸结合，切实保障劳动者身体健康。

三、不定时工作制

不定时工作制，是每一工作日没有固定的上下班时间限制的工作时间制度，是针对因生产特点、工作特殊需要或职责范围的关系，无法按标准工作时间衡量或是需要机动作业的劳动者所采用的一种工时制度。经批准实行不定时工作制的劳动者，不受《劳动法》日延长工作时间和月延长工作时间标准的限制。

和综合计算工时制一样，企业实行不定时工作制，也必须满足两个条件：一是，确实由于工作性质特殊无法按标准工作时间衡量或是需要机动作业；二是，必须经过劳动行政部门的审批。未经审批的，用人单位不能擅自决定或与劳动者约定实行不定时工作制。

1. 可以实行不定时工作制的员工

《关于企业实行不定时工作制和综合计算工时工作制的审批办法》的规定，企业可以对下列劳动者实行不定时工作制：

（1）企业中的高级管理人员、外勤人员、推销人员、部分值班人员和其他因工作无法按标准工作时间衡量的职工；

（2）企业中的长途运输人员、出租汽车司机和铁路、港口、仓库的部分装卸人员以及因工作性质特殊，需机动作业的职工；

（3）其他因生产特点、工作特殊需要或职责范围的关系，适合实行不定时工作制的职工。

2. 申请实行不定时工作制的程序

用人单位申请实行不定时工作制，程序与本节前述综合计算工时制的申请程序一样。但这里 HR 需要注意例外情形，有些地区规定对高级管理人员实行不定时工作制无需通过审批。比如，《北京市企业实行综合计算工时工作制和不定时工作制办法》就规定，企业中的高级管理人员实行不定时工作制，不必办理审批手续。对于根据地方性规定符合条件且无需审批的员工，企业可以直接实行不定时工作制。

以案说法

38. 采取不定时工作制，还需要记考勤吗？

赵某是北京某公司的销售总监，双方签订的劳动合同中，公司明确其为高级管理人员，因此，对其实行灵活的不定时工作制。之后，公司副总对赵某的工作表现不是很满意，与赵某沟通后，其仍然我行我素。于是，公司给赵某发出一份书面通知，要求他从下月起每天按时上下班，而且必须打卡，否则按旷工论处。赵某觉得完全是公司副总在找茬，于是对通知不予理睬，继续按照习惯上班。几天之后，公司对他作出了解聘决定，理由是他连续旷工，严重违反了公司《员工手册》的规定。赵某非常委屈，但是公司确实有他旷工的考勤记录，公司《员工手册》也明确写明连续旷工3天者，公司可以解聘。

【律师点评】

首先，公司是否有权对赵某实行不定时工作制，根据法律规定，公司实行不定时工作制，必须经过劳动行政部门的审批。但本案发生在北京，考虑到公司的管理层，其工作机动性强、无法确切衡量工作时间等特点，北京明确规定，企业对公司高级管理人员实行不定时工作制不需要审批。因此，本案中，双方在劳动合同中对工作时间做了明确约定，公司可以对赵某实行不定时工作制。

其次，公司单方面变更工作时间制度，属于对劳动合同的变更，但未与赵某协商一致，因此，该变更无效，赵某仍然适用不定时工作制。

再次，公司有关考勤管理的规章制度，是否对赵某适用。不定时工作制的最大特点就是工作时间不固定，何时工作一律由员工根据需要自行安排，企业以其工作任务完成情况来考核工作量。因此，对于实行不定时工作制的员工，不能再以标准工时的管理制度要求员工打卡、记考勤，更不能以员工未记考勤为由而按照旷工作出违纪处理。

【法条链接】

《关于企业实行不定时工作制和综合计算工时工作制的审批办法》

第四条 企业对符合下列条件之一的职工，可以实行不定时工作制。（略）

《国务院〈关于职工工作时间的规定〉问题解答》

五、问：哪些企业职工可实行不定时工作制？

答：不定时工作制是针对因生产特点、工作特殊需要或职责范围的关系，无法按标准工作时间衡量或需要机动作业的职工所采用的一种工时制度。例如：企业中从事高级管理、推销、货运、装卸、长途运输驾驶、押运、非生产性值班和特殊工作形式的个体工作岗位的职工，出租车驾驶员等，可实行不定时工作制。鉴于每个企业的情况不同，企业可依据上述原则结合企业的实际情况进行研究，并按有关规定报批。

《劳动部关于职工工作时间有关问题的复函》

八、实行不定时工作制的工资如何计发？其休息休假如何确定？

对于实行不定时工作制的劳动者，企业应当根据标准工时制度合理确定劳动者的劳动定额或其他考核标准，以便安排劳动者休息。其工资由企业按照本单位的工资制度和工资分配办法，根据劳动者的实际工作时间和完成劳动定额情况计发。对于符合带薪年休假条件的劳动者，企业可安排其享受带薪年休假。

《北京市企业实行综合计算工时工作制和不定时工作制办法》

第十六条 ……企业中的高级管理人员实行不定时工作制，不办理审批手续。

四、有关加班加点的规定

加班加点，即《劳动法》规定的“延长工作时间”，是指劳动者超出法定标准工作时间或企业规定的工作时间进行工作。加班一般是指根据用人单位要求，在法定节假日、休息日进行工作，一般以天数作为计算单位。加点则是指在法定的日标准工作时间以外进行工作，以小时为计算单位。

1. 标准工时制下的加班

（1）加点（延时加班）

加点，即在工作日8小时以外的加班。企业可以安排员工延时加班，但不能随意延长。《劳动法》规定，一般每日延长不得超过1小时；因特殊原因需要延长的，每日不得超过3小时，但是每月不得超过36小时。企业安排员工延时加班的，应当支付不低于工资150%的加班报酬。

但是下列情况下的加班加点，则不受上述正常情况下延长工作时间的限制：

①发生自然灾害、事故或者因其他原因，威胁劳动者生命健康和财产安全，需要紧急处理的；

②生产设备、交通运输线路、公共设施发生故障，影响生产和公众利益，必须及时抢修的；

③法律、行政法规规定的其他情形。

（2）休息日加班

休息日加班，即安排员工在休息日进行工作。员工的休息日根据法律规定和双方的约定具体确定，不一定是周六周日，有可能是一周的某一天，或某两天。

企业安排劳动者休息日工作又不能安排补休的，支付不低于工资200%的加班报酬；

（3）法定节假日加班

法定节假日加班，即安排员工在法定节假日进行工作。企业安排劳动者法定节假日工作的，支付不低于工资300%的加班报酬。

2. 综合计算工时制下的加班

在综合计算工时周期内，某一具体日（或周）的实际工作时间可以超过法定标准工作时间，即8小时（或40小时），但如果计算周期内劳动者的总实际工作时间超过总法定标准工作时间，则超过的部分应视为延时加班，应当按照不低于员工工资150%的标准支付加班工资；在综合计算工时制下，由于工作时间是综合计算，因此不存在休息日加班的问题。但是，员工仍然享受法定节假日，如果安排员工在法定节假日工作的，视为法定节假日加班，应当按照不低于员工工资300%的标准支付加班工资。

3. 不定时工作制下的加班

在不定时工作制下，员工可以自行安排工作时间，因此，原则上不存在加班的问题。但是，就员工在法定节假日工作，是否视为加班，各地规定不太一致。实践中，大部分地区规定，不定时工作制下的员工在法定节假日工作的，不视为加班。但个别地区有不同的规定，如上海，将不定时工作制下的员工在法定节假日工作也视为加班，用人单位应按照不低于员工工资300%的标准支付加班工资。

以案说法

39. 是加班，还是值班？

刘某于2010年9月到某物业公司任电工，月薪1000元。刘某居住在公司提供的与配电室相连的房屋中，负责小区内物业配电设备和业主家里电源、插座等电力故障的维修。2018年6月，刘某向公司主张其2010年至2018年的加班工资，刘某认为，在公司工作期间，其每天24小时均在配电室工作，从未休息，公司从未支付过加班工资，故要求公司支付2010年9月至2018年6月期间所有工作日每天延时16小时的加班工资、休息日和法定节假日每天工作24小时的加班工资，共计29.92万元。公司不同意，认为刘某的情况不属于加班，其可能存在工作时间外工作的情形，也只能算值班，而且，刘某的工资里也包含了值班津贴。刘某于是向劳动争议仲裁委员会提起申诉，要求公司支付其2010年至2018年的加班工资29.92万元。

【审理结果】

庭上，刘某提供了2016年7月至2018年6月期间的70张维修单。其上显示，其间刘某共存在工作日标准工作时间外维修48次、休息日维修8次、法定休假日维修14次，维修原因主要是开关坏、灯坏、插座坏、掉闸、检查是否有电等问题。仲裁委员会认为，根据维修单所记载的日期和时间，刘某确实存在加班事实，但又不足以证明刘某在标准工作时间外的其他时间，均在工作从未休息的主张。仲裁委员会根据维修单所记载的维修原因，即主要是常见、简单的电路故障，以及一般生活经验将刘某每次维修时间推定为1小时。由于公司未能提供2016年7月至2018年6月的工资支付凭证，不能证明已支付刘某上述期间的加班工资，因此，仲裁委员会裁决公司支付刘某2016年7月至2018年6月期间的延时加班48小时的加班工资430.56元、休息日加班8小时的加班工资95.68元，法定节假日加班14小时的加班工资251.16元（每次维修按1小时计），共计777.4元。由于公司对2016年7月之前的工资支付凭证可以不承担法定举证责任，而刘某未提供2010年9月至2016年6月期间公司未支付其加班工资的证据，故刘某要求公司支付上述期间加班工资的仲裁请求无事实依据，仲裁委员会予以驳回。

【律师点评】

本案的争议焦点在于员工在法定标准工作时间以外工作，到底是加班，还是值班。对此，双方各执一词，为了避免陷入直接认定加班还是值班的两难处境，仲裁委员会最终按照刘某是否在标准工作时间以外实际付出劳动，以及维修单所载维修原因和时间来确定刘某的加班事实和加班时间。

目前，值班这种用工形式大量存在于用人单位，尤其对于一些特殊行业，更是难以回避。但是由于法律对“值班”缺乏明确的规定，实践中，劳动者要求用人单位支付值班的“加班工资”案件屡见不鲜，且愈演愈烈，仲裁机关的裁判标准和审理结果也互有差异，甚至让人难以捉摸。这些都给 HR 对值班这种用工形式的运用和规范管理造成了很大的困扰。

如何区分加班和值班呢？一般来说，加班是指劳动者根据用人单位的要求，在 8 小时之外、休息日、法定节假日等时间从事生产或工作，通俗地说，就是超出法定标准工作时间，在应该休息的时间工作；而值班是指劳动者根据用人单位的要求，在正常工作时间之外担负一定非生产性的工作，主要是因单位安全、消防、假日等需要从事单位临时安排或制度安排的与劳动者本职工作无关的任务。

因此，认定加班还是值班，主要看劳动者是否继续在原来的岗位上工作，或者是否有具体的生产或经营任务。如果劳动者继续在原来的岗位上工作或者有具体的生产或经营任务，则应当认定为加班，否则，属于值班。不过，需要注意的是，虽然单位安排劳动者从事与其本职工作有关的工作任务，但期间可以休息的，也不能够认定为加班。

企业 HR 对于值班，应制定具体的规章制度来规范，针对不同情形的值班，应规定员工在值班期间的义务和支付值班津贴的标准，以避免发生争议和分歧。关于值班津贴的标准，法律没有明确规定，企业可根据自身情况和行业惯例，予以确定。

【法条链接】

《中华人民共和国劳动法》

第四十一条　用人单位由于生产经营需要，经与工会和劳动者协商后可以延长工作时间，一般每日不得超过一小时；因特殊原因需要延长工作时间的，在保障劳动者身体健康的条件下延长工作时间每日不得超过三小时，但是每月不得超过三十六小时。

第四十二条　有下列情形之一的，延长工作时间不受本法第四十一条规定的限制：

（一）发生自然灾害、事故或者因其他原因，威胁劳动者生命健康和财产安全，需要紧急处理的；

（二）生产设备、交通运输线路、公共设施发生故障，影响生产和公众利益，必须及时抢修的；

（三）法律、行政法规规定的其他情形。

第四十三条　用人单位不得违反本法规定延长劳动者的工作时间。

第四十四条　有下列情形之一的，用人单位应当按照下列标准支付高于劳动者正常工作时间工资的工资报酬：

（一）安排劳动者延长工作时间的，支付不低于工资的百分之一百五十的工资报酬；

（二）休息日安排劳动者工作又不能安排补休的，支付不低于工资的百分之二百的工资报酬；

（三）法定休假日安排劳动者工作的，支付不低于工资的百分之三百的工资报酬。

《上海市企业工资支付办法（2016 年修正）》

十三、企业根据实际需要安排劳动者在法定标准工作时间以外工作的，应以本办法第九条确定的计算基数，按以下标准支付加班工资：

（一）安排劳动者在日法定标准工作时间以外延长工作时间的，按照不低于劳动者本人小时工资的 150% 支付；

（二）安排劳动者在休息日工作，而又不能安排补休的，按照不低于劳动者本人日或小时工资的 200% 支付；

（三）安排劳动者在法定休假节日工作的，按照不低于劳动者本人日或小时工资的 300% 支付。

企业依法安排实行计件工资制的劳动者完成计件定额任务后，在法定标准工作时间以外工作的，应当根据以上原则相应调整计件单价。计件定额应通过一定的民主管理程序合理制定。

经人力资源社会保障行政部门批准实行综合计算工时工作制的企业，劳动者综合计算工作时间超过法定标准工作时间的，应当视为延长工作时间，并按本条第（一）项的规定支付劳动者延长工作时间的加班工资；企业在法定休假节日安排劳动者工作的，按本条第（三）项的规定支付加班工资。经人力资源社会保障行政部门批准实行不定时工时制的劳动者，在法定休假节日由企业安排工作的，按本条第（三）项的规定支付加班工资。

在妇女节、青年节等部分公民休假的节日期间，对参加社会或企业组织的庆祝活动和照常工作的劳动者，企业应支付工资，但不支付加班工资。如果该节日恰逢休息日，企业安排劳动者工作的，应当按本条第（二）项的规定支付加班工资。

五、考勤管理和加班审批

有关工作时间的争议，很大一部分集中在加班加点问题上，在用人单位和劳动者的无效加班和有效加班之争上，首先受到考验的就是企业的考勤管理制度和加班审批制度。由于根据《劳动争议调解仲裁法》的规定，与争议事项有关的证据属于用人单位掌握管理的，用人单位应当提供；用人单位不提供的，应当承担不利后果。因此，当发生加班争议时，用人单位有义务提供相关的规章制度，和考勤记录等证据，否则，有可能承担不利的法律后果。

根据我们的经验，目前企业考勤管理和加班审批中普遍存在的问题主要有以下几个方面：

1. 没有考勤记录

一些人数较少、规模较小的企业，或一些特殊行业的企业，如广告公司、设计公司等，管理相对宽松，对员工没有考勤管理，员工请假或迟到、早退，最多就是和领导打个招呼。

2. 考勤记录只有简单签到

部分企业还沿用手写签到的做法，考勤表中仅有员工出勤或请假的记载，缺乏上下班具体时间，迟到或早退的明确记载。

3. 考勤记录无员工本人签字确认

现在很多企业都采用了电子考勤系统或电子打卡机来记录考勤，但是普遍存在的问题是，电脑系统生成的考勤记录或员工考勤卡均没有任何签名，或者只有主管人员的签名，而没有员工本人的签名。企业将这样存档的考勤记录作为证据使用时，由于没有员工本人的签名，一旦员工对其真实性提出异议，考勤记录很有可能不被仲裁庭或法庭所采信。

4. 考勤记录未能妥善保管

企业对员工的考勤记录或资料不能妥善保管，造成部分或全部丢失，发生劳动争议时，将承担举证不能的法律后果。

5. 没有加班审批制度

企业没有规定明确的加班审批制度，考勤记录对于员工超过法定工作时间离开单位的原因和情况也未作出说明，这是造成员工恶意加班的主要原因。

6. 加班审批权限模糊

到底谁有权决定员工的加班，很多企业的加班审批制度对此未作出明确规定，或不具有操作性，导致在加班管控上出现了问题。

就以上企业常见的问题，我们从防范和控制考勤管理和加班审批方面的法律风险的角度，提出以下几点建议：

1. 完善考勤记录的内容

企业的考勤记录，应全面记载员工上下班时间、午休时间、迟到、早退的时间、休假、旷工的时间。对于未出勤的原因，应予以注明。

2. 考勤记录要由员工本人签字确认

当一个考勤周期结束时，考勤记录不仅应有考勤负责人和主管人员的签字，更应有员工本人的签字认可。如遇员工因旷工不能，或其他原因不愿签字认可时，应由员工所在部门的负责人在考勤记录上签字并注明原因。

3. 建立和完善加班审批制度

企业应对加班的审批权限、申请流程和汇报制度作出明确规定，员工未向有审批权限的人员提出申请，并获得批准的，不视为加班。

申请加班应填写加班审批单，注明加班的原因、工作内容和加班时间，并由有审批权限的人员和员工本人签字。考勤负责人以书面的加班审批单为准进行考勤记录。

4. 考勤记录应归档管理

企业应加强对考勤记录、加班审批单、请假条等相关考勤文件和资料的存档管理，避免毁损和丢失。一般来说，上述文件应在企业至少保存两年以上。

第二节　休息休假

根据《劳动法》的规定，休息休假权，是劳动者的基本权利之一，是指劳动者按照法律规定享有的休息和休假的权利。

一、休息日

我国《劳动法》规定，用人单位应当保证劳动者每周至少休息 1 日，具体每周休息一日，还是两日，是周六、周日休，还是周一至周五的某两日或某一日休，用人单位可以根据实际情况灵活安排。实践中，绝大多数企业实行的都是“做五休二”，即周六、周日休息的所谓“双休”制度。

用人单位在休息日安排劳动者加班的，可以安排补休，如果不能安排的，应当按照不低于工资 200% 的标准支付加班工资。

二、法定节假日

我国法定节假日共包括 3 类：

1. 全体公民放假的节日，包括：新年，放假 1 天（1 月 1 日）；春节，放假 3 天（农历正月初一、初二、初三）；清明节，放假 1 天（农历清明当日）；劳动节，放假 1 天（5 月 1 日）；端午节，放假 1 天（农历端午当日）；中秋节，放假 1 天（农历中秋当日）；国庆节，放假 3 天（10 月 1 日、2 日、3 日）。

2. 部分公民放假的节日，包括：妇女节（3 月 8 日），妇女放假半天；青年节（5 月 4 日），14 周岁以上的青年放假半天；儿童节（6 月 1 日），不满 14 周岁的少年儿童放假 1 天；中国人民解放军建军纪念日（8 月 1 日），现役军人放假半天。

3. 少数民族的节日，由各少数民族聚居地区的地方人民政府，按照各该民族习惯，规定放假日期。

根据《全国年节及纪念日放假办法》的规定，全体公民放假的假日，如果适逢星期六、星期日，应当在工作日补假。部分公民放假的假日，如果适逢星期六、星期日，则不予补假。

用人单位在上述全体公民放假的假日安排劳动者工作的，应当按照不低于工资 300% 的标准支付加班工资。

【法条链接】

《中华人民共和国劳动法》

第四十条　用人单位在下列节日期间应当依法安排劳动者休假：（略）

《全国年节及纪念日放假办法》（略）

三、丧假

丧假是劳动者的直系亲属死亡时，其依法享有的假期。

1. 丧假：根据《关于国营企业职工请婚丧假和路程假问题的通知》规定，国有企业职工的直系亲属死亡时，企业应当根据具体情况，酌情给予职工 1—3 天的丧假。直系亲属包括父母、配偶和子女。实践中，其他企业也都参照上述规定执行，丧假一般为 3 天。

2. 路程假：如果员工死亡的直系亲属在外地，需要员工本人去外地料理丧事的，企业应根据路程远近，另外给予员工路程假。

3. 假期待遇：员工休丧假和路程假期间，企业应照发工资。员工在路途中的车船费等，由其自行承担。

【法条链接】

《国家劳动总局、财政部关于国营企业职工请婚丧假和路程假问题的通知》（略）

四、婚假

婚假是劳动者本人结婚时依法享受的假期。

1. 正常婚假：根据《关于国营企业职工请婚丧假和路程假问题的通知》，国有企业职工本人结婚时，企业应当根据具体情况，酌情给予 1—3 天的婚假。实践中，其他企业也都参照上述规定执行，婚假一般为 3 天。

2. 增加婚假：2016 年 1 月 1 日之前，根据各地计划生育条例的规定，员工属于晚婚（男方年满 25 周岁、女方年满 23 周岁初婚）的，在享受国家规定的正常婚假的基础上，还可以享受晚婚奖励假。具体假期奖励天数不等，有 7 天的，如北京、上海；还有 10 天的，如江苏、广东；也有 14 天的，如山东。自从 2016 年 1 月 1 日《中华人民共和国人口与计划生育法》修正案颁布实施后，国家及各地陆续取消了晚婚奖励假的规定，而仅规定依法办理结婚登记的享受正常婚假。各地新出台的计划生育条例规定中，大部分省市仍规定 3 天的正常婚假，部分省市在正常婚假的基础上，规定了一定天数的增加婚假，例如北京、上海规定了 7 天增加婚假；江苏规定了 10 天延长婚假；山西则规定了 30 天的“豪华婚假”（其中包括正常婚假）。

以下为部分省市婚假天数新旧对比一览表：

	旧法	新法	法律依据（各省市）
北京	婚假 3 天，晚婚假 7 天	婚假 10 天	修订后的《北京市人口与计划生育条例》第十六条　依法办理结婚登记的夫妻，除享受国家规定的婚假外，增加假期七天。
上海	婚假 3 天，晚婚假 7 天	婚假 10 天	修订后的《上海市人口与计划生育条例》第三十一条　符合法律规定结婚的公民，除享受国家规定的婚假外，增加婚假七天。……
广东（不含深圳）	婚假 3 天，晚婚假 10 天	婚假 3 天	修订后的《广东省人口与计划生育条例》删除晚婚假的相关规定。
深圳	婚假 3 天，晚婚假 10 天	婚假 3 天	修订后的《广东省人口与计划生育条例》删除晚婚假的相关规定。
天津	婚假 3 天，晚婚假 7 天	婚假 3 天	修订后的《天津市人口与计划生育条例》删除晚婚假的相关规定。
浙江	婚假 3 天，晚婚假 12 天	婚假 3 天	修订后的《浙江省人口与计划生育条例》删除晚婚假的相关规定。
湖北	婚假 3 天，晚婚假 15 天	婚假 3 天	修订后的《湖北省人口与计划生育条例》删除晚婚假的相关规定。
安徽	婚假 3 天，晚婚假 20 天	婚假 3 天	修订后的《安徽省人口与计划生育条例》删除晚婚假的相关规定。
山西	符合晚婚规定的，1 个月	婚假 30 天	修订后的《山西省人口和计划生育条例》第二十五条　依法办理结婚登记的夫妻可以享受婚假 30 日；……
江西	婚假 3 天，晚婚假 15 天	婚假 3 天	修订后的《江西省人口与计划生育条例》删除晚婚假的相关规定。
宁夏	婚假 3 天，晚婚假 15 天	婚假 3 天	修订后的《宁夏回族自治区人口与计划生育条例》删除晚婚假的相关规定。
广西	婚假 3 天，晚婚假 12 天	婚假 3 天	修订后的《广西壮族自治区人口和计划生育条例》删除晚婚假的相关规定。
四川	婚假 3 天，晚婚假 20 天	婚假 3 天	修订后的《四川省人口与计划生育条例》删除晚婚假的相关规定。
山东	婚假 3 天，晚婚假 14 天	婚假 3 天	修订后的《山东省人口与计划生育条例》删除晚婚假的相关规定。
福建	符合晚婚规定的，婚假为 15 天	婚假 15 天	修订后的《福建省人口与计划生育条例》第四十一条　依法办理结婚登记的夫妻享受婚假十五日；……
湖南	婚假 3 天，晚婚假 12 天	婚假 3 天	修订后的《湖南省人口与计划生育条例》删除晚婚假的相关规定。

续表

	旧法	新法	法律依据（各省市）
辽宁	婚假3天，晚婚假7天	婚假10天	修订后的《辽宁省人口与计划生育条例》第二十五条　依法办理婚姻登记的夫妻，除享受国家规定的婚假外，增加婚假7日；……
江苏	婚假3天，晚婚假10天	婚假13天	修订后的《江苏省人口与计划生育条例》第二十七条　依法办理结婚登记的夫妻，在享受国家规定婚假的基础上，延长婚假十天。……
重庆	婚假3天，晚婚假10个工作日	婚假15天	修订后的《重庆市人口与计划生育条例》第二十六条　依法办理结婚登记的夫妻享受婚假十五日。……
河北	婚假3天，晚婚假15天	婚假18天	修订后的《河北省人口与计划生育条例》第二十八条　依法办理结婚登记的公民，除享受国家规定的婚假外，延长婚假十五天；……
河南	婚假3天，晚婚假18天	婚假21天 参加婚前医学检查的，婚假28天	修订后的《河南省人口与计划生育条例》第二十七条　依法办理婚姻登记的夫妻，除国家规定的婚假外，增加婚假十八日，参加婚前医学检查的，再增加婚假七日。……
云南	婚假3天，晚婚假15天	婚假18天	修订后的《云南省人口与计划生育条例》第二十二条　机关、企业事业单位、社会团体和其他组织的工作人员登记结婚的，在国家规定的婚假外增加婚假15天。……
黑龙江	婚假3天，晚婚假15天	婚假15天 参加医学检查的，婚假25天	修订后的《黑龙江省人口与计划生育条例》第三十九条　依法办理结婚登记的夫妻享受婚假十五日，参加婚前医学检查的，增加婚假十日，假期工资照发。……
甘肃	晚婚的，婚假为30天	婚假30天	修订后的《甘肃省人口与计划生育条例》第十九条　依法办理结婚登记的夫妻可以享受婚假30天。……
内蒙古	婚假3天，晚婚假15天	婚假18天	修订后的《内蒙古自治区人口与计划生育条例》第三十九条　依法办理结婚登记的夫妻增加婚假十五日。……
陕西	婚假3天，晚婚假20天	婚假3天 在结婚登记前参加婚前医学检查的，婚假13天	修订后的《陕西省人口与计划生育条例》第四十五条　依法办理结婚登记的夫妻在结婚登记前参加婚前医学检查的，在国家规定婚假的基础上增加假期十天。……
吉林	婚假3天，晚婚假12天	婚假15天	修订后的《吉林省人口与计划生育条例》第四十一条　符合法律、法规规定结婚、生育的夫妻，按照下列规定给予奖励或者福利待遇：（一）依法办理结婚登记的职工，享受婚假十五天。……

续表

	旧法	新法	法律依据（各省市）
贵州	婚假 3 天，晚婚假 10 天	婚假 13 天	修订后的《贵州省人口与计划生育条例》第五十五条　国家机关工作人员、企业事业单位职工依法登记结婚的，除享受国家规定的婚假外，增加婚假 10 天。……
青海	婚假 3 天，晚婚假 15 天	婚假 15 天	修订后的《青海省人口与计划生育条例》第十六条　依法办理结婚登记的夫妻可以享受婚假十五日；……
海南	婚假 3 天，晚婚假 10 天	婚假 13 天	修订后的《海南省人口与计划生育条例》第四十条　依法登记结婚的夫妻，除享受国家规定的婚假外，增加婚假十天。

3. 路程假：如果夫妻双方不在同一地方工作，一方需要去对方所在地点结婚，企业还应根据实际需要，另外给予员工路程假。

4. 假期待遇：员工休婚假和路程假期间，企业应照发工资。员工在路途中的车船费等，由其自行承担。

【法条链接】

《国家劳动总局、财政部关于国营企业职工请婚丧假和路程假问题的通知》（略）

五、产假

有关产假的规定请参考本书第十六章“‘三期’女职工劳动关系管理”的相关内容。

六、育儿假

2016 年以来，随着国家全面推行二孩、三孩政策，为鼓励适龄夫妻生育、提高生育待遇，各地陆续出台育儿假政策。根据各地政策规定，一般而言子女在年满 3 周岁之前，父母每年各自享有 5 至 30 天不等的育儿假，如北京规定每年 5 个工作日的育儿假；广东、湖北、浙江等地规定每年 10 天育儿假；山西、甘肃等地规定每年 15 天育儿假；目前陕西（修订草案征求意见稿）规定的育儿假最长，为 30 天。同时也存在个别省市进一步放宽子女的年龄限制，如安徽省和重庆市将子女年龄放宽至 6 周岁。

部分省市地区规定夫妻适用育儿假的前提是该夫妻合法合规生育子女，如北京、上海、天津、广东等地，除此以外，各地仅对子女年龄加以限制。满足条件的夫妻，每年享有 5 至 30 天不等的育儿假，育儿假时长每年按照子女满周岁计算。

夫妻依法享受育儿假期间的工资待遇视同出勤，工资、奖金、福利待遇不变。山西省还建议用人单位对符合《人口与计划生育条例》规定的员工每月发放不低于

200元的婴幼儿保教费。

以下为部分省市育儿假天数一览表：

	新法	法律依据
北京	5个工作日/人/年	《北京市人口与计划生育条例》第十九条　按规定生育子女的夫妻，在子女满三周岁前，每人每年享受五个工作日的育儿假；每年按照子女满周岁计算。
上海	5天/人/年	《上海市人口与计划生育条例》第三十一条　符合法律法规规定生育的夫妻，在其子女年满三周岁之前，双方每年可以享受育儿假各五天。
广东	10天/人/年	《广东省人口与计划生育条例》第三十条　符合法律、法规规定生育子女的，在子女三周岁以内，父母每年各享受十日的育儿假。
天津	10天/人/年	《天津市人口与计划生育条例》第十八条　符合法律、法规规定生育子女的夫妻，在子女三周岁以下期间，用人单位每年给予夫妻双方各十日的育儿假。
浙江	10天/人/年	《浙江省人口与计划生育条例》第二十二条　……（三）在子女三周岁内，夫妻双方每年各享受十天育儿假，育儿假期间的工资、奖金和其他福利待遇由用人单位照发。
湖北	10天/人/年	《湖北省人口与计划生育条例》第三十一条　符合法律法规规定生育的妇女，除享受国家规定的产假外，增加产假60天，其配偶享受15天护理假；3岁以下婴幼儿父母每人每年享受累计10天育儿假。
安徽	10天/人/年	《安徽省人口与计划生育条例》第三十二条　……（三）在子女六周岁以前，每年给予夫妻各十天育儿假。
山西	15天/人/年	《山西省人口和计划生育条例》第二十五条　符合本条例规定生育且子女不满三周岁的，夫妻双方所在单位分别给予每年十五日的育儿假。
江西	10天/人/年	《江西省人口与计划生育条例》第三十一条　……在子女三周岁以下期间，给予夫妻双方每年各十日育儿假。
宁夏	10天/人/年	《宁夏回族自治区人民代表大会常务委员会关于修改〈宁夏回族自治区人口与计划生育条例〉的决定》二十二、将第三十七条改为第三十八条，修改为："符合法律、法规规定，办理婚姻登记、生育子女的夫妻，享受下列福利待遇： （四）在子女零至三周岁期间，每年给予夫妻双方各十天育儿假。
广西	10天/人/年	《广西壮族自治区人口和计划生育条例》第二十七条　……夫妻双方在子女零至三周岁期间，每年分别累计享受育儿假十天。
四川	10天/人/年	《四川省人口与计划生育条例》第二十四条　子女三周岁以下的夫妻，每年分别享受累计十天的育儿假，育儿假视为出勤。

续表

	新法	法律依据
山东	10 天/人/年	《山东省人口与计划生育条例（修正草案）》十五、将第二十五条改为第二十六条，修改为：“符合法律和本条例规定生育子女的夫妻，除国家规定的产假外，女职工增加六十日产假，配偶享受不少于十五日陪产假，三周岁以下婴幼儿父母各享受每年累计不少于十日育儿假。”
福建	10 天/人/年	《福建省人口与计划生育条例》第二十四条 ……在其子女年满三周岁之前，每年给予夫妻双方各十天育儿假。
湖南	10 天/人/年	《湖南省人口与计划生育条例》第十六条 符合法定生育条件的夫妻，在子女三周岁以内，夫妻双方每年均可享受十天育儿假。
辽宁	10 天/人/年	《辽宁省人口与计划生育条例》第十九条……子女不满三周岁的夫妻，每年分别享受累计十日的育儿假。
江苏	10 天/人/年	《江苏省关于优化生育政策促进人口长期均衡发展实施方案》13.推动实行父母育儿假制度，子女 3 周岁之前，夫妻双方每年分别享受 10 天的育儿假。
重庆	经单位批准，夫妻一方可以休育儿假至子女一周岁止 5—10 天/人/年	《重庆市人口与计划生育条例》第二十三条 符合法律法规规定生育的职工，在产假或者护理假期满后，经单位批准，夫妻一方可以休育儿假至子女一周岁止，或者夫妻双方可以在子女六周岁前每年各累计休五至十天的育儿假。
河北	10 天/人/年	《河北省人口与计划生育条例》第二十五条……三周岁以下婴幼儿父母双方每年可以享受各十天育儿假。
河南	10 天/人/年	《河南省人口与计划生育条例》第二十五条……符合法律、法规规定生育子女的，在子女年满三周岁前，每年应当分别给予夫妻双方十日育儿假，育儿假期间视为出勤。
云南	10 天/人/年 2 个以上不满 3 周岁子女的，15 天/人/年	《云南省人口与计划生育条例》第十八条 符合本条例规定生育或者合法收养且子女不满 3 周岁的，夫妻双方所在单位分别给予每年累计 10 天的育儿假。有两个以上不满 3 周岁子女的，再增加 5 天育儿假。
黑龙江	10 天/人/年	《黑龙江省人口与计划生育条例》第三十四条 用人单位每年给予三周岁以下婴幼儿的父母各十日育儿假，假期工资照发。
甘肃	15 天/人/年	《甘肃省人口与计划生育条例》第十八条 符合本条例规定生育且子女不满三周岁的，夫妻双方所在单位应当分别给予每年十五日的育儿假。
内蒙古	10 天/人/年	《内蒙古自治区人口与计划生育条例》第三十条 ……符合本条例规定生育子女的夫妻，在子女三周岁以前，每年给予双方各十日育儿假。

续表

	新法	法律依据
陕西	10 天/人/年	《陕西省人口与计划生育条例》第四十五条……推行父母育儿假制度。符合政策生育或者依法收养子女的，在子女三周岁以内，每年给予父母双方各累计十天的育儿假。……
吉林	20 天/人/年	《吉林省人口与计划生育条例》第四十二条……符合法律、法规规定，结婚、生育子女的夫妻，按照下列规定给予奖励或者福利待遇：（三）支持有条件的地区或企业事业单位设立父母育儿假； 《吉林省关于优化生育政策促进人口长期均衡发展实施方案》7.……选择有条件地区或企事业单位，率先实行父母育儿假试点，实施按政策生育的夫妻，在子女 3 周岁前，每人每年休 20 天育儿假。争取将我省纳入父母育儿假试点省份。
贵州	10 天/人/年	《贵州省人口与计划生育条例》第三十三条……3 周岁以下婴幼儿的父母双方每年享受育儿假各 10 天；……
青海	15 天/人/年	《青海省人口与计划生育条例》第十六条　鼓励用人单位对依法生育子女的夫妻，在子女不满三周岁期间，每年给予夫妻双方各十五日育儿假。
海南	10 天/人/年	《海南省人民代表大会常务委员会关于修改〈海南省人口与计划生育条例〉的决定》第（二十）条　增加一条，作为第二十八条："符合本条例规定生育子女的夫妻，在子女零至三周岁期间，每年分别享受累计十日的育儿假。育儿假期间，工资照发，享受全勤待遇。"

【法条链接】

《北京市人口与计划生育条例》

第十九条　按规定生育子女的夫妻，在子女满三周岁前，每人每年享受五个工作日的育儿假；每年按照子女满周岁计算。

《上海市人口与计划生育条例》

第三十一条　符合法律法规规定生育的夫妻，在其子女年满三周岁之前，双方每年可以享受育儿假各五天。育儿假期间的工资，按照本人正常出勤应得的工资发给。

《广东省人口与计划生育条例》

第三十条　符合法律、法规规定生育子女的，在子女三周岁以内，父母每年各享受十日的育儿假。假期用工成本分担，按照国家和省的有关规定执行。

《天津市人口与计划生育条例》

第十八条　符合法律、法规规定生育子女的夫妻，在子女三周岁以下期间，用人单位每年给予夫妻双方各十日的育儿假。

《浙江省人口与计划生育条例》

第二十二条　……（三）在子女三周岁内，夫妻双方每年各享受十天育儿假，育儿假期间的工资、奖金和其他福利待遇由用人单位照发。

《湖北省人口与计划生育条例》

第三十一条 符合法律法规规定生育的妇女，……3 岁以下婴幼儿父母每人每年享受累计 10 天育儿假。

婚假、产假、护理假和育儿假视同出勤，工资、奖金照发。

《安徽省人口与计划生育条例》

第三十二条 ……（三）在子女六周岁以前，每年给予夫妻各十天育儿假。

职工在前款规定的产假、护理假、育儿假期间，享受其在职在岗的工资、奖金、福利待遇。

《山西省人口与计划生育条例》

第二十五条 符合本条例规定生育且子女不满三周岁的，夫妻双方所在单位分别给予每年十五日的育儿假。育儿假期间，可以享受与在岗人员同等的待遇。

符合本条例规定生育且子女不满三周岁的，夫妻双方所在单位可以分别每月发放不低于二百元的婴幼儿保教费。

《江西省人口与计划生育条例》

第三十一条 符合法律、行政法规和本条例规定结婚、生育的夫妻，……在子女三周岁以下期间，给予夫妻双方每年各十日育儿假。假期工资和奖金照发，福利待遇不变。

《广西壮族自治区人口和计划生育条例》

第二十七条 符合法律、法规规定生育子女的夫妻，……夫妻双方在子女零至三周岁期间，每年分别累计享受育儿假十天。

职工享受前款规定的假期期间的工资、津贴、补贴和奖金，其工作单位不得扣减。

《四川省人口与计划生育条例》

第二十四条 子女三周岁以下的夫妻，每年分别享受累计十天的育儿假，育儿假视为出勤。

《福建省人口与计划生育条例》

第二十四条 ……在其子女年满三周岁之前，每年给予夫妻双方各十天育儿假。婚假、产假、照顾假、育儿假期间，工资、福利待遇不变，不影响晋升。

妇女怀孕、生育和哺乳期间，按照国家和本省有关规定享受特殊劳动保护并可以获得帮助和补偿。

《湖南省人口与计划生育条例》

第十六条 ……符合法定生育条件的夫妻，在子女三周岁以内，夫妻双方每年均可享受十天育儿假。

产假、护理假和育儿假视为出勤。

《辽宁省人口与计划生育条例》

第十九条 符合本条例规定生育子女的……子女不满三周岁的夫妻，每年分别享受累计十日的育儿假。休假期间工资照发，福利待遇不变。

《江苏省关于优化生育政策促进人口长期均衡发展实施方案》

13. 推动实行父母育儿假制度，子女 3 周岁之前，夫妻双方每年分别享受 10 天的育儿假。

《重庆市人口与计划生育条例》

第二十三条 符合法律法规规定生育的职工，在产假或者护理假期满后，经单位批准，夫妻一方可以休育儿假至子女一周岁止，或者夫妻双方可以在子女六周岁前每年各累计休五至十天的育儿假。夫妻一方休育儿假至子女一周岁止的，期间的月工资不低于休假前本人基本工资的百分之七十五，并不得低于当年本市最低工资标准；夫妻双方在子女六周岁前每年各累计休五至十天育儿假的，期间享受在岗职工同等待遇。

《河南省人口与计划生育条例》

第二十五条 ……符合法律、法规规定生育子女的，在子女年满三周岁前，每年应当分别给予夫妻双方十日育儿假，育儿假期间视为出勤。

《云南省人口与计划生育条例》

第十八条 ……符合本条例规定生育或者合法收养且子女不满3周岁的，夫妻双方所在单位分别给予每年累计10天的育儿假。有两个以上不满3周岁子女的，再增加5天育儿假。

《黑龙江省人口与计划生育条例》

第三十四条 用人单位每年给予三周岁以下婴幼儿的父母各十日育儿假，假期工资照发。

《甘肃省人口与计划生育条例》

第十八条 符合本条例规定生育且子女不满三周岁的，夫妻双方所在单位应当分别给予每年十五日的育儿假。

职工在婚假、产假、护理假、育儿假、陪护假期间，其薪酬、福利待遇不变。

《内蒙古自治区人口与计划生育条例》

第三十条 ……符合本条例规定生育子女的夫妻，在子女三周岁以前，每年给予双方各十日育儿假。

休假期间的工资、奖金、福利等待遇不变。

《陕西省人口与计划生育条例》

第四十五条 ……推行父母育儿假制度。符合政策生育或者依法收养子女的，在子女三周岁以内，每年给予父母双方各累计十天的育儿假。……

《吉林省关于优化生育政策促进人口长期均衡发展实施方案》

7. 修订完善产假等制度。……选择有条件地区或企事业单位，率先实行父母育儿假试点，实施按政策生育的夫妻，在子女3周岁前，每人每年休20天育儿假。争取将我省纳入父母育儿假试点省份。

《贵州省人口与计划生育条例》

第三十三条 国家机关工作人员、企业事业单位职工依法登记结婚的，除享受国家规定的婚假外，增加婚假10天；符合政策生育的，除享受国家规定的产假外，女方增加产假60天，男方享受护理假15天，3周岁以下婴幼儿的父母双方每年享受育儿假各10天；接受节育手术的，按照规定享受休假。在享受以上规定假期间的工资照发，福利待遇不变，不影响考勤、考核和晋级、晋职、提薪。

《青海省人口与计划生育条例》

第十六条 鼓励用人单位对依法生育子女的夫妻，在子女不满三周岁期间，每年给予夫妻双方各十五日育儿假。

七、子女护理假/陪护假

子女护理假（又称陪护假），是指年满六十周岁的老年人在无法自理或患病治疗的情况下，其子女需要护理老人而无法工作的期间。目前，为进一步保障老年人的合法权益，多地相继出台相关政策进一步明确子女护理假时长及适用方式。根据各地的规定，子女护理假在5至20天不等。如江苏、浙江规定子女享有5天护理假；如北京、福建、重庆规定子女享有10天护理假；如山西、湖南、辽宁等地规定子女享有15天护理假；目前最长的护理假期限为20天，如安徽、河南、内蒙古等地。

1. 护理假适用前提条件

各地子女护理假适用前提基本均为父母年满六十周岁，患病住院治疗期间或生活不能自理，此种情况下该子女可适用护理假。如四川省明确老年人患病住院期间不能自理的，单位应给予其子女护理假。比较特殊的是，《北京市人口与计划生育条例》仅列明独生子女父母需要护理的，独生子女每年可获得累计不超过10个工作日的护理假，但未对“需要护理”的程度进行明确定义，此种情况下，建议企业可在规章制度中进一步明确子女护理假的适用前提。

2. 护理假适用主体

部分省市相关条例规定，独生子女父母符合一定条件的，其子女可享有一定时长的独生子女护理假。如江西省明确在国家提倡计划生育期间只生育一个子女的夫妻患病后，其子女可享有护理假；辽宁省明确规定获得《独生子女父母光荣证》的夫妻年满六十周岁后住院治疗的，其子女可享有照料假。

部分省市相关条例规定，符合条件的年满六十周岁的老年人子女均可享有护理假，仅区分独生子女和非独生子女的身份而适用不同时长的护理假。如天津市规定：对于六十周岁以上的老年人患病住院的，独生子女享有每年累计二十日，非独生子女每年累计十日的护理假。

3. 子女护理假期间薪酬待遇

各地相关条例均明确，对于符合适用护理假的情形，单位应支持子女护理照料老人，其护理假期间应当视同出勤，其工资福利待遇不变。

以下为部分省市子女护理假天数一览表：

	新法	法律依据
北京	独生子女，10个工作日	《北京市人口与计划生育条例》第二十五条　独生子女父母需要护理的，独生子女每年获得累计不超过十个工作日的护理假。
上海	无	无

续表

	新法	法律依据
广东	独生子女，5天，患病住院治疗的，不超过15天	《广东省人口与计划生育条例》第三十六条 在国家提倡一对夫妻生育一个子女期间，自愿终身只生育一个子女的本省户籍夫妻，享受以下优待奖励补助： （五）年满六十周岁，用人单位应当给予其子女每年五日的护理假；患病住院治疗的，给予其子女每年累计不超过十五日的护理假。
天津	独生子女，20天 非独生子女，10天	《天津市人口与计划生育条例》第二十六条 六十周岁以上的老年人患病住院的，其子女所在单位应当支持护理照料，给予独生子女每年累计二十日、非独生子女每年累计十日的护理假。
浙江	独生子女，5天	《浙江省人口与计划生育条例》第二十八条 独生子女家庭父母一方年满六十周岁的，独生子女每年享受五天陪护父母假，陪护假期间的工资、奖金和其他福利待遇由用人单位照发。
湖北	赡养人、扶养人，10天 独生子女，15天	《湖北省人口与计划生育条例》第三十四条 对赡养人、扶养人照顾失能或者患病住院老年人的，用人单位应当提供便利，并给予每年累计不少于10天的护理时间；对独生子女照顾失能或者患病住院老年人的，每年护理时间应当累计不少于15天。
安徽	独生子女，20天	《安徽省人口与计划生育条例》第三十六条 在国家提倡一对夫妻生育一个子女期间，领取独生子女父母光荣证的，享受下列奖励和优待： （三）住院期间，给予其子女护理假，每年累计二十天。
山西	独生子女，15天	《山西省人口和计划生育条例》第三十条 在国家提倡一对夫妻生育一个子女期间，自愿终身只生育或者依法只收养一个子女的夫妻，领取《独生子女父母光荣证》的，享受下列奖励和优待： （四）年满六十周岁后住院治疗的，子女所在单位应当支持照料陪护，给予子女每年不超过十五日的照料假。
江西	独生子女，适当假期	《江西省人口与计划生育条例》第三十七条 在国家提倡一对夫妻生育一个子女期间，只生育一个子女的夫妻患病住院的，其子女所在单位应当每年给予适当的护理假。
宁夏	独生子女，15天 非独生子女，7天	《宁夏回族自治区老年人权益保障条例》第十四条 老年人患病住院期间，子女所在单位应当给予陪护假。独生子女的陪护假每年累计不超过十五日，非独生子女的陪护假每年累计不超过七日。

续表

	新法	法律依据
广西	独生子女，15 天	《广西壮族自治区人口和计划生育条例》第四十一条　独生子女享受独生子女父母护理假，具体办法按照法律、法规的有关规定执行。 《广西壮族自治区实施〈中华人民共和国老年人权益保障法〉办法》第二十二条　独生子女父母年满六十周岁的，患病住院期间，用人单位应当给予其子女每年累计不超过十五天的护理假。
四川	独生子女，15 天 非独生子女，7 天	《四川省老年人权益保障条例》第三十条　老年人患病住院期间不能自理的，其子女所在用人单位应当给予独生子女每年累计不超过十五日的护理照料时间，给予非独生子女每年累计不超过七日的护理照料时间。
山东	独生子女，20 天	《山东省人口与计划生育条例（修正草案）》二十四、增加一条，作为第三十五条："独生子女父母年满六十周岁的，在住院治疗期间，给予其子女每年累计不少于二十日护理假。"
福建	独生子女，10 天	《福建省老年人权益保障条例》第二十七条　独生子女的父母年满六十周岁，患病住院治疗期间，用人单位应当支持其子女进行护理照料，并给予每年累计不超过十天的护理时间，护理期间工资福利待遇不变。
湖南	独生子女，15 天	《湖南省人口与计划生育条例》第二十条　独生子女父母年满六十周岁，因病住院治疗期间，其子女每年可累计享受十五天的独生子女父母护理假，视为出勤。
辽宁	独生子女，15 天	《辽宁省人口与计划生育条例》第十九条　获得《独生子女父母光荣证》的夫妻年满六十周岁后住院治疗的，其子女所在单位应当支持其子女照料陪护，给予其子女每年累计不超过十五日的照料假。
江苏	独生子女，5 天	《江苏省关于优化生育政策促进人口长期均衡发展实施方案》21. 独生子女父母年满 60 周岁后患病住院期间，独生子女每年享受 5 天的带薪护理假。
重庆	独生子女，10 天	《重庆市老年人权益保障条例》第三十条　老年人是独生子女父母的，患病住院治疗且需要二级以上护理时，用人单位应当支持其子女进行护理照料，并给予每年累计不超过十天的护理时间，护理期间工资福利待遇不变。
河北	独生子女，15 天 非独生子女，7 天	《河北省人口与计划生育条例》第三十七条　老年人患病住院期间需要二级以上护理的，其子女所在用人单位应当给予独生子女每年累计不少于十五天的护理照料时间，给予非独生子女每年累计不少于七天的护理照料时间。

续表

	新法	法律依据
河南	独生子女，20天	《河南省人口与计划生育条例》第三十二条 国家提倡一对夫妻生育一个子女期间，获得《独生子女父母光荣证》的夫妻，凭证继续享受下列待遇： （二）年满六十周岁后，住院治疗期间，给予其子女每年累计不超过二十日的护理假，护理假期间视为出勤。
云南	独生子女，20天 非独生子女，10天	《云南省老年人权益保障条例》第二十四条 老年人患病住院治疗期间，其子女的用人单位应当支持护理照料，给予独生子女每年累计20天、非独生子女每年累计10天的护理时间，护理期间享受与正常工作期间相同的工资待遇。
黑龙江	独生子女，20天 非独生子女，10天	《黑龙江省老年人权益保障条例》第十二条 老年人患病住院期间，子女所在单位应当给予其陪护假。独生子女的陪护假每年累计二十日，非独生子女的陪护假每年累计十日。
甘肃	独生子女，15天	《甘肃省人口与计划生育条例》第十八条 在国家提倡一对夫妻生育一个子女期间的独生子女家庭，独生子女父母年满六十周岁，患病或者生活不能自理的，其子女所在单位给予每年不少于十五日的陪护假。
内蒙古	独生子女，20天	《内蒙古自治区老年人权益保障条例》第十五条 老年人患病住院及生活不能自理的，赡养人所在单位应当给予赡养人陪护时间；赡养人为独生子女的，其所在单位应当给予每年累计二十日的陪护假。
陕西	独生子女，15天	《陕西省人口与计划生育条例》第五十七条 设立独生子女父母陪护假制度。在国家提倡一对夫妻生育一个子女期间的独生子女家庭，独生子女父母单方年满六十周岁的，给予其子女每年累计不低于十五天的陪护假。职工在陪护假期间按出勤对待，享受相应的工资、福利待遇。
吉林	无	无
贵州	独生子女，15天 非独生子女，7天	《贵州省养老服务条例》第六十五条 国家机关、企业事业单位和社会组织职工年满60周岁的父母或者由其赡养的老年人患病住院的，鼓励所在单位结合本单位的实际情况，依据医院开具的疾病证明，给予职工陪护假。职工是独生子女的，每年陪护假累计不超过15天；职工是非独生子女的，每年陪护假累计不超过7天。
青海	无	无
海南	独生子女，15天	《海南省实施〈中华人民共和国老年人权益保障法〉若干规定》第二十四条 在国家提倡一对夫妻生育一个子女期间，自愿终身只生育一个子女家庭的老年人患病住院治疗期间，用人单位应当支持其子女进行护理照料，并给予每年累计不超过十五天的护理时间，护理期间工资福利待遇不变。

【HR 应对】

目前，子女护理假的相关规定多见于各省市的《人口与计划生育条例》或《老年人权益保障条例》，相关条例并未对护理假适用情形进行特别明确的规定。基于企业用工自主权及统一管理的需要，企业可通过依法制定的规章制度进一步明确子女护理假的适用情形、休假流程及相关证明材料等内容。对于适用情形可参考当地政府相关政策，如北京市 2018 年印发的《关于加强老年人照顾服务完善养老体系的实施意见》第二十九条规定，“对于患病住院、失能失智、临终老人的，用人单位应当给予相应的护理假”。

【法条链接】

《北京市人口与计划生育条例》

第二十五条 本市各级人民政府和各有关部门应当制定和完善有利于独生子女父母的老年保障制度和措施。

独生子女父母需要护理的，独生子女每年获得累计不超过十个工作日的护理假。

《广东省老年人权益保障条例》

第二十七条 独生子女父母六十周岁以上的，患病住院期间，独生子女所在单位应当对其护理照料父母给予必要照顾。

《天津市人口与计划生育条例》

第二十六条 六十周岁以上的老年人患病住院的，其子女所在单位应当支持护理照料，给予独生子女每年累计二十日、非独生子女每年累计十日的护理假。

《浙江省人口与计划生育条例》

第二十八条 独生子女家庭父母一方年满六十周岁的，独生子女每年享受五天陪护父母假，陪护假期间的工资、奖金和其他福利待遇由用人单位照发。

《湖北省人口与计划生育条例》

第三十四条 对赡养人、扶养人照顾失能或者患病住院老年人的，用人单位应当提供便利，并给予每年累计不少于 10 天的护理时间；对独生子女照顾失能或者患病住院老年人的，每年护理时间应当累计不少于 15 天。护理期间视同出勤，工资、奖金照发。

《安徽省人口与计划生育条例》

第三十六条 ……（三）住院期间，给予其子女护理假，每年累计二十天。护理假期间，享受在职在岗的工资、奖金、福利待遇；

《山西省人口与计划生育条例》

第三十条 ……（四）年满六十周岁后住院治疗的，子女所在单位应当支持照料陪护，给予子女每年不超过十五日的照料假。照料假期间，可以享受与在岗人员同等的待遇。

《江西省人口与计划生育条例》

第三十七条 在国家提倡一对夫妻生育一个子女期间，只生育一个子女的夫妻患病住院的，其子女所在单位应当每年给予适当的护理假。护理假期间工资福利待遇不变。

《宁夏回族自治区老年人权益保障条例》

第十四条　老年人患病住院期间，子女所在单位应当给予陪护假。独生子女的陪护假每年累计不超过十五日，非独生子女的陪护假每年累计不超过七日。陪护假期间工资福利待遇不变。

《广西省人口与计划生育条例》

第四十一条　已领取《独生子女父母光荣证》的夫妻，在老年人福利、养老服务等方面享受必要的优先和照顾。

独生子女享受独生子女父母护理假，具体办法按照法律、法规的有关规定执行。

《广西壮族自治区实施〈中华人民共和国老年人权益保障法〉办法》

第二十二条　独生子女父母年满六十周岁的，患病住院期间，用人单位应当给予其子女每年累计不超过十五天的护理假。

《四川省老年人权益保障条例》

第三十条　老年人患病住院期间不能自理的，其子女所在用人单位应当给予独生子女每年累计不超过十五日的护理照料时间，给予非独生子女每年累计不超过七日的护理照料时间。

用人单位应当依法通过集体协商或者制定规章制度等形式确定护理照料时间。护理照料期间工资福利待遇不变。

《福建省老年人权益保障条例》

第二十七条　独生子女的父母年满六十周岁，患病住院治疗期间，用人单位应当支持其子女进行护理照料，并给予每年累计不超过十天的护理时间，护理期间工资福利待遇不变。

《湖南省人口与计划生育条例》

第二十条　独生子女父母年满六十周岁，因病住院治疗期间，其子女每年可累计享受十五天的独生子女父母护理假，视为出勤。

《辽宁省人口与计划生育条例》

第十九条　获得《独生子女父母光荣证》的夫妻年满六十周岁后住院治疗的，其子女所在单位应当支持其子女照料陪护，给予其子女每年累计不超过十五日的照料假。

照料假期间，可以享受与在岗人员同等的待遇。

《重庆市老年人权益保障条例》

第三十条　老年人是独生子女父母的，患病住院治疗且需要二级以上护理时，用人单位应当支持其子女进行护理照料，并给予每年累计不超过十天的护理时间，护理期间工资福利待遇不变。

《河北省人口与计划生育条例》

第三十七条　老年人患病住院期间需要二级以上护理的，其子女所在用人单位应当给予独生子女每年累计不少于十五天的护理照料时间，给予非独生子女每年累计不少于七天的护理照料时间。

《河南省人口与计划生育条例》

第三十二条　……（二）年满六十周岁后，住院治疗期间，给予其子女每年累计不超过二十日的护理假，护理假期间视为出勤。

《云南省老年人权益保障条例》

第二十四条　老年人患病住院治疗期间，其子女的用人单位应当支持护理照料，给予独生子女每年累计20天、非独生子女每年累计10天的护理时间，护理期间享受与正常工作期间相同的工资待遇。

《黑龙江省老年人权益保障条例》

第十二条 老年人患病住院期间，子女所在单位应当给予其陪护假。独生子女的陪护假每年累计二十日，非独生子女的陪护假每年累计十日。陪护期间工资福利待遇不变。

《甘肃省人口与计划生育条例》

第十八条 在国家提倡一对夫妻生育一个子女期间的独生子女家庭，独生子女父母年满六十周岁，患病或者生活不能自理的，其子女所在单位给予每年不少于十五日的陪护假。

《内蒙古自治区老年人权益保障条例》

第十五条 用人单位应当按照国家有关规定保障赡养人探亲休假的权利。

老年人患病住院及生活不能自理的，赡养人所在单位应当给予赡养人陪护时间；赡养人为独生子女的，其所在单位应当给予每年累计二十日的陪护假。

《陕西省人口与计划生育条例》

第五十七条 设立独生子女父母陪护假制度。在国家提倡一对夫妻生育一个子女期间的独生子女家庭，独生子女父母单方年满六十周岁的，给予其子女每年累计不低于十五天的陪护假。职工在陪护假期间按出勤对待，享受相应的工资、福利待遇。

《贵州省养老服务条例》

第六十五条 国家机关、企业事业单位和社会组织职工年满60周岁的父母或者由其赡养的老年人患病住院的，鼓励所在单位结合本单位的实际情况，依据医院开具的疾病证明，给予职工陪护假。职工是独生子女的，每年陪护假累计不超过15天；职工是非独生子女的，每年陪护假累计不超过7天。职工在陪护假期间的工资照发，福利待遇不变，不影响考勤、考核和晋级、晋职、提薪。

《海南省实施〈中华人民共和国老年人权益保障法〉若干规定》

第二十四条 在国家提倡一对夫妻生育一个子女期间，自愿终身只生育一个子女家庭的老年人患病住院治疗期间，用人单位应当支持其子女进行护理照料，并给予每年累计不超过十五天的护理时间，护理期间工资福利待遇不变。

八、探亲假

探亲假，是员工探望与自己不住在一起，又不能在公休假日团聚的配偶或父母的带薪假期。目前关于探亲假的规定，主要是1981年出台的《国务院关于职工探亲待遇的规定》，该规定仅适用于国家机关、人民团体和全民所有制企业、事业单位工作满1年的固定职工。

1. 探亲假享受的条件

（1）探望配偶

工作满1年的职工，与配偶不住在一起，又不能在公休假日团聚的，可以享受探望配偶的待遇；

（2）探望父母

工作满1年的职工，与父亲、母亲都不住在一起，又不能在公休假日团聚的，可以享受探望父母的待遇。

关于“不能在公休假日团聚”，是指不能利用公休假日在家居住一夜和休息半个白天。

2. 探亲假的天数

（1）职工探望配偶的，每年给予一方探亲假一次，假期为30天。

（2）未婚职工探望父母，原则上每年给假一次，假期为20天，如果因为工作需要，本单位当年不能给予假期，或者职工自愿两年探亲一次，可以两年给假一次，假期为45天。

（3）已婚职工探望父母的，每4年给假一次，假期为20天。

3. 路程假

探亲假期是指职工与配偶、父、母团聚的时间，另外，企业应根据实际需要给予员工一定的路程假。

探亲假和路程假，均以自然日计算，包括公休日和法定节假日在内。

4. 假期待遇

职工在规定的探亲假期和路程假期内，按照本人的标准工资发给工资。职工探望配偶和未婚职工探望父母的往返路费，由所在单位负担。已婚职工探望父母的往返路费，在本人月标准工资30%以内的，由本人自理，超过部分由所在单位负担。

【法条链接】

《国务院关于职工探亲待遇的规定》（略）

《关于制定〈国务院关于职工探亲待遇的规定〉实施细则的若干问题的意见》

三、《探亲规定》所称的“不能在公休假日团聚”是指不能利用公休假日在家居住一夜和休息半个白天。

九、社会活动假

社会活动假，指劳动者在法定工作时间依法参加社会活动所享受的假期。上述社会活动主要包括：

1. 行使选举权或被选举权；
2. 当选代表，出席政府、党派、工会、青年团、妇女联合会等组织召开的会议；
3. 担任人民法庭的人民陪审员、证明人、辩护人；
4. 出席劳动模范、先进工作者大会；
5. 《工会法》规定的不脱产工会基层委员会委员因工会活动占用的生产时间；
6. 其他依法参加的社会活动。

员工享受社会活动假期间，用人单位应依法支付工资。

【法条链接】

《中华人民共和国劳动法》

第五十一条 劳动者在法定休假日和婚丧假期间以及依法参加社会活动期间，用人单位应当依法支付工资。

《关于〈劳动法〉若干条文的说明》

第五十一条 依法参加社会活动是指：行使选举权；当选代表，出席政府、党派、工会、青年团、妇女联合会等组织召开的会议；担任人民法庭的人民陪审员、证明人、辩护人；出席劳动模范、先进工作者大会；《工会法》规定的不脱产工会基层委员会委员因工会活动占用的生产时间等。

十、事假

事假，是员工因私事向用人单位申请，并经单位批准的假期。

国家对于企业职工什么情况下可以请事假，以及请事假的工资待遇等均没有作出统一规定，因此，企业可根据具体情况自行制定相关的制度。实务中，企业应注意两点：首先，企业对员工的事假申请有审批权，但审批理由一定要合理，尤其是对不予批准的事假申请；其次，关于事假期间的待遇，各地一般都规定，用人单位可以不支付事假期间的工资，因此，企业可以不支付事假工资，当然也可以按照员工工资的一定比例或最低工资标准支付工资。

【法条链接】

《北京市工资支付规定（2007 年修正）》

第二十二条 劳动者在事假期间，用人单位可以不支付其工资。

十一、带薪年休假

带薪年休假，顾名思义，是指员工每年享有的保留工作和工资的连续休假。虽然《劳动法》规定了劳动者享受带薪年休假，但怎么休，休多少天等，法律均没有作出明确的规定，因此，实践中这项制度很难落实，员工基本上都是“望假兴叹”。2008 年 1 月 1 日，作为《劳动合同法》的配套法规，《职工带薪年休假条例》（以下简称《年休假条例》）正式实施，随后出台的《企业职工带薪年休假实施办法》（以下简称《实施办法》），对于年休假的实施做了全面和细化的规定，也给企业的休假制度带来了冲击和挑战。

1. 员工享受年休假的条件

根据《年休假条例》及其《实施办法》的规定，职工连续工作满 12 个月以上的，享受带薪年休假。

但实践中，存在一个问题，即此处“连续工作满 12 个月以上”是否包含前一家单位的工作时间？这也是笔者常常被 HR 问到的问题，根据《年休假条例》及其《实施办法》中，年休假一般不跨年度安排，和职工新进用人单位当年度年休假天数的折算方法等规定，可以推断出这里的“连续工作”应理解为包含劳动者在以前用人单位的工作期间。

但是如果连续工作包含劳动者在以前用人单位的工作期间，如何证明连续，连续又如何认定呢？法律没有明确规定，笔者建议，企业可以根据自身情况作出相关规定，如规定“连续”须为“一日接一日”，毫不间断，否则，不能认定为连续工作。比如，甲 2008 年 3 月 31 日到 A 公司工作，11 月 30 日解除了与 A 公司的劳动合同，12 月 1 日到 B 公司工作，2009 年 3 月 30 日，甲就满足连续工作满 12 个月，可以在 B 公司享受年休假了。同时，可以要求劳动者提供相关的证明，如离职证明，原劳动合同或社保缴费记录等，以证明其连续工作。

对于劳动者已符合参加工作后曾经“连续工作满 12 个月”条件后，如何享受当年度年休假，2017 年《北京市高级人民法院、北京市劳动人事争议仲裁委员会关于审理劳动争议案件法律适用问题的解答》第 18 条对此予以进一步的明确，即：“……对于参加工作第 1 年的时间的‘累计’，应按《企业职工带薪年休假实施办法》‘连续工作满 12 个月’的规定执行。‘连续工作满 12 个月’，指劳动者在参加工作后曾经在同一或两个以上用人单位连续不中断工作满 12 个月。劳动者在符合参加工作后曾经‘连续工作满 12 个月’条件后，此后年休假时间以当年度在用人单位已工作时间计算。”

【法条链接】

《职工带薪年休假条例》

第二条　机关、团体、企业、事业单位、民办非企业单位、有雇工的个体工商户等单位的职工连续工作 1 年以上的，享受带薪年休假（以下简称年休假）。

《企业职工带薪年休假实施办法》

第三条　职工连续工作满 12 个月以上的，享受带薪年休假（以下简称年休假）。

2. 员工不享受当年的年休假的情形

职工存在下列情形之一的，不享受当年的年休假：

（1）职工依法享受寒暑假，其休假天数多于年休假天数的；但是，如果职工享受的寒暑假天数少于其年休假天数的，用人单位应当安排补足年休假天数；

（2）职工请事假累计 20 天以上且单位按照规定不扣工资的；

（3）累计工作满 1 年不满 10 年的职工，请病假累计 2 个月以上的；

（4）累计工作满 10 年不满 20 年的职工，请病假累计 3 个月以上的；

（5）累计工作满 20 年以上的职工，请病假累计 4 个月以上的。

需要说明的是，如果职工已享受当年的年休假，年度内又出现上述第（2）、

(3)、(4)、(5)项规定情形之一的，那么职工不享受下一年度的年休假。但是，职工依法享受的探亲假、婚丧假、产假等国家规定的假期以及因工伤停工留薪期间均不计入年休假假期，企业不能以此为由取消职工的年休假。

【法条链接】

《职工带薪年休假条例》

第四条 职工有下列情形之一的，不享受当年的年休假：(略)

《企业职工带薪年休假实施办法》

第六条 职工依法享受的探亲假、婚丧假、产假等国家规定的假期以及因工伤停工留薪期间不计入年休假假期。

第八条 职工已享受当年的年休假，年度内又出现条例第四条第（二）、（三）、（四）、（五）项规定情形之一的，不享受下一年度的年休假。

3. 如何计算年休假的天数

（1）由累计工作时间确定年休假天数

根据《年休假条例》，职工累计工作已满1年不满10年的，年休假5天；已满10年不满20年的，年休假10天；已满20年的，年休假15天。《实施办法》进一步明确，职工在同一或不同用人单位工作期间，以及依据法律、行政法规或国务院规定的视同工作期间，应合并为“累计工作时间”。也就是说，累计的是“工龄”，而非“司龄”，而且，既然是累计，中间是可以间断的。

比如，甲在A公司工作了8年，然后休息了1年，又到B公司工作了2年，那么他的累计工作时间就是8+2=10年，他在B公司的年休假天数，就按10年确定。

（2）特殊情形下，年休假天数按比例折算

这里的特殊情形，是指员工在本单位工作不足全年的，主要针对两类员工：企业的新进员工和离职员工。

员工新进用人单位，且连续工作满12个月以上的，当年度年休假天数，按照在本单位剩余日历天数折算确定，折算后不足1整天的部分不享受年休假。折算方法为：年休假天数=（当年度在本单位剩余日历天数÷365天）×职工本人全年应当享受的年休假天数。

如甲大学毕业后在2008年7月14日进入B公司，工作6个月后，2009年1月15日又跳槽到C公司，中间没有间断，2009年7月14日，甲已经连续工作满12个月，可以享受当年年休假，年休假天数为：170天（2009年7月14日—2009年12月31日）÷365天×5天≈2.33天，故其2009年应享受的年休假天数为2天。

这里需要明确的是，对于新进员工，如果尚未满足参加工作后曾经“连续工作满12个月”条件的，则该员工并不是根据入职时间来确定当年度在本单位的剩余天数，而是以连续工作满12个月的时间点作为起始时间，计算在本单位当年度的剩余天数；如果已符合参加工作后曾经“连续工作满 12 个月”的条件，入职本单位当年的年休假时间，以当年度在用人单位已工作时间计算。

员工解除或者终止劳动合同时，当年度年休假天数，按照在本单位当年已工作时间折算确定，折算后不足 1 整天的部分不享受年休假。折算方法为：年休假天数 =（当年度在本单位已过日历天数 ÷ 365 天）× 职工本人全年应当享受的年休假天数。如果用人单位当年已安排职工年休假的，多于折算应休年休假天数的部分，用人单位不得扣回。

如乙在 A 公司工作 5 年，在 B 公司工作 3 年，后又进入 C 公司工作，2008 年 10 月 20 日，乙与 C 公司的 3 年期劳动合同到期，C 公司决定终止劳动合同。乙 2008 年应享受的年休假天数为：293 天 ÷ 365 天 × 10 天 ≈ 8.03 天，故其 2008 年应享受的年休假天数为 8 天。

累计工作年限	年休假天数	不享受年休假
1 年 ≤ 累计工作年限 < 10 年	5 天	当年度在本单位剩余或已过日历天数 < 73 天
10 年 ≤ 累计工作年限 < 20 年	10 天	当年度在本单位剩余或已过日历天数 < 36.5 天
20 年 ≤ 累计工作年限	15 天	当年度在本单位剩余或已过日历天数 < 25 天

（3）单位约定年休假天数

上述年休假天数是员工年休假的法定下限，企业可以规定比法定天数长的年休假。实践中，很多企业在法律规定的基础上，根据员工级别来确定年休假天数，级别越高，即使工龄较浅，年休假也较长，甚至远远高于法定天数。但是，当发生争议时，超出法定年休假部分的约定年休假，如何进行补偿，成了很大的一个问题。

对此，《实施办法》规定，劳动合同、集体合同约定的或者用人单位规章制度规定的年休假天数高于法定标准的，用人单位应当按照有关约定或者规定执行。因此，笔者建议，企业规定的年休假天数比法定年休假长的，应在劳动合同或规章制度中明确将法定年休假天数和约定年休假天数区分开来，对于约定年休假部分的休假审批程序和应休未休的处理，可以根据企业自身的情况，作出专门的规定。

以案说法

40. 员工休的是法定年假，还是额外年假？

员工林某，新加坡国籍，入职一家全球 500 强公司中国总部，担任该公司某部门总监，月薪为 150,000 元。按照公司规定，员工年假由两部分组成，即法定年假和额外年假，根据林某的级别，其每年可以享受的年休假总共为 30 天。林某于 2012 年 1 月主动提出辞职，离职前尚有 2011 年度未享受的年休假 27 天。公司在为其办理离职时，双方因年休假工资的补偿发生了争议。公司认为，林某的30天年假中5天为法定年假，25天为额外年假，且已休3天法定年假，由于《员工手册》明确规定额外年假按日工资补偿，因此，公司只应再支付25天的按日工资计算的额外年假工资和2天的按日工资300%标准计算的法定年假工资（即150,000/21.75×25+150,000/21.75×2×200%=200,000）即可。但是，林某认为，企业在法律规定之外自行约定年休假待遇的做法侵害了员工的合法权益，同时，即便根据《员工手册》分为法定年假和额外年假，其本人法定年假部分也应是15天，而非5天，另外，其已休的3天也应当属于额外年假而非法定年假，因此，要求公司按日工资300%的标准补发27天的年假工资（即150,000/21.75×27×200%=372,413）。双方协商未果，林某将公司告到北京市劳动争议仲裁委员会，要求公司按照日工资300%的标准补发其27天的年休假工资。

【审理结果】

庭审中，围绕双方的争议焦点，仲裁庭提出了以下几个问题要求双方举证和展开辩论，分别是：（1）法定年假和额外年假的假别天数如何确定？（2）谁负有对工作年限的证明义务？（3）林某已休的3天到底是法定年假，还是额外年假？

经过双方激烈辩论，仲裁庭最终认为，首先，企业有权在法律规定的年假标准之上和员工约定额外的年假，包括对其工资补偿标准和应休未休的处理作出约定，这种约定受到法律的保护。同时，企业也有权要求员工提交工作年限证明，来用作确定法定年假的长短，如果由于员工原因导致未提交的，企业可以使其承担适用较低年限的法定年假的不利后果。但上述处理措施应明确规定在劳动合同或员工手册中，即在员工充分了解和认可其应承担的义务以及不作为所带来的后果的基础上，企业才有权援引和适用相应的规定。本案中，公司《员工手册》中虽然明确了员工应承担证明其工作年限的义务，但没有对员工不提交证明的处理做出明确规定，因此，这种情形下，公司直接适用最低年限的法定年假是欠妥的，同时鉴于林某的实际年龄，综合考量应当按照最高工作年限的法定年假，即15天来确定林某的法定年假，剩余15天则可以视为额外年假。

另外，公司《员工手册》中对于法定年假和额外年假哪个先休，哪个后休没有做出明确规定，同时，公司内部的请假申请单中，也只有年假一项，未写明是法定年假，或是额外年假。由于对此无法承担举证义务，因此，林某认为已休3天是额外年假的主张被仲裁庭采信。

最终，仲裁委裁决公司共应向林某支付年假工资补偿289,656元，其中，15天的按日工资300%标准计算的法定年假工资206,897元（即150,000/21.75×15×200%）；12天的按日工资计算的额外年假工资82,759元（即150,000/21.75×12）。

【律师点评】

可以说，本案的教训是深刻而惨痛的，除去严格根据法律规定应当补发的部分，仅仅因为规章制度和流程设计上的一点漏洞，而且是一个看似微小的瑕疵，企业就为此案多支付了近9万元。这也不得不让我们再次感叹HR和法务工作的重要性，虽然它不直接创造价值，虽然它看似是件“花钱的事”，但是在合法合理的范围内少花钱难道不就是在为企业创造价值么？反思本案，我们认为，针对类似企业的年休假的条款约定及实务操作，HR在制定年休假的相关制度时，应当注意以下几个问题：

（1）员工的年假天数和核定依据

确定年假天数时，应首先确保全体员工能享受根据其工龄而依法享有的法定年假，在此基础上，可以根据职级划分，为高级别的员工规定额外年假或者叫福利年假。对于额外年假，企业可以自行规定相应的年假工资补偿标准，请休流程和应休未休的处理。

（2）“工龄”证明的提交，以及提交不了如何处理

企业可以要求员工提交其工作年限的证明，包括其在国外工作期间的年限证明，并且单位有核实的权利，一旦经核实发现有任何虚假或不符，单位有权要求其重新提供真实的年限证明。对于员工本人确实无法提交或不愿提交的，企业可以规定直接按照较低工作年限确定其法定年假天数。当然，在这种情况下，从人力资源管理的角度，我们还是建议企业尽量结合员工的实际年龄来确定相对合理的法定年假天数，避免引发员工过多的负面情绪。

（3）年假如何申请，何种年假先休

在规定员工的年假申请流程时，应区分法定年假和额外年假的请休顺序，即员工先休法定年假，休完后再休额外年假。

（4）当年年假未休完如何处理，离职时所剩未休年假如何处理

无论对于当年未休完的年假，还是离职时尚未休完的年假，《员工手册》都可以明确规定，企业有权要求员工在一定时间内休完，如果员工主动提出不愿意休的，可以要求其出具书面申请，这种情况下未休年假的，企业无需支付年假工资。这里需要注意的是，不少企业《员工手册》中关于年假未休完就按作废处理的规定，存在很大的法律风险，应当及时予以纠正，否则一旦发生争议，将很难得到法律的支持。

【法条链接】

《职工带薪年休假条例》

第三条 职工累计工作已满1年不满10年的，年休假5天；已满10年不满20年的，年休假10天；已满20年的，年休假15天。

国家法定休假日、休息日不计入年休假的假期。

《企业职工带薪年休假实施办法》

第四条 年休假天数根据职工累计工作时间确定。职工在同一或者不同用人单位工作期间，以及依照法律、行政法规或者国务院规定视同工作期间，应当计为累计工作时间。

第五条 职工新进用人单位且符合本办法第三条规定的，当年度年休假天数，按照在本单位剩余日历天数折算确定，折算后不足1整天的部分不享受年休假。

前款规定的折算方法为：（当年度在本单位剩余日历天数÷365天）×职工本人全年应当享受的年休假天数。

第十二条 用人单位与职工解除或者终止劳动合同时，当年度未安排职工休满应休年休假的，应当按照职工当年已工作时间折算应休未休年休假天数并支付未休年休假工资报酬，但折算后不足1整天的部分不支付未休年休假工资报酬。

前款规定的折算方法为：（当年度在本单位已过日历天数÷365天）×职工本人全年应当享受的年休假天数－当年度已安排年休假天数。

用人单位当年已安排职工年休假的，多于折算应休年休假的天数不再扣回。

第十三条 劳动合同、集体合同约定的或者用人单位规章制度规定的年休假天数、未休年休假工资报酬高于法定标准的，用人单位应当按照有关约定或者规定执行。

4. 年休假工资报酬

单位不安排年休假，或安排年休假天数少于应休天数的，应在本年度内对职工应休未休的年休假天数，按其日工资收入的300%支付年休假工资报酬，其中包含用人单位支付的正常工作期间的工资报酬。

年休假工资报酬的计算基数，即职工的日工资收入，为职工在单位支付未休年休假工资报酬前12个月剔除加班工资后的月平均工资，再除以月计薪天数(21.75天)。如果职工在用人单位工作时间不满12个月的，按实际月份计算月平均工资。

比如，甲2007年6月大学毕业后就到A公司工作，工资为3000元/月，2009年6月30日，甲与A公司的合同到期，甲不再续签，则甲在A公司应休未休的年休假天数为：(180天÷365天) ×5天=2.5天，A公司应向甲支付2天的未休年休假工资报酬，即：3000元÷21.75天×200% ×2天=551.72元。

解读：企业补发年休假工资到底是按3倍算，还是按2倍算？

这一点，法律规定是很明确的，但实务中，很多HR甚至不少律师都没有正确地理解相关规定，导致按3倍补发年假工资，实际上使企业受到了损失。根据《企业职工带薪年休假实施办法》第10条的规定，企业应按照员工日工资收入的300%支付未休年休假工资，重点是紧接着写明“其中包含用人单位支付职工正常工作期间的工资收入”。也就是说，其中1倍工资在员工正常工作期间已经支付了，因此，企业补发年休假工资的时候，只需再支付剩下的2倍即可。

【法条链接】

《职工带薪年休假条例》

第五条 单位确因工作需要不能安排职工休年休假的，经职工本人同意，可以不安排职工休年休假。对职工应休未休的年休假天数，单位应当按照该职工日工资收入的300%支付年休假工资报酬。

《企业职工带薪年休假实施办法》

第十条 用人单位经职工同意不安排年休假或者安排职工年休假天数少于应休年休假天数，应当在本年度内对职工应休未休年休假天数，按照其日工资收入的300%支付未休年休假工资报酬，其中包含用人单位支付职工正常工作期间的工资收入。

用人单位安排职工休年休假，但是职工因本人原因且书面提出不休年休假的，用人单位可以只支付其正常工作期间的工资收入。

第十一条 计算未休年休假工资报酬的日工资收入按照职工本人的月工资除以月计薪天数（21.75天）进行折算。

前款所称月工资是指职工在用人单位支付其未休年休假工资报酬前12个月剔除加班工资后的月平均工资。在本用人单位工作时间不满12个月的，按实际月份计算月平均工资。

职工在年休假期间享受与正常工作期间相同的工资收入。实行计件工资、提成工资或者其他绩效工资制的职工，日工资收入的计发办法按照本条第一款、第二款的规定执行。

5. 企业应当如何安排年休假

企业应当根据生产、工作的具体情况，并考虑职工本人意愿，统筹安排职工年休假。年休假在1个年度内可以集中安排，也可以分段安排，但一般不跨年度安排。单位因生产、工作特点确有必要跨年度安排职工年休假的，可以跨1个年度安排。

另外，用人单位安排职工休年休假，但是职工因本人原因且书面提出不休年休假的，用人单位可以只支付其正常工作期间的工资报酬。也就是说，如果员工本人主动放弃年休假，企业是可以免责的，但是，这种情况下，企业一定要保留好员工放弃年休假的书面证据，以免发生争议时陷入被动。

实践中，很多企业对年休假一直采取的是由员工主动申请，单位审批的制度。在《年休假条例》和其《实施办法》出台后，企业再以员工未提出申请为由，不给员工安排年休假，将存在很大的风险。因此，企业应制定相应的规章制度，督促员工按时享受年休假，如员工请无薪事假的，可以和员工商量安排其先按年休假休，不足部分再按事假休。

【法条链接】

《职工带薪年休假条例》

第五条 单位根据生产、工作的具体情况，并考虑职工本人意愿，统筹安排职工年休假。

年休假在1个年度内可以集中安排，也可以分段安排，一般不跨年度安排。单位因生产、工作特点确有必要跨年度安排职工年休假的，可以跨1个年度安排。

《企业职工带薪年休假实施办法》

第九条 用人单位根据生产、工作的具体情况，并考虑职工本人意愿，统筹安排年休假。用人单位确因工作需要不能安排职工年休假或者跨1个年度安排年休假的，应征得职工本人同意。

十二、病假

病假，是员工患病或非因工负伤，需要接受诊疗而无法上班的期间。实践中，谈到病假，就离不开另外一个重要的概念——医疗期，医疗期是指劳动者患病或者非因工负伤停止工作治病休息，而用人单位不得因此解除劳动合同的期限。

实践中，不少HR常常将医疗期与病假相混淆，认为员工只要过了医疗期就不能再请病假了，事实上，这完全是两回事。医疗期是法定期间，它的目的在于给予患病的劳动者一段时间的解雇保护，即医疗期内用人单位解除劳动合同的权利受到了限制。而病假是根据员工病情或负伤情况实际需要的治疗期间，它不是由任何人的主观意志决定的，更不可能由法律规定。医疗期满后，如果用人单位未与劳动者解除劳动合同，劳动者仍需请病假的，用人单位应予安排。

1. 医疗期期限

根据原劳动部《企业职工患病或非因工负伤医疗期的规定》，企业职工因患病或非因工负伤，需要停止工作医疗时，根据本人实际参加工作年限和在本单位工作年限，给予3个月到24个月的医疗期：

（1）实际工作年限10年以下的，在本单位工作年限5年以下的为3个月；5年以上的为6个月；

（2）实际工作年限10年以上的，在本单位工作年限5年以下的为6个月；5年以上10年以下的为9个月；10年以上15年以下的为12个月；15年以上20年以下的为18个月；20年以上的为24个月。

实际工作年限	本单位工作年限	医疗期
10年以下	5年以下	3个月
	5年以上	6个月
10年以上	5年以下	6个月
	5年以上10年以下	9个月
	10年以上15年以下	12个月
	15年以上20年以下	18个月
	20年以上	24个月

2. 医疗期的计算

员工如果连续休病假，则连续计算医疗期直至期满。员工如果断断续续休病假，则可累计计算医疗期，具体计算方法如下：

医疗期为 3 个月的，按 6 个月内累计病休时间计算；

医疗期为 6 个月的，按 12 个月内累计病休时间计算；

医疗期为 9 个月的，按 15 个月内累计病休时间计算；

医疗期为 12 个月的，按 18 个月内累计病休时间计算；

医疗期为 18 个月的，按 24 个月内累计病休时间计算；

医疗期为 24 个月的，按 30 个月内累计病休时间计算。

需要注意的是，医疗期按照自然日计算，公休日和法定节假日均包括在内。

比如，甲的工龄为 8 年，在 A 公司工作 3 年，若其患病，医疗期应为 3 个月，如果从 2008 年 3 月 1 日开始休病假，则其医疗期从病休第 1 天开始，在 3 月 1 日至 9 月 1 日之间确定，如果连续请病假的话，则 6 月 1 日医疗期届满。如果是间断请病假的，则 9 月 1 日前累计病休时间达到 3 个月时，医疗期届满。

解读：精神疾病员工的医疗期，应如何认定？

对于患有特殊疾病的员工，如精神病、癌症、瘫痪等，其医疗期应仍按照上述法律规定，依据员工的工龄和司龄来核定，还是给予特殊照顾和适当延长？其次，适当延长应该延多长呢？这些问题实务中一直存在争议。一种意见认为，对患特殊疾病的员工，不论其工作年限长短，均应给予不少于 24 个月的医疗期；而另一种意见认为，即便对于患特殊疾病的员工，也应严格按照其工龄和司龄来确定医疗期。就北京而言，根据我们的经验，一旦发生劳动争议，考虑到员工的特殊情况，仲裁庭基本都会在法定医疗期的基础上要求用人单位给予一定的延长，最长一般为 24 个月。

3. 病休员工的管理

员工较长时间病休或养伤，对于企业而言，确实带来很多问题和困扰，但另一方面，这也是企业必须担当的社会责任。如何在遵守法律法规和公平合理原则的前提下，对病休员工进行有效管理，以避免用工成本的不必要增加，是企业 HR 必须面对和解决的难题。

（1）规范病假申请流程

实践中，虚假病假，是令很多 HR 头疼的事情，对此，HR 可以利用严格的病假申请来防范虚假病假。HR 应拟订格式化的病假申请单，病假申请单的内容包括，病因、预计病休时间、医生的姓名和联络方式、病休期间实际居住地，固定联系方式及联系人。同时，病假申请单上应要求员工声明，病假申请是真实的，如有虚假或故意夸大，则构成严重违纪，公司可以进行相应的处罚直至解除劳动合同。员工申请病假，应按要求填写病假申请单，并提交适格或指定医院开具的病假单。

（2）建立病假定期报告制度

企业可以规定，员工在病休期间，其本人或家人每周或每半个月，应至少和企业联系一次，汇报治疗情况。如病休期间，病情或治疗地等发生变化，应及时通知企业。

（3）对医疗终结或医疗期满的病休员工，及时作出处理

对医疗终结或医疗期满的病休员工，根据病情治疗情况，及时就相应的劳动关系作出处理，是很多 HR 工作中容易忽略的问题，也是最容易引发争议的地方。

医疗终结，指医疗机构或医师对遭受事故伤害或者患病的人员诊断治疗全过程的结束，包括病情检查、确诊、药物治疗、手术治疗等医疗措施的结束。医疗终结是确定病情痊愈或者伤残的依据。对医疗终结或医疗期满的病休员工，其与企业的劳动关系如何处理，根据原劳动部《企业职工患病或非因工负伤医疗期的规定》，主要分为下列 3 种情况：

①医疗终结时医疗期未满

企业职工非因工致残和经医生或医疗机构认定患有难以治疗的疾病，在医疗期内医疗终结，不能从事原工作，也不能从事用人单位另行安排的工作的，应当由劳动能力鉴定委员会进行劳动能力的鉴定。被鉴定为 1 至 4 级的，应当退出劳动岗位，终止劳动关系，办理退休、退职手续，享受退休、退职待遇；被鉴定为 5 至 10 级的，医疗期内不得解除劳动合同。

②医疗终结时医疗期满

企业职工非因工致残和经医生或医疗机构认定患有难以治疗的疾病，医疗期满，应当由劳动能力鉴定委员会进行劳动能力的鉴定。被鉴定为 1 至 4 级的，应当退出劳动岗位，解除劳动关系，并办理退休、退职手续，享受退休、退职待遇。

③医疗尚未终结但医疗期已满

企业职工非因工致残和经医生或医疗机构认定患有难以治疗的疾病，医疗期满尚未痊愈，经劳动能力鉴定委员会确认不能从事原工作、也不能从事用人单位另行安排的工作的，企业可以解除或终止劳动合同。

A. 解除劳动合同

企业可以根据《劳动合同法》第 40 条第 1 项的规定，提前 30 日以书面形式通知劳动者本人或者额外支付劳动者 1 个月工资后，解除劳动合同，同时，企业还应按工作年限支付经济补偿金和不低于 6 个月工资的医疗补助费。患重病和绝症的，还应增加医疗补助费，患重病的增加部分不低于医疗补助费的 50%，患绝症的增加部分不低于医疗补助费的 100%。

B. 终止劳动合同

劳动合同到期，企业可以终止与病休员工的劳动合同。但是，企业应支付 2008 年 1 月 1 日以后工作年限对应的经济补偿金，和不低于 6 个月工资的医疗补助费。

【法条链接】

《企业职工患病或非因工负伤医疗期规定》（略）

《劳动部关于贯彻〈企业职工患病或非因工负伤医疗期规定〉的通知》（略）

【HR 应对】

企业 HR 在员工假期管理上应尤其做好以下几方面工作：

1. 明确审批权限和流程

除了休息日和法定节假日，企业可以规定，所有的休假都必须经过申请和审批，并根据假期的类型、长短及申请人的级别等因素，确定相应的审批权限和流程。

2. 规范请假流程

企业应制定规范的请假流程，要求员工必须按企业规定的流程办理请假手续，经批准并移交工作后方可离开工作岗位。未按程序请假或虽请假但未获批准就离开工作岗位的，可按旷工处理。

如员工遇特殊情况，不能及时办理请假手续的，应要求其说明情况，并尽快补办书面请假手续，逾期未办的，可以按旷工处理。

3. 完备销假制度

企业应要求员工在休假期满，按时上班后及时办理销假手续，以保证对员工到岗情况的监督。

第八章　员工薪酬管理

员工薪酬管理，是企业劳动用工管理的工作重心之一，工资纠纷也是劳动案件中发案率最高、数量最多的一类纠纷。薪酬管理之所以让 HR 头疼，一方面，由于工资福利关系到劳动者的切身利益，处理不当，就会引发或激化劳资矛盾；另一方面，有关工资福利的各种法律、法规、部门规章、地方性法规和规章众多，标准不一，适用混乱，因此，如何在法律规范的框架内构建企业的薪酬福利体系和制度并在最大程度上保护企业的利益，这是 HR 在企业用工管理中面临的主要任务。

第一节　薪酬管理中的各项基本概念和制度

一、工资

工资是指用人单位依据国家有关规定或劳动合同的约定，以货币形式直接支付给劳动者的劳动报酬。根据《关于工资总额组成的规定》第 4 条的规定，工资的主要形式有，计时工资、计件工资、奖金、津贴和补贴、加班加点工资和特殊情况下支付的工资。

1. 工资的组成与形式

计时工资是指按计时工资标准（包括地区生活费补贴）和工作时间支付给个人的劳动报酬。它是实践中最普遍和最基本的工资形式，较为常见的是月工资和小时工资。

计件工资是指对已做工作按计件单价支付的劳动报酬。它也是一种计算报酬的工资形式，但不是直接用劳动时间来计算，而是按一定时间内的劳动成果来计算。

奖金是指支付给员工的超额劳动报酬和增收节支的劳动报酬。一般根据企业和员工签订的劳动合同和规章制度的规定支付。

津贴和补贴是指为了补偿职工特殊或额外的劳动消耗和为了保证职工工资水平不受物价影响及因其他特殊原因而支付给劳动者的金钱补助。

加班加点工资是指对于劳动者在法定标准工作时间之外从事劳动而依法支付的

工资。

特殊情况下支付的工资主要是指依据法律和规章制度规定支付给员工的各种假期工资。

《关于工资总额组成的规定》和《〈关于工资总额组成的规定〉若干具体范围的解释》对于上述6种工资形式的具体内容作了详细的列举和说明。

那么，年终奖应如何发放？实践中，许多企业通常会根据自身的经营发展状况、业务目标达成情况，同时结合员工的绩效考核结果来确定如何发放年终奖。由于相关法律对于年终奖的发放并没有明确具体的规定，因此，是否发放以及如何发放年终奖均属于用人单位的用工自主权。但是为避免争议，建议用人单位通过规章制度来明确年终奖的发放条件。具体而言，用人单位的规章制度中需要明确规定员工绩效考核的流程、绩效考核的结果等级以及绩效考核结果的应用等，如规定员工考核结果为D级以下则不予发放年终奖。另外，需要提醒企业注意的是，企业所制定的关于年终奖的规章制度需要经过民主公示程序，向员工进行明确。

此外，由于2018年修订的《中华人民共和国个人所得税法》于2019年1月1日起正式实施，相关配套规定也进一步颁布实施。因此，企业需要特别注意关于年终奖如何计算扣缴个税的问题。根据财政部和国家税务总局发的《关于个人所得税法修改后有关优惠政策衔接问题的通知》（财税（2018）164号）的规定，年终奖在2021年12月31日前，不并入当年综合所得，以全年一次性奖金收入除以12个月得到的数额，按照下表确定适用税率和速算扣除数，单独计算纳税。但也可以选择并入当年综合所得计算纳税。2021年12月31日，财政部和国家税务总局发布《关于延续实施全年一次性奖金等个人所得税优惠政策的公告》，将前述《关于个人所得税法修改后有关优惠政策衔接问题的通知》（财税〔2018〕164号）规定的全年一次性奖金单独计税优惠政策，执行期限延长至2023年12月31日。自2024年1月1日起，年终奖个人所得税是否继续享受上述优惠政策，还有待届时新的政策规定予以明确。

按月换算后的综合所得税率表

级数	全月应纳税所得额	税率（%）	速算扣除数
1	不超过3000元的	3	0
2	超过3000元至12000元的部分	10	210
3	超过12000元至25000元的部分	20	1410
4	超过25000元至35000元的部分	25	2660
5	超过35000元至55000元的部分	30	4410

续表

级数	全月应纳税所得额	税率（%）	速算扣除数
6	超过 55000 元至 80000 元的部分	35	7160
7	超过 80000 元的部分	45	15160

2. 不列入工资总额的项目

员工的工资数额是社会保险缴费、加班费和经济补偿金等的计算基数和计算依据，因此，明确工资的范围对于企业 HR 来说至关重要。《关于工资总额组成的规定》第 11 条明确规定了不列入工资总额范围的各项支出、费用或补贴：

（1）根据国务院发布的有关规定颁发的发明创造奖、自然科学奖、科学技术进步奖和支付的合理化建议和技术改进奖以及支付给运动员、教练员的奖金；

（2）有关劳动保险和职工福利方面的各项费用；

（3）有关离休、退休、退职人员待遇的各项支出；

（4）劳动保护的各项支出；

（5）稿费、讲课费及其他专门工作报酬；

（6）出差伙食补助费、误餐补助、调动工作的旅费和安家费；

（7）对自带工具、牲畜来企业工作职工所支付的工具、牲畜等的补偿费用；

（8）实行租赁经营单位的承租人的风险性补偿收入；

（9）对购买本企业股票和债券的职工所支付的股息（包括股金分红）和利息；

（10）劳动合同制职工解除劳动合同时由企业支付的医疗补助费、生活补助费等；

（11）因录用临时工而在工资以外向提供劳动力单位支付的手续费或管理费；

（12）支付给家庭工人的加工费和按加工订货办法支付给承包单位的发包费用；

（13）支付给参加企业劳动的在校学生的补贴；

（14）计划生育独生子女补贴。

需要注意的是，上述《关于工资总额组成的规定》是 1990 年由国家统计局颁布实施的，对于工资的范围，目前实践中有了新的趋势和变化。财政部 2009 年 11 月 25 日下发了《关于企业加强职工福利费财务管理的通知》，该《通知》明确规定将过去不属于工资总额范围的部分福利费用纳入职工工资总额，从而扩大了职工工资总额的基数。

根据该《通知》，按月按标准发放或支付的住房补贴、交通补贴、车改补贴和通讯补贴，应当纳入职工工资总额，不再纳入职工福利费管理；企业给职工发放的节日补助、未统一供餐而按月发放的午餐费补贴，应当纳入工资总额管理。依据上述规定，过去属于职工福利费用的房补、车补、餐补、通讯费、过节费等都成了职工工资总额的一部分，工资总额的扩大势必将引起追索劳动报酬、工伤保险待遇、经济补偿金或赔偿金等劳动争议案件在计算基数上的变化。对此，企业 HR 在建立内部薪酬体系和制度，处理工资纠纷和争议时，应给予高度重视和相应调整。

解读：高温津贴属于工资吗？

高温津贴属于工资，还是福利，实务中一直存在争议，2012 年 6 月 29 日颁布的《防暑降温措施管理办法》对此作出了明确规定，“用人单位安排劳动者在 35℃以上高温天气从事室外露天作业以及不能采取有效措施将工作场所温度降低到 33℃以下的，应当向劳动者发放高温津贴，并纳入工资总额。”从上述规定可以看出，高温津贴的性质应当属于工资，其应属于工资总额构成中的“津贴和补贴”一类，是企业为补偿员工额外和特殊的劳动消耗支付给员工的金钱补助。因此，用人单位应当按照工资的支付形式和要求，以及当地人力资源和社会保障部门制定的支付标准，向员工按时足额支付高温津贴。

以案说法

41. 业务提成是劳动者的工资吗？

王某于 2018 年 3 月入职某外资公司，担任业务员，双方签署了 1 年期的劳动合同，工资为底薪加业务提成，底薪为 900 元/月，业务提成为销售额的 2%；双方另外签订了 1 份业务提成协议，约定公司在业务款项到账后，向王某支付相应的提成。2018 年 12 月，王某为公司拉到的业务总金额为人民币 200 万元，其中 50 万元的业务合同已经履行完毕且款项已到公司账户；100 万元的业务已经签署合同，但尚未付款；另外 50 万元的业务合同尚未正式签署。但是，公司未向王某支付任何一笔业务提成。王某以公司未及时足额支付劳动报酬为由申请劳动仲裁，提出解除劳动关系并要求公司支付经济补偿金，且要求公司支付业务提成 40000 元。

【审理结果】

庭审中，公司认为，业务提成及奖励与劳动者的工作业绩相挂钩，是属于奖励性质的福利待遇，而非企业支付给劳动者的工资，因此，王某无权以公司未及时足额支付劳动报酬为由解除劳动合同，并且不同意支付解除劳动合同的经济补偿金。

另外，根据双方业务提成协议的约定，对于已经到账的 50 万元的合同款，公司同意按相应的提成比例，向王某支付提成，即 1 万元。对于其他 150 万业务的相应提成，只能在款项到账后方能向王某支付。

王某认为，双方签订的劳动合同中明确约定了工资为底薪 + 业务提成，可见，双方都认可提成是工资的组成部分之一。因此，公司未及时支付提成的行为构成未及时足额支付劳动报酬，王某有权解除劳动合同。对于尚未到账的业务款项，王某同意按双方业务提成协议的约定，在款项到账后支付，但公司必须对此作出书面承诺。

经劳动争议仲裁委员会调解，双方达成和解，公司同意向王某支付 1 万元业务提成，其余提成，公司承诺在收到合同款项后 5 日内向王某按比例足额支付。

【律师点评】

本案的争议焦点在于，业务提成是否属于工资？实践中，很多企业对业务员或销售员都采取底薪加提成的工资分配方式，但是，提成是否属于工资，应当如何支付，实务中一直都存在争议，因此，司法机关在审理这类纠纷时也比较谨慎。目前，比较主流的意见是，业务提成即提成工资，是计件工资的主要方式之一，属于《关于工资总额组成的规定》中明确的计件工资的第 3 种形式，即按营业额提成或利润提成办法支付给个人的工资。因此，业务提成属于工资，它是企业对业务员完成一定的销售业务或超额完成的奖励，属于业务员所享有基本工资以外所应得的劳动报酬。

关于业务提成的核算和支付在实务中也是一个难点。关键问题是，到底应当如何认定用人单位与劳动者之间签订的业务提成协议和用人单位制定的业务提成办法等规章制度的效力。根据《劳动法》第 47 条的规定，“用人单位根据本单位的生产经营特点和经济效益，依法自主确定本单位的工资分配方式和工资水平。”也就是说，用人单位有权根据自己的实际情况制定业务提成制度或者与劳动者签订业务提成协议，只要上述制度或协议的规定不违反法律法规的强制性规定，就具有法律效力。比如，本案中，公司关于“业务款项到账后，支付相应提成”的约定未违反法律的强制性规定，对双方当事人具有约束力，因此公司可以按此约定支付提成。

实务中，建议企业制定专门的业务提成制度或与劳动者签订书面业务提成协议，对业务提成的发放形式，计算方式及发放时间进行明确的规定或约定，以避免将来因约定不明而发生纠纷和争议。

【法条链接】

《中华人民共和国劳动法》

第四十七条 用人单位根据本单位的生产经营特点和经济效益，依法自主确定本单位的工资分配方式和工资水平。

《工资支付暂行规定》

第三条 本规定所称工资是指用人单位依据劳动合同的规定，以各种形式支付给劳动者的工资报酬。

《关于工资总额组成的规定》

第四条～第十一条（略）

《〈关于工资总额组成的规定〉若干具体范围的解释》（略）

《财政部　税务总局关于个人所得税法修改后有关优惠政策衔接问题的通知》

一、关于全年一次性奖金、中央企业负责人年度绩效薪金延期兑现收入和任期奖励的政策

（一）居民个人取得全年一次性奖金，符合《国家税务总局关于调整个人取得全年一次性奖金等计算征收个人所得税方法问题的通知》（国税发〔2005〕9号）规定的，在2021年12月31日前，不并入当年综合所得，以全年一次性奖金收入除以12个月得到的数额，按照本通知所附按月换算后的综合所得税率表（以下简称月度税率表），确定适用税率和速算扣除数，单独计算纳税。计算公式为：

应纳税额＝全年一次性奖金收入×适用税率－速算扣除数

居民个人取得全年一次性奖金，也可以选择并入当年综合所得计算纳税。

自2022年1月1日起，居民个人取得全年一次性奖金，应并入当年综合所得计算缴纳个人所得税。

《关于企业加强职工福利费财务管理的通知》

二、企业为职工提供的交通、住房、通讯待遇，已经实行货币化改革的，按月按标准发放或支付的住房补贴、交通补贴或者车改补贴、通讯补贴，应当纳入职工工资总额，不再纳入职工福利费管理；尚未实行货币化改革的，企业发生的相关支出作为职工福利费管理，但根据国家有关企业住房制度改革政策的统一规定，不得再为职工购建住房。

企业给职工发放的节日补助、未统一供餐而按月发放的午餐费补贴，应当纳入工资总额管理。

《财政部　税务总局关于延续实施全年一次性奖金等个人所得税优惠政策的公告》

为扎实做好“六保”工作，进一步减轻纳税人负担，现将延续实施有关个人所得税优惠政策公告如下：

一、《财政部　税务总局关于个人所得税法修改后有关优惠政策衔接问题的通知》（财税〔2018〕164号）规定的全年一次性奖金单独计税优惠政策，执行期限延长至2023年12月31日；上市公司股权激励单独计税优惠政策，执行期限延长至2022年12月31日。

《防暑降温措施管理办法》

第十七条　劳动者从事高温作业的，依法享受岗位津贴。

用人单位安排劳动者在35℃以上高温天气从事室外露天作业以及不能采取有效措施将工作场所温度降低到33℃以下的，应当向劳动者发放高温津贴，并纳入工资总额。高温津贴标准由省级人力资源社会保障行政部门会同有关部门制定，并根据社会经济发展状况适时调整。

二、标准工资、基本工资和正常工作时间工资

标准工资、基本工资和正常工作时间工资，这三个有关工资的用语散见在不同的法律法规里，它们之间所指到底有何不同，常常令很多HR迷惑不已，这里，笔者作一简单介绍：

标准工资和基本工资是同义语，在法律法规中基本是互换的。《〈关于工资总额组成的规定〉若干具体范围的解释》给“标准工资”下的定义是，标准工资是指按规定的工资标准计算的工资（包括实行结构工资制的基础工资、职务工资和工龄津

贴）。听起来有点绕口，但若了解了其历史背景就不难理解了。标准工资和基本工资都是计划经济体制下职工工资行政化管理的产物，在计划经济时期，劳动者的报酬是按国家统一制定的工资标准发放的，用人单位没有自主决定权。然而，法律法规中出现的标准工资或基本工资的概念，还能否适应现实的需要，为当事人所援用，就必须具体问题具体分析了。

就目前的实务操作而言，可以比较明确的是，企业可以将员工每月的固定工资的总和设定为标准工资或基本工资，但如果企业僵化地使用标准工资或基本工资这类工资概念，或企图通过自行设定或滥用上述概念以减少应支付的工资基数，将不会得到支持。

由于市场经济条件下，不同行业、企业的生产形式、经营结构和劳动特点的不同，其规定的基本劳动报酬的形式和工资结构也不相同。因此，实务界一直都在呼吁立法部门根据实践发展的需要和现实情况重新修订相关工资概念，以解决实务中劳动者基本劳动报酬不确定和支付混乱的问题。

这方面，广东率先在《广东省工资支付条例》中提出了“正常工作时间工资”的概念，来代替“标准工资”和“基本工资”。根据该《条例》，正常工作时间工资，是指劳动者在法定工作时间内提供了正常劳动，用人单位依法应当支付的劳动报酬。用人单位与劳动者应当在劳动合同中依法约定正常工作时间工资，但是约定的待遇不得低于当地最低工资标准。其实，关于“正常工作时间工资”的概念，在之前的法律法规中已经有所涉及，比如，《劳动法》第 44 条规定，劳动者加班的，用人单位应当支付高于劳动者正常工作时间工资的工资报酬。原劳动部《关于贯彻执行〈中华人民共和国劳动法〉若干问题的意见》第 55 条又对“劳动者正常工作时间工资”做了进一步的解释，即所谓“劳动者正常工作时间工资”，是指“劳动合同规定的劳动者本人所在工作岗位（职位）相对应的工资。”一般来说，正常工作时间工资不包括：（1）延长工作时间工资；（2）中班、夜班、高温、低温、井下、有毒有害等特殊工作环境、条件下的津贴；（3）法律、法规和国家规定的劳动者福利待遇等。

根据上述规定，有关正常工作时间工资，包括哪些项目，数额多少，用人单位可以与劳动者在法律规定的范围内，协商并制定在劳动合同中。正常工作时间工资确定后，劳动者的年休假、产假等假期工资、加班工资等都统一以其作为计算基数。

【法条链接】

《〈关于工资总额组成的规定〉若干具体范围的解释》

五、关于标准工资（基本工资，下同）和非标准工资（辅助工资，下同）的定义

（一）标准工资是指按规定的工资标准计算的工资（包括实行结构工资制的基础工资、职务工

资和工龄津贴）。

《劳动部关于贯彻执行〈中华人民共和国劳动法〉若干问题的意见》

55. 劳动法第四十四条中的“劳动者正常工作时间工资”是指劳动合同规定的劳动者本人所在工作岗位（职位）相对应的工资。……

《广东省工资支付条例》

第八条　用人单位与劳动者应当在劳动合同中依法约定正常工作时间工资，约定的工资不得低于所在地政府公布的本年度最低工资标准。

未约定的或者约定不明确的，以用人单位所在地县级人民政府公布的上年度职工月平均工资作为正常工作时间工资；实际支付的工资高于当地政府公布的上年度职工月平均工资的，实际支付的工资视为与劳动者约定的正常工作时间工资。

第六十二条　（二）正常工作时间工资，是指劳动者在法定工作时间内提供了正常劳动，用人单位依法应当支付的劳动报酬。正常工作时间工资不包括下列各项：1. 延长工作时间工资；2. 中班、夜班、高温、低温、井下、有毒有害等特殊工作环境、条件下的津贴；3. 法律、法规和国家规定的劳动者福利待遇等。

三、日工资和小时工资

日工资和小时工资是核算加班费、年休假工资及病假工资等的依据，因此，企业HR必须清楚日工资和小时工资的折算方法。根据2008年《关于职工全年月平均工作时间和工资折算问题的通知》的规定，日工资和小时工资的折算方法为：

日工资：月工资收入÷月计薪天数（21.75天）

小时工资：月工资收入÷（月计薪天数21.75天×8小时）

需要注意的是，2008年出台的日工资和小时工资的折算方法和之前的折算方法一个重要的区别，就是将工作日与计薪天数进行了区分，法定节假日虽然不是工作日，但是算作计薪天数，因此，目前的月计薪天数是21.75天，但月工作日为20.83天。根据新的折算方法，日工资和小时工资的折算均以月计薪天数作为除数，这使得由此计算的日工资和小时工资较之原来的折算方式有所降低。

【法条链接】

《关于职工全年月平均工作时间和工资折算问题的通知》

一、制度工作时间的计算

年工作日：365天－104天（休息日）－11天（法定节假日）＝250天

季工作日：250天÷4季＝62.5天/季

月工作日：250天÷12月＝20.83天/月

工作小时数的计算：以月、季、年的工作日乘以每日的8小时。

二、日工资、小时工资的折算

按照《劳动法》第五十一条的规定，法定节假日用人单位应当依法支付工资，即折算日工资、小时工资时不剔除国家规定的11天法定节假日。据此，日工资、小时工资的折算为：

日工资：月工资收入÷月计薪天数

小时工资：月工资收入÷（月计薪天数×8 小时）。

月计薪天数 =（365 天 - 104 天）÷12 月 =21.75 天。

四、最低工资标准

我国实行最低工资保障制度，以保障劳动者能按月获得基本的劳动报酬，维持最基本的生活需要。根据《最低工资规定》，最低工资标准，是指劳动者在法定工作时间或依法签订的劳动合同约定的工作时间内提供了正常劳动的前提下，用人单位依法应支付的最低劳动报酬。也就是说，只要劳动者提供了正常劳动，用人单位应当支付的工资就不得低于最低工资标准。

1. 最低工资标准的形式和确定方式

最低工资标准一般采取月最低工资标准和小时最低工资标准两种形式，月最低工资标准适用于全日制就业劳动者，小时最低工资标准适用于非全日制就业劳动者。

最低工资标准由各地政府根据自己的实际情况制定，并且每两年应至少调整一次。最低工资标准发布后，用人单位应在 10 日内将该标准向本单位全体劳动者公示。

各主要省市 2022 年最低工资标准

	北京	上海	广州	深圳	杭州
月最低工资标准	2320 元	2590 元	2300 元	2360 元	2280 元
非全日制用工小时最低工资标准	25.3 元	23 元	22.2 元	22.2 元	22 元
施行日期	2021.8.1	2021.7.1	2021.12.1	2022.1.1	2021.8.1

2. 最低工资标准的剔除项目

根据《最低工资规定》第 12 条的规定，在劳动者提供正常劳动的情况下，用人单位应支付给劳动者的工资在剔除下列各项以后，不得低于当地最低工资标准：（1）延长工作时间工资；（2）中班、夜班、高温、低温、井下、有毒有害等特殊工作环境、条件下的津贴；（3）法律、法规和国家规定的劳动者福利待遇等。

各地制定的相关最低工资规定中，有的直接适用上述国家的规定，如深圳、辽宁；有的明确规定最低工资不包括奖金、非货币性补贴、津贴和用人单位为劳动者缴纳的社会保险费及住房公积金，如湖南；有的也明确，最低工资不包括用人单位为劳动者缴纳的社会保险费和住房公积金，但是包括列入工资总额统计的奖金和补贴，如北京、上海。因此，企业 HR 在确定和支付最低工资时，应当具体参照当地的规定执行，以避免因支付违法而引发劳动争议。

解读：员工有事请假若干天后，当月领取的工资水平没有达到最低工资标准，单位是否违反最低工资规定？

不违反。最低工资规定是指员工在法定工作时间内提供正常劳动后，所在企业必须支付的最低劳动报酬。员工未按法定工作时间提供正常劳动的，不适用最低工资规定。

北京某公司对业务员实行提成制，规定基本工资400元，业务提成为销售额的3%，该规定是否合法有效？

这是在实行提成工资制企业常见的规定，但该规定是否合法有效，就要看具体情况了。以2009年为例，如果业务员业务很好，基本工资加提成高于800元（北京市2009年最低工资标准），则公司的该项规定和做法符合法律规定；但是，如果业务员业绩很差，甚至未做成一单业务，公司仅按400元的底薪支付业务员工资，则公司的做法就违反了有关最低工资标准的强制性规定，属于违法行为。为避免上述法律风险，建议公司在约定上述工资条款时，补充约定"如果员工当月提供正常劳动后工资低于本市最低工资标准的，则按本市最低工资标准发放工资"。

单位发放给劳动者的月工资低于当地最低工资标准，但是加上年底奖金，全年平均后每月可以达到或超过最低工资标准，单位这种做法合法吗？

不合法。根据《工资支付暂行规定》，用人单位应当每月至少支付一次工资。因此，法定的最低工资标准是指单位每月支付劳动者工资的最低标准，不包括年终一次性发放的奖金或分红等收入，也就是说，劳动者每月领取的工资不能低于最低工资标准。

【法条链接】

《最低工资规定》

第三条　本规定所称最低工资标准，是指劳动者在法定工作时间或依法签订的劳动合同约定的工作时间内提供了正常劳动的前提下，用人单位依法应支付的最低劳动报酬。

本规定所称正常劳动，是指劳动者按依法签订的劳动合同约定，在法定工作时间或劳动合同约定的工作时间内从事的劳动。劳动者依法享受带薪年休假、探亲假、婚丧假、生育（产）假、节育手术假等国家规定的假期间，以及法定工作时间内依法参加社会活动期间，视为提供了正常劳动。

第十一条　用人单位应在最低工资标准发布后10日内将该标准向本单位全体劳动者公示。

第十二条　在劳动者提供正常劳动的情况下，用人单位应支付给劳动者的工资在剔除下列各项以后，不得低于当地最低工资标准：（略）

实行计件工资或提成工资等工资形式的用人单位，在科学合理的劳动定额基础上，其支付劳动者的工资不得低于相应的最低工资标准。

劳动者由于本人原因造成在法定工作时间内或依法签订的劳动合同约定的工作时间内未提供正常劳动的，不适用于本条规定。

《湖南省最低工资规定》

第六条 本规定的最低工资，不包括下列项目：

（一）用人单位支付给劳动者的延长工作时间工资；

（二）用人单位支付给劳动者的中班、夜班、高温、低温、井下、有毒有害等特殊工作环境、条件下的津贴；

（三）用人单位支付给劳动者的奖励性工资；

（四）用人单位通过提供伙食、住房等支付给劳动者的非货币性收入；

（五）用人单位为劳动者缴纳的社会保险费及住房公积金；

（六）国家规定的劳动者福利待遇。

《北京市最低工资规定》

第六条 最低工资标准包括按国家统计局规定应列入工资总额统计的工资、奖金、补贴等各项收入。

下列各项收入不计入最低工资标准：

（一）劳动者在国家规定的高温、低温、井下、有毒有害等特殊环境条件下工作领取的津贴；

（二）劳动者节假日或者超过法定工作时间从事劳动所得的加班、加点工资；

（三）劳动者依法享受的保险福利待遇；

（四）根据国家和本市规定不计入最低工资标准的其他收入。

五、克扣工资

根据原劳动部《对〈工资支付暂行规定〉有关问题的补充规定》，所谓“克扣工资”，是指“用人单位无正当理由扣减劳动者应得工资（即在劳动者已提供正常劳动前提下用人单位按劳动合同规定的标准应当支付给劳动者的全部劳动报酬）”。

1. *不属于克扣工资的情形*

根据《对〈工资支付暂行规定〉有关问题的补充规定》，用人单位不得随意克扣劳动者工资，但是下列情形除外：

（1）国家的法律、法规中有明确规定的；

（2）依法签订的劳动合同中有明确规定的；

（3）用人单位依法制定并经职代会批准的厂规、厂纪中有明确规定的；

（4）企业工资总额与经济效益相联系，经济效益下浮时，工资必须下浮的（但支付给劳动者工资不得低于当地的最低工资标准）；

（5）因劳动者请事假等相应减发工资的。

需要注意的是，关于上述第（2）、（3）种情形，即企业是否可以在劳动合同中约定或在规章制度中规定扣减工资的情形，实践中争议较大。围绕的焦点主要是企业能否根据规章制度，对违纪员工进行罚款，如不少企业规章制度中规定，员工迟到1次，罚款20元，从当月工资中扣减。由于过去企业对职工实施奖惩的主要依据《企业职工奖惩条例》已于2008年1月15日废止，因此，司法实践中，关于企业是否还有权对员工实施罚款形成了截然不同的两派观点：一种观点认为，该《条例》的废止，使企业从根本上失去了对员工进行经济处罚的依据，因此，企业规章制度中规定经济处罚权是无效的。但另一种观点认为，在当前情况下，罚款仍然是企业对员工实行有效管理的手段，因此，只要规章制度对此有明确规定，且合法合理，企业就有权对违纪员工实施罚款。

笔者认为，一方面，国家和各地应尽快出台相应的规范性意见，对企业可以实施罚款的情形、罚款数额的确定、如何扣减等作出明确的规定，否则，企业根据规章制度对违纪员工进行罚款的依据不足。另一方面，在目前欠缺明确法律规定的情况下，企业HR在制定本单位的规章制度时，应务必谨慎，对于扣减的情形应明确规定，扣减数额应相对合理，否则发生劳动争议后，很难得到法律的支持。

2. 代扣工资的情形

《工资支付暂行规定》第15条还规定了用人单位可以代扣劳动者工资的情形，主要包括：（1）用人单位代扣代缴的个人所得税；（2）用人单位代扣代缴的应由劳动者个人负担的各项社会保险费用；（3）法院判决、裁定中要求代扣的抚养费、赡养费；（4）法律、法规规定可以从劳动者工资中扣除的其他费用。

3. 工资中扣除赔偿金的情形

根据《工资支付暂行规定》，员工给企业造成经济损失的，企业可以从员工工资中扣除赔偿金。上述扣除必须满足三个条件：一是单位的经济损失确实是由劳动者本人原因造成的；二是每月扣除的部分不得超过劳动者当月工资的20%；三是扣除后的剩余工资部分不得低于当地最低工资标准。

实务中，对于员工是否给企业造成经济损失及损失大小，企业HR应及时做好相关证据的收集和保留，以避免因举证不能而变成“无正当理由克扣工资”。

【法条链接】

《工资支付暂行规定》

第十五条　用人单位不得克扣劳动者工资。有下列情况之一的，用人单位可以代扣劳动者工资：（略）

第十六条　因劳动者本人原因给用人单位造成经济损失的，用人单位可按照劳动合同的约定要求其赔偿经济损失。经济损失的赔偿，可从劳动者本人的工资中扣除。但每月扣除的部分不得超过劳动者当月工资的20%。若扣除后的剩余工资部分低于当地月最低工资标准，则按最低工资标准支付。

《对〈工资支付暂行规定〉有关问题的补充规定》

三、《规定》第十五条中所称“克扣”系指用人单位无正当理由扣减劳动者应得工资（即在劳动者已提供正常劳动前提下用人单位按劳动合同规定的标准应当支付给劳动者的全部劳动报酬)。不包括以下减发工资的情况:(略)

六、拖欠工资

根据原劳动部《对〈工资支付暂行规定〉有关问题的补充规定》,所谓“无故拖欠”,是指用人单位无正当理由超过规定付薪时间未支付劳动者工资,不包括以下两种情形:

(1)用人单位遇到非人力所能抗拒的自然灾害、战争等原因,无法按时支付工资的;

(2)用人单位确因生产经营困难、资金周转受到影响,在征得本单位工会同意后,暂时延期支付劳动者工资的。

上述第2种情形下延期时间的最长限制由各省、自治区、直辖市劳动行政部门根据各地情况具体确定。根据该《规定》,除上述两种情形以外的拖欠工资均属无故拖欠。

以案说法

42. 客观原因导致工资未发,构成无故拖欠吗?

徐某2006年入职某资源公司,该公司的主要业务是在境外勘探开采石油,徐某担任公司派驻境外的石油工程师。公司对于境外工程师实行年薪制,其中月工资的50%在境外当地发放。2008年,由于境外劳务签证的办理出现问题,导致公司无法向境外工程师足额及时发放月工资的50%部分。2008年7月,公司被集团公司决定撤销,公司同意将2008年1—7月未足额发放的工资全部补发,但徐某要求公司支付拖欠的1—7月工资的25%的经济补偿金,公司不同意支付,于是徐某向劳动争议仲裁委员会申请了劳动仲裁,要求公司支付拖欠工资的25%的经济补偿金。

【审理结果】

庭审中,徐某认为,公司提出的未足额及时发放工资的理由,不属于法律规定可以拖欠的范围,也不属于不可抗力。同时,公司有义务解决好境外员工的劳务签证问题,由此导致的工资不能按时发放的相关责任应由公司承担。

公司则认为,由于海外劳务签证办理出现困难的客观原因,导致应在境外发放的部分工资尚未发放,对此,公司已和员工说明情况,并在尽一切努力解决问题,因此,不属于无故拖欠。而且,公司在宣布撤销后,已经对所有员工进行了全部补发,并办理了工资结算。徐某一直不在公司出现和拒绝办理相关手续,才导致公司无法与其进行工资结算和发放。

劳动争议仲裁委员会经审理认为,公司的行为构成无故拖欠,应向徐某额外支付拖欠工资的25%的经济补偿金。公司不服，又向法院提起诉讼。

法院经审理，认为公司未按月发放2008年1—7月应在国外发放的月工资的50%部分，是由于海外劳务签证办理困难等客观原因所致，且工作期间徐某未就此提出异议，故公司不属于无故拖欠徐某工资。因此，对徐某要求公司支付拖欠工资的25%的经济补偿金的请求，不予支持。

【律师点评】

由于公司可能存在各种各样的客观原因，导致无法及时全额发放工资，因此，司法实践中，对于是否构成无故拖欠工资，标准相对较松。只要企业确实有合理的理由，而且在解除或终止劳动合同时，均及时予以补发，一般不会被认定为无故拖欠。另外，一些地区对延期支付工资的期限也做了规定，如北京、江苏等地规定，延期最长不得超过30日。湖北则规定，最长期限可按不超过3个月掌握。也就是说，在上述期限之内的延期支付不会构成无故拖欠。因此，企业HR应当注意，一旦企业出现工资无法及时足额发放的问题，一定要第一时间将拖欠的原因和预计发放时间告知劳动者，同时，拖欠的时间不能过长。

本案发生在2008年，当时根据原劳动部于1994年发布的《违反和解除劳动合同的经济补偿办法》（已失效）第3条和第4条的规定，用人单位克扣或无故拖欠劳动者工资、拒不支付加班工资或支付工资低于最低工资标准的，除应足额支付工资报酬和补足差额之外，还需支付拖欠部分或差额部分的25%的经济补偿金。

2017年11月24日，《违反和解除劳动合同的经济补偿办法》的规定被人力资源和社会保障部废止。此后均适用《劳动合同法》第85条的相关规定，即用人单位未支付劳动报酬、加班费或者经济补偿及劳动报酬低于当地最低工资标准的，由劳动行政部门责令限期支付，逾期仍未支付的，应当按应付金额50%以上100%以下的标准向劳动者加付赔偿金。如员工再主张25%的经济补偿金，将不会被支持。

【法条链接】

《对〈工资支付暂行规定〉有关问题的补充规定》

四、《规定》第十八条所称“无故拖欠”系指用人单位无正当理由超过规定付薪时间未支付劳动者工资。不包括：

（1）用人单位遇到非人力所能抗拒的自然灾害、战争等原因，无法按时支付工资；

（2）用人单位确因生产经营困难、资金周转受到影响，在征得本单位工会同意后，可暂时延期支付劳动者工资，延期时间的最长限制可由各省、自治区、直辖市劳动行政部门根据各地情况确定。其他情况下拖欠工资均属无故拖欠。

《北京市工资支付规定》

第二十六条　用人单位因生产经营困难暂时无法按时支付工资的，应当向劳动者说明情况，并经与工会或者职工代表协商一致后，可以延期支付工资，但最长不得超过30日。

《湖北省劳动厅关于可否将小费收入视同工资和拖欠工资期限问题的复函》

二、用人单位确因生产经营困难、资金周转受到影响，在征得本单位工会或职工代表大会同意后，可延期支付，但延期支付劳动者工资时间的最长期限可按不超过三个月掌握。

《中华人民共和国劳动合同法》

第八十五条 用人单位有下列情形之一的，由劳动行政部门责令限期支付劳动报酬、加班费或者经济补偿；劳动报酬低于当地最低工资标准的，应当支付其差额部分；逾期不支付的，责令用人单位按应付金额百分之五十以上百分之一百以下的标准向劳动者加付赔偿金：

（一）未按照劳动合同的约定或者国家规定及时足额支付劳动者劳动报酬的；

（二）低于当地最低工资标准支付劳动者工资的；

（三）安排加班不支付加班费的；

（四）解除或者终止劳动合同，未依照本法规定向劳动者支付经济补偿的。

第二节 工资支付的各项规定

一、工资支付的程序性规定

1. 工资支付记录和工资清单

根据《工资支付暂行规定》，用人单位必须书面记录工资支付的情况，并保存两年以上备查。同时，用人单位还应向劳动者提供其个人的工资清单。一般来说，工资支付记录表应当包括支付日期、支付周期、支付对象姓名、工作时间、应发工资项目及数额，代扣、代缴、扣除项目和数额，实发工资数额，银行代发工资凭证和劳动者签名等内容。

企业HR应当重视工资支付记录表的编制和保存，不仅由于它是企业应当履行的法定义务，更重要的是，工资支付记录表是解决工资纠纷时的一项重要证据。根据《劳动争议调解仲裁法》的规定，“与争议事项有关的证据属于用人单位掌握管理的，用人单位应当提供；用人单位不提供的，应当承担不利后果”。因此，在发生工资纠纷时，企业有义务提供工资支付记录表，否则将承担举证不能的不利后果。

关于工资支付记录的保存期限，目前国家和各地普遍的规定是两年，也就是说，对于超过两年的工资支付记录，用人单位可不予提供。但是，也有个别地方突破了两年的限制，如山东规定企业应至少保存15年备查。因此，企业HR应参照当地的具体规定执行。

2. 支付形式

根据《工资支付暂行规定》，工资应当以法定货币支付，不得以实物及有价证券替代货币支付。可见，法定货币，即人民币，是工资支付的唯一形式，没有任何例外情形。实务中，企业以任何理由和借口以实物或有价证券代替货币支付工资，或约定以美元等外国货币支付工资的做法都是违法的。

3. 支付方式

根据《工资支付暂行规定》，用人单位应将工资直接支付给劳动者本人，劳动者本人因故不能领取工资时，可由其亲属或委托他人代领。

无论是劳动者本人领取，还是别人代领，企业的工资支付人员，务必要求领取工资的人员在工资支付记录表上签字确认。除此之外，如果是别人代领工资，一定要让代领人出示员工本人签字的授权委托书，并将上述委托书留存归档。

4. 支付周期

根据《工资支付暂行规定》，工资应至少每月支付一次，实行周、日、小时工资制的可按周、日、小时支付工资。因此，工资的最长支付周期是月，即便对实行年薪制的员工，企业也不能按年支付工资。正确的做法是，按月发放部分工资，数额不能低于最低工资标准，剩余部分在年底一次性发放。

5. 支付时间

根据《工资支付暂行规定》，工资必须在用人单位与劳动者约定的日期支付。如遇节假日或休息日，则应提前在最近的工作日支付。因此，工资的发放时间应当是确定的，不能想什么时候发就什么时候发。如果发工资遇到节假日或周末，只能提前，不能顺延。

企业 HR 还应当注意两种特殊情形下的工资支付时间：

（1）对完成一次性临时劳动或某项具体工作的劳动者，用人单位应按有关协议或合同规定在其完成劳动任务后立即支付工资。

（2）劳动关系双方依法解除或终止劳动合同时，用人单位应在解除或终止劳动合同时一次性付清劳动者工资。

解读：员工离职时，公司是否可以规定其工资于离职后的下一个工资结算月支付？

关于员工离职时，双方能否约定工资的支付时间，从《工资支付暂行规定》的条款来看，应当是不允许的。但也有个别地区有不同规定，如江苏规定，员工离职时，双方可以约定工资支付时间。实务中，劳动关系解除或终止时，除非双方有特殊约定，或由于种种原因无法在离职时一次性付清工资，如销售提成的结算或支付等，否则，企业应当在解除或终止劳动合同时一次性付清员工工资。

【法条链接】

《工资支付暂行规定》

第五条　工资应当以法定货币支付。不得以实物及有价证券替代货币支付。

第六条 用人单位应将工资支付给劳动者本人。劳动者本人因故不能领取工资时，可由其亲属或委托他人代领。

用人单位可委托银行代发工资。

用人单位必须书面记录支付劳动者工资的数额、时间、领取者的姓名以及签字，并保存两年以上备查。用人单位在支付工资时应向劳动者提供一份其个人的工资清单。

第七条 工资必须在用人单位与劳动者约定的日期支付。如遇节假日或休息日，则应提前在最近的工作日支付。工资至少每月支付一次，实行周、日、小时工资制的可按周、日、小时支付工资。

第八条 对完成一次性临时劳动或某项具体工作的劳动者，用人单位应按有关协议或合同规定在其完成劳动任务后即支付工资。

第九条 劳动关系双方依法解除或终止劳动合同时，用人单位应在解除或终止劳动合同时一次付清劳动者工资。

《山东省企业工资支付规定》

工资支付表应当按照国家会计档案管理的规定至少保存15年的时间备查。

《江苏省工资支付条例》

第十九条 用人单位与劳动者依法解除或者终止劳动关系的，应当在劳动关系解除或者终止之日起两个工作日内一次性付清劳动者工资。双方另有约定的除外。

二、工资支付标准的确定

1. 正常情形下的工资支付标准

劳动者在法定工作时间内提供了正常劳动，用人单位就应当按照劳动合同约定的工资标准向劳动者足额支付劳动报酬。法律规定用人单位和劳动者在劳动合同中必须明确约定工资标准，而且约定不能违反法律法规的强制性规定，尤其是不能违反最低工资标准的规定。

以案说法

43. 劳动合同中的工资标准约定不明，发生争议如何确定？

2017年1月，李某与某科技公司签订劳动合同，担任客服人员，合同约定“按照李某所在岗位根据公司的薪酬规定确定工资标准”。入职后，公司每月向李某发放工资2000元。在职期间，李某提出由于要贷款买房，请公司出具收入证明，由于收入在3000元以上，才能申请到贷款，于是，在其央求下公司给李某出具了月工资为3000元的收入证明。李某之后于2017年8月2日以公司拖欠工资为由，提出解除劳动合同，并要求补发工资和支付经济补偿金。公司认为，从未拖欠过李某的工资，因此，不同意补发。李某向劳动争议仲裁委员会提出申诉，要求公司按每月1000元标准补发其在职期间的工资并支付公司违法导致员工解除劳动合同的经济补偿金。

【审理结果】

庭审中，李某称其月工资为3000元，公司每月仅发放了2000元，并提供了该公司开具的收入证明，上面写明李某的月工资为3000元，并加盖了公司的公章。

公司称，该证明是应李某的要求为其贷款购房出具的证明，并非其真实收入。其实际工资应为2000元，已按月足额支付，并提供了按每月2000元标准支付李某工资的工资支付记录，但上面没有李某的签字。

劳动争议仲裁委员会经审理认为，双方劳动合同中关于劳动报酬的条款未约定工资的具体数额，仅约定"按照李某所在岗位根据公司的薪酬规定确定工资标准"，而该公司的薪酬规定并没有明确规定李某所在岗位的工资标准。公司提供的工资支付记录只能证明实际支付的工资数，而不能证明双方约定的应当支付的工资数，而且工资支付记录也没有李某本人的签字。因此，李某的月工资应当认定为3000元，仲裁委员会裁决支持了李某的全部申诉请求。

【律师点评】

本案中，公司由于没有在劳动合同中明确约定工资的具体数额，而导致了劳动争议的败诉，这是企业在与员工约定劳动报酬条款时，应当引以为戒的。由于根据法律规定，劳动合同约定的本人工资标准，是用人单位计付加班费和各种假期工资的依据，因此，合理有效地对劳动者工资标准作出约定，对于保证薪酬管理的灵活性和降低用工成本都具有重要的意义。实践中，用人单位与劳动者约定劳动报酬的方式，主要有以下几种：

（1）直接约定一个固定的工资数额；

（2）仅约定基本工资；

（3）具体列明基本工资、岗位工资、奖金、津贴、补贴等数额；

（4）约定底薪的同时，明确绩效奖金的计提方式；

（5）年薪制。

就上述劳动报酬的约定方式而言，笔者比较推荐企业采用第3种方式，也就是结构工资制。采用结构工资制，企业能够通过固定工资和浮动工资之间的平衡和调节，充分实现对员工的绩效管理，从而获得更大的用工自主权。比如，企业可以根据对员工绩效考核的结果，决定绩效工资或绩效奖金的实际发放数额；再如，企业可以根据企业的经营状况随时调整浮动工资的发放数额。但是，如果劳动合同仅约定一个固定的工资数，那么想要根据考核结果或企业的经营状况变更工资的实际发放数，就变得十分困难。如果劳动合同仅约定一个基本工资，发生争议后，该工资约定很有可能会被认定为劳动合同对工资标准约定不明，而将员工有证据证明的全部实得工资认定为工资标准。因此，确定合理的工资结构，并明确各部分工资的数额及确定方式，不仅可以使得薪酬管理更加灵活，而且能最大程度减少劳动争议，避免法律风险。

2. 假期工资支付标准

（1）休息日和事假

上述假期为无薪假期，用人单位可不支付工资。

（2）法定节假日、年休假、探亲假、婚假、丧假、社会活动假

上述假期为带薪假期，一般按照劳动合同约定的劳动者本人工资标准支付劳动报酬。对于没有约定工资标准或约定不明的，应如何处理，各地规定不一。由于各地规定和司法实践对于上述假期的工资标准与加班费的计算基数的确定原则基本是一致的，因此，相关内容可以参考本章第三节关于加班费计算基数的介绍。

解读：员工出庭作证，企业能否扣发工资？

根据《劳动法》的规定，劳动者依法参加社会活动，是履行国家和社会义务的行为，应视为参加了正常劳动，单位不得扣发其工资。根据《工资支付暂行规定》，社会活动包括：依法行使选举权或被选举权；当选代表出席乡（镇）、区以上政府、党派、工会、青年团、妇女联合会等组织召开的会议；出任人民法庭证明人；出席劳动模范、先进工作者大会；《工会法》规定的不脱产工会基层委员会委员因工会活动占用的生产或工作时间；其他依法参加的社会活动。因此，员工依法院的通知出庭作证的，属于依法参加社会活动，企业应正常支付工资。

（3）病假

原劳动部《关于贯彻执行〈中华人民共和国劳动法〉若干问题的意见》规定，“职工患病或非因工负伤治疗期间，在规定的医疗期间内由企业按有关规定支付其病假工资或疾病救济费，病假工资或疾病救济费可以低于当地最低工资标准支付，但不能低于最低工资标准的80%”。上述条款对病假工资的下限做了明确规定，在此基础上，关于病假工资的支付标准，各地的规定和操作不尽相同，代表性的有以下几种：

①上海：按照员工的工龄和病假时间确定支付标准

根据上海市劳动局《关于加强企业职工疾病休假管理保障职工疾病休假期间生活的通知》，将病假工资的支付分为两个阶段，连续休假6个月以内的，和超过6个月的。在各个阶段内，再根据员工的连续工龄确定发放标准。

②深圳：按照员工工资的一定比例支付

《深圳市员工工资支付条例》规定，企业应当按照不低于本人正常工作时间工资的60%支付病伤假期工资。

③北京：按照劳动合同的约定支付

企业可以根据自己的情况在劳动合同或集体合同中约定病假工资的支付标准，

只要不低于最低工资标准的80%都是允许的。

因此，企业HR在制定内部相应制度时，还应参照当地的具体规定执行。

解读：法定的最低病假工资标准是实得工资还是应得工资？

法律规定了病假工资的下限，即不能低于当地最低工资标准的80%，但实务中问题的焦点在于，上述病假工资标准是否包含劳动者个人应负担的社保费用和公积金？对此，各地的规定和操作差异较大，目前北京和上海是明确规定，该最低病假工资标准不包含个人应负担的社保费用和公积金，该费用应由单位另行支付。也就是说，用人单位应保证劳动者病假期间每月的全部实得工资不低于当地最低工资标准的80%。

（4）产假、看护假、流产假

上述假期期间工资的支付，请参考本书第十六章第二节"'三期'的工资和福利待遇"。

（5）停工停产期间

根据《工资支付暂行规定》，停工停产期间工资的支付分为两个阶段，停工停产在一个工资支付周期内的，和超过一个工资支付周期的：

①停工停产在一个工资支付周期内的，用人单位应按劳动合同规定的标准支付劳动者工资。

②停工停产超过一个工资支付周期的，若劳动者提供了正常劳动，则支付给劳动者的劳动报酬不得低于当地的最低工资标准；若劳动者没有提供正常劳动，应按国家有关规定办理。这方面，各地法规又做了进一步的规定，如北京规定，用人单位没有安排劳动者工作的，按照不低于当地最低工资标准的70%支付劳动者基本生活费；广东则规定，用人单位没有安排劳动者工作的，按照不低于当地最低工资标准的80%支付劳动者生活费，生活费发放至企业复工、复产或者解除劳动关系之日。

解读：受新冠肺炎疫情影响，企业已经停工停业，员工不同意协商待岗的，企业能单方安排待岗吗？

就北京地区而言，受新冠肺炎疫情影响导致企业停工停业的，企业可以单方安排待岗。但需要注意的是，企业单方安排待岗的，仍需妥善固定和留存新冠肺炎疫情原因导致企业停工停业的证据。一旦发生争议，用人单位对于停工停产的事实、时间节点均负有举证责任，且停工停产的时间直接关系着工资支付周期的认定，因此，实际操作过程中应当重视停工停产的程序：

（1）向全体职工说明情况，包括停工停产的原因、期限、期间的工作安排及薪酬待遇；

（2）听取职工的意见，并予以解答；

（3）作出停工停产的决定并通知全体职工。

【法条链接】

《关于贯彻执行〈中华人民共和国劳动法〉若干问题的意见》

59. 职工患病或非因工负伤治疗期间，在规定的医疗期间内由企业按有关规定支付其病假工资或疾病救济费，病假工资或疾病救济费可以低于当地最低工资标准支付，但不能低于最低工资标准的80%。

《工资支付暂行规定》

第十二条 非因劳动者原因造成单位停工、停产在一个工资支付周期内的，用人单位应按劳动合同规定的标准支付劳动者工资。超过一个工资支付周期的，若劳动者提供了正常劳动，则支付给劳动者的劳动报酬不得低于当地的最低工资标准；若劳动者没有提供正常劳动，应按国家有关规定办理。

《上海市劳动局〈关于加强企业职工疾病休假管理保障职工疾病休假期间生活的通知〉》

四、职工疾病或非因工负伤连续休假在6个月以内的，企业应按下列标准支付疾病休假工资：连续工龄不满2年的，按本人工资的60%计发；连续工龄满2年不满4年的，按本人工资的70%计发；连续工龄满4年不满6年的，按本人工资的80%计发；连续工龄满6年不满8年的，按本人工资的90%计发；连续工龄满8年及以上的，按本人工资的100%计发。

职工疾病或非因工负伤连续休假超过6个月的，由企业支付疾病救济费，其中连续工龄不满1年的，按本人工资的40%计发；连续工龄满1年不满3年的，按本人工资的50%计发；连续工龄满3年及以上的，按本人工资的60%计发。

本人工资按职工正常情况下实得工资的70%计算。

《深圳市员工工资支付条例》

第二十三条 员工患病或者非因工负伤停止工作进行医疗，在国家规定的医疗期内的，用人单位应当按照不低于本人正常工作时间工资的百分之六十支付员工病伤假期工资，但是不得低于最低工资的百分之八十。

《北京市工资支付规定》

第二十一条 劳动者患病或者非因工负伤的，在病休期间，用人单位应当根据劳动合同或集体合同的约定支付病假工资。用人单位支付病假工资不得低于本市最低工资标准的80%。

第二十七条 非因劳动者本人原因造成用人单位停工、停业的，在一个工资支付周期内，用人单位应当按照提供正常劳动支付劳动者工资；超过一个工资支付周期的，可以根据劳动者提供的劳动，按照双方新约定的标准支付工资，但不得低于本市最低工资标准；用人单位没有安排劳动者工作的，应当按照不低于本市最低工资标准的70%支付劳动者基本生活费。国家或者本市另有规定的从其规定。

《广东省工资支付条例》

第三十九条 非因劳动者原因造成用人单位停工、停产，未超过一个工资支付周期（最长三十日）的，用人单位应当按照正常工作时间支付工资。超过一个工资支付周期的，可以根据劳动者提供的劳动，按照双方新约定的标准支付工资；用人单位没有安排劳动者工作的，应当按照不低于当地最低工资标准的百分之八十支付劳动者生活费，生活费发放至企业复工、复产或者解除劳动关系。

三、未依法支付工资的法律后果

企业未依法支付工资的情形主要有：一是克扣或者无故拖欠工资；二是不支付加班费；三是支付的工资低于当地最低工资标准。用人单位有上述违法情形的，应承担以下法律后果：

1. 全额支付或补发。

企业克扣、拖欠工资或不支付加班费的，应当在规定的时间内全额支付劳动者工资；企业支付的工资低于当地最低工资标准的，应当补足差额部分。

2. 支付赔偿金。

劳动行政部门可以责令企业限期支付和补足差额，如果企业逾期不支付的，可以责令用人单位按应付金额50%以上100%以下的标准向劳动者加付赔偿金。

3. 劳动者可以解除劳动合同，企业还应支付经济补偿。

4. 如果企业拒不支付劳动报酬，情节严重，构成犯罪的，还将被依法追究刑事责任。

2013年1月23日起施行的《最高人民法院关于审理拒不支付劳动报酬刑事案件适用法律若干问题的解释》，针对拒不支付劳动报酬罪所涉及的术语界定、定罪量刑标准和单位犯罪等问题，进一步明确了相关的法律适用标准。

【法条链接】

《中华人民共和国劳动合同法》

第三十八条　用人单位有下列情形之一的，劳动者可以解除劳动合同：

……（二）未及时足额支付劳动报酬的；……

第四十六条　有下列情形之一的，用人单位应当向劳动者支付经济补偿：

（一）劳动者依照本法第三十八条规定解除劳动合同的；……

第八十五条　用人单位有下列情形之一的，由劳动行政部门责令限期支付劳动报酬、加班费或者经济补偿；劳动报酬低于当地最低工资标准的，应当支付其差额部分；逾期不支付的，责令用人单位按应付金额百分之五十以上百分之一百以下的标准向劳动者加付赔偿金：

（一）未按照劳动合同的约定或者国家规定及时足额支付劳动者劳动报酬的；

（二）低于当地最低工资标准支付劳动者工资的；

（三）安排加班不支付加班费的；

（四）解除或者终止劳动合同，未依照本法规定向劳动者支付经济补偿的。

《中华人民共和国刑法》

第二百七十六条之一　以转移财产、逃匿等方法逃避支付劳动者的劳动报酬或者有能力支付而不支付劳动者的劳动报酬，数额较大，经政府有关部门责令支付仍不支付的，处三年以下有期徒刑或者拘役，并处或者单处罚金；造成严重后果的，处三年以上七年以下有期徒刑，并处罚金。

单位犯前款罪的，对单位判处罚金，并对其直接负责的主管人员和其他直接责任人员，依照前款的规定处罚。

有前两款行为，尚未造成严重后果，在提起公诉前支付劳动者的劳动报酬，并依法承担相应赔偿责任的，可以减轻或者免除处罚。

《最高人民法院关于审理拒不支付劳动报酬刑事案件适用法律若干问题的解释》（略）

四、工资薪金所得个人所得税的扣缴

用人单位在发放工资之前，都要为员工代扣代缴个人所得税。2019年1月1日起，新《中华人民共和国个人所得税法》全面实施，个人所得税的计算方式发生重大的变化。相对于旧个人所得税法，新法的重大变化主要有以下几点。

1. 引入综合所得

新个税法将工资薪金所得、劳务报酬所得、稿酬所得以及特许权使用费所得合并，作为综合所得，适用3%至45%的七级超额累进税率综合征收。四项所得每月仍按此前的计算方法预扣预缴，至次年3月1日至6月30日再统一进行汇算清缴。

2. 提高个人所得税减除标准

2011年个人所得税的减除标准提高至3500元/月，此次个税法修订，将减除标准提高至6万元/年，即5000元/月。在预扣预缴每月的工资薪金所得时，预先按5000元/月进行累计扣除。

3. 增加专项附加扣除

此次新个税法修订的一大亮点是增加了6项专项附加扣除，包括：子女教育、继续教育、大病医疗、住房贷款利息或者住房租金、赡养老人等支出，这些个人支出都可以依法在税前予以扣除。具体的扣除标准如下：①子女教育。子女满三周岁的当月起至子女全日制博士研究生毕业，可以按每个子女1000元/月的标准来扣除，寒暑假不中断扣除。父母间的扣除比例可以自行约定，可以一方扣除1000元，也可以双方各扣500元。②继续教育。继续教育可分为学历继续教育和职业资格继续教育两种形式，对于学历继续教育可按400元/月的标准来扣除，最长可扣除48个月；对于职业资格继续教育按3600元/年的标准，在获取职业资格证书的当年可以扣除，年度内不可以累积扣除，也就是说，每年最多只能扣除3600元。③大病医疗。对于一个纳税年度内，个人负担超过15000元的医药费部分，可以在80000元限额内扣除，未成年子女发生的医药费可选择由父母一方扣除。需要注意的是，大病医疗扣除只能在次年3月1日至6月30日汇算清缴时扣除。④住房贷款利息。对于首套住房贷款利息，可按照1000元/月的标准扣除，在扣除时，夫妻双方可选择一方100%扣除，也可以分别扣除50%，但是扣除方式确定后在一个纳税年度内不得变更。⑤住房租金。住房租金根据个人所处地区的不同，扣除标准分为三个档：直辖市、省会城市、计划单列市及国务院确定的其他城市，扣除标准为1500元/月；其他市辖区户籍人口超过100万，扣除标准为1100元/月；其他市辖区户籍人口不超过100万，扣除标准为800元每月。需要注意的是，如果夫妻双方主要工作城市相同，则住房租金只能由签订租赁合同的一方扣除，同时住房租金和住房贷款不能同时扣除。⑥赡养老人。赡养老人扣除标准按照纳税人是否为独生子女分为两种情形：若为独生子女，则按2000元/月扣除；若为非独生子女，则可以选择平均分摊、约定分摊和指定分摊的形式去扣除，但每人每月最多只能扣除1000元，且约定或指定分摊的情况下需要签订书面分摊协议。

为配合支持并贯彻落实三孩生育政策，国务院于2022年3月19日发布《关于设立3岁以下婴幼儿照护个人所得税专项附加扣除的通知》，决定设立3岁以下婴幼儿照护个人所得税专项附加扣除，并自2022年1月1日起实施。对于照护3岁以下婴幼儿的相关支出，自婴幼儿出生的当月至年满3周岁的前一个月，可按照每个婴幼儿每月1000元的标准定额扣除。父母可以选择由其中一方按扣除标准的100%扣除，也可以选择由双方分别按扣除标准的50%扣除，具体扣除方式在一个纳税年度内不能变更。

【法条链接】

《中华人民共和国个人所得税法》

第二条　下列各项个人所得，应当缴纳个人所得税：

（一）工资、薪金所得；

（二）劳务报酬所得；

（三）稿酬所得；

（四）特许权使用费所得；

（五）经营所得；

（六）利息、股息、红利所得；

（七）财产租赁所得；

（八）财产转让所得；

（九）偶然所得。

居民个人取得前款第一项至第四项所得（以下称综合所得），按纳税年度合并计算个人所得税；非居民个人取得前款第一项至第四项所得，按月或者按次分项计算个人所得税。纳税人取得前款第五项至第九项所得，依照本法规定分别计算个人所得税。

第六条　应纳税所得额的计算：

（一）居民个人的综合所得，以每一纳税年度的收入额减除费用六万元以及专项扣除、专项附加扣除和依法确定的其他扣除后的余额，为应纳税所得额。……本条第一款第一项规定的专项扣除，包括居民个人按照国家规定的范围和标准缴纳的基本养老保险、基本医疗保险、失业保险等社会保险费和住房公积金等；专项附加扣除，包括子女教育、继续教育、大病医疗、住房贷款利息或者住房租金、赡养老人等支出，具体范围、标准和实施步骤由国务院确定，并报全国人民代表大会常务委员会备案。

《个人所得税专项附加扣除暂行办法》

第五条 纳税人的子女接受全日制学历教育的相关支出，按照每个子女每月 1000 元的标准定额扣除。……

第六条 父母可以选择由其中一方按扣除标准的 100% 扣除，也可以选择由双方分别按扣除标准的 50% 扣除，具体扣除方式在一个纳税年度内不能变更。

第八条 纳税人在中国境内接受学历（学位）继续教育的支出，在学历（学位）教育期间按照每月 400 元定额扣除。同一学历（学位）继续教育的扣除期限不能超过 48 个月。纳税人接受技能人员职业资格继续教育、专业技术人员职业资格继续教育的支出，在取得相关证书的当年，按照 3600 元定额扣除。

第十一条 在一个纳税年度内，纳税人发生的与基本医保相关的医药费用支出，扣除医保报销后个人负担（指医保目录范围内的自付部分）累计超过 15000 元的部分，由纳税人在办理年度汇算清缴时，在 80000 元限额内据实扣除。

第十四条 纳税人本人或者配偶单独或者共同使用商业银行或者住房公积金个人住房贷款为本人或者其配偶购买中国境内住房，发生的首套住房贷款利息支出，在实际发生贷款利息的年度，按照每月 1000 元的标准定额扣除，扣除期限最长不超过 240 个月。纳税人只能享受一次首套住房贷款的利息扣除。

本办法所称首套住房贷款是指购买住房享受首套住房贷款利率的住房贷款。

第十七条 纳税人在主要工作城市没有自有住房而发生的住房租金支出，可以按照以下标准定额扣除：

（一）直辖市、省会（首府）城市、计划单列市以及国务院确定的其他城市，扣除标准为每月 1500 元；

（二）除第一项所列城市以外，市辖区户籍人口超过 100 万的城市，扣除标准为每月 1100 元；市辖区户籍人口不超过 100 万的城市，扣除标准为每月 800 元。

纳税人的配偶在纳税人的主要工作城市有自有住房的，视同纳税人在主要工作城市有自有住房。

市辖区户籍人口，以国家统计局公布的数据为准。

第二十二条 纳税人赡养一位及以上被赡养人的赡养支出，统一按照以下标准定额扣除：

（一）纳税人为独生子女的，按照每月 2000 元的标准定额扣除；

（二）纳税人为非独生子女的，由其与兄弟姐妹分摊每月 2000 元的扣除额度，每人分摊的额度不能超过每月 1000 元。可以由赡养人均摊或者约定分摊，也可以由被赡养人指定分摊。约定或者指定分摊的须签订书面分摊协议，指定分摊优先于约定分摊。具体分摊方式和额度在一个纳税年度内不能变更。

《国务院关于设立 3 岁以下婴幼儿照护个人所得税专项附加扣除的通知》

一、纳税人照护 3 岁以下婴幼儿子女的相关支出，按照每个婴幼儿每月 1000 元的标准定额扣除。

二、父母可以选择由其中一方按扣除标准的100%扣除，也可以选择由双方分别按扣除标准的50%扣除，具体扣除方式在一个纳税年度内不能变更。

四、3岁以下婴幼儿照护个人所得税专项附加扣除自2022年1月1日起实施。

《国家税务总局关于修订发布〈个人所得税专项附加扣除操作办法（试行）〉的公告》

第三条　纳税人享受符合规定的专项附加扣除的计算时间分别为：

（七）3岁以下婴幼儿照护。为婴幼儿出生的当月至年满3周岁的前一个月。

第三节　加班费的实务操作

关于加班费的争议一直以来都是劳动争议的热点问题，尤其是，劳动者往往在劳动关系解除时才"旧事重提"，要求企业支付以前的加班费，这常常令企业HR头疼不已，又难有良方。如何在法律规定的范围内合理地控制加班费成本，是我们本节要重点讨论的问题。

1. 标准工时制下的加班费标准

实行标准工时制的员工加班的，用人单位应当按照下列标准支付加班费：

（1）安排劳动者延长工作时间的，支付不低于工资的150%的工资报酬；

（2）休息日安排劳动者工作又不能安排补休的，支付不低于工资的200%的工资报酬；

（3）法定节假日安排劳动者工作的，支付不低于工资的300%的工资报酬。

根据上述规定，用人单位安排劳动者在休息日加班的，可以选择安排补休或支付加班工资，决定权在用人单位。但是，对于安排劳动者延时加班和在法定节假日加班的，则不能以安排补休形式代替支付加班费，用人单位必须按照法定标准支付加班费。

解读：计件工资制员工能否主张加班费？

可以。实行计件工资的劳动者，在完成计件定额任务后，用人单位安排加班的，应当分别按照不低于其本人法定工作时间计件单价的150%、200%、300%支付加班工资。实务操作中的一个难点，是如何确定计件定额的问题，因为员工只有在完成计件定额任务后，又加班的，才能主张加班费，如果员工没有完成定额，即使加班了，也无法获得加班费。实践中，比较通行的标准是，企业确定的劳动定额，原则上应当使本单位同岗位70%以上的劳动者在法定工作时间内能够完成。

2. 综合计算工时制下的加班费标准

用人单位经批准实行综合计算工时工作制的，在综合计算工时周期内，某一具体日（或周）的实际工作时间可以超过法定标准工作时间，即 8 小时（或 40 小时），但如果计算周期内劳动者的总实际工作时间超过总法定标准工作时间，则超过的部分应视为延时加班，应当按照不低于员工工资 150% 的标准支付加班工资；如果安排员工在法定节假日加班的，则应当按照不低于员工工资 300% 的标准支付加班工资。在综合计算工时制下，不存在休息日加班的情况，自然也不存在支付休息日加班费的问题。

3. 不定时工作制下的加班费标准

用人单位经批准实行不定时工作制的，由于工作性质的特殊，劳动者每一工作日没有固定上下班时间限制，因此，不存在延时加班和休息日加班的情形。至于员工在法定节假日工作是否应支付加班工资，《工资支付暂行规定》未要求支付，实践中，大部分地区也不将此种工作制下的员工在法定节假日工作视为加班。但个别地区有不一致的规定，如上海，将不定时工作制下的员工在法定节假日工作视为加班，用人单位应按照不低于员工工资 300% 的标准支付加班工资。

以案说法

44. 加班费计算基数如何确定？

吴某与上海某公司签订劳动合同，合同中约定吴某的工资为 2000 元，其中，基本工资 1500 元，岗位津贴 500 元，奖金根据绩效考核情况确定是否发放。合同中还约定，员工经过审批确需加班的，公司以基本工资作为加班费计算基数。另外，公司还发放交通补贴 100 元/月，通讯补贴 60 元/月和午餐补贴 240 元/月。2019 年“十一”期间，吴某根据公司的要求在 10 月 1 日、2 日、3 日加班 3 天。后吴某领取 10 月份工资时，发现公司并未支付相应的加班费，于是向劳动争议仲裁委员会提起申诉，要求公司支付加班工资。

【审理结果】

庭审中，吴某认为自己在“十一”国庆节期间加班，公司应当按照工资标准的 300% 支付加班工资。当月吴某的奖金为 1000 元，过节费 500 元，故要求公司支付的加班工资为（1500 + 500 + 100 + 60 + 240 + 1000 + 500）÷21.75 × 3 × 300%，共计 1613 元。

公司认可吴某加班的事实，但仅同意按照劳动合同中约定的基本工资为基数支付加班费，即 1500 ÷ 21.75 × 3 × 300%，共计 620 元。

劳动争议仲裁委员会经审理，认定吴某加班成立，公司应当按劳动合同约定的工资标准向吴某支付加班费，即 2000 ÷ 21.75 × 3 × 300%，共计 827 元。

【律师点评】

本案的争议焦点在于加班费的计算基数问题，如何确定，实践中各地的规定和做法不太一致。本案发生在上海，根据《上海市企业工资支付办法（2016年修正）》第9条的规定，计算加班费的工资基数，“劳动合同对劳动者月工资有明确约定的，按劳动合同约定的劳动者所在岗位相对应的月工资确定；实际履行与劳动合同约定不一致的，按实际履行的劳动者所在岗位相对应的月工资确定。”本案中，合同中约定的月工资为2000元，包括基本工资和岗位工资，因此，虽然合同约定仅以基本工资，即1500元作为加班费基数，但仲裁委员会认定加班费计算基数应包括岗位工资。至于交通、通讯和午餐补贴等企业可自行决定给付的福利，数额及支付与否均不确定的奖金，由于双方对于加班费计算基数有明确约定，因此，仲裁委员会未支持上述收入纳入加班费基数。

关于加班费的计算基数，是进行加班费核算时一个特别重要的问题，也是实践中的一个争议焦点。一方面，国家的相关法律法规和部门规章众多，但又缺乏实际操作性；另一方面，各地方出台的规定和实际做法与国家的规定不尽相同，也使得实务操作中存在冲突。

比如，《劳动法》第44条规定，用人单位应当按照劳动者正常工作时间工资报酬的一定比例支付职工加班工资。原劳动部《关于贯彻执行〈中华人民共和国劳动法〉若干问题的意见》第55条又对“劳动者正常工作时间工资”做了进一步的解释，即所谓“劳动者正常工作时间工资”，是指劳动合同规定的劳动者本人所在工作岗位（职位）相对应的工资。同时，《对〈工资支付暂行规定〉有关问题的补充规定》第1条也规定，《工资支付暂行规定》中第13条有关加班工资的支付中所称的“按劳动合同规定的标准”，系指“劳动合同规定的劳动者本人所在岗位（职位）相对应的工资标准。”

可见，加班费的计算基数，原则上可以按照劳动合同规定的劳动者本人工资标准确定。但是，用人单位和劳动者是否能就加班费的计算基数作出约定，如果未作约定，也未约定工资标准，应如何确定加班费的计算基数呢？实际操作中，各地又针对上述问题做了进一步细化和明确，但内容不同，比较有代表性的有以下几种：

（1）北京

根据《北京市工资支付规定》第44条的规定，加班费计算基数首先应按照劳动合同约定的劳动者本人工资标准确定；如果双方没有约定工资标准的，则按劳动者本人正常劳动应得的工资确定。

但《北京市高级人民法院、北京市劳动争议仲裁委员会关于劳动争议案件法律适用问题研讨会会议纪要》同时规定，用人单位与劳动者在劳动合同中约定了工资标准，但同时又约定以本市最低工资标准或低于劳动合同约定的工资标准作为加班工资基数，劳动者主张以劳动合同约定的工资标准作为加班工资基数的，应予支持。也就是说，不禁止用人单位与劳动者对加班费工资基数进行约定，但不应低于劳动合同约定的工资标准。

（2）上海

根据《上海市企业工资支付办法》的规定，用人单位和劳动者可以约定加班费的计算基数，但是不应低于劳动合同约定的劳动者本人所在岗位相对应的工资标准。如果双方无约定的，计算基数统一按劳动者本人所在岗位正常出勤的月工资的70%确定。

（3）广东

根据《广东省工资支付条例》的规定，支付加班费的基数是劳动者正常工作时间工资，即劳动者在法定工作时间内提供了正常劳动，用人单位依法应当支付的劳动报酬。如果双方没有约定“正常工作时间工资”，或者约定不明确的，可以用人单位所在地人民政府公布的上年度职工月平均工资作为正常工作时间工资；实际支付的工资高于当地政府公布的上年度职工月平均工资的，实际支付的工资视为与劳动者约定的正常工作时间工资。

为了进一步明确“正常工作时间工资”的范围，广东省高级人民法院、广东省劳动争议仲裁委员会《关于适用〈劳动争议调解仲裁法〉、〈劳动合同法〉若干问题的指导意见》（已失效）规定，“劳动者加班工资计算基数为正常工作时间工资。用人单位与劳动者约定奖金、津贴、补贴等项目不属于正常工作时间工资的，从其约定。”

根据上述各地的规定和相关司法实践，我们就加班费计算基数的实务操作，总结以下几点提示：

（1）法律允许用人单位和劳动者对加班费计算基数作出约定，约定的标准原则上应为员工每月的固定工资收入，在实行结构工资制的企业，应至少包括基本工资和岗位工资。对于奖金和津贴、补贴等福利，可以约定不纳入加班费计算基数。

（2）用人单位直接约定以基本工资或最低工资标准作为加班费的计算基数的，将不会得到支持。

（3）如果劳动合同和集体合同均未对加班费计算基数和劳动者工资标准作出约定，北京、广东等地倾向于以劳动者本人正常工作时间所获得的全部应得工资作为加班费的计算基数，包括：工资、奖金、津贴和补贴等福利。上海、浙江等地倾向于以上述全部应得工资的70%作为加班费的计算基数。

【法条链接】

《工资支付暂行规定》

第十三条 用人单位在劳动者完成劳动定额或规定的工作任务后，根据实际需要安排劳动者在法定标准工作时间以外工作的，应按以下标准支付工资：

（一）用人单位依法安排劳动者在日法定标准工作时间以外延长工作时间的，按照不低于劳动合同规定的劳动者本人小时工资标准的150%支付劳动者工资；

（二）用人单位依法安排劳动者在休息日工作，而又不能安排补休的，按照不低于劳动合同规定的劳动者本人日或小时工资标准的200%支付劳动者工资；

（三）用人单位依法安排劳动者在法定休假节日工作的，按照不低于劳动合同规定的劳动者本人日或小时工资标准的300%支付劳动者工资。

实行计件工资的劳动者，在完成计件定额任务后，由用人单位安排延长工作时间的，应根据上述规定的原则，分别按照不低于其本人法定工作时间计件单价的150%、200%、300%支付其工资。

经劳动行政部门批准实行综合计算工时工作制的，其综合计算工作时间超过法定标准工作时间的部分，应视为延长工作时间，并应按本规定支付劳动者延长工作时间的工资。

实行不定时工时制度的劳动者，不执行上述规定。

原劳动部关于印发《对〈工资支付暂行规定〉有关问题的补充规定》的通知

一、《规定》第十一条、第十二条、第十三条所称"按劳动合同规定的标准"，系指劳动合同规定的劳动者本人所在的岗位（职位）相对应的工资标准。

二、关于加班加点的工资支付问题

1.《规定》第十三条第（一）、（二）、（三）款规定的在符合法定标准工作时间的制度工时以外延长工作时间及安排休息日和法定休假节日工作应支付的工资，是根据加班加点的多少，以劳动合同确定的正常工作时间工资标准的一定倍数所支付的劳动报酬，即凡是安排劳动者在法定工作日延长工作时间或安排在休息日工作而又不能补休的，均应支付给劳动者不低于劳动合同规定的劳动者本人小时或日工资标准150%、200%的工资；安排在法定休假节日工作的，应另外支付给劳动者不低于劳动合同规定的劳动者本人小时或日工资标准300%的工资。

原劳动部《关于贯彻执行〈中华人民共和国劳动法〉若干问题的意见》

55. 劳动法第四十四条中的"劳动者正常工作时间工资"是指劳动合同规定的劳动者本人所在工作岗位（职位）相对应的工资。鉴于当前劳动合同制度尚处于推进过程中，按上述规定执行确有困难的用人单位，地方或行业劳动部门可在不违反劳动部《关于工资〈支付暂行规定〉有关问题的补充规定》（劳部发〔1995〕226号）文件所确定的总的原则的基础上，制定过渡办法。

《北京市工资支付规定》（2017年修正）

第四十四条　根据本规定第十四条计算加班工资的日或者小时工资基数、根据第十九条支付劳动者休假期间工资，以及根据第二十三条第一款支付劳动者产假、计划生育手术假期间工资，应当按照下列原则确定：

（一）按照劳动合同约定的劳动者本人工资标准确定；

（二）劳动合同没有约定的，按照集体合同约定的加班工资基数以及休假期间工资标准确定；

（三）劳动合同、集体合同均未约定的，按照劳动者本人正常劳动应得的工资确定。

依照前款确定的加班工资基数以及各种假期工资不得低于本市规定的最低工资标准。

《上海市企业工资支付办法》（2016年修正）

九、企业安排劳动者加班的，应当按规定支付加班工资。劳动者在依法享受婚假、丧假、探亲假、病假等假期期间，企业应当按规定支付假期工资。加班工资和假期工资的计算基数为劳动者所在岗位相对应的正常出勤月工资，不包括年终奖，上下班交通补贴、工作餐补贴、住房补贴，中夜班津贴、夏季高温津贴、加班工资等特殊情况下支付的工资。加班工资和假期工资的计算基数按以下原则确定：

（一）劳动合同对劳动者月工资有明确约定的，按劳动合同约定的劳动者所在岗位相对应的月工资确定；实际履行与劳动合同约定不一致的，按实际履行的劳动者所在岗位相对应的月工资确定。

（二）劳动合同对劳动者月工资未明确约定，集体合同（工资专项集体合同）对岗位相对应的月工资有约定的，按集体合同（工资专项集体合同）约定的与劳动者岗位相对应的月工资确定。

（三）劳动合同、集体合同（工资专项集体合同）对劳动者月工资均无约定的，按劳动者正常出勤月依照本办法第二条规定的工资（不包括加班工资）的70%确定。

加班工资和假期工资的计算基数不得低于本市规定的最低工资标准。法律、法规另有规定的，从其规定。

《广东省工资支付条例》

第二十条 用人单位安排劳动者加班或者延长工作时间，应当按照下列标准支付劳动者加班或者延长工作时间的工资报酬：

（一）工作日安排劳动者延长工作时间的，支付不低于劳动者本人日或者小时正常工作时间工资的百分之一百五十的工资报酬；

（二）休息日安排劳动者工作又不能安排补休的，支付不低于劳动者本人日或者小时正常工作时间工资的百分之二百的工资报酬；

（三）法定休假日安排劳动者工作的，支付不低于劳动者本人日或者小时正常工作时间工资的百分之三百的工资报酬。

《北京市高级人民法院、北京市劳动争议仲裁委员会关于劳动争议案件法律适用问题研讨会会议纪要》

19. 对于加班工资的日或小时工资基数的确定，应参照《北京市工资支付规定》第四十四条的规定执行。

用人单位与劳动者在劳动合同中约定了工资标准，但同时又约定以本市最低工资标准或低于劳动合同约定的工资标准作为加班工资基数，劳动者主张以劳动合同约定的工资标准作为加班工资基数的，应予支持。

广东省高级人民法院、广东省劳动争议仲裁委员会《关于适用〈劳动争议调解仲裁法〉、〈劳动合同法〉若干问题的指导意见》

第二十八条 劳动者加班工资计算基数为正常工作时间工资。用人单位与劳动者约定奖金、津贴、补贴等项目不属于正常工作时间工资的，从其约定。但约定的正常工作时间工资低于当地最低工资标准的除外。

第四节 薪酬管理的常见误区

实践中，企业在薪酬管理方面认识上存在很多误区，实务操作中有很多不规范的地方，不仅不能达到降低用工成本的目的，而且还引发了大量的劳动争议，使企业面临更大的损失。这里，我们再总结一下薪酬管理方面常见的误区和不当做法，以期引起企业 HR 的充分重视。

一、月工资标准低于当地最低工资标准

企业支付的工资低于最低工资标准，这主要存在于小型加工业、制造业、零售业等劳动力密集型行业。

只要劳动者提供了正常劳动，企业就应保证实际支付的工资不低于最低工资标准。对于实行"底薪+提成"工资制的企业，约定的底薪可以低于最低工资标准，但如果员工当月提供正常劳动后，没有提成或提成很少导致工资低于最低工资标准的，企业应按最低工资标准支付工资。

二、以实物或购物卡等形式支付工资

企业以本单位生产销售的商品，如食品、日用消费品等代替工资发给劳动者。

以人民币形式发放工资，是企业支付工资的唯一形式。对于其他由企业自主决定发放的补贴、补助等福利待遇，企业可以选择用实物或购物卡等形式发放。

三、不按时支付工资

企业常常在劳动合同约定的日期之后支付工资，严重的甚至隔月发放。

企业应按照劳动合同约定的日期及时发放工资，且至少每月发放一次。如果确有实际困难或特殊情况，导致延迟发放的，企业应提前告知劳动者，并明确预计发放的时间。

四、直接规定以最低工资标准为基数计算加班费

企业直接在劳动合同中约定以最低工资标准作为基数计算和支付加班费。

用人单位和劳动者可以在劳动合同中约定加班费的计算基数，但应当按照劳动合同规定的劳动者本人工资标准进行约定，否则，忽略劳动者的收入差异，统一以最低工资标准计算加班费，是不可能得到支持的。

五、以调休代替支付加班费

企业规定无论任何加班，都采用事后调休的方式代替支付加班费。

对于服务行业的很多企业，比如商场、酒店、餐厅等，休息日和法定节假日要求员工上班是很正常的事情，但是只要符合支付加班费的条件，就应当按照法定标准支付加班费，不能一律以调休代替加班费的支付。对于上述企业，可以申请综合计算工时制或不定时工作制，以控制加班费成本。

第九章　社会保险实务

《中华人民共和国社会保险法》（以下简称《社会保险法》或新法）已于2011年7月1日起正式施行。这是我国首次以立法形式确立社会保险制度的基本框架，对包括基本养老保险、基本医疗保险、工伤保险、失业保险和生育保险在内的社会保险制度作出了概括性的规定。随着新法的公布和实施，我国这一段时期已进入社会保险立法的活跃期，先是《工伤保险条例》《工伤认定办法》和《非法用工单位伤亡人员一次性赔偿办法》等配套法规相继被修订，并先于新法，于2011年1月1日起施行。之后伴随新法的正式实施，《实施〈中华人民共和国社会保险法〉若干规定》《社会保险基金先行支付暂行办法》《在中国境内就业的外国人参加社会保险暂行办法》等一系列配套法规也相继出台。新旧法的密集交替，无疑给企业HR的工作提出了巨大的挑战，对此，HR应当加强对新法的学习和相关政策的更新，密切关注人力资源和社会保障部随时出台的各项配套法规，以便及时根据新法和相应配套法规的要求开展工作。

第一节　社会保险的基本规定

一、社会保险的强制性和法定性

社会保险，是指国家强制性地向用人单位和劳动者征收一定的保险费，以确保劳动者在年老、患病、生育、伤残、待业、死亡等情况下，其本人或供养的直系亲属能从国家获得经济帮助的一种保障制度。

社会保险具有强制性，缴纳社会保险费是用人单位与劳动者的法定义务。但是，1995年的《劳动法》未将社会保险列为劳动合同的必备条款，这使得很长一段时间内用人单位不为劳动者缴纳社会保险的现象普遍存在，因此，2008年出台的《劳动合同法》特别将社会保险列为劳动合同的必备条款，同时还明确规定，用人单位未依法为劳动者缴纳社会保险费的，劳动者有权解除劳动合同，并可要求支付经济补偿。

《社会保险法》针对实务中用人单位拖欠缴纳社保费的问题，也作出了新规定，即赋予社会保险行政部门强制划拨或拍卖欠缴单位财产，并对欠缴单位处以罚款等行政处罚的权力。此外，2018 年国务院亦发文明确规定，自 2019 年 1 月 1 日起社会保险费由税务部门统一征收。此次改革中，缴费基数、社保费率等均未发生改变，只是社会保险费的征管机构由社会保险经办机构变更为税务机关。但是，由于税务机关同时行使征管税收和社会保险费的权力，且社会保险费缴费基数和用人单位申报企业所得税时的工资总额、申报代扣代缴个人所得税时的应纳税所得额存在关联性，因此，只要税务机关通过系统数据比对，更容易发现单位社会保险基数申报是否异常，并有权依此对用人单位进行稽查。由于税务机关相较于社会保险经办机构拥有更强的行政执法能力和行政处罚权力，可见社保入税后，如果企业不依法缴纳社会保险费，将面临更大的法律风险和更高的违法成本。目前，多地已由税务部门统一征收社保，社保入税已实现妥善有效的平稳过渡和落地实施。

社会保险的内容具有法定性，凡是法律规定范围内的用人单位和劳动者都应严格按照规定的险种依法参加并足额缴纳社会保险费。目前，社会保险主要包括养老保险、医疗保险、失业保险、生育保险和工伤保险等五大类别，通称“五险”。其中，养老保险、医疗保险和失业保险，这三种保险的保险费一般由用人单位和劳动者共同缴纳；生育保险和工伤保险的保险费则完全由用人单位承担。

以案说法

45. 用人单位能与劳动者约定发补助代替缴纳社保费吗？

冯某于 2017 年 5 月进入某科技公司工作，双方签订了为期 3 年的劳动合同。由于冯某是外地户口，因此提出自愿放弃缴纳社会保险，由公司将保险费以补助的形式直接支付给他，由其自行参加社会保险。公司对此表示认可，并要求其出具了书面声明。2018 年 3 月，冯某工作中出现重大失误给公司造成 5 万元的经济损失，公司以严重失职，给用人单位造成重大损害为由解除了与冯某的劳动合同。冯某离职后，向当地劳动监察大队投诉科技公司没有为其缴纳社会保险费，要求公司为其补缴。

【审理结果】

劳动监察大队作出处理决定，要求公司为冯某办理社会保险登记和申报手续，双方按照社会保险部门核定的缴费标准和期限补缴社会保险费。

【律师点评】

实务中，不仅是一些用人单位不愿意为员工缴纳社会保险费，有时候劳动者因为这样那样的原因也不愿意缴纳社保费，比如户口在外地，恐怕将来社保关系不好转移；或者收入较低，手里多点现金更实在，因此，劳动者也更愿意让企业将社保费折成现金支付给其本人。这种情况下，一些企业为了图省事或降低费用，就让劳动者出具自愿放弃缴纳社会保险费的书面声明，以为这样就万事大吉了。本案的结果，可以说给这些企业上了重要的一课。即便不缴纳社保费是劳动者提出的，是双方合意的结果，即便用人单位已经将社保费以补助的形式支付给了劳动者，但这些都不能对抗法律的强制性规定，不能免除公司缴纳社保费的法定义务和相应的法律责任。

【HR 应对】

1. 对于新员工，企业应当及时为其办理社保登记，并按时足额缴纳社会保险费。缴费基数可以按新员工的劳动合同约定的工资标准（在当地社会平均工资的 3 倍以内）或员工社会保险转移单记载的基数确定。

2. 对怠于缴纳社会保险费的员工，企业可以分情况区别对待：

（1）对由于地域限制，确实已在其户籍所在地或其他地方缴纳社保的，企业可以要求其提供相应的参保证明或缴费凭据，同时将相应的社保费支付给其个人。

（2）对故意或由于员工自身过错导致无法办理社保的，企业 HR 应以书面形式告知其提交办理社保登记所需的个人资料和信息，以及不予提供的相应法律后果，并保留好相应的证据。

二、未依法缴纳社会保险费的法律后果

用人单位应当严格根据法律规定为劳动者缴纳社会保险费，否则应承担以下法律后果：

1. 限期改正

用人单位不办理社会保险登记的，由社会保险行政部门责令限期改正。

2. 限期缴纳或补足，并加收滞纳金

用人单位未按时足额缴纳社会保险费的，由社会保险费征收机构责令限期缴纳或者补足，并自欠缴之日起，按日加收万分之五的滞纳金。

3. 对用人单位处以罚款

用人单位不办理社会保险登记，逾期仍不改正的，对用人单位处应缴社会保险费数额 1 倍以上 3 倍以下的罚款，对其直接负责的主管人员和其他直接责任人员处 500 元以上 3000 元以下的罚款。

用人单位未按时足额缴纳社会保险费，逾期仍不缴纳的，由有关行政部门处欠缴数额 1 倍以上 3 倍以下的罚款。

4. 对用人单位强制征缴

用人单位逾期仍未缴纳或者补足社会保险费的，社会保险费征收机构可以向银行和其他金融机构查询其存款账户，并可以申请县级以上有关行政部门作出划拨社会保险费的决定，书面通知其开户银行或者其他金融机构划拨社会保险费。用人单位账户余额少于应当缴纳的社会保险费的，社会保险费征收机构可以要求该用人单位提供担保，签订延期缴费协议。

用人单位未足额缴纳社会保险费且未提供担保的，社会保险费征收机构可以申请人民法院扣押、查封、拍卖其价值相当于应当缴纳社会保险费的财产，以拍卖所得抵缴社会保险费。

5. 支付相关待遇或承担赔偿责任

由于用人单位未按规定为劳动者缴纳社会保险费，导致劳动者不能享受工伤、失业、生育、医疗保险待遇的，劳动者可以要求用人单位按照相关规定支付上述待遇或赔偿金。

6. 劳动者可以解除劳动合同，企业还应支付经济补偿

7. 用人单位将可能被列入社保“黑名单”

用人单位未依法合规为劳动者缴纳社会保险的，可能会被列入社保“黑名单”。2018 年 10 月 16 日，人力资源社会保障部发布《社会保险领域严重失信“黑名单”管理暂行办法（征求意见稿）》，其中第 5 条规定，用人单位未按相关规定参加社会保险且拒不整改的，县级及以上社会保险经办机构应将其列入社保“黑名单”。在被列入社保“黑名单”期间，用人单位需在 3 个月内整改，整改不到位的，社保经办机构会启动警示性约谈，约谈记录会被纳入全国信用信息共享平台。上述《暂行办法》现在仅为征求意见稿，但反映出了国家规范社会保险费缴纳、建立社会信用体系的趋势。

8. 企业负责人将可能被限制出行方式

用人单位未依法参加社会保险且拒不整改，或未如实申报社会保险缴费基数且拒不整改，或应缴纳社会保险费且具备缴纳能力但拒不缴纳的，企业负责人将会被限制乘坐火车高级别席位及限制乘机。

以案说法

46. 缴费基数低于员工月平均工资，员工能要求解除劳动合同吗？

李某与北京某公司于 2008 年 5 月签订了 1 年期的劳动合同，月工资 8500 元。双方同时约定，李某的社会保险费缴费基数为 3000 元。李某工作半年后，与直接上司交恶，但又不甘心主动辞职，于是以公司未依法缴纳社会保险费为由提出辞职，并要求公司支付经济补偿金。公司不同意，于是李某向劳动争议仲裁委员会提起仲裁申请，要求公司补缴社会保险费并支付经济补偿金。

【审理结果】

庭审中，公司认为，以 3000 元为社会保险缴费基数是与李某协商一致的结果，是李某的真实意思表示，因此，公司并无过错。

李某认为，社会保险缴费基数是国家的强制性规定，不能以双方的约定排除。因此，公司按较低的缴费基数缴纳社会保险费的行为已经构成违法，劳动者有权根

据法律规定解除劳动合同，并要求公司支付经济补偿金。

仲裁委员会经审理认为，企业未按规定的工资基数足额缴纳社会保险费的行为，构成未依法为劳动者缴纳社会保险费，因此，劳动者有权解除劳动合同，企业应当支付经济补偿金。关于补缴社会保险费的申诉请求，仲裁委员会不予审理。

【律师点评】

实务中，用人单位应当按照规定的险种为劳动者缴纳社会保险费，已经得到了广泛的认同和实践。但是，不少企业为了降低企业人力资源成本，打起了“擦边球”，比如，与员工约定以较低的基数缴纳社会保险费，或者约定不缴纳社会保险费，而将相应的款项直接支付给员工，这种约定往往因为违反法律的强制性规定而无效。但是，员工能否因为企业以较低的基数缴纳社会保险费，而解除劳动合同并要求经济补偿呢？

根据《劳动合同法》的规定，员工可以以企业未依法缴纳社会保险费为由，随时通知企业解除劳动合同，并要求企业支付经济补偿金。严格来说，依法缴纳社会保险费的义务，包括按照规定的险种、缴费基数以及缴费时间及时足额缴纳。因此，企业以较低的基数缴纳社会保险费的行为，构成未依法为劳动者缴纳社会保险费。本案中，仲裁委员会据此作出裁决，支持了劳动者要求解除劳动合同和支付经济补偿的申诉请求。

本案发生在 2008 年，如果是发生在 2009 年下半年后，可能就会得到不同的裁决结果。因为，2009 年 7 月北京市下发的《北京市高级人民法院、北京市劳动争议仲裁委员会关于劳动争议案件法律适用问题研讨会会议纪要》中，明确将用人单位未按规定险种为劳动者建立社保关系和用人单位未足额缴纳或欠缴社会保险费两种情形给予了区分，对于前者，劳动者请求解除劳动合同并要求用人单位支付经济补偿金的，裁决支持；但对于后者，则不予支持。也就是说，用人单位按规定险种为劳动者缴纳了社会保险费，仅仅是缴费基数较低或发生欠缴，劳动者无权据此提出解除劳动合同和要求经济补偿。

另外，关于社会保险费的补缴，司法实践中普遍不将其作为劳动争议的受理范围，劳动者主张予以补缴的，只能通过向劳动行政部门和其他主管部门申请解决。

【法条链接】

《中华人民共和国劳动法》

第一百条 用人单位无故不缴纳社会保险费的，由劳动行政部门责令其限期缴纳；逾期不缴的，可以加收滞纳金。

《中华人民共和国劳动合同法》

第三十八条 用人单位有下列情形之一的，劳动者可以解除劳动合同：

……（三）未依法为劳动者缴纳社会保险费的；……

第四十六条 有下列情形之一的，用人单位应当向劳动者支付经济补偿：

（一）劳动者依照本法第三十八条规定解除劳动合同的；……

《中华人民共和国社会保险法》

第六十三条 用人单位未按时足额缴纳社会保险费的，由社会保险费征收机构责令其限期缴纳或者补足。

用人单位逾期仍未缴纳或者补足社会保险费的，社会保险费征收机构可以向银行和其他金融机构查询其存款账户；并可以申请县级以上有关行政部门作出划拨社会保险费的决定，书面通知其开户银行或者其他金融机构划拨社会保险费。用人单位账户余额少于应当缴纳的社会保险费的，社会保险费征收机构可以要求该用人单位提供担保，签订延期缴费协议。

用人单位未足额缴纳社会保险费且未提供担保的，社会保险费征收机构可以申请人民法院扣押、查封、拍卖其价值相当于应当缴纳社会保险费的财产，以拍卖所得抵缴社会保险费。

第八十四条 用人单位不办理社会保险登记的，由社会保险行政部门责令限期改正；逾期不改正的，对用人单位处应缴社会保险费数额一倍以上三倍以下的罚款，对其直接负责的主管人员和其他直接责任人员处五百元以上三千元以下的罚款。

第八十六条 用人单位未按时足额缴纳社会保险费的，由社会保险费征收机构责令限期缴纳或者补足，并自欠缴之日起，按日加收万分之五的滞纳金；逾期仍不缴纳的，由有关行政部门处欠缴数额一倍以上三倍以下的罚款。

人力资源社会保障部办公厅关于《社会保险领域严重失信“黑名单”管理暂行办法（征求意见稿）》公开征求意见的通知

第五条 有下列情形之一的单位或个人，县级及以上社会保险经办机构（以下简称经办机构）应将其列入社保“黑名单”：

（一）用人单位未按相关规定参加社会保险且拒不整改的；

（二）以欺诈、伪造证明材料或者其他手段参加、申报社会保险和骗取社会保险待遇或社会保险基金支出的；

（三）非法获取、出售或变相交易社会保险个人权益数据的；

（四）社会保险服务机构违反服务协议或相关规定且拒不整改的；

（五）负有偿还义务的用人单位及其法人代表或第三人，拒不偿还社会保险基金已先行支付工伤保险待遇的；

（六）法律、行政法规规定的其他情形。

第十条 建立失信行为限期整改制度。因发生第五条（一）、（四）和（五）项规定情形被纳入社保“黑名单”的失信主体，经办机构可结合实际情况以适当方式督促失信主体在3个月内整改。整改到位后，失信主体可提请经办机构确认，经办机构应在确认后5个工作日内将其移出社保“黑名单”；整改不到位的，经办机构应启动警示性约谈程序。

第十一条 经办机构应对在规定期限内整改不到位的失信主体主要负责人进行一次警示性约谈。约谈记录（包括拒绝约谈或不配合约谈等情形）记入失信主体信用记录，纳入全国信用信息共享平台。

《国家发展改革委、中央文明办、最高人民法院等关于在一定期限内适当限制特定严重失信人乘坐火车推动社会信用体系建设的意见》

（二）其他领域的严重违法失信行为有关责任人

1. 有履行能力但拒不履行的重大税收违法案件当事人；

2. 在财政性资金管理使用领域中存在弄虚作假、虚报冒领、骗取套取、截留挪用、拖欠国际金融组织和外国政府到期债务的严重失信行为责任人；

3. 在社会保险领域中存在以下情形的严重失信行为责任人：用人单位未按相关规定参加社会保险且拒不整改的；用人单位未如实申报社会保险缴费基数且拒不整改的；应缴纳社会保险费且具备缴纳能力但拒不缴纳的；隐匿、转移、侵占、挪用社会保险基金或者违规投资运营的；以欺诈、伪造证明材料或者其他手段骗取社会保险待遇的；社会保险服务机构违反服务协议或相关规定的；拒绝协助社会保险行政部门对事故和问题进行调查核实的；

4. 证券、期货违法被处以罚没款，逾期未缴纳的；上市公司相关责任主体逾期不履行公开承诺的；

5. 被人民法院按照有关规定依法采取限制消费措施，或依法纳入失信被执行名单的；

6. 相关部门认定的其他限制乘坐火车高级别席位的严重失信行为责任人，相关部门加入本文件的，应当通过修改本文件的方式予以明确。

对上述行为责任人限制乘坐火车高级别席位，包括列车软卧、G 字头动车组列车全部座位、其他动车组列车一等座以上座位。

《国家发展改革委、民航局、中央文明办等关于在一定期限内适当限制特定严重失信人乘坐民用航空器推动社会信用体系建设的意见》

（二）其他领域的严重违法失信行为有关责任人

1. 有履行能力但拒不履行的重大税收违法案件当事人；

2. 在财政性资金管理使用领域中存在弄虚作假、虚报冒领、骗取套取、截留挪用、拖欠国际金融组织和外国政府到期债务的严重失信行为责任人；

3. 在社会保险领域中存在以下情形的严重失信行为责任人：用人单位未按相关规定参加社会保险且拒不整改的；用人单位未如实申报社会保险缴费基数且拒不整改的；应缴纳社会保险费且具备缴纳能力但拒不缴纳的；隐匿、转移、侵占、挪用社会保险基金或者违规投资运营的；以欺诈、伪造证明材料或者其他手段骗取社会保险待遇的；社会保险服务机构违反服务协议或相关规定的；拒绝协助社会保险行政部门对事故和问题进行调查核实的；

4. 证券、期货违法被处以罚没款，逾期未缴纳的；上市公司相关责任主体逾期不履行公开承诺的；

5. 被人民法院按照有关规定依法采取限制消费措施，或依法纳入失信被执行人名单的；

6. 相关部门认定的其他限制乘坐民用航空器的严重失信行为责任人，相关部门加入本文件的，应当通过修改本文件的方式予以明确。

二、信息采集

（一）民航旅客相关失信信息采集

民航局应当和公安机关、人民法院协调建立信息推送机制。因本意见第一部分第（一）项所列行为而被公安机关处罚或者被追究刑事责任的，由做出处罚决定的公安机关和做出判决的人民法院将名单推送民航局，由民航局按照规定程序纳入限制乘机名单。

（二）其他领域相关失信信息采集

国家发展改革委、最高人民法院、财政部、人力资源社会保障部、税务总局、证监会将本部门确定的因发生严重失信行为需要纳入限制乘飞机的名单归集至全国信用信息共享平台，由平台推送给民航局，由其按规定程序纳入限制乘飞机名单。如果之前已和民航局建立数据传输通道的、实现名单信息共享的，可以保持原数据传统通道和信息共享方式，全国信用信息共享平台不再重复推送名单信息。

《北京市高级人民法院、北京市劳动争议仲裁委员会关于劳动争议案件法律适用问题研讨会会议纪要》

31.《劳动合同法》实施后，用人单位未按本市规定的险种为劳动者建立社会保险关系，劳动者请求解除劳动合同并要求用人单位支付经济补偿金的，应予支持，但经济补偿金支付年限应从2008年1月1日起开始计算。劳动者以用人单位未足额缴纳或欠缴社会保险费为由请求解除劳动合同并要求用人单位支付经济补偿金的，不予支持。

第二节　基本养老保险

养老保险是指劳动者达到法定退休年龄并从事某种劳动达到法定年限后，由国家和社会依法给予一定收入补偿，以维持其老年生活的一种社会保险法律制度。

一、征缴范围

根据《社会保险费征缴暂行条例》的规定，基本养老保险费的征缴范围是，国有企业、城镇集体企业、外商投资企业、城镇私营企业和其他城镇企业及其职工，实行企业化管理的事业单位及其职工。另外，省、自治区、直辖市人民政府根据当地实际情况，可以规定将城镇个体工商户纳入基本养老保险的范围。

上述单位应当为与其建立劳动关系的全体员工缴纳养老保险费，但是，各地对于城镇职工和农民工的缴费标准做了不同规定，实务操作中应当予以区别。

二、缴费基数与比例

养老保险费的缴费基数为职工本人上一年度月平均工资。这里的工资包括职工的计时工资、计件工资、奖金、津贴和补贴、加班加点工资和特殊情况下支付的工资等全部工资总额。

各地还对缴费基数的上限和下限作出了明确规定，一般来说，以当地上一年度职工月平均工资的300%为上限，以当地上一年度职工月平均工资的60%为下限。具体数额由各地政府根据实际情况确定，通常每年还会进行适当的调整，企业HR

应当具体参照当地的规定执行。

上述关于缴费基数及其上下限的规定，同样适用于医疗、失业、生育和工伤等其他社会保险。就北京市而言，基本养老保险缴费基数的下限为上一年度职工月平均工资的40%。但 2019 年，为落实国家对基本养老保险缴费基数下限标准低于60% 的要逐步提高至 60% 的要求，北京市城镇职工基本养老保险下限标准将会逐步提高。自 2019 年 7 月起，将由 40% 调整为 46%；2020 年 7 月缴费下限标准将会调整为52%，2021 年7 月缴费下限标准将会调整为60%。失业保险缴费基数上下限标准同步调整。关于上年度职工月平均工资的计算范围，国务院也进一步明确了新的口径。为降低社保缴费基数，各省社保个人缴费基数上下限，应以本省城镇非私营单位就业人员平均工资和城镇私营单位就业人员平均工资加权计算的全口径城镇单位就业人员平均工资为标准进行核定。

关于缴费比例，国家目前尚未出台统一的规定，甚至某一省份内各个地区各类企业的缴费比例也不尽相同。总体来说，基本养老保险的个人缴存比例全国范围内是比较统一的，即为 8%，而单位的缴存比例则差异较大，北京、上海、广州的缴费比例详见下图。2019 年 4 月，国务院及人社部相继发文，提出在 2020 年底之前实现企业职工基本养老保险基金省级统收统支的目标。同时明确指出，自 2019 年 5 月 1 日起，将降低城镇职工基本养老保险单位缴费比例，高于 16% 的，可降至16%。目前，养老保险单位缴费比例高于 16% 的多省市均已相继发布降低养老保险单位缴费比例至 16% 的通知。企业 HR 还是应当准确掌握当地的规定和相关政策，严格依照规定足额缴纳。

北京、上海、广州 2022 年基本养老保险缴费标准

基本养老保险	北京		上海		广州	
	个人	单位	个人	单位	个人	单位
缴费比例	8%	16%	8%	16%	8%	15%

三、基本养老保险待遇

1. 享受条件

劳动者享受基本养老保险待遇，必须满足一定的条件：

（1）达到国家规定的退休年龄并已办理相关手续；

（2）单位和本人已经按规定缴纳养老保险费；

（3）缴纳养老保险费达到一定的年限。《社会保险法》明确规定，累计缴费满15 年的，可以享受养老保险待遇。

需要注意的是，《社会保险法》出台前，劳动者达到法定退休年龄时养老保险缴费未满 15 年的，只能办理退保，即一次性领取个人账户中的缴费金额，不能享受养老保险待遇。为了保障上述劳动者群体的利益，《社会保险法》第 16 条专门就该问题作出了新规定，即劳动者退休时缴费未满 15 年的，可以选择延期缴纳或转入其他保险类型，同样可以享受养老保险待遇。

2. 待遇内容

依法享受基本养老保险待遇的劳动者，可以按月领取基本养老金；因病或者非因工死亡的，其遗属可以领取丧葬补助金和抚恤金；在未达到法定退休年龄时因病或者非因工致残完全丧失劳动能力的，可以领取病残津贴。

以案说法

47. 企业能停缴旷工职工的基本养老保险费吗？

刘某，是某国有机械企业职工。刘某自 2017 年 9 月 1 日至 2018 年 1 月因个人原因连续旷工 5 个月，但企业未对其做除名处理。2018 年 2 月，刘某回企业工作，得知在自己旷工期间企业停止为其缴纳基本养老保险费，于是要求企业补缴。企业人事主管认为，刘某旷工长达 5 个月，根据企业的规章制度，企业有权停止为其缴纳基本养老保险费。如果要补缴，所有的保险费都必须由刘某自己负担，包括企业应缴的部分 2130 元，和刘某自己应负担的部分 455 元，共计 2585 元。刘某认为虽然自己旷工确实违反了规章制度，但单位并未与其解除劳动关系，因此企业就有义务为其缴纳基本养老保险费，而不应让自己负担。于是刘某向当地劳动监察大队投诉企业欠缴基本养老保险费，要求企业为其补缴。

【审理结果】

劳动监察大队作出处理决定，要求企业为刘某补缴 2017 年 9 月至 2018 年 1 月的基本养老保险费，双方按照社会保险部门核定的缴费标准和期限进行补缴。

【律师点评】

根据我国法律规定，用人单位与劳动者之间存在劳动关系是社会保险费缴纳的前提和基础。只要建立了劳动关系并且依法存续，企业和员工就应当承担法定的缴费义务，而不能以员工存在过错，或其他理由和约定免除上述义务。本案中，刘某虽然持续旷工 5 个月，但是，单位并没有作出解除劳动合同的决定，因此，双方劳动关系仍然存续，单位就应当履行相应的缴纳保险费的义务，而不能擅自停缴，更不应该要求刘某承担全部补缴义务。另外，企业关于旷工就停缴社会保险费的规定由于违反法律的相关规定，应属无效。

本案的教训是，如果员工发生严重过错，或和用人单位“玩失踪”，企业 HR 不能一面任其发展，悬而不决，另一面，却又立即停缴社保。正确的做法是，应根据实际情况，对上述员工及时作出相应的处理，如果决定解除劳动合同的，应第一时间将解除劳动合同的决定和通知送达到劳动者本人。送达解除劳动合同的通知后，才能停缴社会保险费。

【法条链接】

《中华人民共和国社会保险法》

第十六条 参加基本养老保险的个人，达到法定退休年龄时累计缴费满十五年的，按月领取基本养老金。

参加基本养老保险的个人，达到法定退休年龄时累计缴费不足十五年的，可以缴费至满十五年，按月领取基本养老金；也可以转入新型农村社会养老保险或者城镇居民社会养老保险，按照国务院规定享受相应的养老保险待遇。

第十七条 参加基本养老保险的个人，因病或者非因工死亡的，其遗属可以领取丧葬补助金和抚恤金；在未达到法定退休年龄时因病或者非因工致残完全丧失劳动能力的，可以领取病残津贴。所需资金从基本养老保险基金中支付。

《社会保险费征缴暂行条例》

第三条 基本养老保险费的征缴范围：国有企业、城镇集体企业、外商投资企业、城镇私营企业和其他城镇企业及其职工，实行企业化管理的事业单位及其职工。

……省、自治区、直辖市人民政府根据当地实际情况，可以规定将城镇个体工商户纳入基本养老保险、基本医疗保险的范围，并可以规定将社会团体及其专职人员、民办非企业单位及其职工以及有雇工的城镇个体工商户及其雇工纳入失业保险的范围。社会保险费的费基、费率依照有关法律、行政法规和国务院的规定执行。

《北京市基本养老保险规定》

第十二条 城镇职工以本人上一年度月平均工资为缴费工资基数，按照 8% 的比例缴纳基本养老保险费，全额计入个人账户。

缴费工资基数低于本市上一年度职工月平均工资 60% 的，以本市上一年度职工月平均工资的 60% 作为缴费工资基数；超过本市上一年度职工月平均工资 300% 的部分，不计入缴费工资基数，不作为计发基本养老金的基数。

第二十一条 基本养老保险基金支付下列基本养老保险待遇：

（一）被保险人的基本养老金；

（二）被保险人退休后死亡的丧葬补助费；

（三）国家和本市规定的其他支付项目的费用。

基本养老保险基金发生支付困难时，由市财政部门予以支持。

第二十二条 被保险人符合下列条件的，自劳动保障行政部门核准后的次月起，按月领取基本养老金：

（一）达到国家规定的退休条件并办理相关手续的；

（二）按规定缴纳基本养老保险费累计缴费年限满 15 年的。……

《降低社会保险费率综合方案》

一、降低养老保险单位缴费比例

自 2019 年 5 月 1 日起，降低城镇职工基本养老保险（包括企业和机关事业单位基本养老保险，以下简称养老保险）单位缴费比例。各省、自治区、直辖市及新疆生产建设兵团（以下统称省）养老保险单位缴费比例高于 16% 的，可降至 16%；目前低于 16% 的，要研究提出过渡办法。各省具体调整或过渡方案于 2019 年 4 月 15 日前报人力资源社会保障部、财政部备案。

三、调整社保缴费基数政策

调整就业人员平均工资计算口径。各省应以本省城镇非私营单位就业人员平均工资和城镇私营单位就业人员平均工资加权计算的全口径城镇单位就业人员平均工资，核定社保个人缴费基数上下限，合理降低部分参保人员和企业的社保缴费基数。调整就业人员平均工资计算口径后，各省要制定基本养老金计发办法的过渡措施，确保退休人员待遇水平平稳衔接。完善个体工商户和灵活就业人员缴费基数政策。个体工商户和灵活就业人员参加企业职工基本养老保险，可以在本省全口径城镇单位就业人员平均工资的 60% 至 300% 之间选择适当的缴费基数。

四、加快推进养老保险省级统筹

各省要结合降低养老保险单位缴费比例、调整社保缴费基数政策等措施，加快推进企业职工基本养老保险省级统筹，逐步统一养老保险参保缴费、单位及个人缴费基数核定办法等政策，2020 年底前实现企业职工基本养老保险基金省级统收统支。

《人力资源社会保障部、财政部、税务总局、国家医保局关于贯彻落实〈降低社会保险费率综合方案〉的通知》

三、准确把握《方案》的有关政策

（一）关于降低养老保险单位缴费比例。各地企业职工基本养老保险单位缴费比例高于 16% 的，可降至 16%；低于 16% 的，要研究提出过渡办法。省内单位缴费比例不统一的，高于 16% 的地市可降至 16%；低于 16% 的，要研究提出过渡办法。目前暂不调整单位缴费比例的地区，要按照公平统一的原则，研究提出过渡方案。各地机关事业单位基本养老保险单位缴费比例可降至 16%。

（二）关于继续阶段性降低失业保险费率。自 2019 年 5 月 1 日起，实施失业保险总费率 1% 的省份，延长阶段性降低失业保险费率的期限至 2020 年 4 月 30 日。

（三）关于继续阶段性降低工伤保险费率。按照《人力资源社会保障部 财政部关于阶段性降低社会保险费率的通知》（人社部发〔2018〕25 号）已纳入降费范围的统筹地区，原则上继续实施，保持力度不减。此前未纳入降费范围但截至 2018 年底累计结余可支付月数达到阶段性降费条件的统筹地区，要按规定下调费率，确保将符合条件的统筹地区全部纳入降费范围。阶段性降费率期间，费率确定后，一般不做调整。

（四）关于调整就业人员平均工资计算口径。各省应以本省城镇非私营单位就业人员平均工资和城镇私营单位就业人员平均工资加权计算的全口径城镇单位就业人员平均工资，核定社保个人缴费基数上下限，合理降低部分参保人员和企业的社保缴费基数。调整就业人员平均工资计算口径后，为保证新退休人员待遇水平平稳衔接，人力资源社会保障部、财政部将提出基本养老金计发办法的过渡措施，并加强对各地的指导。

（五）关于完善个体工商户和灵活就业人员缴费基数政策。个体工商户和灵活就业人员参加企业职工基本养老保险，按照调整计算口径后的本地全口径城镇单位就业人员平均工资，核定社保个人缴费基数上下限，允许缴费人在60%至300%之间选择适当的缴费基数，以减轻其缴费负担、促进参保缴费。

（六）关于加快推进企业职工基本养老保险省级统筹。各地要逐步统一养老保险政策，完善省级统筹制度，为全国统筹打好基础。2020年底前实现企业职工基本养老保险基金省级统收统支。人力资源社会保障部、财政部将印发关于推进省级统筹的具体指导意见。

《北京市人力资源和社会保障局、北京市财政局、国家税务总局北京市税务局、北京市医疗保障局关于降低本市社会保险费率的通知》

一、降低养老保险单位缴费比例

自2019年5月1日起，城镇职工基本养老保险（包括企业和机关事业单位基本养老保险）单位缴费比例由20%降至16%。

二、继续阶段性降低失业保险费率

自2019年5月1日起，本市失业保险总费率1%延长执行至2020年4月30日。

三、调整社保缴费基数

以本市城镇非私营单位和私营单位就业人员平均工资加权计算，核定职工基本养老保险缴费基数上下限和计发基本养老金。实施上述调整后，将制定基本养老保险金计发办法的过渡措施，确保退休人员待遇水平平稳衔接。

为落实国家对基本养老保险缴费基数下限标准低于60%的要逐步提高至60%的要求，自2019年7月，城镇职工基本养老保险下限标准由40%调整为46%，2020年7月缴费下限标准调整为52%，2021年7月缴费下限标准调整为60%。失业保险缴费基数上下限标准同步调整。

自2019年7月起，个体工商户和灵活就业人员参加企业职工基本养老保险，可以在企业职工养老保险缴费下限和上限之间选择适当的缴费基数缴费。失业保险缴费基数同步调整。

四、稳步推进社保费征收体制改革

人力资源社会保障、财政、税务、医保部门共同稳步推进企业职工基本养老保险和企业职工其他险种缴费征收体制改革。税务部门要认真履行机关事业单位社保费和城乡居民社保费征管职责。在征收体制改革过程中不对企业历史欠费进行集中清缴，不得采取任何增加小微企业实际缴费负担的做法，避免造成企业生产经营困难。

《江苏省降低社会保险费率实施方案》

一、降低职工基本养老保险单位缴费比例。

自2019年5月1日起，将全省企业职工基本养老保险和机关事业单位基本养老保险单位缴费比例统一降至16%。个体工商户和灵活就业人员参加企业职工基本养老保险缴费比例不变。

第三节 基本医疗保险

医疗保险又称为疾病保险，是劳动者在疾病、非因工致残等情况下，从国家和社会获得物质帮助的一种社会保险制度。

一、征缴范围

根据《社会保险费征缴暂行条例》的规定，基本医疗保险费的征缴范围是，国有企业、城镇集体企业、外商投资企业、城镇私营企业和其他城镇企业及其职工，国家机关及其工作人员，事业单位及其职工，民办非企业单位及其职工，社会团体及其专职人员。另外，省、自治区、直辖市人民政府根据当地实际情况，可以规定将城镇个体工商户纳入基本医疗保险范围。

二、缴费比例

依据相关国家政策的规定，此后可能会把生育保险合并到职工基本医疗保险中来，并按照用人单位参加生育保险和职工基本医疗保险的缴费比例之和确定新的用人单位职工基本医疗保险费率。但在此之前，企业 HR 还是应当准确掌握当地的规定和相关政策，严格依照规定足额缴纳。目前关于职工基本医疗保险的缴费比例，国家尚未出台统一的规定，以下是北京、上海、广州的基本医疗保险缴费比例。

北京、上海、广州 2022 年基本医疗保险缴费标准

基本医疗保险	北京		上海		广州	
	个人	单位	个人	单位	个人	单位
缴费比例	2%	9.8%	2%	10.5%	2%	5.45%

三、基本医疗保险待遇

1. 享受条件

（1）用人单位和劳动者已经按当地规定参保并缴纳医疗保险费的，自缴费次月起员工就可以享受医疗保险待遇，包括到定点医疗机构就医，或到定点零售药店购药。

（2）退休人员享受基本医疗保险待遇，应达到一定的缴费年限。北京规定，累计最低缴费年限为男满 25 年、女满 20 年；上海则规定，缴纳医疗保险费的年限累计超过 15 年的，职工退休后就可以享受基本医疗保险待遇。对于退休时未达到最低缴费年限的，如一次性补足所差月份的基本医疗保险费，也可以享受退休人员的基本医疗保险待遇。

2. 待遇内容

一般来说，对符合基本医疗保险基金支付范围的医疗费用，由基本医疗保险统筹基金和个人账户分别支付。

根据《北京市基本医疗保险规定》的规定，个人账户支付的医疗费用包括：(1) 门诊、急诊的医疗费用；(2) 到定点零售药店购药的费用；(3) 基本医疗保险统筹基金起付标准以下的医疗费用；(4) 超过基本医疗保险统筹基金起付标准，按照比例应当由个人负担的医疗费用。

基本医疗保险统筹基金支付的医疗费用包括：(1) 住院治疗的医疗费用；(2) 急诊抢救留观并收入住院治疗的，其住院前留观 7 日内的医疗费用；(3) 恶性肿瘤放射治疗和化学治疗、肾透析、肾移植后服抗排异药的门诊医疗费用。

以案说法

48. 参加了基本医疗保险，就可以不支付病假工资吗？

李某于 2015 年 9 月进入上海某公司工作，公司为其办理了社保手续，并为其按时足额缴纳了社会保险费。2017 年 3 月初，李某因患上了一场大病而住院治疗。住院期间，公司以已为李某按时足额缴纳了医疗保险费为由，停发了李某的工资，要求李某到医疗保险经办机构申请有关医疗待遇。2017 年 7 月，李某出院，认为公司侵害了其合法权益，向当地劳动争议仲裁委员会提出申诉，请求裁决公司补发其住院期间的病假工资。

【审理结果】

劳动争议仲裁委员会经审理后，裁决公司按照本人工资的 60% 标准补发李某住院期间的病假工资。

【律师点评】

本案是一起由于企业错误理解劳动保障法律法规而导致侵犯劳动者合法权益的案件。根据《国务院关于建立城镇职工基本医疗保险制度的决定》的规定，参保职工患病或非因工负伤后，从基本医疗保险基金中享受的待遇只能是按规定报销医疗费用，包括药品费用、诊疗项目费用、医疗服务设施费用，但不能申请病假工资及治疗期间其他生活方面的补助。这与目前的生育保险基金为参保人员在生育期间提供生活补贴的规定是不同的。本案中，企业认为，只要缴纳了医疗保险，员工休病假期间，一切待遇就都由医保基金支付，企业连病假工资都无需支付的想法是错误的。相关的医疗就诊费用，员工可以按规定从医保基金账户中报销，但病假期间的工资应由企业支付。

关于病假工资的支付标准，根据上海市劳动局《关于加强企业职工疾病休假管理保障职工疾病休假期间生活的通知》的规定，职工疾病或非因工负伤连续休假在 6 个月以内的，连续工龄不满 2 年的，企业应按本人工资的 60% 计发疾病休假工资。

【法条链接】

《中华人民共和国社会保险法》

第二十七条　参加职工基本医疗保险的个人，达到法定退休年龄时累计缴费达到国家规定年限的，退休后不再缴纳基本医疗保险费，按照国家规定享受基本医疗保险待遇；未达到国家规定年限的，可以缴费至国家规定年限。

《社会保险费征缴暂行条例》

第三条　基本医疗保险费的征缴范围：国有企业、城镇集体企业、外商投资企业、城镇私营企业和其他城镇企业及其职工，国家机关及其工作人员，事业单位及其职工，民办非企业单位及其职工，社会团体及其专职人员。

《北京市基本医疗保险规定》

第十一条　本规定施行前已退休的人员不缴纳基本医疗保险费。本规定施行后参加工作，累计缴纳基本医疗保险费男满25年、女满20年的，按照国家规定办理了退休手续，按月领取基本养老金或者退休费的人员，享受退休人员的基本医疗保险待遇，不再缴纳基本医疗保险费。

第二十六条　基本医疗保险统筹基金和个人账户划定各自支付范围，分别核算，不得互相挤占。符合基本医疗保险基金支付范围的医疗费用，由基本医疗保险统筹基金和个人账户分别支付。

第二十八条　个人账户支付下列医疗费用：

（一）门诊、急诊的医疗费用；

（二）到定点零售药店购药的费用；

（三）基本医疗保险统筹基金起付标准以下的医疗费用；

（四）超过基本医疗保险统筹基金起付标准，按照比例应当由个人负担的医疗费用。

个人账户不足支付部分由本人自付。

第二十九条　基本医疗保险统筹基金支付下列医疗费用：

（一）住院治疗的医疗费用；

（二）急诊抢救留观并收入住院治疗的，其住院前留观7日内的医疗费用；

（三）恶性肿瘤放射治疗和化学治疗、肾透析、肾移植后服抗排异药的门诊医疗费用。

第四节　失业保险

失业保险是指劳动者由于非本人原因暂时失去工作，致使工资收入中断而失去维持生计来源，并在重新寻找新的就业机会时，从国家或社会获得物质帮助以保障其基本生活的一种社会保险制度。

一、征缴范围

根据《社会保险费征缴暂行条例》的规定，失业保险费的征缴范围是，国有企业、城镇集体企业、外商投资企业、城镇私营企业和其他城镇企业及其职工，事业单位及其职工。另外，省、自治区、直辖市人民政府根据当地实际情况，可以规定将社会团体及其专职人员、民办非企业单位及其职工以及有雇工的城镇个体工商户及其雇工纳入失业保险的范围。

二、缴费比例

关于缴费比例，国家目前尚未出台统一的规定，以下是北京、上海、广州的失业保险缴费比例：

北京、上海、广州 2022 年失业保险缴费标准

失业保险	北京		上海		广州	
	个人	单位	个人	单位	个人	单位
缴费比例	0.5%	0.5%	0.5%	0.5%	0.2%	0.32% -0.8%

三、失业保险待遇

1. 享受条件

根据《社会保险法》的规定，劳动者享受失业保险待遇，应满足下列条件：

（1）失业前用人单位和本人已经缴纳失业保险费满 1 年的；

（2）非因本人意愿中断就业的；

（3）已办理失业登记，并有求职要求的。

2. 享受期限

《社会保险法》对失业人员领取失业保险金的期限作出了明确规定：

（1）失业人员失业前用人单位和本人累计缴费满 1 年不足 5 年的，领取失业保险金的期限最长为 12 个月；

（2）累计缴费满 5 年不足 10 年的，领取失业保险金的期限最长为 18 个月；

（3）累计缴费 10 年以上的，领取失业保险金的期限最长为 24 个月。

重新就业后，再次失业的，缴费时间重新计算，领取失业保险金的期限与前次失业应当领取而尚未领取的失业保险金的期限合并计算，最长不超过 24 个月。

3. 待遇内容

享受失业保险待遇的劳动者，可以领取失业保险金和医疗补助金；领取接受职业培训、职业介绍的补贴等；领取失业保险金期间死亡的失业人员，其直系亲属还可以领取丧葬补助金和其供养的配偶、直系亲属的抚恤金等补偿。

【法条链接】

《中华人民共和国社会保险法》

第四十五条　失业人员符合下列条件的，从失业保险基金中领取失业保险金：（略）

第四十六条　失业人员失业前用人单位和本人累计缴费满一年不足五年的，领取失业保险金的期限最长为十二个月；累计缴费满五年不足十年的，领取失业保险金的期限最长为十八个月；累计缴费十年以上的，领取失业保险金的期限最长为二十四个月。重新就业后，再次失业的，缴费时间重新计算，领取失业保险金的期限与前次失业应当领取而尚未领取的失业保险金的期限合并计算，最长不超过二十四个月。

第四十九条　失业人员在领取失业保险金期间死亡的，参照当地对在职职工死亡的规定，向其遗属发给一次性丧葬补助金和抚恤金。所需资金从失业保险基金中支付。

个人死亡同时符合领取基本养老保险丧葬补助金、工伤保险丧葬补助金和失业保险丧葬补助金条件的，其遗属只能选择领取其中的一项。

《社会保险费征缴暂行条例》

第三条　……失业保险费的征缴范围：国有企业、城镇集体企业、外商投资企业、城镇私营企业和其他城镇企业及其职工，事业单位及其职工。……

《失业保险条例》

第六条　城镇企业事业单位按照本单位工资总额的2%缴纳失业保险费。城镇企业事业单位职工按照本人工资的1%缴纳失业保险费。城镇企业事业单位招用的农民合同制工人本人不缴纳失业保险费。

第十条　失业保险基金用于下列支出：

（一）失业保险金；

（二）领取失业保险金期间的医疗补助金；

（三）领取失业保险金期间死亡的失业人员的丧葬补助金和其供养的配偶、直系亲属的抚恤金；

（四）领取失业保险金期间接受职业培训、职业介绍的补贴，补贴的办法和标准由省、自治区、直辖市人民政府规定；

（五）国务院规定或者批准的与失业保险有关的其他费用。

第十四条　具备下列条件的失业人员，可以领取失业保险金：

（一）按照规定参加失业保险，所在单位和本人已按照规定履行缴费义务满1年的；

（二）非因本人意愿中断就业的；

（三）已办理失业登记，并有求职要求的。

失业人员在领取失业保险金期间，按照规定同时享受其他失业保险待遇。

第五节　生育保险

生育保险是对女性劳动者因生育子女而暂时中断收入来源时，由社会和国家给予其必要的物质帮助的一种社会保险制度。依据国务院办公厅于2019年3月25日发布的《关于全面推进生育保险和职工基本医疗保险合并实施的意见》，2019年年底之前将会取消生育保险，将其合并到职工基本医疗保险中统一征缴。2019年12月25日，北京市医疗保障局、财政局、卫健委、人社局、税务局等联合发布《北京市生育保险和职工基本医疗保险合并实施意见》，自2020年1月1日起，北京市全面实现两项保险参保同步登记、基金合并运行、征缴管理一致、监督管理统一、经办服务一体化。两项保险合并实施后，生育保险基金支付范围不变，所需资金从职工基本医疗保险基金中支付。

一、征缴范围

《企业职工生育保险试行办法》规定，生育保险适用于城镇企业及其职工。各地一般只要求用人单位为有本市城镇户口的职工缴纳生育保险。生育保险和职工基本医疗保险合并实施后，参加职工医疗保险的在职职工将同步参加生育保险。

二、缴费比例

法律明确规定，职工个人不缴纳生育保险费，但对于企业的缴存比例没有统一的规定，由各地政府根据当地的实际情况确定。以下是北京、上海、广州的生育保险缴费比例：

北京、上海、广州2022年生育保险缴费标准

生育保险	北京		上海		广州	
	个人	单位	个人	单位	个人	单位
缴费比例	不缴	/	不缴	/	不缴	0.45%

以案说法

49. 企业能要求员工个人缴纳生育保险费吗？

北京某服装公司按照规定以公司职工工资总额0.8%的比例按月向社保机构缴纳生育保险费。同时，公司自行规定每个女职工应负担一部分保险费，即按女职工月工资0.3%的比例向其征收生育保险费，用于冲抵公司缴纳的部分生育保险费。后女职工得知按照国家规定职工个人无需缴纳生育保险费用，于是要求公司取消向职工征收生育保险费的规定，并退还已经向职工征收的生育保险费。

【律师点评】

根据《企业职工生育保险试行办法》的规定，生育保险费由企业按照其工资总额的一定比例向社会保险经办机构缴纳，职工个人不缴纳生育保险费。因此，本案中，公司擅自在职工月工资中扣除生育保险费的做法是违反法律规定的，应当向职工退还已收取的生育保险费。

三、生育保险待遇

根据《企业职工生育保险试行办法》的规定，享受生育保险待遇的劳动者可以在产假期间按月领取生育津贴；报销生育的检查费、接生费、手术费、住院费和药费；报销生育出院后，因生育引起疾病的医疗费。上述待遇都由生育保险基金支付。用人单位未为员工缴纳生育保险费的，应当按照上述标准承担相应生育费用和支付产假工资。

解读：生育津贴就是产假工资吗？

根据我国生育保险制度的设计，生育津贴就是女职工产假期间的工资，也就是说，企业依法缴纳生育保险后，女职工产假期间享受生育保险基金给付的生育津贴，企业通常情况下无需另行支付产假工资。但是，随着《社会保险法》和《女职工劳动保护特别规定》的出台，对于生育津贴的支付标准进行了调整，即修改为“生育津贴按照职工所在用人单位上年度职工月平均工资计发。”根据新的规定，由于生育津贴是由所在单位全部职工的月平均工资标准决定的，因此就出现了女职工所领生育津贴和其本人生育前工资标准不一致的问题，可能高于其本人工资标准，也可能低于其本人工资标准。

在这种情况下，产假工资应如何发放，各地又出台了不同的规定，比如北京规定，生育津贴低于本人工资标准的，企业应当按本人生育前工资标准予以补足，如生育津贴高于本人工资标准的，企业不得扣回，通俗地讲叫“补高不扣低”。而与之相反的，广东省曾规定，生育津贴低于本人工资标准的，企业应当按本人生育前工资标准予以补足，如生育津贴高于本人工资标准的，企业可以将高出部分扣回，也就是“补高又扣低”。但是，2015 年 1 月 1 日起，广东省开始施行新修订的《广东省职工生育保险规定》，对于生育津贴的支付也开始执行“补高不扣低”的原则。对此，企业 HR 在支付女职工产假工资时，应根据当地的相关规定正确核定支付标准，及时调整相应的操作流程，避免因未依法支付引发劳动争议和纠纷。

【法条链接】

《中华人民共和国社会保险法》

第五十五条 生育医疗费用包括下列各项：

（一）生育的医疗费用；

（二）计划生育的医疗费用；

（三）法律、法规规定的其他项目费用。

第五十六条 职工有下列情形之一的，可以按照国家规定享受生育津贴：

（一）女职工生育享受产假；

（二）享受计划生育手术休假；

（三）法律、法规规定的其他情形。

生育津贴按照职工所在用人单位上年度职工月平均工资计发。

《企业职工生育保险试行办法》

第二条 本办法适用于城镇企业及其职工。

第四条 生育保险根据“以支定收，收支基本平衡”的原则筹集资金，由企业按照其工资总额的一定比例向社会保险经办机构缴纳生育保险费，建立生育保险基金。生育保险费的提取比例由当地人民政府根据计划内生育人数和生育津贴、生育医疗费等项费用确定，并可根据费用支出情况适时调整，但最高不得超过工资总额的百分之一。企业缴纳的生育保险费作为期间费用处理，列入企业管理费用。

职工个人不缴纳生育保险费。

第五条 女职工生育按照法律、法规的规定享受产假。产假期间的生育津贴按照本企业上年度职工月平均工资计发，由生育保险基金支付。

第六条 女职工生育的检查费、接生费、手术费、住院费和药费由生育保险基金支付。超出规定的医疗服务费和药费（含自费药品和营养药品的药费）由职工个人负担。

女职工生育出院后，因生育引起疾病的医疗费，由生育保险基金支付；其他疾病的医疗费，按照医疗保险待遇的规定办理。女职工产假期满后，因病需要休息治疗的，按照有关病假待遇和医疗保险待遇规定办理。

《关于调整本市（北京市）职工生育保险政策有关问题的通知》

三、参加本市生育保险的职工，因生育或计划生育享受产假的，产假期间可享受生育津贴。生育津贴按照职工所在用人单位月缴费平均工资除以 30 天再乘以产假天数计发。

生育津贴即为产假工资，生育津贴高于本人产假工资标准的，用人单位不得克扣；生育津贴低于本人产假工资标准的，差额部分由用人单位补足。

《广东省职工生育保险规定》

第十七条 职工按照规定享受的生育津贴，由用人单位按照职工原工资标准先行垫付，再由医疗保障经办机构按照规定拨付给用人单位。有条件的地级以上市可以由医疗保障经办机构委托金融机构将生育津贴直接发放给职工。

职工已经享受生育津贴的，视同用人单位已经支付相应数额的工资。生育津贴高于职工原工资标准的，用人单位应当将生育津贴余额支付给职工；生育津贴低于职工原工资标准的，差额部分由用人单位补足。

职工依法享受的生育津贴，按规定免征个人所得税。

本条所称职工原工资标准，是指职工依法享受产假或者计划生育手术休假前 12 个月的月平均工资。职工依法享受假期前参加工作未满 12 个月的，按其实际参加工作的月份数计算。

第六节 工伤保险

工伤保险又称职业伤害保险，是指职工因工而致伤、病、残、死亡，而依法获得经济补偿和物质帮助的一种社会保险制度。

工伤保险争议，可以说是社会保险争议中发生频率最高、涉及纠纷最复杂的一类劳动争议。这一方面是由于发生工伤后，涉及的赔偿和待遇的给付数额往往较高，一些用人单位想通过阻碍工伤认定来减轻自己应承担的责任；另一方面，有关工伤的各种法定程序相对复杂，持续时间较长，包括工伤认定、劳动能力鉴定和工伤待遇给付等多个环节，因此，用人单位在任何一个环节处理不当，都可能引发争议。

国务院新修订的《工伤保险条例》（以下简称新《条例》）已于2011年1月1日起施行，这也是《社会保险法》颁布后修订的第一个配套法规。新《工伤保险条例》在工伤保险适用范围、工伤认定范围、工伤认定程序和工伤保险待遇等方面都发生了较大变化，本节将对上述变化内容做重点介绍。

同时，随着新《工伤保险条例》的实施，工伤保险参保范围进一步扩大，参保人数不断增加，工伤保险行政案件的数量进一步上升，新的问题和争议也在不断出现，为此，最高人民法院为了统一司法尺度，又出台了《关于审理工伤保险行政案件若干问题的规定》（以下简称《规定》），并于2014年9月1日起正式施行。该《规定》进一步明确了特殊情况下承担工伤保险责任的用人单位，细化了工伤认定中的“工作原因、工作时间和工作场所”“因工外出期间”以及“上下班途中”等问题，同时规定了由于第三人的原因造成工伤的三种处理方式。

2016年3月28日，人力资源社会保障部颁布实施了《关于执行〈工伤保险条例〉若干问题的意见（二）》（以下简称《意见（二）》），从劳动行政部门的角度进一步明确了工伤认定中“工作原因、工作时间和工作场所”“因工外出期间”以及“上下班途中”等要素，与最高院的相关规定实现了有效衔接。这些规定都将对未来的工伤保险司法实务产生重要的影响，我们也将在本节中逐一进行详细解读和介绍。

一、工伤保险费的缴纳

1. 征缴范围

根据新《工伤保险条例》的规定，我国境内的企业、事业单位、社会团体、民办非企业单位、基金会、律师事务所、会计师事务所等组织和有雇工的个体工商户均应当参加工伤保险，为本单位全部职工或者雇工缴纳工伤保险费。新《条例》将工伤保险的适用范围从过去的“各类企业和有雇工的个体工商户”扩大到了企业、不参照公务员法管理的各类事业单位、社会团体，以及民办非企业单位、基金会、律师事务所、会计师事务所等各类组织，使得工伤保险的适用范围更大，覆盖面更广。

同时，这里的全部职工或雇工，包括各种用工形式的劳动者，如农民工、小时工。需要特别指出的是，根据现行法律法规的规定，对于非全日制用工，也就是常说的“小时工”，法律并不强制用人单位像对待全日制用工那样缴纳全部社会保险，但是，用人单位必须为其缴纳工伤保险。

2. 缴费比例

根据不同行业的工伤风险程度，此前参照《国民经济行业分类》一般将行业分为 3 个类别。而 2015 年 10 月 1 日起施行的人力资源和社会保障部《关于调整工伤保险费率的通知》则对行业工伤风险类别进行了进一步的调整和细化，即依次将行业工伤风险类别划分为一类至八类。各行业一类至八类工伤风险类别对应的基准费率，分别控制在该行业用人单位职工工资总额的 0.2%、0.4%、0.7%、0.9%、1.1%、1.3%、1.6%、1.9%左右。此外，不同行业也划分了档次，其中，一类行业分为三个档次，即在基准费率的基础上，可向上浮动至 120%、150%；二类至八类行业分为五个档次，即在基准费率的基础上，可分别向上浮动至 120%、150%或向下浮动至 80%、50%。

依据人社部颁布施行《关于调整工伤保险费率的通知》，各地也陆续出台新规定调整当地工伤保险费率政策。例如，北京规定工伤保险行业基准费率，按照全国工伤保险行业基准费率规定执行。上海为进一步减轻用人单位工伤保险缴费负担，规定在按照全国工伤保险行业基准费率规定执行的基础上，自 2015 年 10 月 1 日起，二类至八类行业用人单位的工伤保险费率先行下浮一档按本行业基准费率的 80%执行，即一类至八类行业分别按该行业用人单位工伤保险缴费基数的 0.2%、0.32%、0.56%、0.72%、0.88%、1.04%、1.28%、1.52%缴费。广州则结合当地实际，规定八类工伤风险行业基准费率分别为 0.2%、0.4%、0.7%、0.9%、1.1%、1.2%、1.3%、1.4%。

此外，八类行业对应的工伤保险费率不是固定的，以二类行业的工伤保险费率为例，0.4%只是基础费率，各地保险经办机构根据当地的工伤保险浮动费率管理办法，在 0.4%费率的基础上，核定用人单位在下一年度应当浮动的工伤保险费比例。因此，实务中，HR 应严格根据当地的规定和政策要求确定缴费费率和履行缴费义务。

北京、上海、广州 2022 年工伤保险缴费标准

工伤保险	北京		上海		广州	
	个人	单位	个人	单位	个人	单位
缴费比例	不缴	0.2%—1.9%	不缴	0.16%—1.52%	不缴	0.2%—1.4%

二、工伤认定

1. 工伤认定的条件

（1）主体必须是劳动法律关系的一方当事人即劳动者。也就是说，与用人单位不构成劳动关系的员工在劳动中受到损害的，不能通过认定工伤获得相应的救济，如退休人员，在校大学生等。

但是，《意见（二）》在工伤认定的主体方面作了一些突破性的规定，旨在给予“超龄”员工更好的救济与保护。《意见（二）》第二条规定，对于达到或超过法定退休年龄，但未办理退休手续或者未依法享受城镇职工基本养老保险待遇，又继续在原用人单位工作的员工，工作期间受到事故伤害或患职业病的，应认定为工伤，由用人单位依法承担工伤保险责任。同时，新用人单位招用已经达到、超过法定退休年龄或已经领取城镇职工基本养老保险待遇的人员，在用工期间因工作原因受到事故伤害或患职业病的，如招用单位已按项目参保等方式为其缴纳工伤保险费的，应适用《工伤保险条例》的规定，认定为工伤。

《意见（二）》的规定实际上是对此前的《最高人民法院行政审判庭关于超过法定退休年龄的进城务工农民因工伤亡的，应否适用〈工伤保险条例〉请示的答复》的规定，所做的进一步明确和适用范围的扩大，将适用范围从农民工扩大到了全体职工。另外，需要说明的，上述规定中提到的“以项目方式参保”，是指根据人力资源和社会保障部《部分行业企业工伤保险费缴纳办法》的规定，针对建筑、服务、矿山等行业中难以直接按照工资总额计算缴纳工伤保险费的建筑施工企业、小型服务企业、小型矿山企业，可以以建筑施工项目为单位，或者按照营业面积的大小，或者按照总产量、吨矿工资含量为基础，再结合一定的费率来计算缴纳工伤保险费。因此，此类单位的上述“超龄”员工符合工伤条件，并且单位已经按项目参保方式为其缴纳工伤保险费的，一律认定工伤，并享受相应的工伤待遇。

（2）劳动者必须有人身损害的事实发生。

（3）劳动者的损害必须是在其履行工作职责过程中发生的。判断这一点，实践中主要依据“三工”要素来分析，即工作时间、工作场所和工作原因。如果满足上述“三工”要素，则可以认定事故是在劳动者履行工作职责过程中发生的。对此，《规定》以列举形式进一步明确了这一立法本意，即以下情形，均应认定为工伤：①在工作场所和工作时间内，没有证据证明是非工作原因导致职工受到伤害的；②职工参加用人单位组织或者受用人单位指派参加其他单位组织的活动受到伤害的；③在工作时间内，职工来往于多个与其工作职责相关的工作场所之间的合理区域因工受到伤害的；④其他与履行工作职责相关，在工作时间及合理区域内受到伤害的。从《规定》中不难看出，工伤认定的“三工”要素中，工作原因是核心要件，是认定工伤的充分条件。即使不在工作时间、工作场所，但只要是工作原因，同样应当认定为工伤。

（4）事故与劳动者受到的损害之间有因果关系。

（5）在法律规定的时间内提起工伤认定申请。

根据新《工伤保险条例》的规定，用人单位应当自事故伤害发生之日或者被诊断、鉴定为职业病之日起 30 日内，向劳动保障行政部门提出工伤认定申请。用人单位未在上述期限内提出的，受伤害职工或者其直系亲属、工会组织应在事故伤害发生之日或者被诊断、鉴定为职业病之日起 1 年内，直接提出工伤认定申请。

另外，《意见（二）》中，还首次列举了被延误的时间不计算在工伤认定申请时限内的情形，包括：①受不可抗力影响的；②职工由于被国家机关依法采取强制措施等人身自由受到限制不能申请工伤认定的；③申请人正式提交了工伤认定申请，但因社会保险机构未登记或者材料遗失等原因造成申请超时限的；④当事人就确认劳动关系申请劳动仲裁或提起民事诉讼的。也就是说，因上述情形导致工伤认定的申请超出法定时限的，劳动部门仍应受理。

解读：如何认定是否属于“上下班途中”？

本次《规定》的一个亮点就是，以列举形式进一步明确了何种情形属于员工“上下班途中”，将在合理时间内，往返于工作地与住所地、经常居住地、单位宿舍的合理路线，往返于工作地与配偶、父母、子女居住地的合理路线，从事属于日常工作生活所需要的活动的合理路线，均纳入了员工的“上下班途中”。上述规定以“合理”标准为基础来界定“上下班途中”，立法更为公平和人性化，可以预见，未来实务中在认定是否属于“上下班途中”时，将主要考虑这样几个要素：一是目的要素，即是否以上下班为目的；二是时间要素，即上下班时间是否合理；三是空间要素，即往返于工作地和居住地的路线是否合理。

实践中，争议较大的是员工在上下班途中绕道是否属于“上下班途中”，对此，从目前官方的解释来看，应当视绕道的原因而定。对于绕道的原因，实践中有因客观原因（突发事件、交通堵塞、天气恶劣等）而绕道，也有因私事而绕道等多种情形。因客观原因绕道的，原则上应认定为“上下班途中”。而因私事而绕道的，如职工在上下班途中从事属于日常工作生活所必需的活动，且在合理时间内未改变以上下班为目的的合理路线，例如，接送孩子上学、去菜市场买菜等，应当视为“上下班途中”，除此之外的其他情形原则上不宜认定为“上下班途中”，如下班后朋友聚会等。

以案说法

50. 违章作业致伤能认定为工伤吗？

孙某2006年5月起在某建筑公司做泥瓦工，日工资30元，双方未签订劳动合同。2007年9月8日下午，孙某接受公司安排参与维修某企业家属楼。在作业时，五楼的拐角处有两个窗口相隔约1米左右，孙某为图省事，违反公司操作守则规定，从一个窗口往另一个窗口跳，不幸坠下摔成重伤，被当即送往医院治疗。经医院诊断为：右肘关节粉碎性骨折，右臂骨粉碎性骨折，右脚关节骨折。

事后，公司未作出任何处理，孙某向公司提出应认定为工伤，要求享受工伤待遇。建筑公司认为，孙某是因违反单位规章制度而受伤的，根据《企业职工工伤保险试行办法》的规定，因蓄意违章而受伤、致残的，不应认定为工伤，因此，不同意孙某的要求。孙某只得自己向劳动行政部门提出工伤认定申请。

【律师点评】

这是一起因违章作业受伤而引起的工伤争议。工伤认定实行的是无过错补偿原则，即履行工作职责过程中发生的职业伤害，无论事故的责任是由用人单位、职工，还是第三者引起的，也无论用人单位在引起事故上有无过错，受伤害的劳动者主观上有无过失，均应认定为工伤，用人单位都应承担工伤待遇的给付。

当然，不是所有的违章作业致伤都可以认定为工伤，根据《企业职工工伤保险试行办法》的规定，蓄意违章造成负伤、致残、死亡的，不应认定为工伤。但是，如何界定蓄意违章，法律上没有明确的规定，从法理上理解，蓄意违章在主观上必须是故意的，而且须是以破坏生产、经营秩序为目的的，绝不是过失违章或一般的明知。本案中，从孙某的主观心理状态分析，孙某属于过于自信的过失，而不是故意。因此，孙某的行为只是一般违章，而不是蓄意违章，应认定为工伤。

还需要指出的是，《企业职工工伤保险试行办法》已于2007年11月9日经劳动和社会保障部宣布废止，其相关规定不再适用。因此，在工伤认定及其他相关问题上，企业应严格按照《社会保险法》和新《工伤保险条例》的相关规定执行。

2. 特殊情形下的工伤认定

（1）职工从事领导临时指派工作受伤

职工从事本单位领导临时指定工作负伤是否能认定为工伤，主要看两个方面：一是确实经本单位负责人或职工直接上司的指派，二是从事指派的临时工作有利于企业正常生产、经营或者有利于国家、社会利益。如满足上述条件，则职工负伤应认定为工伤。

（2）因工外出期间发生交通事故致残

职工受企业领导指派出差联系业务，属于从事本单位的工作，外出期间应视为工作时间。因工作原因，发生交通事故无论有无责任或责任大小，只要不属于自杀、自残行为，都应认定为工伤。

（3）职工在工作期间，突发疾病死亡

根据《工伤保险条例》的规定，职工在工作时间和工作岗位，突发疾病死亡或者在48小时之内经抢救无效死亡的，视同工伤。这里的“突发疾病”包括各类疾病，并非我们通常意义上的职业病或相关病症。“48小时”的起算时间，以医疗机构的初次诊断时间作为突发疾病的起算时间，而不是实际发病时间。

（4）职工因检举违法违纪行为，遭打击报复受伤

这类案件应当认定为工伤。为了鼓励劳动者见义勇为，和违法犯罪行为做斗争，《工伤保险条例》规定，在抢险救灾等维护国家利益、公共利益活动中受到伤害的，视同工伤。因此，这类案件不必满足工作时间、工作场所和工作原因等“三工”要素，只要是为了维护国家和社会利益，而负伤、致残或死亡的，都应认定为工伤。

（5）职工在单位组织的或代表单位参加运动会中受伤

根据原国务院法制办公室《对〈关于职工参加单位组织的体育活动受到伤害能否认定为工伤的请示〉的复函》的规定，作为单位的工作安排，职工参加体育训练而受到伤害的，应当认定为工伤。同时，《规定》中也进一步明确了，职工参加用人单位组织或者受用人单位指派参加其他单位组织的活动受到伤害的，应当认定为工伤。

解读：如何认定“因工外出期间”？

根据《工伤保险条例》的规定，职工因工外出期间，由于工作原因受到伤害或者发生事故下落不明的，应当认定为工伤。但是，相关的法律法规一直没有对“因工外出期间”给予相应的界定和解释，导致实务中存在很大的混乱。此次《规定》同样以列举的形式对“因工外出期间”所涉及的情形给予了明确，即：①职工受用人单位指派或者因工作需要在工作场所以外从事与工作职责有关的活动期间；②职工受用人单位指派外出学习或者开会期间；③职工因工作需要的其他外出活动期间。从上述规定可以看出，“因工外出期间”是指用人单位为了工作指派职工或者职工因工作需要，在工作场所或工作岗位以外从事与工作有关的活动期间。

员工在上述期间由于工作原因受到的伤害都应当认定为工伤，但由于“因工外出期间”不同于正常的“工作时间”，这也给“工作原因”的认定带来一定的难度。从本次《规定》出台的背景和官方的解读来看，对于这里的“工作原因”应是给出了一个较为宽泛的解释，即此处既包括与工作直接有关而形成的伤害，也包括开展工作过程中所发生的伤害，如外出途中产生的伤害，因住宿、餐饮等场所存在的不

安全因素产生的伤害等。因此，只要不属于员工从事与工作或者受用人单位指派外出学习、开会无关的个人活动受到的伤害，原则上均应认定为工伤。

3. 用人单位不依法提出工伤认定申请的法律后果

根据《工伤保险条例》的规定，用人单位应当自事故伤害发生之日或者被诊断、鉴定为职业病之日起30日内，向劳动保障行政部门提出工伤认定申请。如果用人单位未在上述规定的期限内提出申请，将承担以下法律后果：

（1）工伤职工或者其直系亲属、工会组织在事故伤害发生之日或者被诊断、鉴定为职业病之日起1年内，可以直接向用人单位所在地统筹地区劳动保障行政部门提出工伤认定申请。同时，事故伤害发生日至劳动保障行政部门受理工伤认定申请日期间，发生的符合工伤待遇的有关费用全部由用人单位承担，包括已参保职工原应由工伤保险基金支付的工伤待遇部分。

（2）工伤职工或者其直系亲属认为是工伤，而用人单位不认为是工伤的，由用人单位承担举证责任，用人单位一旦证据不足无法举证的，则工伤成立。

三、工伤保险待遇

用人单位依法为员工缴纳工伤保险费，发生工伤事故后，员工享受的工伤保险待遇由两部分构成，一部分由工伤保险基金支付，一部分由用人单位支付。《社会保险法》和新《工伤保险条例》在工伤保险待遇方面的变化主要涉及两个方面：一是，对由工伤保险基金和由用人单位支付项目的分配重新做了调整，总的来说，增加了工伤保险基金的支付项目，减少了用人单位承担的支付项目；二是，全面和大幅度提高了工伤保险待遇标准。

1. 由工伤保险基金支付的项目

（1）治疗费：符合工伤保险诊疗项目目录、工伤保险药品目录、工伤保险住院服务标准的治疗工伤所需费用。

（2）康复费：新《条例》施行后，工伤职工到签订服务协议的医疗机构进行工伤康复的费用，符合规定的，由工伤保险基金支付。

（3）辅助器具费：工伤职工因日常生活或者就业需要，经劳动能力鉴定委员会确认，可以安装假肢、矫形器、假眼、假牙和配置轮椅等辅助器具所需的费用。

（4）生活护理费：工伤职工已经评定伤残等级并经劳动能力鉴定委员会确认需要生活护理所需的费用。生活护理费按照生活完全不能自理、生活大部分不能自理或者生活部分不能自理3个不同等级支付，其标准分别为统筹地区上年度职工月平均工资的50%、40%或者30%。

（5）一次性伤残补助金：职工因工致残，工伤保险基金应按伤残等级支付一次性伤残补助金，标准为：一级伤残为27个月的本人工资，二级伤残为25个月的本人工资，三级伤残为 23 个月的本人工资，四级伤残为 21 个月的本人工资；五级伤残为 18 个月的本人工资，六级伤残为 16 个月的本人工资；七级伤残为 13 个月的本人工资，八级伤残为 11 个月的本人工资，九级伤残为 9 个月的本人工资，十级伤残为 7 个月的本人工资。

（6）伤残津贴：职工因工致残被鉴定为一级至四级伤残的，保留劳动关系，退出工作岗位的，工伤保险基金按月支付伤残津贴，标准为：一级伤残为本人工资的 90%，二级伤残为本人工资的 85%，三级伤残为本人工资的 80%，四级伤残为本人工资的 75%。伤残津贴实际金额低于当地最低工资标准的，或者工伤职工达到退休年龄并办理退休手续后，享受的基本养老保险待遇低于伤残津贴的，由工伤保险基金补足差额。

（7）丧葬补助金、供养亲属抚恤金和一次性工亡补助金：丧葬补助金为 6 个月的统筹地区上年度职工月平均工资；供养亲属抚恤金按照职工本人工资的一定比例发给由因工死亡职工生前提供主要生活来源、无劳动能力的亲属。标准为：配偶每月 40%，其他亲属每人每月 30%，孤寡老人或者孤儿每人每月在上述标准的基础上增加 10%。核定的各供养亲属的抚恤金之和不应高于因工死亡职工生前的工资；一次性工亡补助金标准为上一年度全国城镇居民人均可支配收入的 20 倍。

（8）劳动能力鉴定费：《社会保险法》施行后，向劳动能力鉴定委员会支付的劳动能力鉴定费用将由工伤保险基金承担。

（9）住院伙食补助费和外地就医的交通食宿费：职工住院治疗工伤的伙食补助费，以及经医疗机构出具证明，报经办机构同意，工伤职工到统筹地区以外就医所需的交通、食宿费用，从工伤保险基金支付。

（10）一次性工伤医疗补助金：职工因工致残被鉴定为五级、六级伤残的，经工伤职工本人提出，该职工可以与用人单位解除或者终止劳动关系，由工伤保险基金支付一次性工伤医疗补助金；职工因工致残被鉴定为七级至十级伤残的，劳动、聘用合同期满终止，或者职工本人提出解除劳动、聘用合同的，由工伤保险基金支付一次性工伤医疗补助金。

需要强调的是，上述第 9、10 项，即原由用人单位支付的工伤职工“住院伙食补助费”“统筹地区以外就医的交通食宿费”以及“终止或解除劳动关系时的一次性工伤医疗补助金”，根据《社会保险法》和新《条例》的规定，将改由工伤保险基金统一支付。

2. 由用人单位支付的项目

（1）停工留薪期的工资和护理费：在停工留薪期内（一般不超过 12 个月），原工资福利待遇不变，由用人单位按月支付；生活不能自理的工伤职工在停工留薪期需要护理的，由用人单位负责。

（2）伤残津贴：职工因工致残被鉴定为五级、六级伤残的，保留与用人单位的劳动关系，由用人单位安排适当工作。难以安排工作的，由用人单位按月发给伤残津贴，标准为：五级伤残为本人工资的70%，六级伤残为本人工资的60%，并由用人单位按照规定为其缴纳应缴纳的各项社会保险费。伤残津贴实际金额低于当地最低工资标准的，由用人单位补足差额。

（3）一次性伤残就业补助金：职工因工致残被鉴定为五级、六级伤残的，经工伤职工本人提出，该职工可以与用人单位解除或者终止劳动关系，由用人单位支付一次性伤残就业补助金；职工因工致残被鉴定为七级至十级伤残的，劳动合同期满终止，或者职工本人提出解除劳动合同的，由用人单位支付一次性伤残就业补助金。

以案说法

51. 企业瞒报工伤，应承担何种法律后果？

刘某是某建筑公司的工人，该建筑公司给刘某缴纳了工伤保险费。2008年8月，刘某在施工过程中肋骨全部断裂。此时的建筑公司正在申请建筑行业质量体系认证，为了保障认证工作顺利进行，企业隐瞒了刘某的工伤。5个月后，刘某治愈出院，要求企业申请工伤认定。企业认为，刘某受伤已经超过1个月，企业再无权利申请。于是，2009年3月，刘某自己向劳动保障行政部门提出工伤认定申请。

劳动保障行政部门受理后，作出了刘某属于工伤的认定结果。刘某于是依据工伤认定的结果，向劳动争议仲裁委员会提起申诉，要求该公司支付其停工留薪期间的工资、护理费、伙食补助费及企业未及时申报工伤给自己造成的工伤待遇损失。但该公司认为，公司为刘某缴纳了工伤保险费，刘某的工伤待遇应当由工伤保险基金支付。

【审理结果】

劳动争议仲裁委员会经审理，裁决公司承担劳动保障行政部门受理工伤认定申请日前已发生的符合工伤待遇的全部费用，包括刘某停工留薪期间的工资、住院治疗费、护理费和伙食补助费等。

【律师点评】

本案公司对于工伤保险待遇的错误理解导致了不但要依法承担相关待遇的给付，还要因瞒报工伤承担更大的责任和损失。

首先，工伤发生后，企业不能因为已经缴纳了工伤保险费，就不再承担任何工伤待遇的给付。本案中，企业仍应承担工伤职工停工留薪期间的工资、护理费，住院伙食补助费、食宿费等工伤待遇。当然，2011年1月1日后，企业承担的前述工伤待遇支付项目有所减少。

其次，法律法规规定，用人单位应当自事故伤害发生之日起30日内，向劳动保障行政部门提出工伤认定申请，这是为了督促用人单位及时、快速地为劳动者申报工伤，但并非30天一过，用人单位就无权申报。相反，30天过后，用人单位仍有义务申报工伤。

用人单位瞒报工伤，导致的一个很不利的法律后果就是，根据《工伤保险条例》的规定，用人单位未在30日的时限内提交工伤认定申请的，在此期间发生的符合工伤待遇的有关费用均由用人单位负担。即自事故伤害发生日至劳动保障行政部门受理工伤认定申请日期间，发生的符合工伤待遇的有关费用全部由用人单位承担。本案中，由于建筑公司未在30日内提交工伤认定申请，因此，刘某的住院治疗费用就只能由该建筑公司全额承担，即使参加了工伤保险，也无法从工伤保险基金中得到报销。

以案说法

52. 非法用工，用人单位应当如何赔偿？

2018年5月，王某进入刚成立的某快递公司，担任车队驾驶员工作。2018年11月26日，王某驾驶重型货车在送货途中与其他车辆发生了追尾撞击，他受伤当即就被送进了医院。事发后，交通管理部门经过现场勘查，认定王某对该起事故负全责。经过两次住院治疗，2019年3月，王某出院，医院向其出具了病情证明单，建议其休息至2019年5月8日，这期间，王某一直休息未上班。休假结束后，王某找到公司领导要求报销医疗费、护理费、伙食费等费用，公司却拒绝承担任何责任。王某于是自己向劳动行政部门申请工伤认定，但被告知，公司真正的注册成立时间是在2018年12月29日，也就是说，王某发生交通事故之时，公司还不具有用工主体资格，因此，劳动行政部门无法受理他的工伤认定申请。2019年7月，王某向劳动争议仲裁委员会提出仲裁申请，要求确认与公司之间存在劳动关系，劳动争议仲裁委员会依法受理，经审理作出了认定双方存在劳动关系的裁决。2019年底，王某再次提请仲裁，要求公司支付其因工致残一次性赔偿金、工伤鉴定费、医疗费、住院护理费、伙食费以及2018年11月至2019年12月停工留薪期工资共计11余万元。

【审理结果】

仲裁委员会经审理后确认，自2018年5月至2019年5月，王某与快递公司存在劳动关系，以仲裁委员会作出的裁决书为证。因王某受伤当时快递公司尚属未经依法登记、备案的非法用工主体，故由劳动争议仲裁委员会按申请人在工作中受到事故伤害的情形委托当地劳动能力鉴定委员会对申请人伤情进行劳动能力鉴定，该委员会作出的鉴定结论为符合因工致残9级。

最终，仲裁委员会认为，王某与快递公司之间劳动关系成立，据此裁决，王某因工致残9级，公司应按他负伤前上年度职工年平均工资的2倍支付一次性赔偿金；同时，按《工伤保险条例》规定的标准和范围，承担医疗费、住院护理费、伙食费等费用，并报销工伤鉴定费。另外，根据医疗机构出具的病情证明，仲裁委员会认定2018年11月26日至2019年5月8日期间为王某工伤治疗期，此期间应由公司按月支付停工留薪期间的工资。由于2019年5月8日以后王某没有提供劳动，也未再进行治疗，其亦未提供医院建议休息的依据，故对其要求公司支付此后工资的请求不予支持。

【律师点评】

实践中，非法用工造成伤害赔偿的劳动争议处理是一类比较复杂的案件，一方面，企业与员工之间没有合法的劳动关系，另一方面，劳动保障行政部门和劳动争议仲裁机构及法院对相关法律法规的理解存在矛盾，这使得受伤员工在维权的道路上步履维艰。对于企业而言，如果被认定为非法用工，除了要承担更重的赔偿责任外，还将面临相关部门的行政处罚。

根据《非法用工单位伤亡人员一次性赔偿办法》的规定，非法用工主要是指两种情形，一是无营业执照或者未经依法登记、备案的单位以及被吊销营业执照或者撤销登记、备案的单位招用员工从事劳动的行为；二是依法设立的单位使用童工的行为。非法用工的单位和员工之间到底是不是劳动关系，相关争论由来已久。一种观点认为，劳动关系必须建立在合法用工主体与劳动者之间，因此，非法用工主体与雇佣的劳动者之间的纠纷，只能被作为雇佣合同处理，通过一般的雇员人身损害赔偿得到救济。另一种观点认为，是否具有合法的劳动用工权，不是区分劳动关系和雇佣关系的唯一标准，只要用工双方形成事实上的劳动关系，即可否定雇佣关系的适用。因此，因非法用工致伤，应当视同工伤，受伤劳动者应享受工伤保险待遇。

后者是目前比较普遍的观点，本案仲裁委员会也是基于该观点认定双方形成事实上的劳动关系，王某应享受相应的工伤保险待遇。因此，公司除须按《工伤保险条例》规定的标准和范围，支付工伤待遇外，还应按《非法用工单位伤亡人员一次性赔偿办法》的规定，支付一次性赔偿金。

【HR应对】

1. 对各种用工形式的员工，企业都应及时参加和缴纳工伤保险，尤其是房地产、建筑、生产制造和加工等行业，用工形式灵活，管理松散，发生工伤事故的几率明显高于其他行业。因此，参加工伤保险，能在一定程度上转移高额赔付的风险。

2. 对于参加了工伤保险的企业，当发生工伤事故时，企业HR应做好以下几点：

（1）及时救治并保存好各项费用单据

根据《工伤保险条例》的规定，职工发生工伤时，用人单位应当采取措施使工伤职工得到及时救治。同时，企业应保存好救治医院开具的各项急救费用和诊断单据，以备工伤认定和工伤费用报销之用。

（2）30 日内提出工伤认定申请

企业应当自事故伤害发生之日起30 日内，向劳动保障行政部门提出工伤认定申请。企业 HR 应避免瞒报或拖延申报工伤，否则，企业将承担延迟申报期间的全部工伤待遇。

（3）工伤认定后，按规定支付停工留薪期间的待遇

认定工伤后，企业应当根据医院出具的诊断证明材料，参照当地工伤停工留薪期管理办法，确定停工留薪的期限，并按月支付停工留薪期待遇。如果员工未能认定为工伤，则应按医疗期处理。

（4）员工伤情相对稳定后，为其申请劳动能力鉴定

员工伤情相对稳定，停工留薪期满，企业应当为员工申请劳动功能障碍程度和生活自理障碍程度的等级鉴定，即劳动能力鉴定，也就是通常所说的“评残”。

（5）根据员工伤残等级，为其申领工伤待遇

员工伤残等级经劳动能力鉴定确定后，企业应当据此为工伤员工申领相应的工伤待遇，并根据规定支付自己应承担的工伤补偿。

【法条链接】

《中华人民共和国社会保险法》

第三十七条 职工因下列情形之一导致本人在工作中伤亡的，不认定为工伤：

（一）故意犯罪；

（二）醉酒或者吸毒；

（三）自残或者自杀；

（四）法律、行政法规规定的其他情形。

第三十八条 因工伤发生的下列费用，按照国家规定从工伤保险基金中支付：（略）

第三十九条 因工伤发生的下列费用，按照国家规定由用人单位支付：（略）

《工伤保险条例》

第二条 中华人民共和国境内的企业、事业单位、社会团体、民办非企业单位、基金会、律师事务所、会计师事务所等组织和有雇工的个体工商户（以下称用人单位）应当依照本条例规定参加工伤保险，为本单位全部职工或者雇工（以下称职工）缴纳工伤保险费。

中华人民共和国境内的企业、事业单位、社会团体、民办非企业单位、基金会、律师事务所、会计师事务所等组织的职工和个体工商户的雇工，均有依照本条例的规定享受工伤保险待遇的权利。

第四条 ……职工发生工伤时，用人单位应当采取措施使工伤职工得到及时救治。

第十条 用人单位应当按时缴纳工伤保险费。职工个人不缴纳工伤保险费。

用人单位缴纳工伤保险费的数额为本单位职工工资总额乘以单位缴费费率之积。

对难以按照工资总额缴纳工伤保险费的行业，其缴纳工伤保险费的具体方式，由国务院社会保险行政部门规定。

第十四条　职工有下列情形之一的，应当认定为工伤：

（一）在工作时间和工作场所内，因工作原因受到事故伤害的；

（二）工作时间前后在工作场所内，从事与工作有关的预备性或者收尾性工作受到事故伤害的；

（三）在工作时间和工作场所内，因履行工作职责受到暴力等意外伤害的；

（四）患职业病的；

（五）因工外出期间，由于工作原因受到伤害或者发生事故下落不明的；

（六）在上下班途中，受到非本人主要责任的交通事故或者城市轨道交通、客运轮渡、火车事故伤害的；

（七）法律、行政法规规定应当认定为工伤的其他情形。

第十五条　职工有下列情形之一的，视同工伤：

（一）在工作时间和工作岗位，突发疾病死亡或者在48小时之内经抢救无效死亡的；

（二）在抢险救灾等维护国家利益、公共利益活动中受到伤害的；

（三）职工原在军队服役，因战、因公负伤致残，已取得革命伤残军人证，到用人单位后旧伤复发的。

职工有前款第（一）项、第（二）项情形的，按照本条例的有关规定享受工伤保险待遇；职工有前款第（三）项情形的，按照本条例的有关规定享受除一次性伤残补助金以外的工伤保险待遇。

第十六条　职工符合本条例第十四条、第十五条的规定，但是有下列情形之一的，不得认定为工伤或者视同工伤：（略）

第十七条　职工发生事故伤害或者按照职业病防治法规定被诊断、鉴定为职业病，所在单位应当自事故伤害发生之日或者被诊断、鉴定为职业病之日起30日内，向统筹地区社会保险行政部门提出工伤认定申请。遇有特殊情况，经报社会保险行政部门同意，申请时限可以适当延长。

用人单位未按前款规定提出工伤认定申请的，工伤职工或者其近亲属、工会组织在事故伤害发生之日或者被诊断、鉴定为职业病之日起1年内，可以直接向用人单位所在地统筹地区社会保险行政部门提出工伤认定申请。

按照本条第一款规定应当由省级社会保险行政部门进行工伤认定的事项，根据属地原则由用人单位所在地的设区的市级社会保险行政部门办理。

用人单位未在本条第一款规定的时限内提交工伤认定申请，在此期间发生符合本条例规定的工伤待遇等有关费用由该用人单位负担。

第三十条～第三十九条（略）

《最高人民法院关于审理工伤保险行政案件若干问题的规定》

第四条　社会保险行政部门认定下列情形为工伤的，人民法院应予支持：

（一）职工在工作时间和工作场所内受到伤害，用人单位或者社会保险行政部门没有证据证明是非工作原因导致的；

（二）职工参加用人单位组织或者受用人单位指派参加其他单位组织的活动受到伤害的；

（三）在工作时间内，职工来往于多个与其工作职责相关的工作场所之间的合理区域因工受到伤害的；

（四）其他与履行工作职责相关，在工作时间及合理区域内受到伤害的。

第五条 社会保险行政部门认定下列情形为“因工外出期间”的，人民法院应予支持：

（一）职工受用人单位指派或者因工作需要在工作场所以外从事与工作职责有关的活动期间；

（二）职工受用人单位指派外出学习或者开会期间；

（三）职工因工作需要的其他外出活动期间。

职工因工外出期间从事与工作或者受用人单位指派外出学习、开会无关的个人活动受到伤害，社会保险行政部门不认定为工伤的，人民法院应予支持。

第六条 对社会保险行政部门认定下列情形为“上下班途中”的，人民法院应予支持：

（一）在合理时间内往返于工作地与住所地、经常居住地、单位宿舍的合理路线的上下班途中；

（二）在合理时间内往返于工作地与配偶、父母、子女居住地的合理路线的上下班途中；

（三）从事属于日常工作生活所需要的活动，且在合理时间和合理路线的上下班途中；

（四）在合理时间内其他合理路线的上下班途中。

最高人民法院《关于超过法定退休年龄的进城务工农民因工伤亡的，应否适用〈工伤保险条例〉请示的答复》

山东省高级人民法院：

你院报送的《关于超过法定退休年龄的进城务工农民工作时间内受伤是否适用〈工伤保险条例〉的请示》收悉。经研究，原则同意你院的倾向性意见。即：用人单位聘用的超过法定退休年龄的务工农民，在工作时间内、因工作原因伤亡的，应当适用《工伤保险条例》的有关规定进行工伤认定。

此复。

《人力资源社会保障部关于执行〈工伤保险条例〉若干问题的意见（二）》

二、达到或超过法定退休年龄，但未办理退休手续或者未依法享受城镇职工基本养老保险待遇，继续在原用人单位工作期间受到事故伤害或患职业病的，用人单位依法承担工伤保险责任。

用人单位招用已经达到、超过法定退休年龄或已经领取城镇职工基本养老保险待遇的人员，在用工期间因工作原因受到事故伤害或患职业病的，如招用单位已按项目参保等方式为其缴纳工伤保险费的，应适用《工伤保险条例》。

四、职工在参加用人单位组织或者受用人单位指派参加其他单位组织的活动中受到事故伤害的，应当视为工作原因，但参加与工作无关的活动除外。

六、职工以上下班为目的、在合理时间内往返于工作单位和居住地之间的合理路线，视为上下班途中。

八、有下列情形之一的，被延误的时间不计算在工伤认定申请时限内。

（一）受不可抗力影响的；

（二）职工由于被国家机关依法采取强制措施等人身自由受到限制不能申请工伤认定的；

（三）申请人正式提交了工伤认定申请，但因社会保险机构未登记或者材料遗失等原因造成申请超时限的；

（四）当事人就确认劳动关系申请劳动仲裁或提起民事诉讼的；

（五）其他符合法律法规规定的情形。

《部分行业企业工伤保险费缴纳办法》

第二条 本办法所称的部分行业企业是指建筑、服务、矿山等行业中难以直接按照工资总额计算缴纳工伤保险费的建筑施工企业、小型服务企业、小型矿山企业等。

前款所称小型服务企业、小型矿山企业的划分标准可以参照《中小企业标准暂行规定》（国经贸中小企〔2003〕143号）执行。

第三条 建筑施工企业可以实行以建筑施工项目为单位，按照项目工程总造价的一定比例，计算缴纳工伤保险费。

第四条 商贸、餐饮、住宿、美容美发、洗浴以及文体娱乐等小型服务业企业以及有雇工的个体工商户，可以按照营业面积的大小核定应参保人数，按照所在统筹地区上一年度职工月平均工资的一定比例和相应的费率，计算缴纳工伤保险费；也可以按照营业额的一定比例计算缴纳工伤保险费。

第五条 小型矿山企业可以按照总产量、吨矿工资含量和相应的费率计算缴纳工伤保险费。

《非法用工单位伤亡人员一次性赔偿办法》

第二条 本办法所称非法用工单位伤亡人员，是指在无营业执照或者未经依法登记、备案的单位以及被依法吊销营业执照或者撤销登记、备案的单位受到事故伤害或者患职业病的职工，或者用人单位使用童工造成的伤残、死亡童工。

前款所列单位必须按照本办法的规定向伤残职工或死亡职工的近亲属、伤残童工或者死亡童工的近亲属给予一次性赔偿。

第三条 一次性赔偿包括受到事故伤害或者患职业病的职工或童工在治疗期间的费用和一次性赔偿金。一次性赔偿金数额应当在受到事故伤害或者患职业病的职工或童工死亡或者经劳动能力鉴定后确定。

劳动能力鉴定按照属地原则由单位所在地设区的市级劳动能力鉴定委员会办理。劳动能力鉴定费用由伤亡职工或童工所在单位支付。

第四条 职工或童工受到事故伤害或者患职业病，在劳动能力鉴定之前进行治疗期间的生活费按照统筹地区上年度职工月平均工资标准确定，医疗费、护理费、住院期间的伙食补助费以及所需的交通费等费用按照《工伤保险条例》规定的标准和范围确定，并全部由伤残职工或童工所在单位支付。

第五条 一次性赔偿金按照以下标准支付：

一级伤残的为赔偿基数的16倍，二级伤残的为赔偿基数的14倍，三级伤残的为赔偿基数的12倍，四级伤残的为赔偿基数的10倍，五级伤残的为赔偿基数的8倍，六级伤残的为赔偿基数的6倍，七级伤残的为赔偿基数的4倍，八级伤残的为赔偿基数的3倍，九级伤残的为赔偿基数的2倍，十级伤残的为赔偿基数的1倍。

前款所称赔偿基数，是指单位所在工伤保险统筹地区上年度职工年平均工资。

第六条 受到事故伤害或者患职业病造成死亡的，按照上一年度全国城镇居民人均可支配收入的20倍支付一次性赔偿金，并按照上一年度全国城镇居民人均可支配收入的10倍一次性支付丧葬补助等其他赔偿金。

第七节　社会保险实务疑难热点

1. 单位招用退休返聘人员，是否应缴纳社会保险费？

已经办理了退休的人员，不具备劳动法意义上的劳动者主体资格，因此，单位无须为其缴纳社会保险费。

2. 劳动者同意用人单位以现金补贴方式免除用人单位缴纳社会保险费的义务，后劳动者又要求用人单位补缴社会保险费的，用人单位能否要求劳动者返还现金补贴？

可以。如果用人单位有明确的证据表明，双方就以现金补贴方式免除用人单位缴纳社会保险义务达成了一致，或每个月发放给劳动者的工资项目中有固定的社保现金补贴，那么，用人单位在为劳动者补缴社会保险时，可以要求劳动者返还上述现金补贴。

3. 企业没有给员工缴纳社会保险费，或缴费基数较低，员工能否在离职时要求企业将社会保险费补偿给员工个人？

不能。缴纳社会保险费是用人单位和劳动者的一项法定义务，用人单位未依法缴纳社会保险费的，劳动者可以要求用人单位补缴，因此给劳动者造成损失的，可以要求用人单位支付保险待遇和赔偿金，但是，不能要求用人单位将社保费直接补偿给其个人。

4. 企业能否停止或中断给办理了下岗、内退手续的职工缴纳社会保险费？

不能。在我国计划经济体制转型的过程中，出现了大量的下岗、内退职工。他们的身份比较特殊，虽然不在企业工作了，但由于多是因企业生产经营等原因而并非本人过失下岗或内退的，因此，从劳动法律关系上来说，他们仍然是劳动者，与企业存在劳动关系，所以理应和在岗职工一样享有依法参加社会保险、继续缴纳社会保险费的权利和义务，企业应按照当地的具体规定继续缴纳，直到职工达到退休年龄正式办理退休后。

但是，如果上述职工再就业的，根据2021年1月1日起施行的《最高人民法院关于审理劳动争议案件适用法律问题的解释（一）》的规定，其与新用人单位之间的用工关系属于劳动关系，因此，新用人单位应依法承担缴纳社会保险的义务。对此，原用人单位可以要求为上述职工办理停缴手续，由新用人单位继续为其缴纳社会保险，并承担相应的社会保险待遇的给付。

5. 劳动者超过法定退休年龄后，能否主张企业补缴退休前养老保险？

实践中，劳动者超过法定退休年龄后，因要求补办参保手续或追索社会保险待遇损失而发生的纠纷，能否被作为劳动争议受理或获得支持，实践中有很大的争议。很多地方对于上述争议不予受理或者对于上述请求不予支持，理由是，劳动者超过法定退休年龄，就不具备劳动法调整的劳动者主体资格，因此，不属于劳动争议。但也有地区，如武汉，规定上述情形下，应裁决或判决用人单位为劳动者补办基本养老保险手续及退休手续。若不能补办的，由用人单位参照养老保险的缴费标准，补偿劳动者相应损失。因此，如何解决上述问题，企业 HR 应参照当地的具体规定执行。

6. 企业未给员工参加工伤保险，发生工伤事故的，应如何处理？

实务中，员工因企业未为其缴纳工伤保险，而导致不能享受工伤保险待遇的，员工有权要求企业按照工伤保险待遇的标准支付全部费用。为了加大对受伤员工的保护力度，使其不至于因企业的拖欠支付而无法得到及时救治，《社会保险法》进一步规定，上述情况下，如果用人单位不支付的，可以从工伤保险基金中先行支付。从工伤保险基金中先行支付的工伤保险待遇由用人单位偿还，用人单位不偿还的，社会保险经办机构可以依法追偿。

7. 劳动者因第三人侵权遭受伤害被认定为工伤的，能否要求双份赔偿？

在涉及第三人侵权导致工伤的案件中，关于工伤赔偿请求权与民事侵权赔偿请求权发生重叠如何处理的问题，在实践中时常发生，由于现行法律法规欠缺明确具体的规定，因此，经常引发争议和分歧。一种意见认为劳动者可享受双重赔偿；另一种意见则认为，因第三人侵权发生工伤，第三人已经给付受害人的费用，如医疗费、护理费、辅助器具费、住院伙食补助费等，用人单位可以不再支付相应待遇，但如果赔偿费用低于工伤保险待遇标准的，用人单位应补足差额部分。

《社会保险法》就此问题作出了明确规定，即“对于因第三人的原因造成工伤的，第三人不支付医疗费用或无法确定第三人的，医疗费用由工伤保险基金先行支付。工伤保险基金先行支付后，有权向第三人追偿。”也就是说，医疗费用不能同时向第三人和工伤保险基金重复主张，只能选择其中之一提出赔付请求。原则上，医疗费用应由第三人承担，在第三人不支付医疗费用或无法确定第三人的情况下，医疗费用则先由工伤保险基金支付。工伤保险基金先行支付后，即获得了向第三人追偿的权利。

但是，对于工伤职工的住院伙食费、交通费、住宿费、护理费、辅助器具费、停工留薪工资等其他费用和待遇，如果工伤员工向第三人主张赔付后，是否还可以请求工伤保险基金或用人单位再次支付，新法则没有明确规定。实务中，一般来说，对于工伤员工已经获得赔偿的上述费用，不应再享受工伤保险的对应待遇。但是，如上述赔偿费用低于工伤保险待遇标准的，工伤员工可以要求补足差额部分。

另外，本次《规定》也进一步从程序规制上保障了工伤员工获得工伤保险待遇的权利，即除第三人已经支付的医疗费用外，工伤员工请求工伤认定以及获得工伤保险待遇的权利，不因其向第三人提起民事诉讼或请求民事赔偿而受到任何限制。

8. 用人单位异地用工，员工发生工伤后，如何认定工伤？

一般来说，单位异地用工有几种形式，不同形式下的工伤认定及待遇标准的适用也是有区别的，分别如下：

一种是用人单位注册地和实际经营地不在同一统筹地区，单位在实际经营地招聘员工并实际用工，这种情况下，单位原则上应在注册地为员工参加工伤保险，未在注册地参加工伤保险的，用人单位应在实际经营地为其参加工伤保险。发生工伤后，在参保地进行工伤认定，并按参保地的标准享受工伤保险待遇。

第二种是劳务派遣单位跨地区派遣劳动者的，根据《劳务派遣暂行规定》，此种情况下，应当在用工单位所在地为被派遣劳动者参加社会保险，劳务派遣单位在用工单位所在地设立分支机构的，由分支机构为被派遣劳动者办理参保手续，没有设立分支机构的，由用工单位代劳务派遣单位为被派遣劳动者办理参保手续，缴纳社会保险费。发生工伤后，在用工单位所在地进行工伤认定，并按用工单位所在地的标准享受工伤保险待遇。

第三种是《意见（二）》中新明确的一种情形，即员工因工作原因长期驻外，有固定的住所和明确的作息时间，这种情况下，如员工发生工伤，应按照在驻在地当地正常工作的情形处理，即按照驻在地的标准享受工伤保险待遇。但实务中，不难想象，涉及工伤保险基金的支付部分，仍然是由参保地的社保机构根据当地标准来进行支付。

【法条链接】

《中华人民共和国社会保险法》

第四十一条 职工所在用人单位未依法缴纳工伤保险费，发生工伤事故的，由用人单位支付工伤保险待遇。用人单位不支付的，从工伤保险基金中先行支付。

从工伤保险基金中先行支付的工伤保险待遇应当由用人单位偿还。用人单位不偿还的，社会保险经办机构可以依照本法第六十三条的规定追偿。

第四十二条 由于第三人的原因造成工伤，第三人不支付工伤医疗费用或者无法确定第三人的，由工伤保险基金先行支付。工伤保险基金先行支付后，有权向第三人追偿。

《最高人民法院关于审理劳动争议案件适用法律问题的解释（一）》

第三十二条 用人单位与其招用的已经依法享受养老保险待遇或者领取退休金的人员发生用工争议而提起诉讼的，人民法院应当按劳务关系处理。

企业停薪留职人员、未达到法定退休年龄的内退人员、下岗待岗人员以及企业经营性停产放长假人员，因与新的用人单位发生用工争议而提起诉讼的，人民法院应当按劳动关系处理。

《最高人民法院关于审理工伤保险行政案件若干问题的规定》

第八条　职工因第三人的原因受到伤害，社会保险行政部门以职工或者其近亲属已经对第三人提起民事诉讼或者获得民事赔偿为由，作出不予受理工伤认定申请或者不予认定工伤决定的，人民法院不予支持。

职工因第三人的原因受到伤害，社会保险行政部门已经作出工伤认定，职工或者其近亲属未对第三人提起民事诉讼或者尚未获得民事赔偿，起诉要求社会保险经办机构支付工伤保险待遇的，人民法院应予支持。

职工因第三人的原因导致工伤，社会保险经办机构以职工或者其近亲属已经对第三人提起民事诉讼为由，拒绝支付工伤保险待遇的，人民法院不予支持，但第三人已经支付的医疗费用除外。

《人力资源社会保障部关于执行〈工伤保险条例〉若干问题的意见（二）》

五、职工因工作原因驻外，有固定的住所、有明确的作息时间，工伤认定时按照在驻在地当地正常工作的情形处理。

七、用人单位注册地与生产经营地不在同一统筹地区的，原则上应在注册地为职工参加工伤保险；未在注册地参加工伤保险的职工，可由用人单位在生产经营地为其参加工伤保险。

劳务派遣单位跨地区派遣劳动者，应根据《劳务派遣暂行规定》参加工伤保险。建筑施工企业按项目参保的，应在施工项目所在地参加工伤保险。

职工受到事故伤害或者患职业病后，在参保地进行工伤认定、劳动能力鉴定，并按照参保地的规定依法享受工伤保险待遇；未参加工伤保险的职工，应当在生产经营地进行工伤认定、劳动能力鉴定，并按照生产经营地的规定依法由用人单位支付工伤保险待遇。

第十章　劳动合同的变更

由于企业管理的复杂性和外部环境变化的不确定性，劳动合同签订后，合同内容随经营需要和员工情况而产生变更在所难免。但是劳动合同的变更必须满足一定的条件，并且遵守法定的程序。实务中很多企业认为，劳动合同的变更完全由企业说了算，想怎么变就怎么变，员工必须服从，由此导致劳动合同的变更，特别是与员工利益密切相关的岗位调整成了劳动争议的高发区。本节将主要介绍岗位调整的条件和相关实务技巧。

第一节　协商变更劳动合同

劳动合同签订后，双方约定的内容以书面形式固定下来，具有相对的稳定性和可预见性。比如，工作岗位，既是员工工作内容的重要体现形式，也是员工决定是否签约的重要依据。为了防止用人单位滥用优势地位，在签约后随意变更劳动合同，损害劳动者的合法权益，《劳动合同法》对劳动合同的变更提出了严格的要求。

根据《劳动合同法》的规定，劳动合同变更应当满足两个条件：（1）必须经过双方协商一致；（2）必须采取书面形式，二者缺一不可。调整岗位作为合同变更的重要内容，用人单位若没有经过协商一致而单方调岗，员工有权拒绝，劳动合同应当按原约定继续履行。但值得注意的是，《最高人民法院关于审理劳动争议案件适用法律若干问题的解释（四）》（已失效）、2021 年 1 月 1 日施行的《最高人民法院关于审理劳动争议案件适用法律问题的解释（一）》在这方面做了一定的变通，即虽然企业变更劳动合同未采用书面形式，但口头变更后的劳动合同已经实际履行超过 1 个月，且变更后的劳动合同内容不违反法律、行政法规、国家政策以及公序良俗的，该变更将被认定为有效。需要注意的是，新出台的《最高人民法院关于审理劳动争议案件适用法律问题的解释（一）》虽然同样肯定了口头变更且已实际履行超过 1 个月的劳动合同可以不采用书面变更，但是相较于原《司法解释四》的规定，新《司法解释一》重点增加和强调了口头变更劳动合同也应协商一致的前提。因此，用人单位将由此面临更高的举证要求，发生争议时需进一步提供其他证据材料证明双方曾就口头变更劳动合同内容达成协商一致。

以案说法

53. 劳动合同规定“可根据需要进行调岗”是否有效?

李某2016年就职某日资公司，其与公司的劳动合同中约定，职位为销售主管，月薪为5000元。合同同时约定，公司可以视企业的经营状况和工作需要，合理调整其工作岗位，员工必须服从，且薪随岗变。2018年，公司效益出现下滑，决定缩编管理岗位，在此情况下，2018年4月5日，公司向李某发出了书面调岗通知，表明由于企业经营状况发生变化，所以决定将李某的职位调整为一般的销售人员，薪水降为3000元。

对此，李某十分不满，他一方面坚持正常上班，一方面多次找公司领导理论，并表示调岗后其工作内容和性质均未发生实质变化，因此，要求公司撤销调岗决定。但由于公司坚持有权根据工作需要，调整员工工作岗位，双方协商无果，2018年6月5日，李某向劳动争议仲裁委员会申请了劳动仲裁，请求撤销公司的调岗决定，双方按原劳动合同继续履行，并补偿4月和5月的工资损失。

【审理结果】

劳动争议仲裁委员会审理认为，公司未经李某同意不得变更劳动合同，因此，公司单方作出的调岗决定无效，裁决支持了李某的仲裁请求。

【律师点评】

本案的焦点在于，企业是否有权根据经营状况变化和工作需要单方自主变更劳动合同。实务中很多企业和本案中的公司一样，在劳动合同的变更方面存在一个误区，认为用人单位依法享有用工管理权，要怎么安排员工和调换员工岗位都是企业自己的事，别人无权干涉，员工也必须服从。事实却并非如此，根据《劳动合同法》的规定，除法律规定的企业有权单方变更的情形之外，企业要变更劳动合同，必须与员工协商一致，否则变更无效。

实务中，由于劳动合同履行过程中的协商变更很难达成一致，所以很多企业往往通过劳动合同将这种事后的协商变成事前的协商，约定变更劳动合同的条件和情形。但这种约定必须明确和具体，才能合法有效，要使劳动者能够预知到某种具体情形出现后，其工作岗位将发生变化以及如何变化。像本案那样仅作出笼统的约定，这样的条款由于约定不明，不具有法律效力，因此企业据此作出的调岗决定也不受法律保护。

【法条链接】

《中华人民共和国劳动合同法》

第三十五条 用人单位与劳动者协商一致，可以变更劳动合同约定的内容。变更劳动合同，应当采用书面形式。

《最高人民法院关于审理劳动争议案件适用法律问题的解释（一）》

第四十三条 用人单位与劳动者协商一致变更劳动合同，虽未采用书面形式，但已经实际履行了口头变更的劳动合同超过一个月，变更后的劳动合同内容不违反法律、行政法规且不违背公序良俗，当事人以未采用书面形式为由主张劳动合同变更无效的，人民法院不予支持。

第二节 单方变更劳动合同

协商变更劳动合同是《劳动合同法》的基本原则和规定，同时，法律也赋予了用人单位在特定情形下单方变更劳动合同的权利，但是该权利的行使也必须符合法律规定的条件和程序，并应保证调岗的合理性。

一、劳动者不能胜任工作

劳动者不能胜任工作是实务中企业调岗的常见理由，根据《劳动合同法》第 40 条的规定，劳动者不能胜任工作，经过培训或者调整工作岗位，仍不能胜任工作的，用人单位可以提前 30 日以书面形式通知劳动者本人或者额外支付劳动者 1 个月工资后，解除劳动合同。该条实际上间接规定了在员工不胜任现有岗位的情况下企业有单方调岗的权利。

何谓“不能胜任工作”，主要体现在该劳动者确实不能按照单位的岗位职责要求完成劳动合同约定的工作任务或者同工种岗位人员的工作量。实务中，判断员工是否胜任工作岗位，用人单位应以《岗位说明书》《目标责任书》和考评制度等已经事先向员工公示过的标准为依据。在实施调岗时，企业 HR 还应当注意保留相关的证据，如不胜任工作的考评记录和书面调岗通知，调岗通知还应要求员工本人签字确认。

以案说法

54. 员工不胜任工作，企业就能随意调岗吗？

李某于 2019 年 3 月进入某通信公司研发部门工作，该公司的研发部下分 3 个研发小组，李某在研发一组担任研发工程师，月薪为 8000 元。工作一年后，公司发现由于李某研发能力的欠缺，几次项目研发都因其而导致进度延迟。2020 年 4 月，研发部门对研发小组成员进行半年度考核时，李某考核为不合格。由于 3 个研发小组组长都不愿意李某加入其团队，研发部门经与公司人事部和售后服务部协商后，由公司人事部发出通知，调整李某的工作岗位至售后服务部，担任客服专员，月薪为 2800 元。

但李某表示客户专员的职位和其原来的岗位差别过大，因此，不愿意到售后服务部上班。公司人事部在多次敦促李某报到后，李某仍不愿意到售后服务部上班。公司于是认定李某的行为构成连续旷工，向其发出了解除劳动合同的通知书。李某不服，于是向劳动争议仲裁委员会申请了劳动仲裁，要求公司支付违法解除劳动合同的经济赔偿金。

【审理结果】

庭审中，通信公司认为，由于根据公司的规定，员工考核不合格的，公司有权调整其工作岗位，因此，公司的调岗决定合法有效。李某在接到公司的调岗通知后，拒绝到岗，连续旷工数天，根据公司的规章制度，已经构成严重违纪，因此，公司有权与其解除劳动合同。

李某认为，公司将其从技术类岗位调整到行政类岗位，其工作内容和对员工的要求与之前的岗位完全不同，其目的就是为了让自己主动辞职。因此，公司违法调岗在先，自己不上班的行为不属于旷工，公司无权解除劳动合同。

劳动争议仲裁委员会审理认为，虽然用人单位有权对不能胜任工作的员工调整工作岗位，但其调岗必须有充分的合理性。本案中，调整后的岗位，客服专员，与李某之前的研发工程师的岗位缺乏关联性，因此，公司的调岗决定无效，李某不到新岗位上班的行为不构成旷工，公司以连续旷工为由解除劳动合同违反了法律规定，因此裁决支持了李某的申诉请求。

【律师点评】

本案中，虽然用人单位举出了比较充分的证据证明李某不能胜任研发工程师的工作，但在实际调岗时，却忽视了另外一个重要的问题，就是岗位调整必须具有充分的合理性，即调整后的岗位应与调整前的岗位有一定的关联，并与劳动者的劳动能力、专业和技能相适应。本案中，公司错误地认为，只要员工不能胜任工作，就可以随意调整其岗位。李某原来的岗位是研发工程师，月薪为8000元，享受着中层管理人员的薪资待遇。而变更后的客服专员的职位，其工作内容和性质与之前研发工程师的岗位都完全不同，月薪也降至2800元，仅为原来的35%。由于前后岗位缺乏一定的关联性，公司的调岗行为被认定不具有合理性，因而只能承担败诉的后果。

二、医疗期满劳动者不能从事原工作

根据《劳动合同法》的规定，劳动者患病或者非因工负伤，在规定的医疗期满后不能从事原工作的，企业可以单方合理调整其工作岗位。HR需要注意的是，调岗必须合理，一方面，不要故意将医疗期满的劳动者调整到劳动强度或绩效标准更高的工作岗位上；另一方面，如果新岗位与原岗位级别和薪酬差别较大时，尽量与员工协商一致，以避免单方调岗无效的法律风险。

【法条链接】

《中华人民共和国劳动合同法》

第四十条 有下列情形之一的，用人单位提前三十日以书面形式通知劳动者本人或者额外支付劳动者一个月工资后，可以解除劳动合同：

（一）劳动者患病或者非因工负伤，在规定的医疗期满后不能从事原工作，也不能从事由用人单位另行安排的工作的；

（二）劳动者不能胜任工作，经过培训或者调整工作岗位，仍不能胜任工作的；

……

第三节　企业单方调岗实务疑难热点

1. 能否以“末位淘汰”证明不能胜任工作？

不能。末位淘汰制是实践中很多用人单位采取的一种管理手段，但是，《劳动合同法》实施以后，不论是在企业规章制度里还是劳动合同中，用人单位规定或者与员工约定以末位淘汰的结果对员工实施单方调岗，或解除劳动合同都是违法的，对双方不具有约束力。因为，用人单位绩效考核中排名末位的员工并不一定是不胜任工作的，因此，用人单位想要单方调岗，还需要拿出充分的证据证明员工确实不能胜任工作。

2. 部门取消能否成为企业单方调岗的合法理由？

不能。很多企业认为，部门取消所导致的岗位消失，应属于客观情况发生重大变化，企业不仅可以单方调岗还可以解除劳动合同，实际上却并非如此。首先，部门取消必须确实是企业由于外部情况发生重大变化而作出的调整决定，而非变相裁员的借口，对此，实务中一般从严掌握。其次，即便是对符合“客观情况发生重大变化”而导致的部门取消，企业要对员工进行调岗，也必须经过和员工协商并达成一致意见，否则，企业无权调岗。

3. 员工岗位发生变更时，调岗可否同时调薪？

如果劳动合同或规章制度中明确规定了“薪随岗变”的原则，且企业具有相应的岗位体系和薪酬对应标准，则企业可以根据新岗位所对应的薪酬标准确定员工的薪资待遇；但是如果企业的规章制度和劳动合同中均无上述规定，则调岗后的薪酬标准就应当与员工协商确定，而不能由企业单方决定。

4. 企业单方调岗后，劳动者未提出任何异议，在新岗位工作2个月后又要求调回原来的岗位，企业可以拒绝吗？

可以。此前《劳动合同法》对劳动合同变更的形式采取严格的书面变更制度，但《最高人民法院关于审理劳动争议案件适用法律若干问题的解释（四）》（已失效）、2021年1月1日施行的《最高人民法院关于审理劳动争议案件适用法律问题的解释（一）》在这方面作了一定的变通，即“变更劳动合同未采用书面形式，但已经实际履行了口头变更的劳动合同超过一个月，且变更后的劳动合同内容不违反法律、行政法规、国家政策以及公序良俗，当事人以未采用书面形式为由主张劳动合同变更无效的，人民法院不予支持”。也就是说，虽然劳动合同的变更未采用书面形式，但变更后的合同实际履行超过1个月的，该变更即具有法律效力，一方反悔的，另一方可以拒绝。

【法条链接】

《最高人民法院关于审理劳动争议案件适用法律问题的解释（一）》

第四十三条　用人单位与劳动者协商一致变更劳动合同，虽未采用书面形式，但已经实际履行了口头变更的劳动合同超过一个月，变更后的劳动合同内容不违反法律、行政法规且不违背公序良俗，当事人以未采用书面形式为由主张劳动合同变更无效的，人民法院不予支持。

第四节　劳动合同变更技巧

实务中，企业HR之所以抱怨“调岗难”，调岗引发的纠纷和争议频频发生，其实，很大程度上是由于企业不重视劳动合同签订之初对于工作岗位和调岗事项的约定。由此导致，在需要对员工的岗位进行变动时，劳动合同缺乏相应的有效约定，双方又无法协商一致，最后引发争议，对簿公堂。因此，在劳动合同中，对于工作岗位和岗位的变更事宜进行明确合理的约定，是合法有效变更劳动合同的两个关键。

一、岗位约定

在签订劳动合同时，对工作岗位进行适当的约定，是避免因调岗引发劳动争议的重要手段。但是何谓“适当的”，是越宽泛越好，还是越具体越好，实践中很难有统一的标准。我们来看下面的案例：

案例1　某企业在与员工签订劳动合同时把岗位约定为“设备运行操作工”，且该企业制定的“设备运行操作工”的《岗位工作内容》中不包括“设备维修”的工作内容。当该公司“设备维修工”缺乏时，如果该公司想把那个员工调到“设备维修”岗位时，就必须与该员工协商一致。

案例2　某五星酒店在与员工签订劳动合同时，把岗位约定为“意大利餐厅经理”，如果公司想把那位员工调到酒店的西班牙餐厅担任经理时，还需要与该员工协商一致。

案例3　一个机械制造企业在签订劳动合同时，把凡是从事机械制造加工的工人的岗位均约定为“机械操作工”。同时约定“员工必须服从单位在约定的岗位范围内安排的工作”，也就是说，这个企业可以把从事机械制造加工的车、铣、刨、磨、镗的工人都约定在“机械操作工”的《岗位工作内容》范围内，对于任何具体岗位上员工的缺乏，都可以随时调配其他岗位的工人，而不需要与员工协商一致。

案例4 某集团公司销售部在全国设立25个办事处，公司在招用各办事处经理时，统一在劳动合同中将岗位约定为“业务经理”，并同时约定，公司可根据业务发展和人事需要，将员工派到其他地区的办事处。如果公司想把驻山东的办事处经理派往山西办事处，就可以直接调配，而不需要与员工协商一致。

从上述四个案例可以看出，就劳动合同中的工作岗位而言，其内涵和外延的约定比较宽泛时，相对便于用人单位实施用工管理，并能形成一个较为灵活机动的用人机制，同时，还能避免因调换工作岗位需要双方协商一致变更劳动合同的麻烦。当然，岗位的约定也不是越宽泛越好，比如，有的企业将工作岗位约定为，“相关岗位从事相关工作”，这样的约定就过于宽泛，容易导致纠纷和争议。因此，企业HR在设计岗位条款时，既应注意岗位约定的相对宽泛，还应保证岗位范围的明确和具体。

实务中，企业HR对岗位作出比较宽泛的约定时，可以采用以下两种方式：

（1）在签订劳动合同时，应当向员工明示相应的《岗位说明书》，明确岗位的工作内容和职责范围，同时，在劳动合同中约定“员工必须服从单位在约定的岗位范围内安排的工作”。

（2）在签订劳动合同，尤其是期限较长的劳动合同时，同时签订短期岗位协议作为附件。通过短期岗位协议的约定，既可以将员工一定时间段内的工作岗位具体化，也使企业获得了在岗位协议到期前决定是否调整员工岗位的主动权。

二、调岗约定

除了对岗位适当的约定，用人单位还可以在劳动合同或规章制度中就调岗的条件和情形直接作出约定，但是，该约定不能违反法律规定和合理性原则。

1. 员工连续若干个考核周期不达标的，可以调整其工作岗位。

此项约定其实是员工“不能胜任工作”的具体化和量化，企业应根据自己的实际情况确定相应的考核周期和考核标准，如果员工连续若干个考核周期均不达标的，说明该员工的能力确实不能胜任目前的工作岗位，企业可以调岗。考核周期一般以两个以上为宜，因为员工偶尔一次不达标可能是客观原因造成的，如果屡次不达标，则说明确实不能胜任工作。

2. 可以对员工在一定范围内实行轮岗。

企业内部轮岗制度，是很多发达国家的大型企业实行的一项较为普遍的制度。一般来说，对于基层员工的轮岗，主要是在相近的工作岗位之间轮换，而对于中高层管理人员的轮岗，范围会更广，周期更长。轮岗不仅有利于发现最适合员工的工作岗位，而且员工通过轮岗，对工作全局和工作流程有了整体的把握，有利于各岗位之间的协调和配合。企业 HR 采用轮岗制度对员工的岗位进行调整时，应当注意，首先，轮岗的岗位范围一定要合理，比如不能让员工在行政类岗位和技术类岗位之间进行轮换。其次，对于什么条件下进行轮岗，以及轮岗的周期等都要有明确的规定。

3. 涉密人员合同终止或解除前，可以调整其工作岗位。

根据原劳动部《关于企业职工流动若干问题的通知》的规定，用人单位与掌握商业秘密的职工在劳动合同中约定保守商业秘密有关事项时，可以约定在劳动合同终止前或该职工提出解除劳动合同后的一定时间内（不超过 6 个月），调整其工作岗位，变更劳动合同中的相关内容。也就是说，企业可以和承担保密义务的员工约定脱密期和该期间内的调岗事项，员工一方必须履行。

4. 企业生产经营情况发生变化的，可以依约定调整其工作岗位。

就北京地区而言，根据 2017 年北京市高级人民法院、北京市劳动人事争议仲裁委员会《关于审理劳动争议案件法律适用问题的解答》的规定，如果劳动合同中明确约定了用人单位可根据生产经营情况调整劳动者工作岗位，且用人单位生产经营情况确已发生变化的，那么此种情况下的调岗属于合理范畴。如果劳动合同中没有相关约定，那么用人单位需要证明其调岗的必要性和正当性，且调岗后不得对劳动者的工资待遇等劳动条件发生不利改变。实务中，在生产经营情况发生变化时对员工调岗的，可以考虑采用以下约定："甲方因生产经营或业务管理需要可调整乙方的工作岗位及工作内容；乙方理解和认同甲方经营特点，愿意配合甲方经营及管理需要而进行工作岗位/内容的调整。"

【法条链接】

《劳动部关于企业职工流动若干问题的通知》

二、用人单位与掌握商业秘密的职工在劳动合同中约定保守商业秘密有关事项时，可以约定在劳动合同终止前或该职工提出解除劳动合同后的一定时间内（不超过六个月），调整其工作岗位，变更劳动合同中相关内容；……

北京市高级人民法院、北京市劳动人事争议仲裁委员会《关于审理劳动争议案件法律适用问题的解答》

5. 用人单位调整劳动者工作岗位的，如何处理？用人单位与劳动者约定可根据生产经营情况调整劳动者工作岗位的，经审查用人单位证明生产经营情况已经发生变化，调岗属于合理范畴，应支持用人单位调整劳动者工作岗位。……

第十一章　劳动合同的解除

劳动合同的解除，是指劳动合同订立后，尚未全部履行前，由于某种原因导致劳动关系提前消灭。可以说，员工进入公司的程序和途径都是一样的，可是每个员工离职的原因和情形却千差万别。由劳动合同的解除引发的一系列问题，时刻都在挑战 HR 们的智慧和对法律法规的精准适用。

第一节　协商解除劳动合同

根据《劳动合同法》的规定，劳动合同的解除主要有员工单方解除、用人单位单方解除和双方协商一致解除 3 种情形。一般来说，无论是员工还是用人单位单方解除，都必须严格根据法律的规定，满足法律限定的条件，遵守法律规定的程序；而对于双方协商一致解除，法律没有规定任何条件和限制，只要双方解除合同的合意在内容、形式及程序上合法即可，操作相对更为灵活，如果运用得当，能和平友好地“分手”，于双方而言无疑都是有利的。

以案说法

55. 企业和员工就经济补偿金达成协议后，员工还能反悔吗？

孙某于 2011 年 6 月进入北京某公司工作，月薪为 2000 元。自 2017 年下半年起，公司经营发生困难，资金日趋紧张，公司提出与孙某解除劳动合同，孙某觉得公司未来也没什么前途，呆着也是浪费时间，不如另谋出路，于是同意解除劳动合同。2018 年 4 月，双方签订了《解除劳动合同协议书》，公司向孙某支付经济补偿金 3000 元。孙某办理完离职手续回家后，偶然听朋友说，用人单位提出解除劳动合同的，应当按工作年限支付经济补偿金，因此，企业应当支付孙某 7 个月的工资，即 14000 元作为经济补偿金。于是，孙某向劳动争议仲裁委员会提起仲裁，要求公司按国家规定的标准补足经济补偿金的差额 11000 元。

【审理结果】

劳动争议仲裁委员会裁决支持了孙某的申诉请求，判令公司向孙某补足经济补偿金的差额11000元。

【律师点评】

本案争议的焦点是，用人单位与劳动者在协商解除劳动合同时，能否就经济补偿金的金额进行协商？协商的结果是否具有法律效力？

首先，需要明确的是，协商解除劳动合同需支付经济补偿金的情形，仅针对用人单位提出解除劳动合同，并与劳动者协商一致的情形，如果是劳动者提出，双方协商一致解除劳动合同的，则用人单位可以不支付经济补偿金。

对于经济补偿金到底能否协商，实践中存在两种不同的意见，一种意见认为，关于经济补偿金的数额，《劳动合同法》规定了明确的标准与计算方法，因此，用人单位应按国家规定执行，如果双方协商的标准低于上述法律规定的标准，则是无效的；另一种意见认为，既然是协商解除劳动关系，经济补偿金的数额也是协商的主要内容之一，只要是双方的真实意思表示，协商的结果就应具有法律效力。总的来说，法律规定经济补偿金的标准，是考虑到它能为劳动者离开用人单位后的失业状态提供一定的生活保障，从而维护社会的稳定。因此，在本案的情况下，仲裁委员会或法院都会比较倾向于第一种意见，要求用人单位按照法律规定补足差额。

为了平衡用人单位和劳动者之间的利益，解决频繁发生的类似劳动争议，2010年9月14日施行的《最高人民法院关于审理劳动争议案件适用法律若干问题的解释（三）》（已失效）、2021年1月1日施行的《最高人民法院关于审理劳动争议案件适用法律问题的解释（一）》对上述问题作出了原则性规定，即“劳动者与用人单位就解除或者终止劳动合同办理相关手续、支付工资报酬、加班费、经济补偿或者赔偿金等达成的协议，不违反法律、行政法规的强制性规定，且不存在欺诈、胁迫或者乘人之危情形的，应当认定有效”。该条款在一定程度上明确了用人单位与劳动者自行达成的解除或终止劳动合同协议的法律效力，使劳动者的随意反悔受到了一定的限制。实务中，为了避免员工恶意反悔，引发争讼，笔者建议企业在解除或终止劳动合同协议中应写明，已经明确告知劳动者相关法律或政策规定的标准等事项，而不是仅仅写上补偿金的数额。这种情况下，员工事后又反悔的，将很难得到支持。

【HR应对】

1. 由于法律对协商解除劳动合同的限制较少，解除程序上也无硬性规定，因此，在法定解除理由不充分的情况下，企业应当尽量采取协商一致解除劳动合同的方式，解除与员工的劳动关系。

2. 用人单位和劳动者协商解除劳动合同，一定要签订书面的解除劳动合同协议，以防员工反悔时，企业因缺乏证据陷入被动。解除劳动合同的协议，应明确规定解除的时间、工作的交接、经济补偿金的标准和数额、支付方式和时间等事项。

3. 用人单位和劳动者协商解除劳动合同时，应当遵循平等、自愿、诚实信用的基本原则，避免采取欺诈或胁迫的手段，否则，解除协议无效。

【法条链接】

《中华人民共和国劳动合同法》

第三十六条 用人单位与劳动者协商一致，可以解除劳动合同。

第四十六条 有下列情形之一的，用人单位应当向劳动者支付经济补偿：

用人单位依照本法第三十六条规定向劳动者提出解除劳动合同并与劳动者协商一致解除劳动合同的；

《最高人民法院关于审理劳动争议案件适用法律问题的解释（一）》

第三十五条 劳动者与用人单位就解除或者终止劳动合同办理相关手续、支付工资报酬、加班费、经济补偿或者赔偿金等达成的协议，不违反法律、行政法规的强制性规定，且不存在欺诈、胁迫或者乘人之危情形的，应当认定有效。

前款协议存在重大误解或者显失公平情形，当事人请求撤销的，人民法院应予支持。

第二节 用人单位解除劳动合同

用人单位与劳动者依法订立的劳动合同受法律保护，非依法定的事由和程序，企业不得单方解除劳动合同。根据《劳动合同法》及其《实施条例》的规定，企业单方解除劳动合同的情形主要有两种：一种是，因劳动者存在过错而单方解除劳动合同；另一种是，非因劳动者存在过错而单方解除劳动合同，以下简称为“过错性解除劳动合同”和“非过错性解除劳动合同”。

一、过错性解除劳动合同

1. 过错性解除劳动合同的情形

根据《劳动合同法》第39条的规定，劳动者有下列情形之一的，用人单位可以解除劳动合同：

（1）在试用期间被证明不符合录用条件的；

（2）严重违反用人单位的规章制度的；

（3）严重失职，营私舞弊，给用人单位造成重大损害的；

（4）劳动者同时与其他用人单位建立劳动关系，对完成本单位的工作任务造成严重影响，或者经用人单位提出，拒不改正的；

（5）以欺诈、胁迫的手段或者乘人之危，使用人单位在违背真实意思的情况下订立或者变更劳动合同致使劳动合同无效的；

（6）被依法追究刑事责任的。

对于企业而言，过错性解除劳动合同，可以说是风险最小和成本最低的解除劳动合同的方式。在实务操作中，应重点把握以下几点：

（1）上述过错情形，法律作出的只是原则性规定，企业想要充分利用上述规定实现有效的用工管理，必须将上述原则性规定通过内部的规章制度或劳动合同予以细化和明确。例如，什么样的情形属于“不符合录用条件”，什么样的行为构成“严重违纪”，“重大损害”的标准是什么，企业应当根据实际情况作出明确的界定，这样在对违纪员工进行处罚时，才能做到有的放矢，有理有据。当然，企业也不能滥用自己的界定权，应当遵循公平合理的原则，不能过分夸大违纪行为的性质和损害，否则，将会被认定为无效。这部分内容，我们在第三章“试用期管理”和第四章“规章制度”中已有详细的介绍，这里不再赘述。

（2）关于员工是否可以从事第二职业，法律未作出禁止性规定，而是明确了两种情形下用人单位单方解除劳动合同的权利：一是，员工从事第二职业，对完成本单位的工作任务造成严重影响的；二是，员工从事第二职业，经用人单位提出，拒不改正的。严格按照上述规定，员工从事第二职业的，企业直接解除劳动合同的权利是受到限制的，因为，在第一种情形下，必须是员工因从事第二职业给本职工作造成了严重影响，在第二种情形下，员工还有至少一次改正的机会，满足这些条件的，用人单位才能解除劳动合同。

但司法实践中，允许用人单位在规章制度或劳动合同中明确规定，禁止员工从事第二职业，否则，一经发现，立即予以解雇。一般来说，企业据此直接解雇从事第二职业的员工的，是会得到支持的。因此，我们建议，企业应在规章制度或劳动合同中对于禁止员工从事第二职业作出明确规定，否则，必须满足上述法律规定的限定条件，才能与从事第二职业的员工解除劳动合同。

（3）关于员工采取欺诈、胁迫等手段令劳动合同无效的行为，主要针对的是要求员工在入职和在职过程中，向企业提供真实有效的个人情况和相关资料，不得隐瞒和提供虚假信息，尤其是对企业是否录用该员工，或是否变更其工作岗位起决定作用的信息。这方面，HR 可以明确规定员工应向企业提交的个人资料，并要求员工对其真实性做出书面承诺或保证，一旦发现员工的行为构成欺诈或胁迫，即可以根据上述规定解除劳动合同。

（4）关于员工是否属于“被依法追究刑事责任”，由于涉及比较专业的法律概念，很多 HR 在碰到这类问题时常常感到迷惑。根据《关于贯彻执行〈中华人民共和国劳动法〉若干问题的意见》的规定，“被依法追究刑事责任是指：被人民检察院免予起诉的、被人民法院判处刑罚的（刑罚包括：主刑——管制、拘役、有期徒刑、无期徒刑、死刑；附加刑——罚金、剥夺政治权利、没收财产）、被人民法院依据刑法第32条（2017年修订后为第37条）免予刑事处分的。”

实务中，HR常常会简单地根据员工是否被限制人身自由，来判断是否属于“被依法追究刑事责任”。这是不正确的。比如，员工仅仅是违反《治安管理处罚法》的规定被行政拘留的，虽然被限制了人身自由，但不属于“被追究刑事责任”，因此，企业不能以此为由解除劳动合同。再比如，员工被人民法院判处管制、三年以下有期徒刑缓刑的，或者被免予刑事处罚的，虽然员工的人身自由没有被完全限制，但属于“被追究刑事责任”，企业仍然可以解除劳动合同。

因此，企业HR应根据审判机关的生效裁判文书，来判断员工是否属于“被依法追究刑事责任”，进而决定能否以此为由来解除劳动合同。

2. 过错性解除劳动合同的适用范围

过错性解除劳动合同适用于用人单位的全体员工，概无例外。即便对根据《劳动合同法》第42条的规定因处于医疗期、孕期、产期、哺乳期，或因其他情形而享有特殊解雇保护的员工，只要存在上述6种过错情形之一的，用人单位都可以单方解除劳动合同。

3. 过错性解除劳动合同的程序

（1）经过工会程序。

根据《劳动合同法》的规定，用人单位应当在解除劳动合同前，将解约理由通知工会。如果用人单位违反法律、行政法规规定或者劳动合同约定的，工会有权要求用人单位纠正。用人单位应当研究工会的意见，并将处理结果书面通知工会。

（2）向劳动者说明理由，并送达解除决定。

在过错性解除劳动合同的情形下，用人单位无须提前通知劳动者即可解除。至于解除的形式，法律没有作出强制性规定，建议用人单位采用书面形式，告知劳动者解约理由，并将该解除决定或通知送达给劳动者本人，以避免员工日后主张劳动合同尚未解除的法律风险。

4. 过错性解除劳动合同的后果

由于劳动者存在过错在先，因此，这种情况下，用人单位单方解除劳动合同既无须提前通知，也无须支付经济补偿金，是成本最低的解除劳动合同的方式。

以案说法

56. 企业解除劳动合同未通知工会，解除决定违法吗？

杨某于2015年11月进入上海某公司工作，双方签订了5年期的劳动合同。2018年3月，杨某与同宿舍员工张某发生言语口角，杨某首先动手，之后双方发生肢体冲突，险些酿成流血事件。公司经调查后，作出了处理决定：由于该次事件影响恶劣，对员工关系和工作氛围造成了很大伤害，杨某的行为已严重影响了公司的正常管理，违反了《员工守则》中“员工之间禁止在任何时间，场所使用任何形式的暴力语言、行动”的规定，因此，公司决定从2018年3月25日起，与杨某解除劳动关系。杨某不服，遂向劳动争议仲裁委员会提起劳动仲裁，要求公司支付违法解除劳动合同的经济赔偿金。

【审理结果】

劳动争议仲裁委员会经审理，认定公司的行为构成违法解除劳动合同，因此，裁决支持了杨某的申诉请求。公司不服，向法院提起诉讼。法院审理后认为，用人单位单方解除劳动合同，应当事先将理由通知工会。本案公司在对杨某作出解除劳动合同决定时，未将解除劳动合同事由通知工会，违反了法定的解除程序，亦未能在仲裁期间予以补正。同时，公司对于其所主张的杨某违纪行为，亦未能提供充分证据予以证明。故法院判决驳回公司的全部诉讼请求。

【律师点评】

目前的法律法规明确了用人单位单方解除劳动合同时工会的监督权。依据《劳动合同法》及《工会法》的规定，用人单位单方解除劳动合同，应当事先将理由通知工会。用人单位违反法律、行政法规规定或者劳动合同约定的，工会有权要求用人单位纠正。用人单位应当研究工会的意见，并将处理结果书面通知工会。可见，工会程序是用人单位单方解雇员工的必经程序，这是为了保障工会对企业解雇员工的“知情权”，此外，对于企业的不当解除决定，工会还有要求纠正的权利。

实践中，工会程序往往容易被企业所忽略。由于很多企业还没有工会这一组织，因此，对这一程序的适用，司法实践中基本也都抱着比较宽容的态度，主要还是从实体方面对用人单位的单方解除决定进行审查。但对于有工会的企业来说，单方解雇员工时，就必须履行通知工会并听取工会意见的法律程序，否则，就有可能承担因程序违法，而导致单方解除行为违法的不利后果。本案中，公司在解除杨某的劳动合同时，未通知工会，而且在劳动争议的处理程序中也未进行补正，因此，法院认定公司构成违法解雇。

另外，需要明确的是，法律虽然赋予了工会“解雇员工的知情权”和“不当解雇的纠正权”，但是，在履行了上述法定程序之后，解雇员工的最终决定权还是在企业手中。

解读：企业单方解除劳动合同未通知工会，但员工申请仲裁前已补正相关程序的，是否仍构成违法解除？

不构成违法解除。用人单位单方解除劳动合同未事先通知工会，违反了《劳动合同法》有关解除劳动合同的程序要求，程序违法同样构成违法解除，应当承担违法解除的法律责任。但为了督促用人单位正确履行法定程序，又不被课以过重的法律责任，在上述情形下，新出台的《最高人民法院关于审理劳动争议案件适用法律若干问题的解释（四）》（已失效）、2021 年 1 月 1 日施行的《最高人民法院关于审理劳动争议案件适用法律问题的解释（一）》赋予了用人单位一个补正的机会，即只要用人单位在劳动者起诉前通过合理方式补正了相关程序，及时通知工会并听取工会意见的，可不再承担支付违法解除的赔偿金的责任。

【HR 应对】

1. 企业以员工存在过错为由单方解除劳动合同，需对员工的过错承担相应的举证责任。因此，企业应当事先做好相应的制度规范和合同约定，并固定和保存好员工违反的相关证据，以免因举证不能而遭败诉。

2. 企业单方解除劳动合同时，还应充分注意解除的程序，尤其是有工会的企业，以免因程序不当，而导致解除行为违法。

【法条链接】

《中华人民共和国劳动合同法》

第三十九条 劳动者有下列情形之一的，用人单位可以解除劳动合同：（略）

第四十三条 用人单位单方解除劳动合同，应当事先将理由通知工会。用人单位违反法律、行政法规规定或者劳动合同约定的，工会有权要求用人单位纠正。用人单位应当研究工会的意见，并将处理结果书面通知工会。

《最高人民法院关于审理劳动争议案件适用法律问题的解释（一）》

第四十七条 建立了工会组织的用人单位解除劳动合同符合劳动合同法第三十九条、第四十条规定，但未按照劳动合同法第四十三条规定事先通知工会，劳动者以用人单位违法解除劳动合同为由请求用人单位支付赔偿金的，人民法院应予支持，但起诉前用人单位已经补正有关程序的除外。

《关于贯彻执行〈中华人民共和国劳动法〉若干问题的意见》

29. “被依法追究刑事责任”是指：被人民检察院免予起诉的、被人民法院判处刑罚的、被人民法院依据刑法第三十二条免予刑事处分的。

劳动者被人民法院判处拘役、三年以下有期徒刑缓刑的，用人单位可以解除劳动合同。

二、非过错性解除劳动合同

1. 非过错性解除劳动合同的情形

根据《劳动合同法》第 40 条的规定，有下列情形之一的，用人单位提前 30 日以书面形式通知劳动者本人或者额外支付劳动者 1 个月工资后，可以解除劳动合同：

（1）劳动者患病或者非因工负伤，在规定的医疗期满后不能从事原工作，也不能从事由用人单位另行安排的工作的；

（2）劳动者不能胜任工作，经过培训或者调整工作岗位，仍不能胜任工作的；

（3）劳动合同订立时所依据的客观情况发生重大变化，致使劳动合同无法履行，经用人单位与劳动者协商，未能就变更劳动合同内容达成协议的。

非过错性解除，顾名思义，是指劳动者不存在主观过错但基于某些客观原因，用人单位可以依法单方解除劳动合同。因此，法律对于非过错性解除，设定了较为严格的解除条件和程序，HR 在实务操作中必须十分谨慎：

（1）对于医疗期届满或不能胜任工作的员工，仅凭一次不胜任工作或不能从事原工作的结论，是不能解除劳动合同的，应当安排调岗或培训，对同一员工应至少作出两次不胜任工作的结论，才能解除劳动合同。

（2）对于医疗期届满或不能胜任工作的员工，企业可以单方调岗，而无须与劳动者协商一致。但调岗的理由必须合理，调整后的岗位不应比原岗位的劳动强度或绩效标准更高。

（3）对客观情况发生重大变化导致的劳动合同解除，需要同时具备 3 个构成要件：①劳动合同订立时所依据的客观情况发生重大变化；②该重大变化致使原劳动合同无法继续履行；③经用人单位与劳动者协商，未能就变更劳动合同内容达成协议。

实务中，由于本条款的规定十分原则，因此，一些 HR 往往喜欢套用本条款的规定，来达到解除劳动合同的目的，结果却常常陷入了违法解除的被动境地。对于"致使劳动合同无法履行的客观情况"，HR 不能做任意扩大的解释，它仅是指发生不可抗力或出现致使劳动合同全部或者部分条款不能履行或不必要履行的重大情况，如自然灾害、企业迁移、企业产业或资产转移、企业改制、经营方向或经营战略重大调整等。而且根据 2017 年北京市高级人民法院、北京市劳动人事争议仲裁委员会《关于审理劳动争议案件法律适用问题的解答》的规定，实务中能被认定为属于"客观情况发生重大变化"情形的，仅限于自然灾害，受法律法规或政策变化导致的企业迁移、产业或资产转移、改制，以及特许经营范围发生变化这几种情况。用人单位自身以部门或岗位被取消或裁撤为由解除劳动合同的，不属于客观情况发生重大变化的情形。因此，企业 HR 应当慎用本条款来解除劳动合同，尤其是当客观情况发生变化，但还没有达到致使劳动合同无法履行的程度时，就不能适用本条款解除劳动合同。例如，用人单位变更名称或法定代表人（负责人）、企业内部承包、企业分立或被兼并等情况虽然属于"客观情况发生重大变化"，但并不必然导致劳动合同无法履行。

2. 非过错性解除劳动合同的适用范围

非过错性解除劳动合同并不适用所有的员工，根据《劳动合同法》第 42 条的规定，劳动者有下列情形之一的，用人单位不得依照《劳动合同法》第 40 条规定解除劳动合同，即不得适用非过错性解除劳动合同：

（1）从事接触职业病危害作业的劳动者未进行离岗前职业健康检查，或者疑似职业病病人在诊断或者医学观察期间的；

（2）在本单位患职业病或者因工负伤并被确认丧失或者部分丧失劳动能力的；

（3）患病或者非因工负伤，在规定的医疗期内的；

（4）女职工在孕期、产期、哺乳期的；

（5）在本单位连续工作满15年，且距法定退休年龄不足5年的；

（6）法律、行政法规规定的其他情形。

3. 非过错性解除劳动合同的程序

（1）经过工会程序。

根据《劳动合同法》的规定，用人单位应当在解除劳动合同前，将解约理由通知工会。如果用人单位违反法律、行政法规规定或者劳动合同约定的，工会有权要求用人单位纠正。用人单位应当研究工会的意见，并将处理结果书面通知工会。

（2）通知劳动者，并送达解除决定。

非过错性解除劳动合同下的“通知”和前述过错性解除下的“通知”，其实质意义不太一样。对于符合解除条件的非过错性解除劳动合同，用人单位还必须提前30日以书面形式通知劳动者本人或者额外支付劳动者1个月工资后，方能解除。这里，提前30日以书面形式通知劳动者本人是法定程序，否则，用人单位就只能以额外支付劳动者1个月工资作为补救，因此，这1个月工资也被称作“代通知金”。

4. 非过错性解除劳动合同的后果

根据《劳动合同法》的规定，用人单位非因劳动者过错而单方解除劳动合同，如果未提前30日以书面形式通知劳动者本人的，那么应当支付经济补偿金和额外1个月的工资。经济补偿按劳动者在本单位工作的年限，每满1年支付1个月工资的标准向劳动者支付。6个月以上不满1年的，按1年计算；不满6个月的，向劳动者支付半个月工资的经济补偿。这里的“月工资”是指劳动者在劳动合同解除或者终止前12个月的平均工资。但是，作为“代通知金”的额外1个月的工资的计算标准，则不是前述的“月工资”，而是按照劳动合同解除前劳动者上1个月的工资标准确定。如果用人单位已提前30日向劳动者送达解除通知的，那么仅按上述规定支付经济补偿金即可。

以案说法

57. 员工医疗期满后不能从事原工作，企业可以解除劳动合同吗？

林某是某机械厂的车工，与工厂签有5年期的劳动合同。车工的工作性质决定了林某每天8小时几乎都要在车床前站立完成工作。但是，一次体检时，林某被检查出右腿骨头里长有肿瘤。根据医生的建议，林某做了肿瘤切除手术。为此，林某连续休病假 3 个月，也正好是他能够享受的医疗期。病愈后林某回厂上班，工厂继续安排他做车工工作。但林某认为，自己的身体已不能从事车工工作了，并出示了医院开具的诊断证明，证明自己因切除腿部肿瘤时，已将大腿骨的一部分一并切除，不能够长时间站立。同时，林某提出了把他调换到仓库当管理员或其他不需要长时间站立的工作岗位的请求。但是，工厂领导表示，如果林某不愿意做车工，也只能在铣工、刨工、钳工等工种中选择，除此之外，其他岗位都没有空缺。林某认为，领导提出的车间工种，也都是必须长时间站立的工作，因此不同意。于是工厂领导作出辞退决定：鉴于林某医疗期满后不能从事原工作，也不能从事工厂另行安排的工作，因此，即日起解除与林某的劳动合同。

【律师点评】

实务中，医疗期满后，对员工工作岗位的调整和劳动关系的处理，一直是 HR 比较头疼的问题。根据法律规定，劳动者患病或者非因工负伤，医疗期届满后，用人单位可以与其解除劳动合同，但必须满足 3 个前提条件：①按照法定标准应当享受的医疗期已经享受完毕；②医疗期届满后，员工不能够从事原工作；③医疗期届满后，也不能从事由用人单位另行安排的工作。也就是说，员工医疗期届满后，企业是不能直接解除劳动合同的。如果员工不能胜任原工作，企业应当为其另行安排新工作，员工对新岗位仍然不能胜任的，企业才能解除劳动合同。那么，企业能单方决定如何调岗吗？

一般来说，上述情况下，企业可以进行单方调岗，这也是企业享有的用工自主权的体现。但是，企业的单方调岗应遵循合理原则。本案中，林某不能胜任原工作，最大的原因就是不能长时间站立工作，而企业调整后的新岗位仍然是需要长时间站立的工作，因此，工厂并没有合理履行另行安排工作的义务，其由此作出的辞退决定构成违法解除。

【HR 应对】

企业适用非过错性解除劳动合同时，需要对“员工不能胜任工作”和“客观情况发生重大变化”等事实承担相应的举证责任，对于上述概念的解释，员工又很容易和企业发生争议，因此，HR 切忌生搬乱套，任意解释，应当根据企业的规章制度和公平合理的原则，对上述概念作出合法的解释和适用。

【法条链接】

《中华人民共和国劳动合同法》

第四十条 有下列情形之一的，用人单位提前三十日以书面形式通知劳动者本人或者额外支付劳动者一个月工资后，可以解除劳动合同：（略）

第四十二条 劳动者有下列情形之一的，用人单位不得依照本法第四十条、第四十一条的规定解除劳动合同：（略）

第四十六条 有下列情形之一的，用人单位应当向劳动者支付经济补偿：

……用人单位依照本法第四十条规定解除劳动合同的；……

第四十七条 经济补偿按劳动者在本单位工作的年限，每满一年支付一个月工资的标准向劳动者支付。六个月以上不满一年的，按一年计算；不满六个月的，向劳动者支付半个月工资的经济补偿。

劳动者月工资高于用人单位所在直辖市、设区的市级人民政府公布的本地区上年度职工月平均工资三倍的，向其支付经济补偿的标准按职工月平均工资三倍的数额支付，向其支付经济补偿的年限最高不超过十二年。

本条所称月工资是指劳动者在劳动合同解除或者终止前十二个月的平均工资。

《中华人民共和国劳动合同法实施条例》

第二十条 用人单位依照劳动合同法第四十条的规定，选择额外支付劳动者一个月工资解除劳动合同的，其额外支付的工资应当按照该劳动者上一个月的工资标准确定。

北京市高级人民法院、北京市劳动人事争议仲裁委员会《关于审理劳动争议案件法律适用问题的解答》

12. ……下列情形一般属于“劳动合同订立时所依据的客观情况发生重大变化”：

（1）地震、火灾、水灾等自然灾害形成的不可抗力；

（2）受法律、法规、政策变化导致用人单位迁移、资产转移或者停产、转产、转（改）制等重大变化的；

（3）特许经营性质的用人单位经营范围等发生变化的。

三、经济性裁员解除劳动合同

所谓经济性裁员，是指用人单位在濒临破产进行法定整顿期间或生产经营状况发生严重困难等情况下，为改善生产经营状况而裁减成批人员的制度。

1. 经济性裁员解除劳动合同的情形

（1）依照企业破产法规定进行重整的；

（2）生产经营发生严重困难的；

（3）企业转产、重大技术革新或者经营方式调整，经变更劳动合同后，仍需裁减人员的；

（4）其他因劳动合同订立时所依据的客观经济情况发生重大变化，致使劳动合同无法履行的。

2. 经济性裁员解除劳动合同的人数要求

经济性裁员，属于非过错性解除劳动合同，但它与一般非过错性解除劳动合同最大的区别在于，经济性裁员属于劳动合同的成批量解除，因此，必须满足一定的人数限制，即需要裁减人员20人以上或者裁减不足20人但占企业职工总数10%以上的，才能适用经济性裁员，否则，只能按一般解除劳动合同的方式进行。

3. 经济性裁员解除劳动合同的适用范围

根据《劳动合同法》第42条的规定，劳动者有下列情形之一的，用人单位不得依照《劳动合同法》第41条规定解除劳动合同，即不得适用经济性裁员解除劳动合同：

（1）从事接触职业病危害作业的劳动者未进行离岗前职业健康检查，或者疑似职业病病人在诊断或者医学观察期间的；

（2）在本单位患职业病或者因工负伤并被确认丧失或者部分丧失劳动能力的；

（3）患病或者非因工负伤，在规定的医疗期内的；

（4）女职工在孕期、产期、哺乳期的；

（5）在本单位连续工作满15年，且距法定退休年龄不足5年的；

（6）法律、行政法规规定的其他情形。

另外，企业在裁减人员时，应当优先留用下列人员：

（1）与本单位订立较长期限的固定期限劳动合同的；

（2）与本单位订立无固定期限劳动合同的；

（3）家庭无其他就业人员，有需要扶养的老人或者未成年人的。

企业在进行经济性裁员时，应当严格依据上述法律规定，合理确定裁减人员名单。

4. 经济性裁员解除劳动合同的程序

由于涉及劳动合同的批量解除，因此，经济性裁员解除劳动合同，应当遵循比过错性解除劳动合同和非过错性解除劳动合同更为严格的法定程序，否则，将构成违法裁员。

（1）企业必须提前30天向工会，或者全体职工说明情况。应当说明的情况包括裁员的理由、裁员的程序、裁员的人数和范围以及对被裁减人员的经济补偿等等。

（2）企业应认真听取职工或者工会的意见。

（3）企业应向劳动行政部门报告裁员方案，裁员方案包括被裁减人员名单、裁减时间、实施步骤、依据的法律法规规定、经济补偿办法等。

（4）由用人单位正式公布裁减人员方案，与被裁减人员办理解除劳动合同手续，按照有关规定向被裁减人员本人支付经济补偿金。

5. 经济性裁员解除劳动合同的后果

（1）支付经济补偿

根据《劳动合同法》的规定，用人单位因经济性裁员而单方解除劳动合同的，应向劳动者支付经济补偿。经济补偿按劳动者在本单位工作的年限，每满1年支付1个月工资的标准向劳动者支付。6个月以上不满1年的，按1年计算；不满6个月的，向劳动者支付半个月工资的经济补偿。

（2）优先录用被裁减的人员

用人单位裁减人员之后，在6个月内又重新招用人员的，应当通知被裁减的人员，并在同等条件下优先招用被裁减的人员。

以案说法

58. 经济性裁员，可以随时通知员工走人吗？

张某等人是某公司的员工，2008年下半年起，受国际金融危机的影响，公司经营发生严重困难，决定采取裁员措施，拟裁减员工30人，公司领导内部确定裁员名单后，由人力资源部统一在2008年12月20日向张某等被裁减人员发出书面裁员通知，要求张某等被裁减人员在收到通知之日起最迟3日内办理完工作交接和劳动合同解除手续。该通知发出后，便在公司引起了轩然大波，张某等人找到公司，问为什么没有提前1个月通知，公司解释道，由于此次裁员是受金融危机影响，属于“经济性裁员”，所以公司可以不按照以往的规定提前告知。张某等人遂向当地劳动监察大队举报，请求纠正该公司的违法解除行为。

【审理结果】

劳动监察大队接到举报后，经调查，查明该公司在进行经济性裁员时，违反了法律规定的程序，因此，其单方解除张某等人的劳动合同的行为违法，责令该公司限期改正，恢复与张某等人的劳动关系。

【律师点评】

实务中，由于企业对经济性裁员解除劳动合同存在认识上的误区，所以，导致了实践中经济性裁员常常被滥用。不少企业，如本案中的公司那样，认为经济性裁员是迅速批量解除劳动合同的“法宝”，对于员工提出的任何异议，都以“经济性裁员”一言以蔽之。

经济性裁员，真的能说裁就裁吗？恰恰相反，为了保障劳动者的利益，防止企业滥用经济性裁员，法律对经济性裁员设置了各种严格的限制条件，一方面，实体条件上，企业必须确实达到一定的困难程度或者客观情况发生变化导致劳动合同无法继续履行，并且满足裁减人数要求；另一方面，程序条件上，企业必须提前30日通知全体员工和向劳动行政部门报告，并且听取员工和劳动行政部门对裁员方案的意见。可见，对于想和员工解除劳动合同的企业而言，应当慎重地选择和适用经济性裁员，如果仅仅是以经济性裁员为借口，在不符合法律规定的情况下，适用经济性裁员，或者，虽然满足实体条件，但未按法定程序进行，都将面临违法解除的风险。比如本案中，企业未按法定程序适用经济性裁员，结果解除劳动合同的行为被认定违法。因此，企业在适用经济性裁员解除劳动合同时，应当比其他单方解除劳动合同的方式，更注意对法定程序的遵守。

【HR应对】

1. 一方面，法律对于经济性裁员的适用条件和程序都做了更为严格的规定；另一方面，由于涉及人数较多，很容易引起员工的群体对抗，因此，企业 HR 在选择适用经济性裁员解除劳动合同时，应十分谨慎。如果虽然需要一段时间内解除多个员工的劳动合同，但可以分别协商解除的，就尽量不要采用经济性裁员的方式。否则，一旦采用了经济性裁员，就一定要遵守相关法律的规定，尤其是程序上的要求。

2. 需要强调的是，用人单位适用过错性解除、非过错性解除和经济性裁员单方解除劳动合同时，均包括对无固定期限劳动合同的解除。因此，企业大可不必视无固定期限劳动合同为"猛虎"，千方百计想要逃避无固定期限劳动合同的签订，结果反而"惹祸上身"。

【法条链接】

《中华人民共和国劳动合同法》

第四十一条　有下列情形之一，需要裁减人员二十人以上或者裁减不足二十人但占企业职工总数百分之十以上的，用人单位提前三十日向工会或者全体职工说明情况，听取工会或者职工的意见后，裁减人员方案经向劳动行政部门报告，可以裁减人员：

（一）依照企业破产法规定进行重整的；

（二）生产经营发生严重困难的；

（三）企业转产、重大技术革新或者经营方式调整，经变更劳动合同后，仍需裁减人员的；

（四）其他因劳动合同订立时所依据的客观经济情况发生重大变化，致使劳动合同无法履行的。

裁减人员时，应当优先留用下列人员：

（一）与本单位订立较长期限的固定期限劳动合同的；

（二）与本单位订立无固定期限劳动合同的；

（三）家庭无其他就业人员，有需要扶养的老人或者未成年人的。

用人单位依照本条第一款规定裁减人员，在六个月内重新招用人员的，应当通知被裁减的人员，并在同等条件下优先招用被裁减的人员。

第四十二条　劳动者有下列情形之一的，用人单位不得依照本法第四十条、第四十一条的规定解除劳动合同：（略）

第四十六条　有下列情形之一的，用人单位应当向劳动者支付经济补偿：

……用人单位依照本法第四十一条第一款规定解除劳动合同的；……

四、违法解除劳动合同的后果

用人单位单方解除劳动合同时，既要满足法定条件，也要遵守法定程序，否则，违反任何一项，都会构成违法解除劳动合同。《劳动合同法》加重了用人单位违法解除劳动合同的成本和责任，如果用人单位被认定为违法解除劳动合同的，那么由劳动者选择劳动关系是否恢复，若劳动者要求继续履行劳动合同的，用人单位应当继续履行；若劳动者不要求继续履行劳动合同或者劳动合同已经不能继续履行的，用人单位应当按经济补偿金的双倍标准支付赔偿金。

在北京地区，对于用人单位违法解除劳动合同后，劳动者要求继续履行的情况，根据2017年北京市高级人民法院、北京市劳动人事争议仲裁委员会《关于审理劳动争议案件法律适用问题的解答》的规定，用人单位仅以劳动者原岗位已被他人替代为由进行抗辩，很难会被认定为“劳动合同确实无法继续履行的”情形。一般认为劳动合同确实无法继续履行的主要有以下情形：（1）用人单位被依法宣告破产、吊销营业执照、责令关闭、撤销，或者用人单位决定提前解散的；（2）劳动者在仲裁或者诉讼过程中达到法定退休年龄的；（3）劳动合同在仲裁或者诉讼过程中到期终止且不存在《劳动合同法》第14条规定应当订立无固定期限劳动合同情形的；（4）劳动者原岗位对用人单位的正常业务开展具有较强的不可替代性和唯一性（如总经理、财务负责人等），且劳动者原岗位已被他人替代，双方不能就新岗位达成一致意见的；（5）劳动者已入职新单位的；（6）仲裁或诉讼过程中，用人单位向劳动者送达复工通知，要求劳动者继续工作，但劳动者拒绝的。

以案说法

59. 劳动合同被企业违法解除后，员工能要求恢复劳动关系吗？

2019年6月，于某与北京某公司订立了两年期的劳动合同，担任市场部经理，月工资为10000元。公司对于于某的表现不是很满意，认为其开拓市场的能力不够，公司的业绩并没有明显提升。适逢于某到外地参加会议，会议议程为2天，但于某却在当地呆了5天。于某回来解释说，正好利用开会的机会，拜访了一下当地的客户，并对当地市场进行了考察，而且，事先也和公司主管副总汇报过行程。2019年10月18日，于某收到公司发出的解聘通知书，以于某连续旷工3天构成严重违反公司的规章制度以及工作表现未得到认可为由，解除与于某的劳动合同。12月13日，于某向当地劳动争议仲裁委员会申请了仲裁，要求确认公司解除与于某的劳动关系属于违法解除，请求继续履行劳动合同，并支付2019年10月18日至劳动关系恢复之日的工资损失。

【审理结果】

劳动争议仲裁委员会经审理认为，于某于外地会议结束后3天，在当地开展了相关的市场工作，而且事先也将行程和主管领导进行了沟通，并取得了同意，因此，不能认定于某的行为构成连续旷工，公司解除劳动合同的行为违反法律规定。仲裁委员会裁决撤销公司的解除决定，支持了于某的全部申诉请求。

【律师点评】

本案的争议焦点在于，于某在外地开会期间多逗留了3天，是否构成旷工。虽然于某经过批准的出差的行程仅限于开会，之后更改行程也没有按公司的规定履行相应的手续，确实存在一定的瑕疵。但这些都不能否认于某已经和公司领导沟通过在外地多呆两天考察市场，并得到准许的事实。因此，公司认定于某旷工欠妥，以此为由解除劳动合同缺乏事实依据。

本案对于公司更为深刻的教训是，公司以为即便被认定违法解除，最多按经济补偿金的双倍支付赔偿金，于某在公司工作时间较短，赔偿金也就是其 1 个月的工资，即 10000 元。但员工要求恢复劳动关系，公司就需要支付员工违法解除之日至劳动关系恢复之日，包括在仲裁、诉讼期间的工资待遇，前后将近 4 个月的工资，可以说，实在是得不偿失，代价惨重。

【法条链接】

《中华人民共和国劳动合同法》

第四十八条　用人单位违反本法规定解除或者终止劳动合同，劳动者要求继续履行劳动合同的，用人单位应当继续履行；劳动者不要求继续履行劳动合同或者劳动合同已经不能继续履行的，用人单位应当依照本法第八十七条规定支付赔偿金。

《北京市高级人民法院、北京市劳动争议仲裁委员会关于劳动争议案件法律适用问题研讨会会议纪要》

24. 用人单位作出的与劳动者解除劳动合同的处理决定被劳动仲裁委或人民法院依法撤销后，劳动者主张用人单位给付上述处理决定作出后至仲裁或诉讼期间的工资，应按以下原则把握：(1) 用人单位作出的处理决定仅因程序方面存在瑕疵而被依法撤销的，用人单位应按最低工资标准向劳动者支付上述期间的工资；(2) 用人单位作出的处理决定因在实体方面存在问题而被依法撤销的，用人单位应按劳动者正常劳动时的工资标准向劳动者支付上述期间的工资。

第三节　劳动者解除劳动合同

员工的主动跳槽，对于企业而言，绝大多数时候都是一个坏消息。企业尤其感到无奈的，是对那些业务骨干或高级管理人员，他们的离开不仅会增加企业的经营成本，造成企业无形资产的流失，而且还会给留下来的员工造成心理上的消极影响。但是，《劳动合同法》的颁布，减少了对员工辞职的限制，让员工跳槽变得更加容易，这无疑给企业应对员工跳槽提出了更高的要求和挑战。

一、员工提前通知解除劳动合同

根据《劳动合同法》的规定，劳动者提前 30 日以书面形式通知用人单位的，可以解除劳动合同。劳动者在试用期内提前 3 日通知用人单位，可以解除劳动合同。法律明确赋予了劳动者辞职的权利，而且这种权利是绝对的，劳动者单方面解除劳动合同无需任何实质条件，只需要履行提前通知的义务即可。需要注意的是，非试用期内的解除，应当以书面形式通知，而试用期内的解除，没有形式的要求，口头形式和书面形式均可。

解读：员工提出辞职后，单位能要求员工提前离职吗？

不能。员工提出辞职后，在剩余30日的合同履行期内，双方还应按照劳动合同的约定继续正常履行，单位无权要求员工立即或提前离职，除非双方协商一致在30日届满之前解除劳动合同。

员工未给予任何告知或说明原因，即不辞而别，单位可以视作自动离职吗？

自动离职，是指在员工出现擅自离职，不辞而别的情形时，企业在依照法定方式履行了通知义务后员工仍不到岗，允许企业对员工作出终结劳动关系处理的一种方式。根据原劳动部办公厅《关于通过新闻媒介通知职工回单位并对逾期不归者按自动离职或旷工处理问题的复函》（已失效）的规定，对于不辞而别的员工，单位首先应当通知其在规定时间内回单位报到或办理有关手续，通知应以书面形式直接送达职工本人；本人不在的，交其同住成年亲属签收。直接送达有困难的可以邮寄送达，以挂号查询回执上注明的收件日期为送达日期。如果受送达职工下落不明，或者用上述送达方式无法送达的情况下，可以采用公告送达的方式，即张贴公告或通过新闻媒介通知。自发出公告之日起，经过30日，即视为送达。在此基础上，单位可认定未归员工自动离职。

以案说法

60. 员工辞职，须经用人单位批准吗？

秦某为某公司研发部主管，与公司签订期限为2016年9月1日至2018年9月1日的劳动合同。2017年6月3日，秦某向公司提交书面辞职申请，表示“因个人原因无法继续留在公司工作，特向公司申请辞职”。公司认为，秦某是公司的业务骨干，而且对公司还有一些欠款未结清，因此，不同意其辞职，也不为其办理离职手续。7月3日，秦某再次与公司协商办理离职手续，被拒绝后第2天即自行离职，不来公司上班。8月，秦某向当地劳动争议仲裁委员会提起劳动仲裁，要求公司为其出具解除劳动合同的证明，并办理离职手续。

【审理结果】

劳动争议仲裁委员会经审理认为，秦某在单方解除劳动合同前30日向公司提交了书面辞职申请，其辞职行为符合法律规定，因此，公司与秦某的劳动关系已于2017年7月3日解除，公司应当为秦某办理离职手续，故裁决支持了秦某的申诉请求。

【律师点评】

实务中，许多企业认为员工辞职必须写辞职申请，并且要得到单位的批准，否则就不能辞职，这实际上是一个典型的认识误区。根据《劳动合同法》的规定，员工辞职，只要提前30天以书面形式通知单位即可，无需单位批准或同意。双方的劳动关系经员工单方面提出辞职而解除的，用人单位应当及时为员工办理离职和退工手续，否则，将承担不利的法律后果。如果员工辞职时未办理工作交接或与单位有其他未了纠纷的，用人单位可通过仲裁或诉讼等法律途径主张自己的权利，但不能以此为由限制员工辞职，二者是两个独立的法律关系，不能混为一谈。

二、员工即时解除劳动合同

员工即时解除劳动合同，是指在用人单位存在过错的情况下，劳动者无须预告即可在通知用人单位的同时，单方解除劳动合同。

根据《劳动合同法》及其《合同法实施条例》的规定，企业有下列情形之一的，劳动者可以即时解除劳动合同，而无须提前通知用人单位：

（1）用人单位未按照劳动合同约定提供劳动保护或者劳动条件的；

（2）用人单位未及时足额支付劳动报酬的；

（3）用人单位未依法为劳动者缴纳社会保险费的；

（4）用人单位的规章制度违反法律、法规的规定，损害劳动者权益的；

（5）用人单位以欺诈、胁迫的手段或者乘人之危，使劳动者在违背真实意思的情况下订立或者变更劳动合同，致使劳动合同无效的；

（6）用人单位在劳动合同中免除自己的法定责任、排除劳动者权利的；

（7）用人单位违反法律、行政法规强制性规定的；

（8）用人单位以暴力、威胁或者非法限制人身自由的手段强迫劳动者劳动的；

（9）用人单位违章指挥、强令冒险作业危及劳动者人身安全的；

（10）法律、行政法规规定劳动者可以解除劳动合同的其他情形。

对于上述第（8）、（9）种情形，劳动者可以立即解除劳动合同，不需事先告知用人单位。对于除此之外，其他情形下的劳动者被迫辞职，一般需要事先告知用人单位，但没有告知时间上的要求和限制。

以案说法

61. 员工能否以企业未缴社会保险费为由解除劳动合同？

张某于2006年4月进入某公司，签订了3年期劳动合同，月薪3000元。公司一直未为张某缴纳社会保险费。2008年4月，张某工作满两年，自认为表现不错，于是找上司要求升职加薪，上司以还需要再考察为由拒绝了他的请求。之后，张某决定跳槽，另谋高就，2008年7月，张某应聘并取得了另外一个公司的offer。但是，听朋友说，要是员工主动辞职，不但没有经济补偿金，还必须提前30日通知单位。要是能找到单位的过错，不但不用提前通知，还可以主张经济补偿。于是，2008年7月10日，张某向公司递交辞职信，以公司未为其缴纳社会保险费为由解除劳动合同，并要求公司支付经济补偿金。公司不同意支付经济补偿金，张某遂向当地劳动争议仲裁委员会申请了仲裁，要求公司支付员工被迫解除劳动合同的经济补偿金，即2个半月的工资，7500元。

【审理结果】

劳动争议仲裁委员会经审理，认为因公司在劳动合同履行过程中一直未为张某缴纳社会保险费，因此，张某以此为由解除劳动合同符合法律规定，公司应当向张某支付经济补偿金。但是经济补偿金的支付年限应从2008年1月1日起开始计算，故裁决公司向张某支付1个月的工资作为劳动合同解除的经济补偿金。

【律师点评】

《劳动合同法》出台后，产生大量的由于未依法为劳动者缴纳社会保险费和未及时足额支付加班费而导致劳动者要求解除劳动合同及支付经济补偿的案件。由于用人单位存在过错时，劳动者享有更自由的解约权，并能获得相应的经济补偿，这大大增加了用人单位的违法成本，也给用人单位的规范用工提出了更大的挑战和要求。

实务中，企业应当尽量避免出现法律规定的过错情形，尤其是对于社会保险费的缴纳和劳动报酬的支付。对于劳动报酬，尤其是加班费，企业应当及时足额支付。如果由于客观原因确实不能按时支付的，应向员工说明情况，并告知预计支付的时间，方可延期支付。对于社会保险，企业应当自用工之日起，及时按法律规定为员工建立社保关系，足额缴纳社会保险费。如果拖延办理社保关系或发生欠缴，应及时予以补缴。

有一点要注意的是，对于劳动者以未依法缴纳社会保险费为由解除劳动合同的，经济补偿金的支付年限是从2008年1月1日起计算，2008年以前的工作年限不包括在内。但是如果是以未及时足额支付劳动报酬为由解除劳动合同的，经济补偿金的支付年限则包括2008年以前的部分。

三、劳动者违法解除劳动合同的法律后果

根据《劳动合同法》第90条的规定，"劳动者违反本法规定解除劳动合同，给用人单位造成损失的，应当承担赔偿责任。"实务中，用人单位需要对"损失"承担举证责任，根据《违反〈劳动法〉有关劳动合同规定的赔偿办法》第4条的规定，损失主要包括：（1）用人单位为录用劳动者直接支付的费用；（2）用人单位为劳动者支付的培训费用；（3）对生产、经营和工作造成的直接经济损失。（4）劳动

合同约定的其他赔偿费用。

解读：员工辞职未提前通知，或通知不满30日，单位可以要求员工支付违约金吗？

不能。虽然提前30日发出辞职通知，是劳动者的法定义务，但是，对该条款的违反，法律并没有给劳动者规定相应的法律责任或处罚措施。同时，根据《劳动合同法》的规定，单位在违反服务期约定和违反竞业限制义务两种法定情形之外，不能单方约定由员工支付违约金。因此，通常情形下，员工未提前通知，或通知不满30日的，单位也不能要求员工支付违约金。

以案说法

62. 员工辞职，企业能要求赔偿猎头费用吗？

2005年4月20日，某公司通过猎头公司聘用高某为技术总监，双方订立了5年期的劳动合同，公司为此支付了猎头费用4万元。2007年6月12日，高某提前30日通知公司解除劳动合同。公司提出要求高某按比例分摊原则赔偿公司支付的猎头费用，即40000元－［40000元÷（365天×5年）×813天］≈22181元。高某认为自己解除劳动合同的行为符合法律规定，因此不同意支付。于是，公司向当地劳动争议仲裁委员会提起仲裁，要求高某赔偿猎头费用22181元。

【审理结果】

劳动争议仲裁委员会经审理，认为高某提前30日通知公司解除劳动合同，符合法律规定。而且，双方在劳动合同中也没有对高某提前解除劳动合同的情况下有关猎头费用的赔偿作出任何约定，故裁决驳回公司的申诉请求。

【律师点评】

什么情况下，企业能要求员工承担违法解除劳动合同的赔偿责任呢？一般来说，应满足两个条件：一是，员工的行为构成违法解除，即未提前30日通知企业；二是，员工违法解除确实给企业造成了损失。本案中，由于高某履行了提前30日通知的法定义务，因此，高某的行为属于合法解除劳动合同，不应承担赔偿损失的责任。

如果在上述案例中，企业在劳动合同中约定，若高某提前解除劳动合同，则应当按比例分摊原则赔偿公司支付的猎头费用。这样的约定是否有效，企业能否根据此约定要求高某赔偿猎头费用。实践中，意见不一。支持的一方认为，根据《劳动部办公厅关于试用期内解除劳动合同处理依据问题的复函》（已失效）第3项的规定，如果是由用人单位出资招用的职工，职工在合同期内（包括试用期）解除与用人单位的劳动合同，则该用人单位可按照《违反〈劳动法〉有关劳动合同规定的赔偿办法》第4条第（1）项规定向职工索赔。也就是说，劳动合同可以约定，员工违反合同期限提前解除劳动合同，给企业造成损失的，应承担赔偿责任。但反对的一方则认为，《违反〈劳动法〉有关劳动合同规定的赔偿办法》（已失效）的出台是在 1995 年，当时法律不禁止用人单位在劳动合同中就合同的解除条件及相应的违约责任作出约定。但是，2008 年《劳动合同法》施行后，法律禁止在法定情形之外为劳动者约定违约金，也不得在法律规定之外限制劳动者解除合同的权利。因此，只要员工履行了提前 30 日通知企业的义务，企业就不得要求员工对违反合同期限提前解除劳动合同造成的损失，承担任何赔偿责任。

笔者认为，目前来说，对于企业出资招用的员工提前解除劳动合同，能否要求其承担赔偿责任，可以分为两种情况：（1）如果企业没有在劳动合同中对此事项作出约定，则如本案的裁决结果，企业要求赔偿录用费的请求将无法得到支持；（2）如果企业约定了此种情况下，员工应承担赔偿责任，则有可能得到仲裁委员会或法院的支持，但最终结果还取决于仲裁员或法官的自由裁量。

【HR 应对】

1. HR 应做好辞职报告的妥善保管。根据《劳动合同法》的规定，员工提出辞职应当采用书面形式，因此，企业 HR 务必要求员工提交书面辞呈或辞职报告，并且予以妥善保管，以免员工口头提出辞职，离职后又反悔，要求回单位上班或以单位辞退为由要求支付经济补偿金或赔偿金。

2. 如果员工突然辞职或不辞而别，给企业造成损失的，可以要求员工就相应的经济损失承担赔偿责任。如果发生上述情况，企业 HR 应注意收集和保留好证据，第一时间提出请求或诉诸法律。

【法条链接】

《中华人民共和国劳动合同法》

第三十七条 劳动者提前三十日以书面形式通知用人单位，可以解除劳动合同。劳动者在试用期内提前三日通知用人单位，可以解除劳动合同。

第三十八条 用人单位有下列情形之一的，劳动者可以解除劳动合同：（略）

第九十条 劳动者违反本法规定解除劳动合同，或者违反劳动合同中约定的保密义务或者竞业限制，给用人单位造成损失的，应当承担赔偿责任。

《中华人民共和国劳动合同法实施条例》

第十八条 有下列情形之一的，依照劳动合同法规定的条件、程序，劳动者可以与用人单位解除固定期限劳动合同、无固定期限劳动合同或者以完成一定工作任务为期限的劳动合同：

（一）劳动者与用人单位协商一致的；

（二）劳动者提前 30 日以书面形式通知用人单位的；

（三）劳动者在试用期内提前 3 日通知用人单位的；

（四）用人单位未按照劳动合同约定提供劳动保护或者劳动条件的；

（五）用人单位未及时足额支付劳动报酬的；

（六）用人单位未依法为劳动者缴纳社会保险费的；

（七）用人单位的规章制度违反法律、法规的规定，损害劳动者权益的；

（八）用人单位以欺诈、胁迫的手段或者乘人之危，使劳动者在违背真实意思的情况下订立或者变更劳动合同的；

（九）用人单位在劳动合同中免除自己的法定责任、排除劳动者权利的；

（十）用人单位违反法律、行政法规强制性规定的；

（十一）用人单位以暴力、威胁或者非法限制人身自由的手段强迫劳动者劳动的；

（十二）用人单位违章指挥、强令冒险作业危及劳动者人身安全的；

（十三）法律、行政法规规定劳动者可以解除劳动合同的其他情形。

《违反〈劳动法〉有关劳动合同规定的赔偿办法》

第四条　劳动者违反规定或劳动合同的约定解除劳动合同，对用人单位造成损失的，劳动者应赔偿用人单位下列损失：（略）

第四节　离职手续的办理

劳动合同无论基于什么原因解除或终止，企业与员工都应当及时办理离职手续。对于企业而言，一方面，要及时清楚地与员工办理各项离职手续，以防后患；另一方面，即便对于违约或有过错的员工，也不能通过拖延或拒绝办理离职手续来制裁或为难员工。

一、企业应当办理的离职手续

劳动合同解除或终止后，企业应当履行如下手续：

1. 指定人员与离职员工办理工作交接

一般来说，企业都会制作工作交接单或离职交接单，要求员工交还工作文件和各种资料、信息，包括纸质的和电子的，返还占有的公司财物、各类证件和系统密码等，结清对公司的欠款。交接单上必须明确记载各项交接的情况，并由交接人负责与离职员工签字。

2. 出具解除或终止劳动合同的证明，也就是常说的“离职证明”

离职证明的内容主要包括：受雇时间、解除或终止劳动合同的时间、离职原因和工作岗位等。

3. 办理档案和社会保险关系的转移手续

企业应当在劳动合同解除或终止后15日内办理上述手续。

4. 需要支付经济补偿的，依法向员工支付经济补偿金

《劳动合同法》规定，用人单位应当向劳动者支付经济补偿的，在劳动者办结

工作交接时支付。因此，员工未办理工作交接或拒绝办理的，企业可以此为由暂不支付经济补偿。

5. 对已经解除或者终止的劳动合同的文本，至少保存 2 年备查

二、企业不依法办理离职手续的后果

1. 企业不依法出具“离职证明”的

《劳动合同法》第 89 条规定，“用人单位违反本法规定未向劳动者出具解除或者终止劳动合同的书面证明，由劳动行政部门责令改正；给劳动者造成损害的，应当承担赔偿责任。”

2. 企业不依法转移档案和社保关系的

企业未依法为员工办理档案和社会保险关系的转移手续，给员工造成损害的，如影响员工各项保险待遇的享受的，应承担赔偿责任。

三、员工应当办理的离职手续

劳动合同解除或终止后，员工应当配合企业完成各项工作交接，包括：

（1）交还工作文件和各种资料、信息，包括纸质的和电子的；

（2）返还占有的公司财物、各类证件和系统密码等；

（3）结清对公司的欠款。

以案说法

63. 员工离职后，还能要求年终奖吗？

王某 2018 年 1 月与某公司签订劳动合同，2018 年 12 月 15 日提出辞职，并于 2018 年 12 月 31 日离开公司。2019 年 1 月王某得知公司向在职员工发放了 2 个月的月薪作为年终奖，要求公司按其工作月份的比例发放 2018 年度的年终奖。公司以王某已离职不属于年终奖的发放对象为由予以拒绝。于是，王某向当地劳动争议仲裁委员会申请仲裁，要求公司支付年终奖。

【审理结果】

仲裁委员会经审理认为，企业有权自主制定年终奖的分配方案，但由于企业的规章制度和劳动合同都没有对年终奖的发放进行明确规定，因此，按照同工同酬原则，裁决支持王某的申诉请求。

【律师点评】

首先，年终奖的性质到底是什么，属不属于工资？根据国家统计局《关于工资总额组成的规定》和《〈关于工资总额组成的规定〉若干具体范围的解释》的规定，

年终奖应属于工资的范畴，因而适用劳动法“同工同酬”的原则。

但同时有一个事实不能忽略，就是年终奖是综合单位的经济效益和员工在过去一年的表现等因素而确定发放的。因此，年终奖不可能是固定的，应属于工资中可变的部分。年终奖不是大锅饭，并不是每个劳动者都享有的，况且在实践中，中途辞职的劳动者对企业的贡献也很难衡量。因此，和其他形式的工资不同，相关法律对于年终奖的发放并没有明确具体的规定，实践中，主要依据双方签订的劳动合同和用人单位规章制度中的规定发放。本案中，由于公司的规章制度和劳动合同均未对年终奖的发放作出规定，因此，出于保护劳动者利益考虑，仲裁委员会直接将《劳动合同法》第 18 条确定的“同工同酬”的原则适用到年终奖的发放中，要求用人单位向辞职的员工发放年终奖。

实务中，企业可以通过相关制度的规范化，来避免上述纠纷和争议的出现，用人单位应在与员工签订的劳动合同中或在用人单位的规章制度中明确规定年终奖的发放对象、发放标准、发放时间和享受年终奖的条件。例如，可以在员工手册中明确规定：为鼓励员工在新的一年中创造更大的价值，企业有权根据其经济效益，对上年度正常出勤的员工，根据其工作业绩，在下年年初发放年终奖；年终奖的发放对象为发放时仍在册的员工。

【HR 应对】

1. HR 应当根据法律的规定和要求，做好员工的离职管理。除了前述各项离职手续外，对于离职后还承担特殊义务的员工，如签订了竞业限制协议的员工，企业是否要求其离职后承担竞业限制义务，应给予明确告知，以免日后引起纠纷。

2. 如果员工不按照企业要求办理工作交接，或拒绝办理工作交接，企业不能以此为由拒绝出具离职证明或转移档案和社保关系，但可以暂不向其支付经济补偿。

【法条链接】

《中华人民共和国劳动合同法》

第五十条　用人单位应当在解除或者终止劳动合同时出具解除或者终止劳动合同的证明，并在十五日内为劳动者办理档案和社会保险关系转移手续。

劳动者应当按照双方约定，办理工作交接。用人单位依照本法有关规定应当向劳动者支付经济补偿的，在办结工作交接时支付。

用人单位对已经解除或者终止的劳动合同的文本，至少保存二年备查。

第十二章　劳动合同的终止

第一节　劳动合同的终止与解除的区别

劳动合同的终止，是指劳动合同的法律效力依法消灭，即劳动关系由于一定法律事实的出现而终结，劳动者与用人单位之间原有的权利义务关系不再存在。劳动合同终止和劳动合同解除所导致的后果是一样的，即双方当事人之间的劳动关系依法终结。但两者之间存在明显区别，主要表现在：

（1）劳动关系的终结时间不同。劳动合同终止，更多的是劳动合同全面履行之后的正常终结，如劳动合同期限届满、劳动合同约定的工作任务完成，或者是由于一方或双方当事人丧失劳动合同主体资格，导致劳动合同无法履行而不得不终结。而劳动合同解除则是劳动关系的提前终结，是在劳动合同尚未全面履行之前基于双方或者一方的意思表示提前结束彼此间的劳动关系。

（2）劳动关系的终结事由不同。劳动合同终止主要是基于法定事实的出现，一般包括两个方面：一是劳动合同期限届满或约定的工作任务完成；二是基于客观事实或依照法律规定当事人丧失合同主体资格，如劳动者依法退休并开始享受基本养老保险待遇、劳动者死亡、用人单位被依法宣告破产等。劳动合同解除基于的是法律行为的作出，即双方或一方当事人依法作出终结劳动关系的意思表示。

（3）劳动关系的终结程序不同。劳动合同终止的程序比较简单，当事人只需按时通知对方，并办理合同终止手续即可。而解除劳动合同的程序相对复杂，并且不同的解除方式中程序要求差异较大。

第二节　劳动合同终止的情形

根据《劳动合同法》第 44 条及其《实施条例》第 21 条的规定，有下列情形之一的，劳动合同终止：

（1）劳动合同期满的；

（2）劳动者开始依法享受基本养老保险待遇的；

（3）劳动者达到法定退休年龄的；

（4）劳动者死亡，或者被人民法院宣告死亡或者宣告失踪的；

（5）用人单位被依法宣告破产的；

（6）用人单位被吊销营业执照、责令关闭、撤销或者用人单位决定提前解散的；

（7）法律、行政法规规定的其他情形。

需要说明的是，《劳动法》规定了用人单位可以在劳动合同中约定劳动合同的终止条件，但2008年出台的《实施条例》明确规定，用人单位与劳动者不得在《劳动合同法》第44条规定的劳动合同终止情形之外约定其他的劳动合同终止条件。根据新法优于旧法的原则，无论是2008年之前订立的劳动合同，还是2008年之后订立的劳动合同，都只能因法定情形的出现而终止，企业不得在劳动合同中约定劳动合同的终止条件，即使约定了，该约定也无效。

以案说法

64. 企业能约定劳动合同的终止条件吗？

李某入职某公司，签订了1年期的劳动合同，担任产品销售员。劳动合同中约定，一旦公司销售业绩不好造成库存积压，公司有权选择和任何一位销售员终止劳动合同。

65. 以完成一定工作任务为期限的劳动合同，何时终止？

某会展公司承办了一大型展览，由于公司人手不够，临时招用了10名员工，双方签订了劳动合同，约定本次会展工作结束，则劳动合同终止。

66. 分公司被撤销，可以终止劳动合同吗？

吴某入职某集团公司在北京的分公司，并与北京分公司签订了劳动合同。由于集团公司战略调整，作出了撤销北京分公司的决定，并终止与北京分公司的全部员工的劳动关系。吴某不同意终止劳动合同，要求到集团公司工作。

67. 公司投资人变更，可以终止劳动合同吗？

甲公司因经营不善被乙公司收购，双方在协商收购条件时，乙公司明确表示，只接收甲公司，不接收公司的任何员工。甲公司告知员工，因公司的股东和法定代表人将发生变更，因此，决定终止与公司现有员工的劳动关系。

【律师点评】

案例64，公司在法律规定之外自行约定了劳动合同的终止条件，即销售业绩不好造成库存积压。上述约定违反了法律的相关规定，因此，该约定无效，公司不得以此为由终止与李某的劳动合同。

案例 65，会展公司与临时招用的 10 名员工签订的是以完成一定工作任务为期限的劳动合同，该合同以劳动者完成某项工作之日，为合同期限届满之日。因此，案例中约定一旦会展工作结束，双方的劳动合同也到期终止，是符合法律规定的。

案例 66，吴某是与北京分公司建立的劳动关系，由于北京分公司被撤销，丧失了劳动法上的主体资格，因此，双方之间的劳动关系应依法终止，吴某无权要求到集团公司工作。

案例 67，根据《劳动合同法》的规定，用人单位变更名称、法定代表人、主要负责人或者投资人等事项，不影响劳动合同的履行。因此，企业法定代表人或投资人发生变更，不属于法律规定的可以终止劳动合同的情形，甲公司不得以此为由终止劳动合同。

【法条链接】

《中华人民共和国劳动合同法》

第三十三条 用人单位变更名称、法定代表人、主要负责人或者投资人等事项，不影响劳动合同的履行。

第四十四条 有下列情形之一的，劳动合同终止：（略）

《中华人民共和国劳动合同法实施条例》

第二十一条 劳动者达到法定退休年龄的，劳动合同终止。

第十三条 用人单位与劳动者不得在劳动合同法第四十四条规定的劳动合同终止情形之外约定其他的劳动合同终止条件。

第三节　劳动合同终止的例外情形

一、劳动合同终止的例外情形

根据《劳动合同法》的规定，在劳动合同所规定的期限届满之时，劳动者有下列情形的，用人单位不得终止劳动合同：

（1）从事接触职业病危害作业的劳动者未进行离岗前职业健康检查，或者疑似职业病病人在诊断或者医学观察期间的；

（2）在本单位患职业病或者因工负伤并被确认丧失或者部分丧失劳动能力的；

（3）患病或者非因工负伤，在规定的医疗期内的；

（4）女职工在孕期、产期、哺乳期的；

（5）在本单位连续工作满 15 年，且距法定退休年龄不足 5 年的；

（6）法律、行政法规规定的其他情形。

需要注意的是，上述劳动合同终止的例外情形，仅仅针对的是劳动合同期满的终止，如果劳动合同是由于期限届满以外的其他法定情形终止的，则不存在上述例外。

二、例外情形下劳动合同的终止

前述例外情形下，劳动合同的终止受到了限制，但这并不意味着这类劳动合同就永远不能终止。根据《劳动合同法》的规定，劳动合同期满时，如果出现上述例外情形，劳动合同应当续延至相应的情形消失时终止。对此，用人单位应当根据具体情况，分别确定处理方式：

1. 劳动合同期满时，从事接触职业病危害作业的劳动者未进行离岗前职业健康检查的，劳动合同期限应续延至检查结束之日；

2. 劳动合同期满时，疑似职业病病人在诊断或者医学观察期间的，劳动合同期限应续延至诊断或医学观察期结束之日；

3. 劳动合同期满时，劳动者患病或者非因工负伤，在规定的医疗期内的，劳动合同期限应续延至医疗期届满之日；

4. 劳动合同期满时，女职工在孕期、产期、哺乳期的，劳动合同期限应续延至哺乳期结束之日；如果女职工流产的，应当续延至流产假结束之日；

5. 劳动合同期满时，劳动者在本单位连续工作满 15 年，且距法定退休年龄不足 5 年的，劳动合同期限应续延至劳动者达到法定退休年龄之日。

6. 劳动合同期满时，员工在本单位患职业病或者因工负伤并被确认丧失或者部分丧失劳动能力的，应当按照工伤保险的相关规定处理：

（1）员工被鉴定为一级至四级伤残的，保留劳动关系，退出工作岗位，劳动合同期限应续延至劳动者达到法定退休年龄之日。

（2）员工被鉴定为五级、六级伤残的，保留劳动关系，由用人单位安排适当工作。但经员工本人提出，其可以与用人单位解除或者终止劳动关系，由工伤保险基金支付一次性工伤医疗补助金，由用人单位支付一次性伤残就业补助金。

（3）员工被鉴定为七级至十级伤残的，劳动、聘用合同期满终止，或者职工本人提出解除劳动、聘用合同的，由工伤保险基金支付一次性工伤医疗补助金，由用人单位支付一次性伤残就业补助金。

以案说法

68. 劳动合同终止后，员工方知怀孕能要求续签劳动合同吗?

王某2017年1月1日入职某公司，双方签订了3年期的劳动合同，2019年11月30日，公司通知王某，双方的劳动合同将于2019年12月30日期满，公司决定不与王某续签劳动合同。王某于2019年12月30日办理完了离职手续，公司向王某支付了2个月的工资作为终止劳动合同的经济补偿金。2020年1月14日，王某觉得身体不适，去医院检查身体，经医院诊断，已怀孕1个多月，于是，王某又回到公司，要求公司按国家有关规定续签劳动合同，理由是员工在劳动合同期限内怀孕，公司不能终止劳动合同。但单位认为，已经与王某终止了劳动合同，怀孕是在终止合同后发现的，怀不怀孕跟单位没有关系，因此，拒绝了王某的请求。2020年3月，王某以用人单位不得终止孕期内员工的劳动合同为由向劳动争议仲裁委员会提出申诉，要求续签劳动合同，合同期限至哺乳期结束为止。

【审理结果】

劳动争议仲裁委员会经审理，认定王某确实在劳动合同期限届满前已经怀孕，因此，劳动合同不得在合同期限届满时终止，而应当续延至王某哺乳期结束终止。仲裁委员会最终裁决支持了王某的全部申诉请求。

【律师点评】

这是一起双方终止劳动合同后，女员工发现在劳动关系存续期间怀孕，要求单位恢复劳动关系的争议。根据《劳动合同法》的规定，劳动合同期限届满时，女职工在孕期、产期、哺乳期的，企业不得终止劳动合同，而应将劳动合同期限续延至哺乳期结束为止。该规定是强制性的，毫无例外。尽管王某在劳动合同终止时，没有发现自己怀孕，但因为事后有充分的证据证明其怀孕时间是在合同期限内，因此，劳动合同的期限应当自动续延至哺乳期结束，单位以已经办理完合同终止的手续，不同意与其续签劳动合同的做法不符合法律规定。

【法条链接】

《中华人民共和国劳动合同法》

第四十五条 劳动合同期满，有本法第四十二条规定情形之一的，劳动合同应当续延至相应的情形消失时终止。但是，本法第四十二条第二项规定丧失或者部分丧失劳动能力劳动者的劳动合同的终止，按照国家有关工伤保险的规定执行。

《工伤保险条例》

第三十五条 职工因工致残被鉴定为一级至四级伤残的，保留劳动关系，退出工作岗位，享受以下待遇：（略）

第三十六条 职工因工致残被鉴定为五级、六级伤残的，享受以下待遇：…保留与用人单位

的劳动关系，由用人单位安排适当工作。…经工伤职工本人提出，该职工可以与用人单位解除或者终止劳动关系，由工伤保险基金支付一次性工伤医疗补助金，由用人单位支付一次性伤残就业补助金。一次性工伤医疗补助金和一次性伤残就业补助金的具体标准由省、自治区、直辖市人民政府规定。

第三十七条 职工因工致残被鉴定为七级至十级伤残的，享受以下待遇：……劳动、聘用合同期满终止，或者职工本人提出解除劳动、聘用合同的，由工伤保险基金支付一次性工伤医疗补助金，由用人单位支付一次性伤残就业补助金。一次性工伤医疗补助金和一次性伤残就业补助金的具体标准由省、自治区、直辖市人民政府规定。

第四节 劳动合同终止和续签的实务技巧

如何处理员工的到期劳动合同，是企业 HR 劳动合同管理中一个很重要的工作内容。实务中，HR 应从企业的需要和员工的实际情况出发，结合法律的实体性和程序性规定来合理决定，并依法确定相应的工作程序和履行相关的手续。

一、及时决定终止或续签劳动合同

在劳动合同期限届满前，一般最好是在合同到期前 1 个月，HR 应在征求主管领导和相关部门意见后，及时作出决定并通知员工终止或续签劳动合同。虽然法律对于企业应在合同到期前多长时间作出终止或续签的决定并通知员工没有给予明确规定，但一些地方性规定对此作出了要求，如《北京市劳动合同规定》第 40 条明确，“劳动合同期限届满前，用人单位应当提前 30 日将终止或者续订劳动合同意向以书面形式通知劳动者，经协商办理终止或者续订劳动合同手续。”因此，企业 HR 在处理到期劳动合同时，一方面应参照当地的规定执行；另一方面，无论地方性规定是否要求提前通知，都应避免在期限届满前 1 或 2 天才通知员工，造成员工缺乏心理准备，进而引起争议和纠纷。

如果企业在劳动合同期限届满后，既不终止劳动合同，也未与员工续签劳动合同，很容易与员工形成事实劳动关系。上述情形下，企业须按照“未与员工签订书面劳动合同”的情形承担相应法律后果，即超过 1 个月未续签劳动合同的，企业应自超过 1 个月的次日起向员工支付二倍工资；超过 1 年未续签劳动合同的，自 1 年届满的次日起，视为双方订立了无固定期限劳动合同。

以案说法

69. 劳动合同到期后未续签，也未终止，劳动关系能随时终止吗？

刘某 2005 年大学毕业后与某公司签订了为期 3 年的劳动合同，月工资为 2000 元。

2008 年 6 月 30 日合同到期后，双方均没有提出续订劳动合同，但是，刘某仍在公司工作。2008 年 10 月 20 日，公司准备缩减人员，发现刘某的劳动合同到期后没有续签，就书面通知双方的劳动关系将于 2008 年 10 月 31 日终止。刘某不服，向当地劳动争议仲裁委员会提起仲裁，要求公司支付 2008 年 7 月至 2008 年 10 月期间未续签劳动合同的二倍工资。

【审理结果】

劳动争议仲裁委员会经审理认为，公司在与刘某的劳动合同期满后，没有及时续签而形成事实劳动关系，不认定为劳动合同到期后的自动续延，公司应承担未与刘某续签劳动合同的责任，故裁决公司支付刘某未续签劳动合同期间的二倍工资差额。

【律师点评】

本案是一个典型的在劳动合同期满后，因没有及时续签而形成事实劳动关系的案例。在《劳动合同法》施行前，上述情形的处理主要是依据《最高人民法院关于审理劳动争议案件适用若干问题的解释》（已失效）第 16 条的规定，即“劳动合同期限届满后，劳动者仍在原用人单位工作，原用人单位没有表示异议的，视为双方愿意以原条件继续履行劳动合同，一方提出终止劳动关系的，人民法院应当支持”。也就是说，劳动合同期满后，企业未续签劳动合同，员工仍然在企业工作的，视为劳动合同的续延，一方可以随时终止事实劳动关系。

上述规定使得在很长一段时间内，企业都不愿意主动与劳动者续签到期的劳动合同。但是，《劳动合同法》施行后，法律规定则发生了变化，劳动合同到期后，对于事实劳动关系的存在，不再认定为原劳动合同的自动续延。如果用人单位在劳动合同到期终止后 1 个月内未续签书面劳动合同的，劳动者可以要求用人单位支付二倍工资。本案中，仲裁委员会据此要求公司支付未续签劳动合同期间的二倍工资，鉴于公司已经在未续签劳动合同期间向刘某支付了正常工资，因此，公司需再支付一倍工资即可。

不过值得关注的是，2021 年 1 月 1 日施行的《最高人民法院关于审理劳动争议案件适用法律问题的解释（一）》第三十四条仍保留了《最高人民法院关于审理劳动争议案件适用若干问题的解释》（已失效）第 16 条的规定。可以预见未来各地裁审机构对于这一问题的认定和具体处理仍会存在理解和适用上的差异，建议用人单位进一步关注公司所在地的裁判口径，并在实际用工中仍规范管理劳动合同的续签工作，切实保障企业与劳动者双方的合法权益。

【法条链接】

《中华人民共和国劳动合同法实施条例》

第六条 用人单位自用工之日起超过一个月不满一年未与劳动者订立书面劳动合同的，应当依照劳动合同法第八十二条的规定向劳动者每月支付两倍的工资，并与劳动者补订书面劳动合同；

劳动者不与用人单位订立书面劳动合同的，用人单位应当书面通知劳动者终止劳动关系，并依照劳动合同法第四十七条的规定支付经济补偿。

前款规定的用人单位向劳动者每月支付两倍工资的起算时间为用工之日起满一个月的次日，截止时间为补订书面劳动合同的前一日。

第七条 用人单位自用工之日起满一年未与劳动者订立书面劳动合同的，自用工之日起满一个月的次日至满一年的前一日应当依照劳动合同法第八十二条的规定向劳动者每月支付两倍的工资，并视为自用工之日起满一年的当日已经与劳动者订立无固定期限劳动合同，应当立即与劳动者补订书面劳动合同。

《最高人民法院关于审理劳动争议案件适用法律问题的解释（一）》

第三十四条 劳动合同期满后，劳动者仍在原用人单位工作，原用人单位未表示异议的，视为双方同意以原条件继续履行劳动合同。一方提出终止劳动关系的，人民法院应予支持。

根据劳动合同法第十四条规定，用人单位应当与劳动者签订无固定期限劳动合同而未签订的，人民法院可以视为双方之间存在无固定期限劳动合同关系，并以原劳动合同确定双方的权利义务关系。

二、劳动合同终止的程序

1. 通知劳动合同终止的时间

《劳动合同法》及其《实施条例》都没有对企业终止劳动合同的程序作出明确规定，实践中，各地有一些地方性规定，如前述北京的规定，要求企业必须提前一定的时间通知员工终止劳动合同，一般为 1 个月，如果企业未提前 30 日通知劳动者劳动合同到期终止的，每延迟 1 日支付 1 日工资作为赔偿金。因此，企业应严格参照当地的规定执行，同时，提前通知也使员工获得了心理准备，避免引起其他争议和纠纷。

2. 通知劳动合同终止的形式

企业终止劳动合同是否必须采取书面形式，《劳动合同法》及其《实施条例》也没有作出明确规定，实践中，一些地方性规定要求企业终止劳动合同时，必须采用书面形式通知员工。无论当地规定是否要求，从规范用工和便于举证的角度出发，我们建议，企业终止劳动合同时，最好采用书面形式。

三、劳动合同终止的后果

劳动合同依法终止后，企业应根据法律的规定和要求向员工支付经济补偿，经济补偿按劳动者在本单位工作的年限，以每满 1 年按 1 个月工资的标准向劳动者支付。但并不是所有情形下劳动合同的终止都需支付经济补偿，根据《劳动合同法》的规定，一般只有在劳动合同期满，用人单位被依法宣告破产，被吊销营业执照、责令关闭、撤销或者用人单位决定提前解散的情况下，企业才需要支付经济补偿，具体规定请参考第十三章第一节“经济补偿金”的相关内容。

【法条链接】

《北京市劳动合同规定》

第四十条 劳动合同期限届满前，用人单位应当提前30日将终止或者续订劳动合同意向以书面形式通知劳动者，经协商办理终止或者续订劳动合同手续。

第四十七条 用人单位违反本规定第四十条规定，终止劳动合同未提前30日通知劳动者的，以劳动者上月日平均工资为标准，每延迟1日支付劳动者1日工资的赔偿金。

四、续签劳动合同实务

以案说法

70. 员工连续工作满10年，是否必须续签劳动合同？

2005年4月，李某被分配到一家集体企业工作，月薪为500元，到2017年，月薪涨为3000元。2018年6月1日，该企业向李某发出了1份《终止劳动合同通知书》，里面写明，李某的劳动合同将于2018年6月30日到期，公司将不和他续签劳动合同。李某收到通知后，马上找到单位人事部门，说明由于在单位工作已满10年，因此要求与单位签订无固定期限劳动合同。但是，单位对其要求置之不理，并于2018年6月25日，再次发送了《终止劳动合同通知书》，并且要求李某在5日内办好离职退工手续。于是，李某向劳动争议仲裁委员会提起仲裁，要求单位支付违法终止劳动合同的赔偿金。

【审理结果】

劳动争议仲裁委员会经审理后认为，李某在单位工作已满10年，符合与单位签订无固定期限劳动合同的条件。在双方劳动合同期满前，李某已经明确提出要求签订无固定期限劳动合同，但是，单位没有与劳动者协商或者征询劳动者是否同意续订合同，而是直接以劳动合同期限届满为由单方面提出终止劳动合同，其行为构成违法终止劳动合同。仲裁委员会最终裁决单位向李某支付27个月的工资，作为违法终止劳动合同的赔偿金。

【律师点评】

本案争议的焦点是，员工连续工作满10年，企业还能否终止到期劳动合同？实务中，HR对于法律明确规定劳动合同不得终止的情形，是比较清楚明白的，但往往忽略了其他可能导致不得终止，必须续签的情形。如根据《劳动合同法》规定，劳动者在本单位连续工作满10年的，和用人单位初次实行劳动合同制度或者国有企业改制重新订立劳动合同时，劳动者在该用人单位连续工作满10年且距法定退休年龄不足10年的，这两种情形下，只要劳动者提出续订劳动合同的，用人单位必须续订，不得拒绝，而且除非劳动者主动提出订立固定期限劳动合同的，用人单位均应当订立无固定期限劳动合同。

本案中，李某在该单位工作已满 13 年，符合应当订立无固定期限劳动合同的情形，且李某明确提出要求签订无固定期限劳动合同，此时，单位就应当与其续签无固定期限劳动合同，而不能以劳动合同到期为由，终止双方劳动关系。本案中企业的行为构成用人单位违法终止劳动合同，因此，劳动者可以要求用人单位按经济补偿金的双倍支付违法终止的赔偿金，赔偿金的支付年限自用工之日起计算，为 27 个月的工资。

【HR 应对】

对于是否续签劳动合同，企业 HR 更多地需要根据企业发展的需要和员工个人的实际情况来确定，这里从法律风险的防范方面提示 HR 应当注意的几个要点：

1. 续签应及时

企业决定续签劳动合同的，最好在原劳动合同到期前就完成相关的协商和签订工作，以免合同到期双方形成事实劳动关系后，员工不配合续签，而使企业陷入被动。企业如果未能在原劳动合同到期前完成续签的，最迟也应在合同期限届满后的 1 个月内与员工续签劳动合同，否则，超过 1 个月未续签劳动合同的，企业应自超过 1 个月的次日起向员工支付二倍工资；超过 1 年未续签劳动合同的，自 1 年届满的次日起，视为双方订立了无固定期限劳动合同。

2. 考虑续签的次数和员工的“司龄”

根据《劳动合同法》的规定，如果连续订立两次劳动合同后再次续订的，或在本企业连续工作满 10 年的，都应当订立无固定期限劳动合同。上述情形下，用人单位没有决定是否续签合同的选择权，劳动者提出续签的，必须续签。因此，如果企业不想与员工订立无固定期限劳动合同，就应当随时监控劳动合同的签订和履行情况，避免出现上述情形。

3. 关于续签无固定期限劳动合同

如果员工具备了订立无固定期限劳动合同的条件，除非员工自愿提出订立固定期限劳动合同的，企业均应当与员工订立无固定期限劳动合同。否则，自应当订立无固定期限劳动合同之日起，企业须向劳动者每月支付两倍的工资作为赔偿。

4. 续签劳动合同不得再约定试用期

由于《劳动合同法》对于“同一用人单位和劳动者只能约定一次试用期”作出了强制性规定，因此，劳动合同续签时，无论是否对员工岗位或其他工作内容进行了调整和变动，企业都不能与员工再次约定试用期。

【法条链接】

《中华人民共和国劳动合同法》

第十四条　无固定期限劳动合同，是指用人单位与劳动者约定无确定终止时间的劳动合同。

用人单位与劳动者协商一致，可以订立无固定期限劳动合同。有下列情形之一，劳动者提出或者同意续订、订立劳动合同的，除劳动者提出订立固定期限劳动合同外，应当订立无固定期限劳动合同：

（一）劳动者在该用人单位连续工作满十年的；

（二）用人单位初次实行劳动合同制度或者国有企业改制重新订立劳动合同时，劳动者在该用人单位连续工作满十年且距法定退休年龄不足十年的；

（三）连续订立二次固定期限劳动合同，且劳动者没有本法第三十九条和第四十条第一项、第二项规定的情形，续订劳动合同的。

用人单位自用工之日起满一年不与劳动者订立书面劳动合同的，视为用人单位与劳动者已订立无固定期限劳动合同。

第四十八条 用人单位违反本法规定解除或者终止劳动合同，劳动者要求继续履行劳动合同的，用人单位应当继续履行；劳动者不要求继续履行劳动合同或者劳动合同已经不能继续履行的，用人单位应当依照本法第八十七条规定支付赔偿金。

第八十二条 用人单位自用工之日起超过一个月不满一年未与劳动者订立书面劳动合同的，应当向劳动者每月支付二倍的工资。

用人单位违反本法规定不与劳动者订立无固定期限劳动合同的，自应当订立无固定期限劳动合同之日起向劳动者每月支付二倍的工资。

第八十七条 用人单位违反本法规定解除或者终止劳动合同的，应当依照本法第四十七条规定的经济补偿标准的二倍向劳动者支付赔偿金。

《中华人民共和国劳动合同法实施条例》

第二十五条 用人单位违反劳动合同法的规定解除或者终止劳动合同，依照劳动合同法第八十七条的规定支付了赔偿金的，不再支付经济补偿。赔偿金的计算年限自用工之日起计算。

第十三章　经济补偿金和赔偿金

第一节　经济补偿金

经济补偿金，是指劳动合同解除或终止后，或存在其他法定情形时，用人单位依法一次性支付给劳动者的经济上的补助。较之《劳动法》及其他相关规定，《劳动合同法》关于经济补偿金的适用范围和计算标准的规定都有较大的变化，正确理解和适用这些规定，对于减少由于劳动合同的解除和终止而发生的纠纷和风险，至关重要。

一、支付经济补偿金的情形

（一）解除劳动合同的经济补偿金

1. 协商解除劳动合同经济补偿金

劳动合同期满前，用人单位提出解除劳动合同，并与劳动者协商一致的，用人单位应当向劳动者支付经济补偿金。

2. 劳动者单方解除劳动合同经济补偿金

用人单位有以下过错情形之一，导致劳动者行使单方即时解除权而解除劳动合同的，用人单位应当依法向劳动者支付经济补偿金：

（1）用人单位未按照劳动合同约定提供劳动保护或者劳动条件的；

（2）用人单位未及时足额支付劳动报酬的；

（3）用人单位未依法为劳动者缴纳社会保险费的；

（4）用人单位的规章制度违反法律、法规的规定，损害劳动者权益的；

（5）用人单位以欺诈、胁迫的手段或者乘人之危，使劳动者在违背真实意思的情况下订立或者变更劳动合同的；

（6）用人单位在劳动合同中免除自己的法定责任、排除劳动者权利的；

（7）用人单位违反法律、行政法规强制性规定的；

（8）用人单位以暴力、威胁或者非法限制人身自由的手段强迫劳动者劳动的；

（9）用人单位违章指挥、强令冒险作业危及劳动者人身安全的；

（10）法律、行政法规规定劳动者可以解除劳动合同的其他情形。

3. 用人单位单方解除劳动合同经济补偿金

用人单位因以下非劳动者过错的原因，单方预告解除劳动合同的，用人单位应当依法向劳动者支付经济补偿金：

（1）劳动者患病或者非因工负伤，在规定的医疗期满后不能从事原工作，也不能从事由用人单位另行安排的工作的；

（2）劳动者不能胜任工作，经过培训或者调整工作岗位，仍不能胜任工作的；

（3）劳动合同订立时所依据的客观情况发生重大变化，致使劳动合同无法履行，经用人单位与劳动者协商，未能就变更劳动合同内容达成协议的；

（4）用人单位依法进行经济性裁员的。

（二）劳动合同解除时，无须支付经济补偿金的情形

1. 协商解除劳动合同中，劳动者提出解除劳动合同，并与用人单位协商一致而解除的，用人单位无须支付经济补偿金。

2. 劳动者提前30日以书面形式通知用人单位或在试用期内提前3日通知用人单位，解除劳动合同的，用人单位无须支付经济补偿金。

3. 劳动者有以下过错情形之一，导致用人单位解除劳动合同的，用人单位无须支付经济补偿金：

（1）在试用期间被证明不符合录用条件的；

（2）严重违反用人单位的规章制度的；

（3）严重失职，营私舞弊，给用人单位造成重大损害的；

（4）劳动者同时与其他用人单位建立劳动关系，对完成本单位的工作任务造成严重影响，或者经用人单位提出，拒不改正的；

（5）以欺诈、胁迫的手段或者乘人之危，使用人单位在违背真实意思的情况下订立或者变更劳动合同致使劳动合同无效的；

（6）被依法追究刑事责任的。

（三）终止劳动合同的经济补偿金

1. 期满终止固定期限劳动合同的经济补偿金

固定期限劳动合同因期满而终止的，除非用人单位维持或提高原劳动合同中约定的劳动条件，劳动者不同意续订的之外，用人单位应当依法向劳动者支付经济补偿金。也就是说，固定期限劳动合同期满终止的，两种情形下，用人单位应当支付

经济补偿金：一是，用人单位不同意续订劳动合同的；二是，用人单位虽同意续订劳动合同，但续订劳动合同中约定的各项劳动条件低于原劳动合同中的约定条件，劳动者不同意续订的。除此之外，如果是劳动者不同意续订的，用人单位无须支付经济补偿金。这里应当注意，《劳动合同法》第 46 条第 5 项中的“约定条件”，应当是指原劳动合同中约定的条件，既包括劳动合同的必备条款，也包括当事人约定的条款。

2. 因任务完成而终止劳动合同的经济补偿金

《劳动合同法》对以完成一定工作任务为期限的劳动合同因任务完成而终止的，是否应支付经济补偿金未作出明确规定。《劳动合同法实施条例》弥补了这一漏洞，其第 22 条明确规定，以完成一定工作任务为期限的劳动合同因任务完成而终止的，用人单位应当向劳动者支付经济补偿。

3. 因法定事由而终止劳动合同的经济补偿金

法定事由，是指劳动合同履行过程中，出现法律规定的特殊情况而导致劳动合同无法或者不能继续履行，因此法律规定提前终止劳动合同关系。《劳动合同法》规定的法定事由主要是指用人单位作为劳动关系一方的主体资格消灭的情形，包括：一是用人单位被依法宣告破产；二是用人单位依法被吊销营业执照、责令关闭、撤销或者用人单位决定提前解散。劳动合同因上述两项法定事由出现而终止时，用人单位应当向劳动者支付经济补偿。

另外，《最高人民法院关于审理劳动争议案件适用法律若干问题的解释（四）》（已失效）、2021 年 1 月 1 日施行的《最高人民法院关于审理劳动争议案件适用法律问题的解释（一）》又在上述规定的基础上补充了一项法定事由，即用人单位因经营期限届满不再继续经营导致劳动合同不能继续履行的，用人单位应当向劳动者支付经济补偿。

4. 事实劳动关系终止的经济补偿金

根据《劳动合同法实施条例》第 6 条规定，用人单位自用工之日起超过 1 个月不满 1 年未与劳动者订立书面劳动合同，经用人单位书面通知，劳动者仍不与用人单位订立书面劳动合同的，用人单位应当书面通知劳动者终止劳动关系，并向劳动者支付经济补偿。

（四）劳动合同终止时，无须支付经济补偿金的情形

1. 固定期限劳动合同期满终止，用人单位维持或者提高劳动合同约定条件续订劳动合同，而劳动者不同意续订的，用人单位无须支付经济补偿金；

2. 劳动者开始依法享受基本养老保险待遇、达到法定退休年龄，以及劳动者死亡，或被人民法院宣告死亡或者宣告失踪，导致劳动合同终止的，用人单位无须支

付经济补偿金；

3. 非全日制用工双方当事人任何一方通知对方终止用工的，用人单位无须支付经济补偿金；

4. 自用工之日起 1 个月内，经用人单位书面通知，劳动者仍不与用人单位订立书面劳动合同，导致用人单位终止劳动关系的，用人单位无须支付经济补偿金。

（五）竞业限制补偿金

根据《劳动合同法》的规定，用人单位和劳动者解除或终止劳动合同后，在竞业限制期限内，用人单位应按月给予劳动者经济补偿。支付竞业限制补偿金的前提和依据与前述劳动合同解除或终止的经济补偿金是不同的，因此，二者并行不悖。有关竞业限制补偿金的规定请参考本书第五章第四节“竞业限制协议实务操作”的相关内容。

（六）未依法支付工资或经济补偿，无须再额外支付经济补偿金

根据原劳动部于 1994 年发布的《违反和解除劳动合同的经济补偿办法》（已失效）第 3 条和第 4 条的规定，用人单位克扣或无故拖欠劳动者工资、拒不支付加班工资或支付工资低于最低工资标准的，除应足额支付工资报酬和补足差额之外，还需支付拖欠部分或差额部分的 25% 的经济补偿金。

《违反和解除劳动合同的经济补偿办法》（已失效）第 10 条规定，用人单位解除劳动合同后，未按规定给予劳动者经济补偿的，除全额发给经济补偿金外，还须按该经济补偿金数额的 50% 支付额外经济补偿金。

《违反和解除劳动合同的经济补偿办法》的规定被废止后，现适用《劳动合同法》第 85 条的相关规定，即用人单位未支付劳动报酬、加班费或者经济补偿，及劳动报酬低于当地最低工资标准的，由劳动行政部门责令限期支付，逾期仍未支付的，应当按应付金额 50% 以上 100% 以下的标准向劳动者加付赔偿金。

但是实务中的问题是，由于《劳动合同法》第 85 条赋予的是劳动行政机关的行政权力，劳动者关于应付金额 50% 以上 100% 以下加付赔偿金的请求，无法通过劳动仲裁或诉讼获得支持，导致其在司法实践中的适用大打折扣。

但是，2010 年 9 月 14 日施行的《最高人民法院关于审理劳动争议案件适用法律若干问题的解释（三）》（已失效）以及 2021 年 1 月 1 日施行的《最高人民法院关于审理劳动争议案件适用法律问题的解释（一）》对上述问题作出了新的明确规定，即劳动者依据《劳动合同法》第 85 条规定，向人民法院提起诉讼，要求用人单位支付加付赔偿金的，人民法院应予受理。笔者认为，这项新规定为司法审判机关适用该条直接裁判用人单位加付赔偿金提供了现实的法律依据，这将大大加重用

人单位的违法成本。但是，需要指出的是，劳动者加付赔偿金的请求要想得到支持，还必须满足一个前提条件，即劳动者必须就用人单位拖欠其劳动报酬、加班费或者经济补偿的违法行为已经先向劳动行政部门进行投诉，劳动行政部门在责令用人单位限期支付后，用人单位仍未支付的，劳动者才能请求加付赔偿金，对此，劳动者应承担举证责任。如果劳动者未经过上述前置程序，直接主张加付赔偿金的，人民法院将不予支持。

以案说法

71. 劳动合同期满终止，员工不同意续订的，企业还须支付经济补偿金吗？

赵某2018年7月大学毕业后，与某公司签订为期两年的劳动合同，每月工资2000元。2020年6月底，劳动合同期满，公司征求赵某的意见，赵某提出不续签劳动合同，于是双方终止劳动关系，公司向赵某发出了《终止劳动合同通知书》，写明即日起公司将终止与赵某之间的劳动关系。赵某办理了离职手续后，向当地劳动争议仲裁委员会提起仲裁，要求公司支付劳动合同期满终止的经济补偿金。

【审理结果】

劳动争议仲裁委员会经审理认为，公司无法提供其通知赵某按原劳动合同约定条件续订劳动合同，但赵某不同意续订的证据。而根据《终止劳动合同通知书》的内容，明确了公司终止与赵某的劳动关系，但未表明是由于赵某不同意续订才终止的，因此，裁决公司按照赵某2个月工资的标准支付劳动合同期满终止的经济补偿金，共4000元。

【律师点评】

本案的一个重要问题是，何种情形下，劳动合同到期终止应支付经济补偿，因为并不是所有的劳动合同到期终止都需要支付经济补偿。如果企业维持原劳动合同中约定的劳动条件，员工不同意续订的，企业无须支付经济补偿，本案就属于这种情形。但是，为什么还会败诉呢，因为企业犯了一个致命的错误，就是缺乏证据意识，未将劳动合同终止的实际原因和过程，以及对企业有利的方面，通过书面形式固定下来，导致在仲裁中承担了举证不能的不利后果。本案中，虽然企业也出具了《终止劳动合同通知书》，但其内容只有简单的一句话，对于劳动合同是什么原因终止的，有关经济补偿作何安排等，都只字未提，因此，虽然喊冤，也只能承担败诉的责任。本案给企业HR们敲响了警钟，在用工管理过程中，不但要有书面形式，更重要的是所出具的任何文件和手续都应依法而为，言之有物。

【法条链接】

《中华人民共和国劳动合同法》

第二十三条 用人单位与劳动者可以在劳动合同中约定保守用人单位的商业秘密和与知识产权相关的保密事项。

对负有保密义务的劳动者，用人单位可以在劳动合同或者保密协议中与劳动者约定竞业限制条款，并约定在解除或者终止劳动合同后，在竞业限制期限内按月给予劳动者经济补偿。劳动者违反竞业限制约定的，应当按照约定向用人单位支付违约金。

第四十六条 有下列情形之一的，用人单位应当向劳动者支付经济补偿：

（一）劳动者依照本法第三十八条规定解除劳动合同的；

（二）用人单位依照本法第三十六条规定向劳动者提出解除劳动合同并与劳动者协商一致解除劳动合同的；

（三）用人单位依照本法第四十条规定解除劳动合同的；

（四）用人单位依照本法第四十一条第一款规定解除劳动合同的；

（五）除用人单位维持或者提高劳动合同约定条件续订劳动合同，劳动者不同意续订的情形外，依照本法第四十四条第一项规定终止固定期限劳动合同的；

（六）依照本法第四十四条第四项、第五项规定终止劳动合同的；

（七）法律、行政法规规定的其他情形。

第八十五条 用人单位有下列情形之一的，由劳动行政部门责令限期支付劳动报酬、加班费或者经济补偿；劳动报酬低于当地最低工资标准的，应当支付其差额部分；逾期不支付的，责令用人单位按应付金额百分之五十以上百分之一百以下的标准向劳动者加付赔偿金：

（一）未按照劳动合同的约定或者国家规定及时足额支付劳动者劳动报酬的；

（二）低于当地最低工资标准支付劳动者工资的；

（三）安排加班不支付加班费的；

（四）解除或者终止劳动合同，未依照本法规定向劳动者支付经济补偿的。

《中华人民共和国劳动合同法实施条例》

第五条 自用工之日起一个月内，经用人单位书面通知后，劳动者不与用人单位订立书面劳动合同的，用人单位应当书面通知劳动者终止劳动关系，无需向劳动者支付经济补偿，但是应当依法向劳动者支付其实际工作时间的劳动报酬。

第六条 用人单位自用工之日起超过一个月不满一年未与劳动者订立书面劳动合同的，应当依照劳动合同法第八十二条的规定向劳动者每月支付两倍的工资，并与劳动者补订书面劳动合同；劳动者不与用人单位订立书面劳动合同的，用人单位应当书面通知劳动者终止劳动关系，并依照劳动合同法第四十七条的规定支付经济补偿。

第二十二条 以完成一定工作任务为期限的劳动合同因任务完成而终止的，用人单位应当依照劳动合同法第四十七条的规定向劳动者支付经济补偿。

《最高人民法院关于审理劳动争议案件适用法律问题的解释（一）》

第一条 劳动者与用人单位之间发生的下列纠纷，属于劳动争议，当事人不服劳动争议仲裁机构作出的裁决，依法提起诉讼的，人民法院应予受理：

（一）劳动者与用人单位在履行劳动合同过程中发生的纠纷；

（二）劳动者与用人单位之间没有订立书面劳动合同，但已形成劳动关系后发生的纠纷；

（三）劳动者与用人单位因劳动关系是否已经解除或者终止，以及应否支付解除或者终止劳动关系经济补偿金发生的纠纷；

（四）劳动者与用人单位解除或者终止劳动关系后，请求用人单位返还其收取的劳动合同定金、保证金、抵押金、抵押物发生的纠纷，或者办理劳动者的人事档案、社会保险关系等移转手续发生的纠纷；

（五）劳动者以用人单位未为其办理社会保险手续，且社会保险经办机构不能补办导致其无法享受社会保险待遇为由，要求用人单位赔偿损失发生的纠纷；

（六）劳动者退休后，与尚未参加社会保险统筹的原用人单位因追索养老金、医疗费、工伤保险待遇和其他社会保险待遇而发生的纠纷；

（七）劳动者因为工伤、职业病，请求用人单位依法给予工伤保险待遇发生的纠纷；

（八）劳动者依据劳动合同法第八十五条规定，要求用人单位支付加付赔偿金发生的纠纷；

（九）因企业自主进行改制发生的纠纷。

《最高人民法院关于审理劳动争议案件适用法律问题的解释（一）》

第四十八条　劳动合同法施行后，因用人单位经营期限届满不再继续经营导致劳动合同不能继续履行，劳动者请求用人单位支付经济补偿的，人民法院应予支持。

二、经济补偿金的计算标准

解除和终止劳动合同的经济补偿金的计算，在实践中一直是比较容易引发争议的。对此，企业 HR 应全面掌握有关解除和终止劳动合同的经济补偿金计算的法律规定，准确运用相关的计算标准和方法。

（一）基本计算依据

《劳动合同法》第 47 条规定了经济补偿金的具体计算标准，即按劳动者在本单位工作的年限，每满 1 年支付 1 个月工资的标准向劳动者支付。6 个月以上不满 1 年的，按 1 年计算；不满 6 个月的，向劳动者支付半个月工资的经济补偿。

上述所称月工资是指劳动者在劳动合同解除或者终止前 12 个月的平均工资。劳动者工作不满 12 个月的，按照实际工作的月数计算平均工资。月工资按照劳动者应得工资计算，包括计时工资或者计件工资以及奖金、津贴和补贴等货币性收入。劳动者在劳动合同解除或者终止前 12 个月的平均工资低于当地最低工资标准的，按照当地最低工资标准计算。

（二）经济补偿金的支付限制

《劳动合同法》针对月工资高于用人单位所在直辖市、设区的市级人民政府公布的本地区上年度职工月平均工资 3 倍的高收入人群，在支付经济补偿金时规定了两项限制，分别是对支付数额和支付年限的封顶限制。

1. 数额封顶

针对上述高收入人群，经济补偿金的支付标准为当地上年度职工月平均工资的 3 倍，而非劳动者本人的实际月平均工资。

2. 年限封顶

针对上述高收入人群，支付经济补偿金的年限最高不超过 12 年，即如果劳动者在用人单位的工作年限超过 12 年的，按 12 年计算。

（三）经济补偿金的分段计算

由于《劳动合同法》关于经济补偿金的规定和原有的规定存在不一致，而《劳动合同法》又不具有溯及既往的效力，因此，法律对于新旧法的衔接做了过渡性的安排。根据《劳动合同法》第 97 条的规定，跨越 2008 年 1 月 1 日存续的劳动合同，在 2008 年 1 月 1 日之后解除或终止，依照《劳动合同法》第 46 条规定应当支付经济补偿的，经济补偿年限自 2008 年 1 月 1 日起计算；2008 年 1 月 1 日以前的部分则按照当时有关规定执行。

2008 年 1 月 1 日前，关于经济补偿金的支付标准主要是依据原劳动部《违反和解除劳动合同的经济补偿办法》（已失效）的有关规定。虽然该规定已于 2017 年 11 月 24 日被废止，但对于 2008 年 1 月 1 日之前的经济补偿金仍按当时有效的该规定计算执行。实务中，在涉及分段计算时，就新旧法之间的主要区别，应注意以下几点：

1. 《劳动合同法》新增的需要支付经济补偿金的情形

在以下《劳动合同法》新增加的需要支付经济补偿金的情形下，经济补偿金的支付年限自 2008 年 1 月 1 日起计算，2008 年 1 月 1 日以前的工作年限不予计算：

（1）劳动者单方解除劳动合同应支付经济补偿金的情形

①用人单位未依法为劳动者缴纳社会保险费的；

②用人单位的规章制度违反法律、法规的规定，损害劳动者权益的；

③用人单位以欺诈、胁迫的手段或者乘人之危，使劳动者在违背真实意思的情况下订立或者变更劳动合同的；

④用人单位在劳动合同中免除自己的法定责任、排除劳动者权利的；

⑤用人单位违反法律、行政法规强制性规定的；

⑥用人单位违章指挥、强令冒险作业危及劳动者人身安全的。

（2）终止劳动合同应支付经济补偿金的情形，具体内容本节前面已介绍，不再赘述。

2. 对于高收入员工经济补偿支付标准的限制

《劳动合同法》对高收入员工经济补偿的支付标准，按当地上年度职工月平均工资3倍的数额封顶；《违反和解除劳动合同的经济补偿办法》（已失效）对于高收入员工经济补偿的支付标准则不设上限，根据其实际工资确定。比如，员工月工资为20000元，当地上一年职工月平均工资为3322元，对于2008年以前的工作年限，经济补偿的支付标准为20000元；2008年以后的工作年限，经济补偿的支付标准为9966元。

但是，实务中某些地区，比如北京，对于经济补偿金的计算标准，已经不再分段计算，即统一为劳动者在劳动合同解除或者终止前12个月的月平均工资，超过当地上年度职工月平均工资3倍的，按3倍数额封顶支付。

3. 对于支付年限的计算

《劳动合同法》对于支付年限的规定上，6个月以上不满1年的，按1年计算；不满6个月的，向劳动者支付半个月工资的经济补偿。《违反和解除劳动合同的经济补偿办法》（已失效）则规定，工作时间不满1年的均按1年的标准，也就是1个月的工资支付经济补偿金。比如，员工工作1年零4个月的，根据前者，支付标准为1.5个月的工资；根据后者，则为2个月的工资。

4. 对于支付年限的封顶

《劳动合同法》仅针对高收入人群的经济补偿金的支付年限做了“最高不超过12年”的封顶限制，除此之外，任何情形下经济补偿金的计算均不限制支付年限。《违反和解除劳动合同的经济补偿办法》（已失效）则规定了下述两种情形下，经济补偿金的支付年限受“最多不超过12年”的封顶限制：（1）经劳动合同当事人协商一致，由用人单位解除劳动合同的；（2）劳动者不能胜任工作，经过培训或者调整工作岗位仍不能胜任工作，由用人单位解除劳动合同的。因此，用人单位和劳动者在上述两种情形下解除劳动合同的，2008年以前的支付年限受12年的封顶限制，2008年以后的支付年限则不受限制。

（四）经济补偿金计算实例

1. 员工甲，2006年8月1日入职某公司，2010年4月25日公司因甲不胜任工作与其解除劳动合同，解除前甲的12个月平均工资为30000元/月，当地2009年社会月平均工资的3倍为10863元。

甲应得到的经济补偿金为（30000×2）+（10863×2.5）=87157.5元。其中，2008年以前工作年限为1年4个月，4个月不满1年，但应按1年计算，因此，补偿2个月工资，工资标准为其实际月工资30000元，由此得出（30000×2）。2008年以后工作年限为2年近5个月，5个月不满6个月的，应支付半个月工资的经济补偿，因此，补偿2.5个月工资，工资标准为当地2009年社会月平均工资的3倍，即10863元，由此得出（10863×2.5）。

但是，如果该案发生在北京的话，由于2008年年前及年后都没有超过相应的年限封顶，因此实务中基本就不再涉及分段计算的问题，而直接按照10863×4.5来计算经济补偿金。

2. 员工乙，2005年3月31日入职某公司，劳动合同于2009年3月31日到期，公司决定不再续签劳动合同，合同终止前乙的12个月平均工资为3000元/月。

乙应得到的经济补偿金为3000×1.5=4500元。2008年以前没有关于劳动合同终止支付经济补偿金的规定，因此，劳动合同期满终止的经济补偿金年限从2008年1月1日起计算。

3. 员工丙，1990年1月1日入职某公司，2009年12月3日，由公司提出，双方协商一致解除劳动合同，合同解除前丙的12个月平均工资为4680元/月。

丙应得到的经济补偿金为（4680×12）+（4680×2）=65520元。其中，2008年以前的工作年限为18年，但由于支付年限受"12个月"的封顶限制，因此，只能按12个月计算经济补偿金；2008年之后的支付年限根据实际工作年限计算，不受限制。

以案说法

72. 计算经济补偿金时，如何确定本单位工作年限？

2013年4月1日，周某入职某集团公司总部工作。2017年10月，该公司准备在外地设立子公司，周某被作为业务骨干抽调到外地，直接负责子公司的筹建，2018年1月，子公司注册成立，周某根据集团公司总部的指派，重新与子公司签订劳动合同，月薪为20000元。2019年5月，因周某在子公司的工作不利，集团总部要求子公司解除与周某的劳动合同，周某对此表示同意。但在确定经济补偿时，双方发生争议。子公司认为周某的经济补偿只能从2018年1月起计算，即支付其1.5个月的工资，由于其实际月工资超过当地2018年社会月平均工资的3倍，即7624元，因此，按月工资7624元计算应支付的经济补偿金为11436元。周某则认为，经济补偿的支付年限应当从2013年4月1日起计算。

【律师点评】

本案的争议焦点在于，周某在集团公司总部的工作年限能否合并计算到子公司的工作年限里。《劳动合同法实施条例》对此作出了明确规定，"劳动者非因本人原因从原用人单位被安排到新单位工作的，劳动者在原单位的工作年限合并计算为新用人单位的工作年限，如果原用人单位已经向劳动者支付经济补偿的，新用人单位在依法解除、终止劳动合同计算支付经济补偿的工作年限时，不再计算劳动者在原用人单位的工作年限。"也就是说，非劳动者本人原因而由单位安排到新用人单位工作，除非原用人单位已经向劳动者支付经济补偿的，否则，工作年限是合并计算的。本案中，周某是被集团总部选派到子公司工作的，且总部当时未向其支付经济补偿金，因此，子公司计算其经济补偿金的工作年限应从2013年4月1日起计算。

需要指出的是，《最高人民法院关于审理劳动争议案件适用法律若干问题的解释（四）》（已失效）以及2021年1月1日施行的《最高人民法院关于审理劳动争议案件适用法律问题的解释（一）》还就何种情形属于“劳动者非因本人原因从原用人单位被安排到新用人单位工作”作出了明确的规定，即“（1）劳动者仍在原工作场所、工作岗位工作，劳动合同主体由原用人单位变更为新用人单位；（2）用人单位以组织委派或任命形式对劳动者进行工作调动；（3）因用人单位合并、分立等原因导致劳动者工作调动；（4）用人单位及其关联企业与劳动者轮流订立劳动合同；（5）其他合理情形”。因此，企业确定员工在本单位的工作年限时，应严格依照法律的相关规定执行，不要试图通过其他方式来逃避经济补偿金的支付年限。

本案中，还涉及一个问题，关于员工在企业设立筹备阶段的工作时间是否计入本单位工作年限。对此，法律没有作出明确规定，实践中，一般认为企业在筹备期尚未取得经营资格，不具备劳动关系主体资格，因此，新入职员工的这部分工作时间不应计入本单位工作年限。当然，本案中，由于周某是被集团总部派到子公司工作的，因此，他的这部分工作时间，即2017年10月至2018年1月，是合并计入子公司工作年限的。

【法条链接】

《中华人民共和国劳动合同法》

第四十七条　经济补偿按劳动者在本单位工作的年限，每满一年支付一个月工资的标准向劳动者支付。六个月以上不满一年的，按一年计算；不满六个月的，向劳动者支付半个月工资的经济补偿。

劳动者月工资高于用人单位所在直辖市、设区的市级人民政府公布的本地区上年度职工月平均工资三倍的，向其支付经济补偿的标准按职工月平均工资三倍的数额支付，向其支付经济补偿的年限最高不超过十二年。

本条所称月工资是指劳动者在劳动合同解除或者终止前十二个月的平均工资。

第九十七条　本法施行之日存续的劳动合同在本法施行后解除或者终止，依照本法第四十六条规定应当支付经济补偿的，经济补偿年限自本法施行之日起计算；本法施行前按照当时有关规定，用人单位应当向劳动者支付经济补偿的，按照当时有关规定执行。

《中华人民共和国劳动合同法实施条例》

第十条　劳动者非因本人原因从原用人单位被安排到新用人单位工作的，劳动者在原用人单位的工作年限合并计算为新用人单位的工作年限。原用人单位已经向劳动者支付经济补偿的，新用人单位在依法解除、终止劳动合同计算支付经济补偿的工作年限时，不再计算劳动者在原用人单位的工作年限。

第二十七条 劳动合同法第四十七条规定的经济补偿的月工资按照劳动者应得工资计算，包括计时工资或者计件工资以及奖金、津贴和补贴等货币性收入。劳动者在劳动合同解除或者终止前12个月的平均工资低于当地最低工资标准的，按照当地最低工资标准计算。劳动者工作不满12个月的，按照实际工作的月数计算平均工资。

《最高人民法院关于审理劳动争议案件适用法律问题的解释（一）》

第四十六条 劳动者非因本人原因从原用人单位被安排到新用人单位工作，原用人单位未支付经济补偿，劳动者依据劳动合同法第三十八条规定与新用人单位解除劳动合同，或者新用人单位向劳动者提出解除、终止劳动合同，在计算支付经济补偿或赔偿金的工作年限时，劳动者请求把在原用人单位的工作年限合并计算为新用人单位工作年限的，人民法院应予支持。

用人单位符合下列情形之一的，应当认定属于"劳动者非因本人原因从原用人单位被安排到新用人单位工作"：

（一）劳动者仍在原工作场所、工作岗位工作，劳动合同主体由原用人单位变更为新用人单位；

（二）用人单位以组织委派或任命形式对劳动者进行工作调动；

（三）因用人单位合并、分立等原因导致劳动者工作调动；

（四）用人单位及其关联企业与劳动者轮流订立劳动合同；

（五）其他合理情形。

《北京市高级人民法院、北京市劳动争议仲裁委员会关于劳动争议案件法律适用问题研讨会会议纪要》

25.《劳动合同法》施行之日存续的劳动合同，在《劳动合同法》施行后解除或者终止，依照《劳动合同法》第四十六条的规定应当支付经济补偿的，2007年12月31日前的经济补偿依照《劳动法》及其配套规定计算，2008年1月1日后的经济补偿依照《劳动合同法》的规定计算。

经济补偿金的基数为劳动者在劳动合同解除或者终止前十二个月的平均工资，不再分段计算。……

三、经济补偿金的支付时间

根据《劳动合同法》的规定，劳动者应当按照双方约定，办理工作交接。用人单位应当向劳动者支付经济补偿的，在办结工作交接时支付。也就是说，企业无须在劳动合同解除或终止时立即支付经济补偿金，可以等到员工办理完工作交接之后，再予支付。企业应当在规章制度、劳动合同和解除或终止劳动合同的协议及通知中，对员工的工作交接作出明确的规定或约定，以便有效地利用好法律赋予的权利，避免相关权益遭受损失。

【法条链接】

《中华人民共和国劳动合同法》

第五十条 劳动者应当按照双方约定，办理工作交接。用人单位依照本法有关规定应当向劳动者支付经济补偿的，在办结工作交接时支付。

四、经济补偿金的实务疑难热点

1. 月平均工资是税前还是税后工资？

根据《劳动合同法实施条例》第 27 条的规定，经济补偿的月工资应按照劳动者应得工资计算，这里所说的是“应得工资”，而非“实得工资”，因此，从法律上理解，应当是扣除个人所得税以前的工资额，即税前工资，一般根据劳动合同约定的税前工资标准确定，北京市对此进行了明确。2017 年北京市高级人民法院、北京市劳动争议仲裁委员会发布的《关于审理劳动争议案件法律适用问题的解答》中明确规定，“应得工资”包含由个人缴纳的社会保险和住房公积金以及所得税。但实践中，如果应得工资无法确定的，就只能以员工实际领取的实得工资为依据计算月平均工资。

2. 月平均工资是否包含加班工资、年终奖金和住房公积金？

根据《劳动合同法实施条例》的规定，计算经济补偿的月工资，应包括计时工资或者计件工资以及奖金、津贴和补贴等货币性收入。因此，计算月平均工资应当包含加班工资和年终奖金等收入。

关于企业每月为员工个人缴存的住房公积金是否计入月平均工资，实践中确实仍有争议和分歧。总体来看，主流观点倾向于认为，住房公积金原则上也计入月平均工资，具体应有所区分。企业作为用人单位为员工缴纳的住房公积金，不属于员工的工资，不应包括在月平均工资中；员工个人工资中由企业代扣代缴扣的个人缴纳的住房公积金，属于员工工资，应包括在月平均工资中。在北京地区，根据 2017 年北京市高级人民法院、北京市劳动争议仲裁委员会《关于审理劳动争议案件法律适用问题的解答》的规定，月平均工资应包含加班费、年终奖或年终双薪、个人缴纳的社会保险、住房公积金及个人所得税。

3. 经济补偿金是否要缴纳个人所得税？如何缴纳？

2019 年 1 月 1 日之前，根据《国家税务总局关于个人因解除劳动合同取得经济补偿金征收个人所得税问题的通知》（已失效）和《财政部、国家税务总局关于个人与用人单位解除劳动关系取得的一次性补偿收入征免个人所得税问题的通知》，个人因与用人单位解除劳动关系而取得的一次性补偿收入（包括用人单位发放的经济补偿金、生活补助费和其他补助费用），其收入在当地上年职工平均工资 3 倍数额以内的部分，免征个人所得税；超过的部分允许在一定期限内进行平均，按照“工资、薪金所得”计算征收个人所得税。

2018 年修订的《个人所得税法》引入了“综合所得”的概念，对于个人取得的经济补偿金收入如何计税，财政部联合国家税务总局在《关于个人所得税法修改后有关优惠政策衔接问题的通知》（财税［2018］164 号）中进行了重新规定：个人与用人单位解除劳动关系取得一次性补偿收入（包括用人单位发放的经济补偿金、生活补助费和其他补助费），在当地上年职工平均工资 3 倍数额以内的部分，免征个人所得税；超过 3 倍数额的部分，不并入当年综合所得，单独适用综合所得税率表，计算纳税。因此，个人取得的经济补偿金收入在当地上年职工平均工资 3 倍数额以内的部分仍然免征个人所得税，但是对于超过 3 倍数额的部分，需要适用新的综合所得税率进行计算。

这里需要注意的是，免征个人所得税的部分是根据上年职工全年平均工资的 3 倍确定的，而非上年职工月平均工资的 3 倍。比如，某地上年职工月平均工资为 3000 元，免征个税部分为：3000×12×3＝108000 元。

征税部分具体如何计算和缴纳呢？请看以下实例：

甲在某公司工作 20 年，劳动合同解除时获得一次性经济补偿金 160000 元，当地上年度职工平均工资为 36000 元，则对于 160000 元的经济补偿金应按以下方法计征个税：

①确定需缴税部分：160000－(36000×3)　＝52000 元；

②对需缴税部分进行计税：52000×10%　－2520＝2680 元。

因此，甲取得的 160000 元的经济补偿金应缴纳个人所得税 2680 元。

4. 2008 年后，高薪人群取得经济补偿金是否须缴纳个人所得税？

前述有关经济补偿金征收个人所得税的规定出台时，当时的法律对于高薪人群经济补偿金的支付并未作出任何限制，因此，高薪人群应按当时的上述征税规定缴纳个人所得税。但是，《劳动合同法》出台后，高薪人群在 2008 年以后工作年限计付的经济补偿金受到了“职工月平均工资 3 倍”和“12 年”的“双封顶”限制。因此，实际上在上述规定免征个人所得税的范围内，不再存在征税的问题。

5. 劳动合同到期终止的经济补偿金是否须缴纳个人所得税？

根据前述个税政策，个人因与用人单位解除劳动关系而取得的一次性补偿收入，其收入在当地上年职工平均工资 3 倍数额以内的部分，免征个税；超过的部分，要按照规定计征个税。但是，单位与员工签订的劳动合同到期后不再续签，由此给予员工的经济补偿金，是否适用上述规定？目前实务中国家税务总局的意见是，这种情况下单位支付的经济补偿金不符合相关个税政策，实际上不应界定为补偿金，应按照规定计征个税。

【法条链接】

《财政部、国家税务总局关于个人与用人单位解除劳动关系取得的一次性补偿收入征免个人所得税问题的通知》（略）

《关于个人所得税法修改后有关优惠政策衔接问题的通知》（财税［2018］164 号）

五、关于解除劳动关系、提前退休、内部退养的一次性补偿收入的政策（一）个人与用人单位解除劳动关系取得一次性补偿收入（包括用人单位发放的经济补偿金、生活补助费和其他补助费），在当地上年职工平均工资3倍数额以内的部分，免征个人所得税；超过3倍数额的部分，不并入当年综合所得，单独适用综合所得税率表，计算纳税。

第二节　赔偿金

赔偿金，是指用人单位或劳动者违反法律规定或劳动合同的约定给对方造成损失时，向对方承担的给付一定数额金钱的民事法律责任形式。赔偿金的支付主要分两种情况，一是直接根据法律规定的情形和标准支付，也叫法定赔偿金；二是按照实际造成的损害承担赔偿责任。由于劳动法律关系的特殊性，《劳动合同法》仅对用人单位规定了应当支付法定赔偿金的情形，而根据实际损害承担赔偿责任，对用人单位和劳动者都适用。

一、企业应支付赔偿金的情形

1. 支付法定赔偿金

法定赔偿金的支付标准是法律明确规定的，不以给员工造成的实际损害为前提，带有一定的惩罚性质。根据《劳动合同法》的规定，企业法定赔偿金的支付主要有以下几种情形：

（1）不及时与劳动者签订书面劳动合同

根据《劳动合同法》第82条的规定，用人单位自用工之日起超过1个月不满1年未与劳动者订立书面劳动合同的，应当向劳动者每月支付2倍的工资。用人单位违反规定不与劳动者订立无固定期限劳动合同的，自应当订立无固定期限劳动合同之日起向劳动者每月支付2倍的工资。

（2）违法约定试用期

根据《劳动合同法》第83条的规定，用人单位违反法律规定与劳动者约定试用期，并且试用期已经履行的，由用人单位以劳动者试用期满月工资为标准，按已经履行的超过法定试用期的期间向劳动者支付赔偿金。

（3）被责令限期支付但未支付劳动报酬、加班费或经济补偿

根据《劳动合同法》第85条的规定，用人单位被劳动行政部门责令限期支付劳动报酬、加班费及经济补偿，或补足低于最低工资标准的差额部分，但逾期未支付或未补足的，按应付金额50%以上100%以下的标准向劳动者加付赔偿金。

（4）违法解除或终止劳动合同

根据《劳动合同法》第87条的规定，用人单位违法解除或者终止劳动合

同，劳动者不要求继续履行劳动合同或者劳动合同已经不能继续履行的，用人单位应当按经济补偿的2倍标准向劳动者支付赔偿金，支付年限为自用工之日起计算。

解读：赔偿金的支付是否适用分段计算？

《劳动合同法》出台之际，对于经济补偿金的分段计算作出了明确规定，但关于赔偿金的支付是否也适用分段计算，以及如何适用，均未作出明确规定，由此导致实务中各种争论和意见层出不穷。我们下面举例分析：

员工甲2001年1月入职某公司，2009年9月15日公司与甲解除劳动合同，解除前甲12个月的平均工资为15000元，当地的上年度职工月平均工资为3000元。后甲申请仲裁，公司的解除行为被仲裁委员会认定为违法解除，须向甲支付违法解除劳动合同的赔偿金。但在赔偿金的计算上，却出现以下3种不同的处理方式：

方式1：支付标准和赔偿年限都分段计算，2008年之前的工作年限按之前的法律规定单倍计算，2008年以后的工作年限按经济补偿金的双倍计算赔偿金。

赔偿金为：7×15000元+（2×9000元×2倍）元=141000元

方式2：支付标准分段计算，但赔偿年限不分段，自入职之日起的工作年限均按经济补偿金的双倍计算赔偿金。

赔偿金为：（7×15000元+2×9000元）×2倍=246000元

方式3：支付标准和赔偿年限都不分段，按2008年《劳动合同法》确定的经济补偿金标准的双倍，根据入职之日起的工作年限计算赔偿金。

赔偿金为：9×9000元×2倍=162000元

上述3种处理方式笔者在实务中均碰到过，总的来说，由于《劳动合同法实施条例》明确规定了，“用人单位违反劳动合同法的规定解除或者终止劳动合同，赔偿金的计算年限自用工之日起计算”，因此，实务中第1种处理方式已经遭到了否定，赔偿金的支付年限不再存在分段计算的问题。但关于赔偿金的支付标准是否适用经济补偿金的分段计算，也就是按上述第2种方式还是第3种方式计算赔偿金，实践中还一直存在争论和不同的解释。但总的来说，按照第3种方式来计算赔偿金，目前已经成为各地仲裁机关和法院审理此类案件的主流意见。

2. 依据造成的损害承担赔偿责任

损害赔偿责任，是以企业违反法律规定，给员工造成了实际损害为前提，且以实际损害为赔偿范围的民事责任，带有一定的补偿性，以使受害人所遭受的实际损失得以完全补偿为目的。根据《劳动合同法》的规定，企业承担损害赔偿责任的情形主要有以下几种：

（1）用人单位的规章制度违法

根据《劳动合同法》第 80 条的规定，用人单位直接涉及劳动者切身利益的规章制度违反法律、法规规定，给劳动者造成损害的，应当承担赔偿责任。

（2）劳动合同缺乏必备条款或者未将劳动合同文本交付劳动者

根据《劳动合同法》第 81 条的规定，用人单位提供的劳动合同文本未载明法律规定的劳动合同必备条款或者用人单位未将劳动合同文本交付劳动者，给劳动者造成损害的，应当承担赔偿责任。

（3）招录时扣押证件或要求劳动者提供担保，收取劳动者财物

根据《劳动合同法》第 84 条的规定，用人单位招用劳动者，不得要求劳动者提供担保或者以其他名义向劳动者收取财物，否则，给劳动者造成损害的，应当承担赔偿责任。

（4）解除或者终止劳动合同后违法扣押劳动者档案或者其他物品

根据《劳动合同法》第 84 条的规定，劳动者依法解除或者终止劳动合同，用人单位扣押劳动者档案或者其他物品，给劳动者造成损害的，应当承担赔偿责任。

（5）用人单位的原因致使劳动合同无效

根据《劳动合同法》第 86 条的规定，劳动合同由于用人单位的过错被确认无效，给劳动者造成损害的，应当承担赔偿责任。

（6）用人单位严重违法用工

根据《劳动合同法》第 88 条的规定，用人单位有下列情形之一的，依法给予行政处罚；构成犯罪的，依法追究刑事责任；给劳动者造成损害的，应当承担赔偿责任：①以暴力、威胁或者非法限制人身自由的手段强迫劳动的；②违章指挥或者强令冒险作业危及劳动者人身安全的；③侮辱、体罚、殴打、非法搜查或者拘禁劳动者的；④劳动条件恶劣、环境污染严重，给劳动者身心健康造成严重损害的。

（7）未及时提供解除或者终止劳动合同证明

根据《劳动合同法》第 89 条的规定，用人单位未向劳动者出具解除或者终止劳动合同的书面证明，给劳动者造成损害的，应当承担赔偿责任。

（8）用人单位不具备合法经营资格

根据《劳动合同法》第 93 条的规定，不具备合法经营资格的用人单位用工，且劳动者已经付出劳动的，该单位或者其出资人应当向劳动者支付劳动报酬、经济补偿、赔偿金；给劳动者造成损害的，应当承担赔偿责任。

3. *承担连带赔偿责任*

这里的连带赔偿责任，是指法律明确规定在下列情形下，企业与其他单位或个人共同对造成的损害承担连带责任：

（1）招用与其他单位存在劳动关系的劳动者

根据《劳动合同法》第 91 条的规定，用人单位招用与其他用人单位尚未解除或者终止劳动合同的劳动者，给其他用人单位造成损失的，应当承担连带赔偿责任。

《违反〈劳动法〉有关劳动合同规定的赔偿办法》（已失效）第 6 条对上述情形下赔偿责任的比例分摊和赔偿范围作出了明确的规定，用人单位招用尚未解除劳动合同的劳动者，对原用人单位造成经济损失的，除该劳动者承担直接赔偿责任外，该用人单位应当承担连带赔偿责任。其连带赔偿的份额应不低于对原用人单位造成经济损失总额的 70%。其应向原用人单位赔偿的损失包括：①对生产、经营和工作造成的直接经济损失；②因获取商业秘密给用人单位造成的经济损失。

2021 年 1 月 1 日施行的《最高人民法院关于审理劳动争议案件适用法律问题的解释（一）》第 27 条进一步明确规定，用人单位招用尚未解除劳动合同的劳动者，原用人单位与劳动者发生的劳动争议，可以列新的用人单位为第三人。原用人单位以新的用人单位侵权为由提起诉讼的，可以列劳动者为第三人。原用人单位以新的用人单位和劳动者共同侵权为由提起诉讼的，新的用人单位和劳动者列为共同被告。

（2）劳务派遣违法

根据《劳动合同法》第 92 条的规定，劳务派遣单位违法给被派遣劳动者造成损害的，劳务派遣单位与用工单位承担连带赔偿责任。

（3）个人承包经营违法用工

根据《劳动合同法》第 94 条的规定，个人承包经营违法招用劳动者，给劳动者造成损害的，发包的组织与个人承包经营者承担连带赔偿责任。

以案说法

73. 企业支付赔偿金后，还需支付经济补偿金吗？

王某于 2017 年 1 月 1 日到某贸易公司从事商场店员工作，双方签订了 2 年期的劳动合同。2018 年 7 月 16 日，该贸易公司向王某出具了解除劳动合同通知书，内容为：“由于你在我公司工作期间，违反商场规定，持积分卡作弊累积高额积分，已严重违反公司相关规章制度，故公司决定即日起与你解除劳动合同。”王某不服，于是向当地劳动争议仲裁委员会提起仲裁，要求公司支付违法解除劳动合同的赔偿金和经济补偿金，共 6 个月工资。

【审理结果】

庭审中，王某对解除通知书中记载的违纪事实不予认可。该贸易公司也未提交证据证明王某存在上述严重违反公司规章制度的事实。因此，仲裁委员会经审理认定，该贸易公司以王某严重违反规章制度为由解除劳动合同，已构成违法解除，故裁决公司向王某支付违法解除劳动合同的赔偿金，即4个月的工资。但是，王某要求公司支付其经济补偿不符合《劳动合同法》第46条规定的应当支付经济补偿的情形，故驳回王某要求支付经济补偿金的仲裁请求。

【律师点评】

《劳动合同法》刚刚出台之际，关于赔偿金的计算年限，以及用人单位支付赔偿金之后，是否还需支付经济补偿金等问题，实践中一直争议不断。《劳动合同法实施条例》就此问题作出了明确规定，“用人单位违反劳动合同法的规定解除或者终止劳动合同，依照劳动合同法第87条的规定支付了赔偿金的，不再支付经济补偿。赔偿金的计算年限自用工之日起计算。”

由于经济补偿是用人单位在依法解除劳动合同的情况下，根据法律规定支付给劳动者的补偿，而赔偿金是基于用人单位违法解除或终止劳动合同而对劳动者作出的赔偿，两者的性质和支付条件不同，因此，不存在同时支付的问题。本案中，仲裁庭根据公司违法解除劳动合同的事实，裁决支持了违法解除合同的赔偿金，同时驳回了有关经济补偿金的请求，是符合法理原则和上述规定的。

【法条链接】

《中华人民共和国劳动合同法》

第八十条　用人单位直接涉及劳动者切身利益的规章制度违反法律、法规规定的，由劳动行政部门责令改正，给予警告；给劳动者造成损害的，应当承担赔偿责任。

第八十一条　用人单位提供的劳动合同文本未载明本法规定的劳动合同必备条款或者用人单位未将劳动合同文本交付劳动者的，由劳动行政部门责令改正；给劳动者造成损害的，应当承担赔偿责任。

第八十二条　用人单位自用工之日起超过一个月不满一年未与劳动者订立书面劳动合同的，应当向劳动者每月支付二倍的工资。

用人单位违反本法规定不与劳动者订立无固定期限劳动合同的，自应当订立无固定期限劳动合同之日起向劳动者每月支付二倍的工资。

第八十三条　用人单位违反本法规定与劳动者约定试用期的，由劳动行政部门责令改正；违法约定的试用期已经履行的，由用人单位以劳动者试用期满月工资为标准，按已经履行的超过法定试用期的期间向劳动者支付赔偿金。

第八十四条　用人单位违反本法规定，以担保或者其他名义向劳动者收取财物的，由劳动行政部门责令限期退还劳动者本人，并以每人五百元以上二千元以下的标准处以罚款；给劳动者造成损害的，应当承担赔偿责任。

劳动者依法解除或者终止劳动合同，用人单位扣押劳动者档案或者其他物品的，依照前款规定处罚。

第八十五条　用人单位有下列情形之一的，由劳动行政部门责令限期支付劳动报酬、加班费或者经济补偿；劳动报酬低于当地最低工资标准的，应当支付其差额部分；逾期不支付的，责令

用人单位按应付金额百分之五十以上百分之一百以下的标准向劳动者加付赔偿金：（略）

第八十六条 劳动合同依照本法第二十六条规定被确认无效，给对方造成损害的，有过错的一方应当承担赔偿责任。

第八十七条 用人单位违反本法规定解除或者终止劳动合同的，应当依照本法第四十七条规定的经济补偿标准的二倍向劳动者支付赔偿金。

第八十八条 用人单位有下列情形之一的，依法给予行政处罚；构成犯罪的，依法追究刑事责任；给劳动者造成损害的，应当承担赔偿责任：（略）

第八十九条 用人单位违反本法规定未向劳动者出具解除或者终止劳动合同的书面证明，由劳动行政部门责令改正；给劳动者造成损害的，应当承担赔偿责任。

第九十一条 用人单位招用与其他用人单位尚未解除或者终止劳动合同的劳动者，给其他用人单位造成损失的，应当承担连带赔偿责任。

第九十二条 劳务派遣单位、用工单位违反本法有关劳务派遣规定的，由劳动行政部门责令限期改正；逾期不改正的，以每人五千元以上一万元以下的标准处以罚款，对劳务派遣单位，吊销其劳务派遣业务经营许可证。用工单位给被派遣劳动者造成损害的，劳务派遣单位与用工单位承担连带赔偿责任。

第九十三条 对不具备合法经营资格的用人单位的违法犯罪行为，依法追究法律责任；劳动者已经付出劳动的，该单位或者其出资人应当依照本法有关规定向劳动者支付劳动报酬、经济补偿、赔偿金；给劳动者造成损害的，应当承担赔偿责任。

第九十四条 个人承包经营违反本法规定招用劳动者，给劳动者造成损害的，发包的组织与个人承包经营者承担连带赔偿责任。

《中华人民共和国劳动合同法实施条例》

第二十五条 用人单位违反劳动合同法的规定解除或者终止劳动合同，依照劳动合同法第八十七条的规定支付了赔偿金的，不再支付经济补偿。赔偿金的计算年限自用工之日起计算。

《最高人民法院关于审理劳动争议案件适用法律问题的解释（一）》

第二十七条 用人单位招用尚未解除劳动合同的劳动者，原用人单位与劳动者发生的劳动争议，可以列新的用人单位为第三人。

原用人单位以新的用人单位侵权为由提起诉讼的，可以列劳动者为第三人。

原用人单位以新的用人单位和劳动者共同侵权为由提起诉讼的，新的用人单位和劳动者列为共同被告。

二、劳动者应承担赔偿责任的情形

在劳动法律关系中，不仅企业应对给员工造成的损害承担赔偿责任，同样的，员工对给企业造成的损害也应承担赔偿责任。由于《劳动合同法》限定了企业可以为员工约定违约金的情形，即违反服务期约定和竞业限制义务，那么，企业要在上述两种情形之外追究员工的相关责任，只能依据损害赔偿责任。《劳动合同法》和其他相关法律规定的员工应当承担赔偿责任的情形主要有以下几种：

1. *劳动者的原因致使劳动合同无效*

根据《劳动合同法》第 86 条的规定，劳动合同因劳动者的过错被确认无效，给用人单位造成损害的，劳动者应当承担赔偿责任。

2. *劳动者违法解除劳动合同*

根据《劳动合同法》第 90 条的规定，劳动者违法解除劳动合同，给用人单位造成损失的，应当承担赔偿责任。

3. *劳动者违反劳动合同中约定的保密义务或者竞业限制*

根据《劳动合同法》第 90 条的规定，劳动者违反劳动合同中约定的保密义务或者竞业限制，给用人单位造成损失的，应当承担赔偿责任。

4. *劳动者因本人原因给用人单位造成经济损失*

根据《工资支付暂行规定》第 16 条的规定，因劳动者本人原因给用人单位造成经济损失的，用人单位可按照劳动合同的约定要求其赔偿经济损失。

以案说法

74. 员工失职给企业造成损失，应当如何赔偿？

杜某系某公司职工，2018 年 1 月 15 日，杜某查询工资卡时，发现工资卡里没有 11 月份的工资，12 月份的工资也少了 241.48 元。于是，杜某向公司财务询问，得知由于其在工作期间，擅自改换钻头生产出了不合格产品，给公司造成实际损失 3617.78 元，公司决定由杜某按全部损失的 50% 向公司承担赔偿责任。因此，公司扣除了他 1809 元的工资，其中 11 月应发工资 1567.52 元全部扣除，12 月应发工资 1113.73 元中扣除 241.48 元。杜某不服，于是向当地劳动争议仲裁委员会申请了劳动仲裁，要求公司返还扣除的 1809 元工资。

【审理结果】

仲裁委员会经审理认定，杜某未按照公司制定的操作规程，擅自改换钻头，导致其加工的产品中有 51 个报废，造成直接经济损失 3617.78 元，对此，其应向公司承担赔偿责任。但扣除部分不应超过劳动者当月工资的 20%，也就是说，公司只能从杜某 2017 年 11 月份的工资中扣除 313.50 元，从 12 月份工资中扣除 222.75 元，共计扣除 536.25 元。最终，仲裁委员会裁决公司支付杜某工资 1272.75 元。

【律师点评】

本案的争议焦点有两个：一是员工在工作中给公司造成损失，是否应当承担赔偿责任？二是员工的赔偿责任该如何承担？就第一个问题而言，员工向企业承担赔偿责任，应当满足以下 3 个条件：一是员工违反了企业的规章制度或劳动合同的约定；二是员工主观上对违法或违约行为存在故意或重大过失；三是员工的违法或违约行为给企业造成了实际损失。本案中，杜某违反操作规程，擅自改换钻头，导致其加工的产品中有 51 个报废，可见，满足上述应当承担赔偿责任的条件，因此，杜某应向公司承担赔偿责任。

就第二个问题，根据《工资支付暂行规定》第 16 条的规定，“因劳动者本人原因给用人单位造成经济损失的，用人单位可按照劳动合同的约定要求其赔偿经济损失。经济损失的赔偿，可从劳动者本人的工资中扣除。但每月扣除的部分不得超过劳动者当月工资的 20%。若扣除后的剩余工资部分低于当地月最低工资标准，则按最低工资标准支付。”也就是说，企业可以采取按月扣除员工工资的形式来要求员工承担赔偿责任，但应当受到一定的限制，即一是每月扣除部分不得超过劳动者当月工资的 20%；二是扣除后的剩余部分不得低于当地最低工资标准。本案中，公司一次性扣除杜某全部工资的做法违反了上述规定，因此，仲裁委员会裁决公司返还杜某被违法扣除的工资。

【HR 应对】

虽然法律对于企业可以要求员工承担赔偿责任的情形作出了明确规定，但是，实务中，企业在行使这项权利时面临的最大问题就是“举证难”：企业不但要证明员工的行为确实给企业带来了损害，还要证明损失的实际数额。因此，我们建议企业，一方面，应在规章制度和劳动合同中写明员工应承担赔偿责任的情形，和损失计算的依据与标准；另一方面，当损害发生时，应及时固定和收集好相关证据，以便事后主张赔偿时有据可依。

【法条链接】

《中华人民共和国劳动合同法》

第八十六条 劳动合同依照本法第二十六条规定被确认无效，给对方造成损害的，有过错的一方应当承担赔偿责任。

第九十条 劳动者违反本法规定解除劳动合同，或者违反劳动合同中约定的保密义务或者竞业限制，给用人单位造成损失的，应当承担赔偿责任。

《工资支付暂行规定》

第十六条 因劳动者本人原因给用人单位造成经济损失的，用人单位可按照劳动合同的约定要求其赔偿经济损失。经济损失的赔偿，可从劳动者本人的工资中扣除。但每月扣除的部分不得超过劳动者当月工资的 20%。若扣除后的剩余工资部分低于当地月最低工资标准，则按最低工资标准支付。

第十四章　集体合同和工会

集体合同制度和工会制度，是当今国际上普遍采用的调整劳动关系和保障劳动者合法权益的重要法律制度。我国于1992年出台的《中华人民共和国工会法》（以下简称《工会法》）和1994年出台的《劳动法》均以法律的形式对这两项制度作出了明确规定。但实务中，不少企业一直视集体合同和工会组织为“猛虎”，避而远之，使得集体合同的签订和工会的组建在实践中很难得到落实。近年来，中华全国总工会以政策的形式正在全国范围内积极推进集体合同和工会制度的落实和实施，因此，作为企业HR，应当全面了解这两项制度，并依法开展相关的工作。

第一节　集体合同

集体合同是指企业职工一方与用人单位之间根据法律、法规的规定，就劳动报酬、工作时间、休息休假、劳动安全卫生、保险福利等事项，在平等协商的基础上签订的书面协议。职工一方可以与企业就上述各项内容签订全面的集体合同，也可以就其中某一项或某几项订立专项集体合同。2008年施行的《劳动合同法》对于“集体合同”进行了专门规定，虽然在法律层面上仍然没有对集体合同的签订作出强制性规定，但是，就集体合同制度涉及的相关法律问题进行了明确和细化，加强了对实践的指导和可操作性。

一、集体合同与劳动合同的区别

集体合同和劳动合同都是调整劳动关系的重要形式和法律制度，两者有着密切的联系，互为补充，但它们之间又有着明显的区别，不能等同，也不能相互代替。

1. 合同主体不同

劳动合同主体为单个劳动者和用人单位。集体合同主体，一方形式上是工会或由劳动者推举的代表，实际上是全体劳动者；另一方是用人单位。

2. 合同目的不同

订立劳动合同的主要目的是确立劳动关系。订立集体合同的主要目的，是为确立劳动关系设定具体标准，即在其效力范围内规范劳动关系。

3. 合同内容不同

劳动合同以单个劳动者的权利和义务为内容，一般包括劳动关系的各个方面，具体内容应符合《劳动合同法》所规定的必备条款。集体合同的内容则比较灵活，以集体劳动关系中全体劳动者的共同权利和义务为内容，可能涉及劳动关系的各个方面，也可能只涉及劳动关系的某个方面。

4. 产生时间不同

劳动合同产生于作为合同主体一方的单个劳动者进入用人单位参加劳动为前提，是劳动者个人与企业建立劳动关系的依据。集体合同产生于劳动关系运行过程中，它不依单个劳动者参加劳动为前提。

5. 合同期限不同

劳动合同有 3 种期限，即固定期限、无固定期限和以完成一定工作任务为期限。而集体合同只有 1 种期限，就是固定期限，时间一般是 1－3 年。

6. 法律效力不同

劳动合同只对签字的单个用人单位和劳动者具有法律效力；集体合同对签订合同的用人单位和本单位的全体劳动者都具有法律效力，区域、行业集体合同更是对本区域、本行业的用人单位和职工都有约束力。

二、集体合同的订立

（一）订立程序

1. 确定集体协商代表

（1）协商代表的人数

集体协商双方的代表人数应当对等，每方至少 3 人，同时各确定 1 名首席代表。

（2）协商代表的产生

职工一方的协商代表由本单位工会选派。未建立工会的，由本单位职工民主推荐，并经本单位半数以上职工同意。职工一方的首席代表由本单位工会主席担任。工会主席空缺的，首席代表由工会主要负责人担任。未建立工会的，职工一方的首席代表从协商代表中民主推举产生。

用人单位一方的协商代表，由用人单位法定代表人指派，首席代表由单位法定代表人担任或由其书面委托的其他管理人员担任。

（3）协商代表的职责

协商代表应履行以下职责：①参加集体协商；②接受本方人员质询，及时向本方人员公布协商情况并征求意见；③提供与集体协商有关的情况和资料；④代表本方参加集体协商争议的处理；⑤监督集体合同或专项集体合同的履行；⑥法律、法规和规章规定的其他职责。

2. 集体协商

（1）提出集体协商要求

根据《集体合同规定》，任何一方就签订集体合同或专项集体合同等事宜，可以书面形式向对方提出进行集体协商的要求。任何一方提出进行集体协商要求的，另一方应当在收到集体协商要求之日起20日内以书面形式给以回应，无正当理由不得拒绝进行集体协商。也就是说，集体协商的要求应以书面形式提出，而且收到协商要求的一方应在规定的时间内给予书面回复。

（2）召开集体协商会议

双方确定进行集体协商后，应召开由全体协商代表参加的集体协商会议，会前需拟定集体协商议题，确定集体协商会议的时间、地点等事项，并共同确定一名非协商代表担任集体协商记录员。

集体协商会议应由双方首席代表轮流主持，协商双方就商谈事项发表各自意见，展开充分讨论，并由双方首席代表归纳意见。会上能够达成一致的，应当形成集体合同草案或专项集体合同草案，由双方首席代表签字。

3. 订立集体合同

上述经双方协商代表协商一致的集体合同草案或专项集体合同草案应当提交职工代表大会或者全体职工讨论。职工代表大会或者全体职工讨论集体合同草案或专项集体合同草案时，应当有2/3以上职工代表或者职工出席，且须经全体职工代表半数以上或者全体职工半数以上同意，集体合同草案或专项集体合同草案方能通过。

集体合同草案或专项集体合同草案经职工代表大会或者职工大会通过后，由集体协商双方首席代表签字，集体合同即正式订立。

4. 集体合同的登记和审查

自双方首席代表在集体合同或专项集体合同上签字之日起10日内，用人单位一方应将文本一式三份报送劳动保障行政部门审查。劳动保障行政部门对报送的集体合同或专项集体合同应当办理登记手续。

对于报送的集体合同或专项集体合同，劳动保障行政部门将进行合法性审查，如果提出异议的，双方应根据劳动保障行政部门出具的《审查意见书》的要求，重新签订集体合同或专项集体合同。

5. 集体合同的生效

根据《集体合同规定》，劳动保障行政部门自收到用人单位报送的集体合同或专项集体合同文本之日起15日内未提出异议的，集体合同或专项集体合同即行生效。这也是集体合同的一个重要特征，即它必须经劳动保障行政部门审查通过后方能正式生效。

以案说法

75. 企业能否选取职工代表来订立集体合同？

某企业在与职工签订集体合同时，由于企业没有建立工会。因此企业选取了7名职工代表，作为协商集体合同和进行表决的人选。但是，一部分职工认为集体合同中的职工代表应当由全体职工自己选出，于是有许多工人不参与表决。这种情况下，企业确定的职工代表名单获得了参与表决的工人的过半数同意，于是这7名职工代表与企业的7名代表就集体合同的签订开始谈判。双方通过了企业预先拟定的谈判议案，双方首席代表随即签订了集体合同，并交当地劳动保障行政部门审查备案。随后，企业职工向当地劳动保障行政部门提出协调处理申请，要求重新协商和签订集体合同。

【审理结果】

在劳动保障行政部门的协调下，企业一方与职工一方签订了《协调处理协议书》，双方同意按照法律规定的程序和条件重新协商和签订集体合同。

【律师点评】

本案是集体合同订立过程中因集体协商程序适用不当引发的争议。由于集体合同的订立必须通过企业与职工的平等协商，因此，协商代表应当能够代表职工，体现职工民意。根据《集体合同规定》，对于建立工会的企业，职工一方的协商代表由本企业工会选派；如果没有建立工会的，职工一方的协商代表应由职工民主选举产生，即由本企业职工民主推荐协商代表候选人，并经本企业全体职工半数以上同意。本案中，企业没有建立工会，职工一方的协商代表应当由全体职工或职工代表大会选举产生，企业不能拟定职工方协商代表的候选人名单，而且，该名单未得到全体职工半数以上的同意。因此，企业擅自决定和干涉职工协商代表的选任，是违反相关法律规定的。

另外，即便经过民主选举产生的职工协商代表，在和企业协商一致后，也只能确定集体合同草案。之后，草案应提交职工代表大会或者全体职工讨论，应当有三分之二以上职工代表或者职工参加，并经职工代表大会全体职工代表半数以上或者全体职工半数以上同意才能通过。本案中，职工协商代表未将草案提交职工代表大会或者全体职工讨论，即代表职工签订了集体合同，也是违反法律规定的。因此，鉴于本案在集体协商程序上的多处不当行为，劳动保障行政部门要求企业与职工重新协商和订立集体合同。

【法条链接】

《中华人民共和国劳动合同法》

第五十一条 企业职工一方与用人单位通过平等协商，可以就劳动报酬、工作时间、休息休假、劳动安全卫生、保险福利等事项订立集体合同。集体合同草案应当提交职工代表大会或者全体职工讨论通过。

集体合同由工会代表企业职工一方与用人单位订立；尚未建立工会的用人单位，由上级工会指导劳动者推举的代表与用人单位订立。

第五十二条　企业职工一方与用人单位可以订立劳动安全卫生、女职工权益保护、工资调整机制等专项集体合同。

第五十四条　集体合同订立后，应当报送劳动行政部门；劳动行政部门自收到集体合同文本之日起十五日内未提出异议的，集体合同即行生效。

《集体合同规定》

第十九条　本规定所称集体协商代表（以下统称协商代表），是指按照法定程序产生并有权代表本方利益进行集体协商的人员。

集体协商双方的代表人数应当对等，每方至少3人，并各确定1名首席代表。

第二十条　职工一方的协商代表由本单位工会选派。未建立工会的，由本单位职工民主推荐，并经本单位半数以上职工同意。

职工一方的首席代表由本单位工会主席担任。工会主席可以书面委托其他协商代表代理首席代表。工会主席空缺的，首席代表由工会主要负责人担任。未建立工会的，职工一方的首席代表从协商代表中民主推举产生。

第二十一条　用人单位一方的协商代表，由用人单位法定代表人指派，首席代表由单位法定代表人担任或由其书面委托的其他管理人员担任。

第二十二条　协商代表履行职责的期限由被代表方确定。

第二十三条　集体协商双方首席代表可以书面委托本单位以外的专业人员作为本方协商代表。委托人数不得超过本方代表的三分之一。

首席代表不得由非本单位人员代理。

第二十四条　用人单位协商代表与职工协商代表不得相互兼任。

第二十五条　协商代表应履行下列职责：（略）

第三十二条　集体协商任何一方均可就签订集体合同或专项集体合同以及相关事宜，以书面形式向对方提出进行集体协商的要求。

一方提出进行集体协商要求的，另一方应当在收到集体协商要求之日起20日内以书面形式给以回应，无正当理由不得拒绝进行集体协商。

第三十六条　经双方协商代表协商一致的集体合同草案或专项集体合同草案应当提交职工代表大会或者全体职工讨论。

职工代表大会或者全体职工讨论集体合同草案或专项集体合同草案，应当有三分之二以上职工代表或者职工出席，且须经全体职工代表半数以上或者全体职工半数以上同意，集体合同草案或专项集体合同草案方获通过。

第三十七条　集体合同草案或专项集体合同草案经职工代表大会或者职工大会通过后，由集体协商双方首席代表签字。

第四十二条　集体合同或专项集体合同签订或变更后，应当自双方首席代表签字之日起10日内，由用人单位一方将文本一式三份报送劳动保障行政部门审查。

劳动保障行政部门对报送的集体合同或专项集体合同应当办理登记手续。

第四十七条 劳动保障行政部门自收到文本之日起15日内未提出异议的，集体合同或专项集体合同即行生效。

第四十八条 生效的集体合同或专项集体合同，应当自其生效之日起由协商代表及时以适当的形式向本方全体人员公布。

（二）集体合同的内容

1. 合同内容

根据《劳动合同法》和《集体合同规定》，集体合同的内容一般包括：（1）劳动报酬；（2）工作时间；（3）休息休假；（4）劳动安全与卫生；（5）补充保险和福利；（6）女职工和未成年工特殊保护；（7）工资调整机制；（8）职业技能培训；（9）劳动合同管理；（10）奖惩；（11）裁员；（12）集体合同期限；（13）变更、解除集体合同的程序；（14）履行集体合同发生争议时的协商处理办法；（15）违反集体合同的责任；（16）双方认为应当协商的其他内容。

集体协商双方可以就上述多项或某项内容进行集体协商，签订集体合同或专项集体合同。同时，《集体合同规定》对于上述每个事项所应具体包含的内容也作了指导性规定，双方在协商和签订集体合同时应参照该规定确定合同内容。

2. 特殊规定

根据《劳动合同法》的规定，有关劳动报酬和劳动条件等的标准，集体合同的规定不得低于当地政府规定的最低标准，企业与员工订立的单个劳动合同的规定不得低于集体合同规定的标准。也就是说，当集体合同与劳动合同的内容发生冲突时，以“就高不就低”为原则，劳动合同规定的标准可以高于但不能低于集体合同规定的标准。

除上述规定之外，《劳动合同法》和《集体合同规定》未对集体合同的内容和条款作出更多的限制，这也是集体合同不同于劳动合同的特殊性所决定的。因此，集体合同除了在劳动报酬、劳动条件等实体内容上必须符合劳动法律法规的相关规定外，关于合同的变更、解除等条件和程序，双方可以自由协商约定。

以案说法

76. 劳动合同的工资标准可以低于集体合同的标准吗？

贾某2010年5月入职某公司，2018年5月，公司被收购需要转产，转产后贾某的工作岗位将被撤销，于是，公司与贾某协商一致解除劳动合同。在计算经济补偿金时，贾某发现公司与其在劳动合同中约定的工资低于该公司的集体合同标准。该公司集体合同规定，公司的最低工资标准为920元，但公司与贾某在劳动合同中约定的工资却是

850元，而当地政府制定的最低工资标准则为680元。贾某认为，公司应当按照集体合同规定的最低工资标准，按其工作年限补足其工资差额，同时，还应按照集体合同约定的最低工资标准计算经济补偿金。但该公司却认为，公司支付给贾某的工资没有低于当地最低工资标准，因此，不存在违法行为；而且，贾某不是该公司正式职工，不受《劳动合同法》约束。因此，拒绝了贾某按集体合同规定的最低工资标准支付工资和经济补偿金的要求。于是，贾某向当地劳动争议仲裁委员会申请仲裁。

【审理结果】

仲裁委员会经审理，认为公司以低于集体合同的标准支付员工工资的行为，违反了相关法律规定，因此，裁决公司按集体合同约定的最低工资标准向贾某补足工资差额，和支付相应的经济补偿金。

【律师点评】

劳动合同约定的工资标准与集体合同约定的工资标准发生冲突时，以哪个为准？对此，《劳动合同法》作出了明确和强制性的规定，即用人单位支付给劳动者的工资不得低于集体合同规定的工资标准。也就是说，当劳动合同约定的工资标准低于集体合同规定的标准时，集体合同的效力是高于劳动合同的。

实务中，一些企业无视集体合同的规定，认为向员工支付的工资标准只要不低于当地政府规定的最低工资标准，就不存在违法。这种观点和做法都是错误的。对于签订了集体合同的企业来说，集体合同对于本企业全部正在履行的劳动合同都具有基准作用和约束效力，也就是说，集体合同所规定的标准在其效力范围内是劳动者利益的最低标准，劳动合同中关于劳动者利益的规定可以高于但不得低于这些标准，若低于此标准就由集体合同的规定取而代之。一般来说，劳动合同中的劳动条件和劳动报酬等标准低于集体合同规定的标准的，将被确认为无效；集体合同规定的标准变更的，劳动合同中的相关标准也应及时变更，以使其不低于集体合同规定的标准。

本案中，公司支付给贾某的工资虽然高于当地政府规定的最低工资标准，但是低于集体合同约定的工资标准，因此，公司的行为属于违法行为，应当按照集体合同约定的工资标准向贾某补足工资差额并计付经济补偿金。

【法条链接】

《中华人民共和国劳动合同法》

第五十五条 集体合同中劳动报酬和劳动条件等标准不得低于当地人民政府规定的最低标准；用人单位与劳动者订立的劳动合同中劳动报酬和劳动条件等标准不得低于集体合同规定的标准。

《集体合同规定》

第八条 集体协商双方可以就下列多项或某项内容进行集体协商，签订集体合同或专项集体合同：（略）

（三）集体合同的效力

集体合同的效力是指集体合同的法律约束力，根据《劳动合同法》的规定，依法订立的集体合同，在其合同期限内，对企业和企业的全体员工均具有约束力。集体合同的期限届满后，如双方未续签或重新订立，则其效力终止。

以案说法

77. 集体合同生效后入职的员工，能适用集体合同的规定吗？

某纺织厂2015年新招收了一批纺织女工，并与这批女工签订了劳动合同，其中规定，工人工作时间为每周40小时，每天8小时，上下午各4个小时；没有工间休息时间。工人后来在工作中发现，原先的纺织工人同纺织厂的集体合同中约定了工间操，即每工作满2个小时以后，会有15分钟的工间操的休息。这批新工人认为，企业与她们签订的劳动合同内容与这个集体合同内容相悖，因此要求变更与她们的劳动合同，将工间操内容补充进劳动合同中。但是纺织厂表示，该厂的集体合同是在这批工人进厂以前订立的，因此不适用于她们。于是，这批工人向当地劳动争议仲裁委员会提起劳动仲裁，要求适用集体合同标准，承认她们的工间操休息权。

【审理结果】

仲裁委员会经审理，裁决纺织厂按照集体合同的规定给予新招女工工间操休息时间。

【律师点评】

本案的争议焦点是，对于集体合同生效后进入企业的员工，集体合同的相关内容还是否适用。根据《劳动合同法》和《集体合同规定》，依法订立的集体合同，在其合同期限内，对企业和企业的全体员工均具有约束力。也就是说，只要属于企业的员工，不管其是在集体合同签订前还是在集体合同签订后进入企业的，均应适用集体合同的全部约定。如果集体合同内容经集体协商发生了变更，变更后的集体合同也同样适用于全体员工。

本案中，纺织厂以员工是在集体合同签订和生效后进入工厂的为由，不适用集体合同的相关内容，是不符合法律规定的。因此，仲裁委员会最终裁决纺织厂适用集体合同的规定，为新招女工提供工间操休息时间。

【HR 应对】

1. 企业应重视职工提出的进行集体协商的要求，切忌一味回避。与职工协商和订立集体合同时，应遵守法律规定的程序，以避免因程序瑕疵导致集体合同无效。

2. 集体合同生效后，对企业所有的在职员工，包括集体合同有效期内的新进员工均具有约束力，企业应严格按照双方的约定履行，不能随意违反或单方解除。

【法条链接】

《中华人民共和国劳动合同法》

第五十四条 依法订立的集体合同对用人单位和劳动者具有约束力。行业性、区域性集体合同对当地本行业、本区域的用人单位和劳动者具有约束力。

三、集体合同的变更和解除

（一）变更和解除情形

1. 协商一致变更或解除集体合同

经双方协商代表平等协商一致，可以变更或解除集体合同或专项集体合同。

2. 单方变更或解除集体合同

发生下列情形之一的，一方可以变更或解除集体合同或专项集体合同：

（1）用人单位因被兼并、解散、破产等原因，致使集体合同或专项集体合同无法履行的；

（2）因不可抗力等原因致使集体合同或专项集体合同无法履行或部分无法履行的；

（3）集体合同或专项集体合同约定的变更或解除条件出现的；

（4）法律、法规、规章规定的其他情形。

（二）变更和解除程序

根据《集体合同规定》，变更或解除集体合同或专项集体合同时，同样须按订立合同的集体协商程序进行。

【法条链接】

《集体合同规定》

第三十九条 双方协商代表协商一致，可以变更或解除集体合同或专项集体合同。

第四十条 有下列情形之一的，可以变更或解除集体合同或专项集体合同：（略）

第四十一条 变更或解除集体合同或专项集体合同适用本规定的集体协商程序。

四、履行集体合同的争议处理

根据《劳动法》的规定，因履行集体合同发生争议的，应首先由当事人协商解决；当事人协商解决不成的，可以依法向劳动争议仲裁委员会申请仲裁；对仲裁裁决不服的，可以自收到仲裁裁决书之日起15日内向人民法院提起诉讼。

但是，对于建立了工会的企业，《劳动合同法》对工会在处理集体合同争议时的作用及相应程序作出了特殊规定，即发生集体合同争议时，首先，工会可代表员工与用人单位协商，工会依法要求用人单位履行集体合同的，用人单位应当继续履行，并应对违反集体合同的行为承担法律责任。

其次，如果协商解决不成的，工会可以代表全体职工，将履行集体合同的争议申请仲裁或者提起诉讼。需要注意的是，这种情况下，工会有权选择或裁或审两种途径，仲裁不再是提起诉讼的必经程序。

【法条链接】

《中华人民共和国劳动法》

第八十四条 因签订集体合同发生争议，当事人协商解决不成的，当地人民政府劳动行政部门可以组织有关各方协调处理。

因履行集体合同发生争议，当事人协商解决不成的，可以向劳动争议仲裁委员会申请仲裁；对仲裁裁决不服的，可以自收到仲裁裁决书之日起十五日内向人民法院提起诉讼。

《中华人民共和国劳动合同法》

第五十六条 用人单位违反集体合同，侵犯职工劳动权益的，工会可以依法要求用人单位承担责任；因履行集体合同发生争议，经协商解决不成的，工会可以依法申请仲裁、提起诉讼。

第二节 工会

工会作为劳动者的群众组织，越来越受到国家的重视。尤其是《劳动合同法》的施行，在原有法律规定的基础上，赋予了工会更多的职能和权利，进一步加强了工会在劳动关系中的地位和作用。因此，企业 HR 应充分注意和认识到法律赋予工会的各项权利，与工会建立良好的沟通和合作关系，以保证人力资源的各项工作依法开展。

一、工会的性质

1. 工会具有独立性

根据《工会法》的规定，工会是职工自愿结合的工人阶级的群众组织。在我国，工会具有自身独立的组织体系，在宪法和法律规定的范围内，依据《中国工会章程》独立自主地开展工作。建立工会组织的企业、事业等单位与该基层工会在法律上处于平等地位。

2. 工会具有法人资格

根据《工会法》的规定，中华全国总工会、地方总工会、产业工会具有社团法人资格；基层工会具备民法规定的法人条件的，依法取得社团法人资格。因此，工会作为法人，依法独立享有财产权、债权、知识产权等民事权利，并承担相应的民事义务。工会可以签订集体合同，可以依法进行民事活动，并且可以在诉讼中成为独立的诉讼主体。

【法条链接】

《中华人民共和国工会法》

第二条　工会是职工自愿结合的工人阶级的群众组织。

中华全国总工会及其各工会组织代表职工的利益，依法维护职工的合法权益。

第十五条　中华全国总工会、地方总工会、产业工会具有社会团体法人资格。

基层工会组织具备民法典规定的法人条件的，依法取得社会团体法人资格。

二、工会的组建

根据《工会法》的规定，在中国境内的企业、事业单位、机关中以工资收入为主要生活来源的体力劳动者和脑力劳动者，不分民族、种族、性别、职业、宗教信仰、教育程度，都有依法参加和组织工会的权利。

由于企业的基层工会是一种群众自治性组织，因此，我国法律没有对企业建立工会作出强制性要求，但是，法律明确规定，如果职工要求建立工会的，或上级工会派员帮助和指导职工组建工会的，企业不得阻挠和限制。

工会的建立条件很简单，根据《工会法》的规定，只要企业有会员 25 人以上的，就应当建立基层工会委员会；不足 25 人的，可以单独建立基层工会委员会，也可以由两个以上单位的会员联合建立基层工会委员会，也可以选举组织员一人，组织会员开展活动。

符合条件的基层企业，应当按照法律规定和当地上级工会要求的程序建立本单位工会组织：

（1）向上一级工会提出建会申请

一般来说，建会申请的提出有 3 种形式：

①企业提出工会筹备组的组成人选，报上一级工会批准；

②由职工选出自己的代表，向上一级工会提出建会申请；

③由上一级工会组织与职工和企业代表共同协商，成立工会筹备小组，由筹备组提出建会申请。

上级工会接到基层组建工会的申请报告后，一般应在 10 日内给予批复。

（2）成立建会筹备组

上一级工会对《建立工会请示报告》批复后，应立即成立建会筹备组，一般为 3—5 人，具体负责建会筹备期间的工作，在工会委员会选举产生之前暂时代行工会委员会职责。筹备组成员原来不是会员的，应先向上级工会申请入会，办理入会手续。

（3）发展会员

积极动员发展企业职工入会，职工填写《中国工会会员申请表》，经审批后可成为工会会员。

（4）建立工会小组或部门分会

发展会员后，可根据本单位会员人数的多少，成立工会小组或分会组织，民主选举工会小组长或分会主席。

（5）召开会员（或会员代表）大会

在各项筹备工作基本就绪后，筹备组应积极准备召开基层会员（或会员代表）大会，按照民主程序选举产生首届工会委员会、经费审查委员会和女职工委员会。

（6）履行报批手续

会员（或会员代表）大会召开后，对整个大会召开情况和选举产生的基层工会主席、副主席以及经费审查委员会和女职工委员会主任、副主任名单，工会各工作委员会分工情况等，应及时向上一级工会报告。

（7）公布工会成立

工会组建完成后，应向企业全体工会会员和全体职工正式公布本单位工会的成立，并公布工会主席、副主席以及经费审查委员会和女职工委员会的主任、副主任名单，工会各工作委员会的组成和分工等情况。

【法条链接】

《中华人民共和国工会法》

第三条 在中国境内的企业、事业单位、机关、社会组织（以下统称用人单位）中以工资收入为主要生活来源的劳动者，不分民族、种族、性别、职业、宗教信仰、教育程度，都有依法参加和组织工会的权利。任何组织和个人不得阻挠和限制。

第十一条 用人单位有会员二十五人以上的，应当建立基层工会委员会；不足二十五人的，可以单独建立基层工会委员会，也可以由两个以上单位的会员联合建立基层工会委员会，也可以选举组织员一人，组织会员开展活动。女职工人数较多的，可以建立工会女职工委员会，在同级工会领导下开展工作；女职工人数较少的，可以在工会委员会中设女职工委员。

第十二条 基层工会、地方各级总工会、全国或者地方产业工会组织的建立，必须报上一级工会批准。

上级工会可以派员帮助和指导企业职工组建工会，任何单位和个人不得阻挠。

三、工会办公场所和工作时间

1. 工会办公场所

根据《工会法》的规定，企业应当为工会办公和开展活动，提供必要的办公设施和活动场所等物质条件。一般来说，企业应根据自身实际情况，为本单位工会安排合适的办公地点，并配备和提供相应的办公条件。

2. 工会工作时间

根据《工会法》的规定，“基层工会委员会召开会议或者组织职工活动，应当在生产或者工作时间以外进行，需要占用生产或者工作时间的，应当事先征得企业、事业单位的同意。基层工会的非专职委员占用生产或者工作时间参加会议或者从事工会工作，每月不超过3个工作日，其工资照发，其他待遇不受影响。”可见，工会可以在征得本单位同意的情况下，占用单位工作时间开展工会工作，但非专职委员每月从事工会工作的时间一般不应超过3个工作日。

【法条链接】

《中华人民共和国工会法》

第四十一条 基层工会委员会召开会议或者组织职工活动，应当在生产或者工作时间以外进行，需要占用生产或者工作时间的，应当事先征得企业、事业单位、社会组织的同意。

基层工会的非专职委员占用生产或者工作时间参加会议或者从事工会工作，每月不超过三个工作日，其工资照发，其他待遇不受影响。

第四十六条 各级人民政府和用人单位应当为工会办公和开展活动，提供必要的设施和活动场所等物质条件。

四、工会委员

1. 工会主席及专职工作人员

根据《工会法》的规定，企业有职工200人以上的，可以设专职工会主席，并应当配备必要的专职工会工作人员。专职工会工作人员，一般应按不低于企业职工人数的千分之三配备，具体人数由工会与企业协商确定。

2. 工会委员任期

根据《工会法》的规定，基层工会委员会每届任期3年或者5年。各级地方总工会委员会和产业工会委员会每届任期5年。

3. 工会专职委员的薪酬待遇

根据《工会法》的规定，“用人单位工会委员会的专职工作人员的工资、奖励、补贴，由所在单位支付。社会保险和其他福利待遇等，享受本单位职工同等待遇。”因此，企业应根据“同工同酬”原则支付本单位工会专职委员及工作人员的相应待遇，不应有所歧视。

4. 工会委员任期内劳动合同的履行

（1）工会委员任期内的调岗

根据《工会法》的规定，“工会主席、副主席任期未满时，不得随意调动其工作。因工作需要调动时，应当征得本级工会委员会和上一级工会的同意。”关于工会普通委员任期内的调岗，是否须征得工会委员会的同意，法律未作出明确规定。但有个别地区对此也作出了相应规定，如《上海市工会条例》（2022年修正）规定，工会委员任期未满的，不得随意调动其工会工作岗位或者劳动合同约定的岗位，因工作需要调动的，应当事先征得本单位工会委员会的同意。因此，企业在需要对工会委员调岗时，除了应遵守《劳动合同法》关于调岗的规定外，还应根据《工会法》和当地法规的要求，征得本单位工会委员会或上级工会的同意。

（2）工会委员劳动合同期限的延长与顺延

根据《工会法》的规定，对于职工担任专职工会主席、副主席、委员的，自任职之日起，其劳动合同期限自动延长，延长期限相当于其任职期间；对于企业的非专职工会主席、副主席、委员，其尚未履行的劳动合同期限短于任期的，劳动合同期限自动延长至任期期满。比如，员工甲，于 2017 年 7 月 15 日与 A 公司订立劳动合同，合同期限为 3 年，2018 年 7 月 1 日，公司工会换届，甲被选为工会专职委员，7 月 15 日起正式任职，任期为 3 年，则甲的劳动合同自动延长至 2023 年 7 月 15 日；如在上述情形下，甲被选为的是工会非专职委员，则其劳动合同期限应顺延至 2021 年 7 月 15 日。

5. 工会委员劳动合同的解除和终止

根据《工会法》的规定，在工会委员的任职期内，除由于其个人存在严重过失或者达到法定退休年龄外，企业不得与其解除或终止劳动合同。因此，一般来说，工会委员只有存在《劳动合同法》第 39 条规定的 6 种过错情形之一的，企业才可以与其解除劳动合同。

以案说法

78. 工会委员违纪可以解除劳动合同吗？

赵某于 2013 年到某公司工作，2016 年 3 月，被选举为公司工会委员会委员，任期为 3 年。2016 年 9 月 15 日，赵某没有上班也没有请假。9 月 28 日赵某上班，补交了一张病假单，病假单上建议赵某休息 1 个月。

经人力资源部门确认，病假单有修改的痕迹。由于赵某的岗位是生产岗位，无故旷工造成两个车床停产，公司损失两万多元，且双方在劳动合同中明确规定，员工无故旷工 5 天以上，单位可以解除劳动合同。于是，公司决定解除与赵某的劳动合同。2016 年 10 月 21 日，公司向赵某送达了解除劳动合同通知书。赵某认为自己是工会委员会委员，任职期间单位不得解除与他的劳动关系，因此，向当地劳动争议仲裁委员会申请仲裁，要求撤销单位解除决定，恢复与单位的劳动关系。

【审理结果】

劳动争议仲裁委员会经审理认为，赵某虽为工会委员，但在任期内存在严重过失并给企业带来重大经济损失，因此，单位有权解除与赵某的劳动合同。仲裁委员会最终裁决驳回了赵某的申诉请求。

【律师点评】

本案是因工会委员违纪而解除劳动合同引发的争议。为了保证工会工作的正常有序开展，法律对工会委员与企业的劳动合同的解除和终止作出了一定的限制，即在工会委员的任职期内，除由于其个人存在严重过失或者达到法定退休年龄外，企业不得与其解除或终止劳动合同。可见，在工会委员任职期内，企业单方解除或终止劳动合同的权利受到了限制，但并不是绝对不能解除劳动合同。如果工会委员在履行劳动合同时存在严重过失，企业仍然可以和任期内的工会委员解除劳动合同。本案中，赵某无故旷工 9 天，而且给企业造成了两万元的经济损失，因此赵某的行为已经构成严重违纪，企业可以直接与赵某解除劳动合同。同时，对赵某造成的损失，企业可以要求其承担相应的赔偿责任。

【法条链接】

《中华人民共和国工会法》

第十四条 职工二百人以上的企业、事业单位、社会组织的工会，可以设专职工会主席。工会专职工作人员的人数由工会与企业、事业单位、社会组织协商确定。

第十六条 基层工会委员会每届任期三年或者五年。各级地方总工会委员会和产业工会委员会每届任期五年。

第十八条 工会主席、副主席任期未满时，不得随意调动其工作。因工作需要调动时，应当征得本级工会委员会和上一级工会的同意。

第十九条 基层工会专职主席、副主席或者委员自任职之日起，其劳动合同期限自动延长，延长期限相当于其任职期间；非专职主席、副主席或者委员自任职之日起，其尚未履行的劳动合同期限短于任期的，劳动合同期限自动延长至任期期满。但是，任职期间个人严重过失或者达到法定退休年龄的除外。

第四十二条 用人单位工会委员会的专职工作人员的工资、奖励、补贴，由所在单位支付。社会保险和其他福利待遇等，享受本单位职工同等待遇。

《上海市工会条例》（2022 年修正）

第三十九条 工会主席、副主席、委员任期未满的，不得随意调动其工会工作岗位或者劳动合同约定的岗位，因工作需要调动的，应当事先征得本单位工会委员会的同意；工会主席、副主席的调动以及经费审查委员会主任的任免，还应当征得上一级工会的同意。

五、工会经费的来源和使用

根据《工会法》的规定，工会经费主要来源于：

（1）工会会员缴纳的会费；

（2）建立工会组织的企业、事业单位、机关按每月全部职工工资总额的 2% 向工会拨缴的经费；

（3）工会所属的企业、事业单位上缴的收入；

（4）人民政府的补助；

（5）其他收入。

一般来说，对于企业的工会而言，其经费的主要来源就是本单位按每月全部职工工资总额的2%向工会拨缴的经费。根据《关于工资总额组成的规定》，工资总额为企业支付给本单位全部职工的劳动报酬总和，包括计时工资，计件工资，奖金，津贴和补贴，加班加点工资和特殊情况下支付的工资。

对于企业按期足额拨付的工会经费，工会应依据《工会法》的规定，按照经费独立原则，建立预算、决算和经费审查监督制度。对于经费支出，一方面，工会应根据相关政策和上级工会的要求按规定的比例向上级工会上解经费；另一方面，对于留存企业的用于平时工会开支的部分，工会应建立规范的收支账目，并由工会经费审查委员会审查，定期向会员大会或者会员代表大会报告，和接受监督。

以案说法

79. 工会经费的计算基数如何确定？

某中美合资企业在华投资兴建一酒店，该酒店投入运营后，交由美国某酒店管理集团管理。酒店员工近800人，外籍员工30人，其中酒店总经理由酒店管理集团委派。2013年5月，酒店工会正式成立。工会成立后，酒店每月按时将工会经费划入酒店工会的银行账户中，但其工会经费的计算是以酒店在职中方员工工资总额为基数，没有包括30名外籍员工的工资。对此，酒店工会多次与酒店沟通协商，要求酒店将外籍员工的工资纳入工会经费基数中，但是酒店认为，工会经费只能按照酒店在职中方员工的工资总额的2%计算，不应包括外籍员工的工资。双方协商不成，2015年2月，酒店工会将酒店诉至法院，要求酒店支付从2013年5月至起诉之日拖欠的工会经费，并支付滞纳金。

【审理结果】

法院审理认为，建立工会组织的外商投资企业应依照国家有关规定向本企业工会拨缴经费。根据《工会法》规定，合营企业每月应按企业职工实际工资总额的2%拨缴工会经费。由于外籍员工的工资也是由酒店支付，因此，企业职工实际工资总额，理应包括外籍职工的工资部分。酒店认为外籍职工的工资部分可不纳入工会经费的计算基数，缺乏法律依据，不予支持。法院最终判决支持了原告酒店工会的全部诉讼请求。

【律师点评】

我国《工会法》明确规定，建立工会组织的用人单位按每月全部职工工资总额的2%向工会拨缴经费。也就是说，工会经费的计算基数为全部职工工资总额，即企业在境内直接支付给本单位全体职工的劳动报酬总和。根据《关于工资总额组成的规定》，主要包括计时工资、计件工资、奖金、津贴和补贴、加班加点工资和特殊情况下支付的工资。

本案中，中美合资企业是在我国境内依法成立的企业，受我国相关法律法规的约束，因此，应依法按月足额向酒店工会拨缴工会经费。关于外籍员工的工资是否包含在企业的职工工资总额中，主要应看外籍员工的劳动报酬是否由本企业在境内支付。由于酒店行业的特殊性，企业作为业主，常常并不实际参与酒店的经营管理，而是将酒店委托给第三方酒店管理公司管理，对于酒店管理公司派驻酒店的工作人员，如总经理，其报酬如果是由酒店管理公司直接支付的，则不应纳入酒店职工工资总额；如果是由酒店直接支付的，则其收入应纳入酒店职工工资总额。

【HR 应对】

1. 对于工会的日常工作和为职工举办的各项活动，企业应主动给予物质和人力上的支持，保证其工作和活动的顺利开展。

2. 企业应充分尊重工会的独立性，按时足额向工会拨缴工会经费，并避免随意侵占、挪用和调拨工会的经费和财产。

【法条链接】

《中华人民共和国工会法》

第四十三条　工会经费的来源：（略）

第四十五条　工会应当根据经费独立原则，建立预算、决算和经费审查监督制度。

各级工会建立经费审查委员会。

各级工会经费收支情况应当由同级工会经费审查委员会审查，并且定期向会员大会或者会员代表大会报告，接受监督。工会会员大会或者会员代表大会有权对经费使用情况提出意见。

工会经费的使用应当依法接受国家的监督。

第四十七条　工会的财产、经费和国家拨给工会使用的不动产，任何组织和个人不得侵占、挪用和任意调拨。

六、工会的工作职能

1. 参与相关重大事项的协商

（1）参加企业拟定相关制度的讨论会议

根据《工会法》的规定，企业研究经营管理和发展的重大问题应当听取工会的意见；召开讨论有关工资、福利、劳动安全卫生、社会保险等涉及职工切身利益的会议，必须有工会代表参加。因此，企业在讨论和决定与职工利益密切相关的事项时，应通知工会派代表参加相关会议，并应对工会提出的意见给予研究和答复。

（2）列席董事会的相关会议

个别地区还要求董事会在决定与职工利益相关的事项时，应邀请工会代表列席会议，如《上海市工会条例》（2022 年修正）第 21 条规定，“企业董事会中没有工会代表的，董事会研究决定有关职工劳动报酬、生活福利、安全生产和劳动保护、工作时间、休息休假、女职工保护和社会保险等涉及职工切身利益的问题时，应当事先听取工会的意见，并邀请工会的代表列席会议。”

2. 参与企业的经营管理

根据《公司法》的规定，企业设立监事会的，监事会应当包括股东代表和适当比例的公司职工代表，其中职工代表的比例不得低于三分之一；同时，公司董事会成员中可以有公司职工代表。即便没有职工代表的，董事会研究决定生产经营的重大问题、制定重要的规章制度时，也应当听取工会的意见，并取得工会的合作。因此，企业应根据上述规定，保证工会对企业经营管理及重大决策的知情权和监督权。

3. 协商订立集体合同

根据《工会法》的规定，工会可以代表职工与企业就有关劳动报酬、工作时间、休息休假、劳动安全卫生、保险福利以及其他事项，进行协商、谈判，并依法签订集体合同。同时，根据《劳动合同法》的规定，企业违反集体合同，侵犯职工劳动权益的，工会可以依法要求企业承担相应的责任。可见，工会有权代表职工就劳动报酬、劳动条件等相关事项与企业进行协商和订立集体合同，并监督集体合同的依法履行。

4. 监督劳动合同的签订和履行

根据《劳动合同法》第 78 条的规定，“工会依法维护劳动者的合法权益，对企业履行劳动合同、集体合同的情况进行监督。企业违反劳动法律、法规和劳动合同、集体合同的，工会有权提出意见或者要求纠正；劳动者申请仲裁、提起诉讼的，工会应依法给予支持和帮助。”实践中，工会对企业与职工劳动合同及集体合同的签订和履行的监督主要侧重以下几个方面：

（1）职工劳动报酬的按时足额支付；

（2）职工依法提供劳动时间和获得休息休假；

（3）劳动安全卫生条件、设施和劳动保护用品的提供；

（4）女职工特殊权益的保护；

（5）职工合法人身权益的保护；

（6）对职工的违纪处理。

5. 就相关问题展开调查

（1）一般调查

根据《工会法》的规定，工会有权到企业的各个生产、工作、营业等场所调查、检查劳动法律、法规的执行情况和劳动合同的履行情况，企业的相关方面应当予以配合。工会对企业侵犯职工合法权益的问题进行调查时，企业相关部门应当予以协助，如实说明情况，提供有关资料，不得阻挠或者拒绝调查。

（2）因工伤亡事故调查

根据《工会法》的规定，职工因工伤亡事故和其他严重危害职工健康问题的调查处理，必须有工会参加。工会应当向有关部门提出处理意见，并有权要求追究直接负责的主管人员和有关责任人员的责任。对工会提出的意见，企业应当及时研究，给予答复。

6. 对企业解除劳动合同的知情权和监督权

（1）企业单方解除劳动合同

根据《劳动合同法》第 43 条的规定，“用人单位单方解除劳动合同，应当事先将理由通知工会。用人单位违反法律、行政法规规定或者劳动合同约定的，工会有权要求用人单位纠正。用人单位应当研究工会的意见，并将处理结果书面通知工会。”因此，企业决定单方解除与职工的劳动合同时，必须事先通知工会并征求工会的意见，如果工会对该解除决定提出异议，则企业应认真研究工会的意见，并作出相应的处理。

（2）企业经济性裁员

根据《劳动合同法》第 41 条的规定，企业需要裁减人员 20 人以上或者裁减不足 20 人但占企业职工总数 10% 以上的，企业应提前 30 日向工会或者全体职工说明情况，并听取工会或者职工的意见。因此，企业如确需进行经济性裁员的，应当就裁员的理由、裁员的程序、裁员的人数和范围以及对被裁减人员的经济补偿等情况作出说明，并征求和听取工会及职工对于上述问题的相关意见。

无论是企业单方解除劳动合同，还是经济性裁员，事先通知工会并征求工会的意见，都是法定的必经程序。但是，在履行了上述程序之后，解雇员工的最终决定权还是在企业手中。

7. 代表职工诉讼

工会在劳动争议中代表劳动者作为一方诉讼主体，行使诉权，主要体现在因集体合同履行引发的争议中。根据《劳动合同法》的规定，“用人单位违反集体合同，侵犯职工劳动权益的，工会可以依法要求用人单位承担责任；因履行集体合同发生争议，经协商解决不成的，工会可以依法申请仲裁、提起诉讼。”也就是说，在有关集体合同的劳动争议中，工会可以直接代表劳动者提起仲裁或诉讼。

【HR 应对】

1. 企业 HR 应当了解和重视工会的各项职权，对属于工会职权范围内的事项，应加强与工会的沟通，充分重视工会的意见，并取得与工会的合作。

2. 企业HR尤其应当保证工会在劳动合同和集体合同的订立、履行、解除和争议解决等方面的法定权利，避免由于工会程序的欠缺，引发劳动争议。同时，一旦发生劳动争议，应尽早主动让工会介入，以争取协商解决。

【法条链接】

《中华人民共和国工会法》

第二十一条 工会帮助、指导职工与企业、实行企业化管理的事业单位、社会组织签订劳动合同。

工会代表职工与企业、实行企业化管理的事业单位、社会组织进行平等协商，依法签订集体合同。集体合同草案应当提交职工代表大会或者全体职工讨论通过。

工会签订集体合同，上级工会应当给予支持和帮助。

企业、事业单位、社会组织违反集体合同，侵犯职工劳动权益的，工会可以依法要求企业、事业单位、社会组织予以改正并承担责任；因履行集体合同发生争议，经协商解决不成的，工会可以向劳动争议仲裁机构提请仲裁，仲裁机构不予受理或者对仲裁裁决不服的，可以向人民法院提起诉讼。

第二十二条 企业、事业单位、社会组织处分职工，工会认为不适当的，有权提出意见。

用人单位单方面解除职工劳动合同时，应当事先将理由通知工会，工会认为用人单位违反法律、法规和有关合同，要求重新研究处理时，用人单位应当研究工会的意见，并将处理结果书面通知工会。

职工认为用人单位侵犯其劳动权益而申请劳动争议仲裁或者向人民法院提起诉讼的，工会应当给予支持和帮助。

第二十三条 企业、事业单位、社会组织违反劳动法律法规规定，有下列侵犯职工劳动权益情形，工会应当代表职工与企业、事业单位、社会组织交涉，要求企业、事业单位、社会组织采取措施予以改正；企业、事业单位、社会组织应当予以研究处理，并向工会作出答复；企业、事业单位、社会组织拒不改正的，工会可以提请当地人民政府依法作出处理：

（一）克扣、拖欠职工工资的；

（二）不提供劳动安全卫生条件的；

（三）随意延长劳动时间的；

（四）侵犯女职工和未成年工特殊权益的；

（五）其他严重侵犯职工劳动权益的。

第二十四条 工会依照国家规定对新建、扩建企业和技术改造工程中的劳动条件和安全卫生设施与主体工程同时设计、同时施工、同时投产使用进行监督。对工会提出的意见，企业或者主管部门应当认真处理，并将处理结果书面通知工会。

第二十五条 工会发现企业违章指挥、强令工人冒险作业，或者生产过程中发现明显重大事故隐患和职业危害，有权提出解决的建议，企业应当及时研究答复；发现危及职工生命安全的情况时，工会有权向企业建议组织职工撤离危险现场，企业必须及时作出处理决定。

第二十六条 工会有权对企业、事业单位、社会组织侵犯职工合法权益的问题进行调查，有关单位应当予以协助。

第二十七条　职工因工伤亡事故和其他严重危害职工健康问题的调查处理，必须有工会参加。工会应当向有关部门提出处理意见，并有权要求追究直接负责的主管人员和有关责任人员的责任。对工会提出的意见，应当及时研究，给予答复。

第三十九条　企业、事业单位、社会组织研究经营管理和发展的重大问题应当听取工会的意见；召开会议讨论有关工资、福利、劳动安全卫生、工作时间、休息休假、女职工保护和社会保险等涉及职工切身利益的问题，必须有工会代表参加。

企业、事业单位、社会组织应当支持工会依法开展工作，工会应当支持企业、事业单位、社会组织依法行使经营管理权。

第四十条　公司的董事会、监事会中职工代表的产生，依照公司法有关规定执行。

《中华人民共和国劳动合同法》

第四十一条　有下列情形之一，需要裁减人员二十人以上或者裁减不足二十人但占企业职工总数百分之十以上的，用人单位提前三十日向工会或者全体职工说明情况，听取工会或者职工的意见后，裁减人员方案经向劳动行政部门报告，可以裁减人员：（略）

第四十三条　用人单位单方解除劳动合同，应当事先将理由通知工会。用人单位违反法律、行政法规规定或者劳动合同约定的，工会有权要求用人单位纠正。用人单位应当研究工会的意见，并将处理结果书面通知工会。

第七十八条　工会依法维护劳动者的合法权益，对用人单位履行劳动合同、集体合同的情况进行监督。用人单位违反劳动法律、法规和劳动合同、集体合同的，工会有权提出意见或者要求纠正；劳动者申请仲裁、提起诉讼的，工会依法给予支持和帮助。

《上海市工会条例》（2022 年修正）

第二十一条　企业设立监事会的，工会的代表应当作为监事会成员候选人。

企业董事会中没有工会代表的，董事会研究决定有关劳动报酬、生活福利、安全生产和劳动保护、工作时间、休息休假、女职工保护和社会保险等涉及职工切身利益的问题时，应当事先听取工会的意见，并邀请工会的代表列席会议。

董事会研究决定生产经营的重大问题、制定重要的规章制度时，应当听取工会的意见，取得工会的合作。

工会的代表列席董事会会议的费用，按照董事会成员的经费渠道列支。

第十五章　劳务派遣、非全日制用工和不完全劳动关系

劳务派遣和非全日制用工，作为两种特殊的用工方式，由于其灵活性和成本低的优势，一直以来在实践中被大量使用，但也由此引发了一系列问题和纠纷，因此，2008 年《劳动合同法》首次以法律的形式对劳务派遣和非全日制用工作出了专门规定，明确了两种用工模式下的各方权利义务关系、用工限制和责任承担。但是，《劳动合同法》颁布实施后，劳务派遣用工的依法适用却一直不尽如人意，甚至在不少地区和行业出现了大规模滥用的情况，鉴于此，时隔仅仅四年，全国人大常委会就启动了专门针对劳务派遣的《劳动合同法》的修订工作，并于 2012 年 12 月 28 日审议并通过了《关于修改〈中华人民共和国劳动合同法〉的决定》（以下简称《修改决定》），新修正的《劳动合同法》已于 2013 年 7 月 1 日起正式施行。作为新法最重要的配套法规，《劳务派遣暂行规定》（以下简称《暂行规定》）于 2014 年 1 月出台，并于 2014 年 3 月 1 日起正式施行。《暂行规定》就辅助性岗位的确定、劳务派遣用工比例、被派遣劳动者的退回等热点问题给予了进一步的明确。面对新法的落地和日趋紧张的过渡期时间表，如何在新的法律法规框架下，实现企业用工方式的顺利转换与平稳过渡，将法规变动给企业人力资源管理带来的震荡降到最低，最大程度避免违规给企业带来的经济利益和商誉的损失，是摆在 HR 面前的一项艰巨的任务和全新的挑战。

第一节　劳务派遣

劳务派遣，是指劳务派遣单位与劳动者建立劳动关系，而后将劳动者派遣到实际用工单位，在实际用工单位的指挥和监督下给付劳务的一种用工形式。劳动派遣最显著的特征就是劳动力的雇佣和使用相分离，因此，和标准用工方式相比，它涉及三方法律主体，法律关系较为复杂，而雇佣和使用相分离所带来的灵活性和低成本成了不少单位对这种用工方式趋之若鹜的根源所在。《修改决定》的出台，目的就在于从根本上严格规范劳务派遣，控制甚至杜绝企业滥用劳务派遣的行为。本节

将根据《修改决定》和《暂行规定》为 HR 解读法规框架下劳务派遣的依法适用和用工管理。

一、劳务派遣的适用范围

本次《暂行规定》进一步从用工单位主体、派遣行为等方面，对于所规制的劳务派遣的适用范围给予了明确，主要包括以下两个方面的问题：

1. 劳务派遣的用工单位

《暂行规定》第 2 条明确了受其规定约束的用工单位的范围，即“企业、会计师事务所、律师事务所等合伙组织、基金会以及民办非企业单位”。也就是说，“国家机关、事业单位、社会团体和个体经济组织”均未被纳入《暂行规定》的适用范围，这些组织使用劳务派遣用工不受《暂行规定》的规制和约束。实务中，主要的用工单位还是以企业为主，因此，排除上述特定主体，《暂行规定》基本上还是普遍适用的。

实务中，还有一类特殊的劳务派遣用工，就是涉外劳务派遣，它主要是指根据我国法律规定，外国企业、外国社会团体和国际组织的驻华代表机构不能直接在中国境内雇佣员工，其必须通过有资质的劳务派遣机构，使用被派遣员工。此次《暂行规定》进一步明确了“外国企业常驻代表机构和外国金融机构驻华代表机构等使用被派遣劳动者的，以及船员用人单位以劳务派遣形式使用国际远洋海员的”，也须遵守《劳动合同法》和《暂行规定》关于劳务派遣的相关规定，但不受“三性”岗位和劳务派遣用工比例的限制。

2. 不属于劳务派遣的行为

《暂行规定》第 26 条同时明确了不属于劳务派遣的派驻用工行为，即“用人单位将本单位劳动者派往境外工作或者派往家庭、自然人处提供劳动的，不属于本规定所称劳务派遣”。这类派驻用工行为，虽然形式上与劳务派遣具有相似性，但要么不属于经营性的派遣行为，要么实际用工的主体不具备用工单位主体资格，因此，均不属于《劳动合同法》和《暂行规定》所规制的劳务派遣行为。

二、劳务派遣的“三性”岗位

劳务派遣作为一种特殊的用工方式，只能在特定的岗位上使用，而不能成为企业用工的常态，否则将严重影响劳动者的合法权益。这点在新《劳动合同法》第 66 条中给予了明确，即“劳动合同用工是我国的企业基本用工形式。劳务派遣用工是补充形式，只能在临时性、辅助性或者替代性的工作岗位上实施”。此前劳务派遣被扩大和滥用的一个主要原因，就是在岗位适用范围上缺乏明确的界定，导致实务中难以操作。《修改决定》和《暂行规定》不仅明确了劳务派遣只能在“三性”岗位上使用，同时，对“三性”岗位的性质也给予了说明：

（1）临时性工作岗位是指存续时间不超过6个月的岗位；

（2）辅助性工作岗位是指为主营业务岗位提供服务的非主营业务岗位；

（3）替代性工作岗位是指用工单位的劳动者因脱产学习、休假等原因无法工作的一定期间内，可以由其他劳动者替代工作的岗位。

需要明确的是，相关岗位只要具备上述“三性”中的“一性”，就可以使用劳务派遣，无需同时具备“三性”。

解读：辅助性工作岗位如何认定?

根据《修改决定》的上述规定，由于临时性和替代性岗位的使用条件和期限客观上都受到了限制，而辅助性岗位却规定得相对宽泛，因此，实务中关于辅助性岗位的认定问题引发了大量的争论，对此，《暂行规定》给出了一条新的思路，即以程序规制代替实体认定来解决目前辅助性岗位司法认定难的问题。根据《暂行规定》，“用工单位决定使用被派遣劳动者的辅助性岗位，应当经职工代表大会或者全体职工讨论，提出方案和意见，与工会或者职工代表平等协商确定，并在用工单位内公示。”也就是说，未来在处理辅助性岗位认定的争议上，仲裁委和法院会更加侧重审查辅助性岗位的确定程序是否符合上述法规的要求，如果符合，则使用劳务派遣的合法性将能得到支持，反之将不被支持。

根据新规，在辅助性岗位的认定问题上，我们提醒HR应当注意以下两点：一是，辅助性岗位的确定必须经过民主和公示程序，该程序可以参照公司规章制度的制定和公示程序进行，注意保留好整个过程的书面文件和相关证据；二是，在确定辅助性岗位列表时，还是应当结合企业所处的行业性质、业务特征和实际情况，对于列入的岗位为什么属于公司的辅助性岗位给予一个合理的和明确的说明。

三、劳务派遣的用工数量限制

确定劳务派遣的用工比例限制，是《暂行规定》最引人关注的一大焦点问题。由于考虑到实务中对“三性”岗位的界定和适用会存在一定的困难和争议，因此，此前《修改决定》对劳务派遣用工数量占企业用工总量的比例作出了硬性限制，即“用工单位应当严格控制劳务派遣用工数量，不得超过其用工总量的一定比例”。《暂行规定》则进一步明确了比例限制，即用工单位“使用的被派遣劳动者数量不得超过其用工总量的10%”。这一规定的出台，一时间引起了各方巨大的关注。一方面，对于派遣用工数量较大的企业来说，无疑面临着极大的冲击和挑战，因为与之前的《暂行规定（征求意见稿）》相比，此次将比例的限制范围从仅针对“辅助性岗位”扩大到了对全部劳务派遣岗位，反映了对劳务派遣进一步收紧和严格的政策信号；另一方面，新的问题又进一步产生，即比例计算的口径如何掌握，由于企业用工是动态的，计算的时点如何确定？

解读：1. 集团公司能否以“集团”为单位计算用工比例？

《暂行规定》明确了是以“依照劳动合同法和劳动合同法实施条例可以与劳动者订立劳动合同的用人单位”为统计口径计算用工比例，也就是说，以集团总部为统一计算单位是不可行的。具体来说，子公司因具有独立法人资格，因此，应独立签订劳动合同，独立计算用工比例。分公司根据《劳动合同法实施条例》第4条规定有两种情形，对于依法取得营业执照或者登记证书的分公司，可以与劳动者独立订立劳动合同，因此，应当独立计算用工比例；对于未依法取得营业执照或者登记证书的，如果集团总部要求统一签订合同、缴纳社保的，可以以集团总部为统一计算单位，计算用工比例。

2. “用工总量”是否包含非全日制劳动合同用工？

《暂行规定》明确了用工总量是指“用工单位订立劳动合同人数与使用的被派遣劳动者人数之和”，也就是说，是否签订劳动合同是界定用工总量这一分母的唯一指标，而非全日制劳动合同同样是劳动合同的一种形式，因此，应当纳入用工总量当中。

3. 用工比例的计算以哪个时点为准？

众所周知，企业的用工是一个动态的过程，人员进出是常态，那么在测算用工比例时，以哪个时点测算的结论为准，又成为一个实务操作的技术性难题。目前针对这个问题上主要有两种意见，一种是按年度平均数计算比例，另一种是以劳动行政部门检查时的时点数来计算比例。这方面，我们认为，按年度平均数计算相对更为科学和合理，但具体如何操作，还有待相关部门进一步明确和落实。

四、劳务派遣的“同工同酬”要求

实务中，劳务派遣用工和劳动合同用工“同工不同酬”的现实，一直是劳务派遣被广泛诟病的重要原因，《修改决定》也是再次强调了“被派遣劳动者享有与用工单位的劳动者同工同酬的权利”。但是，这一权利如何在实践中落实，这里所谓的“同酬”是指多大范围内的同酬，是劳动者全部收入和福利待遇的等同，还是工资收入或者基本工资的等同，这些问题在实务中也一直是争论不断。《修改决定》虽然在这些方面并没有给出明确的答案，但进一步规定了“用工单位应当按照同工同酬原则，对被派遣劳动者与本单位同类岗位的劳动者实行相同的劳动报酬分配办法”。过去不少企业通过在基本工资、岗位工资等固定收入上实现同酬，而在奖金、提成等可变收入的分配上做文章来规避同工同酬的规定，但《修改决定》施行后，明确了同酬包括“相同的劳动报酬分配办法”，这项规定要求企业在奖金、提成等工资收入的分配制度上对劳务派遣用工和劳动合同用工须一视同仁，这将在一定程度上扭转目前企业普遍存在的差异化分配制度。

《暂行规定》在上述《修改决定》的基础上，进一步强调了用工单位应当“向被派遣劳动者提供与工作岗位相关的福利待遇，不得歧视被派遣劳动者”，并也是首次在法规中明确将“同酬”扩大到了“福利待遇”方面，这将给企业未来的用工带来极大的挑战，可以预见，未来有关派遣员工主张“同工同酬”的劳动争议会越来越多。

以案说法

80. 劳务派遣员工要求同工同酬，能得到支持吗？

2015 年 1 月 4 日，陈某被某劳务派遣公司派遣至用工单位甲公司，从事仓储工作。陈某与派遣公司签订的最后一份劳动合同期限为自 2017 年 1 月 4 日起至 2019 年 1 月 3 日止，并约定陈某的劳动报酬根据甲公司所指定的工资标准执行。陈某的工资由基本工资及加班工资组成，无餐费补贴。2018 年 4 月 1 日，陈某提起仲裁，要求甲公司支付 2015 年 1 月 4 日至 2018 年 3 月 31 日的餐费补贴和年终补贴。

【审理结果】

法庭审理中，陈某主张甲公司正式员工均享有餐费补贴及年终补贴，其作为劳务派遣员工，应与正式员工同工同酬。陈某提交姓名为“张某”的工资单，指出该人为甲公司的正式员工，与陈某从事同样工作，其每月享有 200 元餐费补贴。

甲公司辩称，不存在“张某”这一正式员工。而且，公司与陈某双方没有约定餐费补贴及年终补贴，公司员工的收入情况各不相同，不存在所有员工均享有上述补贴款项的情况。

劳动争议仲裁委员会经审理认为，陈某主张同工同酬，应当提供证据证明。陈某提供的“张某”的工资单，真实性无法确认，同时，陈某亦未举证证明“同工”的情形，即其与“张某”具有相同的劳动技能、从事相同工作、付出等量劳动且取得了相同的劳动业绩等。因此，对于陈某要求支付餐费补贴和年终补贴的请求不予支持。该案历经仲裁、一审和二审终审，陈某的诉请均未得到支持。

【律师点评】

劳务派遣案件中“同工同酬”问题的处理，一直是实务中的一个难点。具体来说，主要涉及两个方面的问题，一是员工劳动报酬标准的确定，二是员工之间“同工”的具体认定。首先，根据《劳动合同法》第 11 条的规定：“用人单位未在用工的同时订立书面劳动合同，与劳动者约定的劳动报酬不明确的，新招用的劳动者的劳动报酬按照集体合同规定的标准执行；没有集体合同或者集体合同未规定的，实行同工同酬。”也就是说，用人单位与劳动者应当在劳动合同中明确约定劳动报酬，只有在劳动合同或集体合同约定不明确的情况下，才会按同工同酬的原则处理，因此，只要劳动合同约定了工资标准，原则上就应按劳动合同执行。在劳务派遣中，劳动合同都是由派遣单位与派遣员工直接签订的，这就要求用工单位监督好劳动合同的签署，尤其在派遣开始前明确好员工的工资标准，以避免在日后的争议中处于被动。

其次，由于“同工同酬”具有抽象性，“同工”到底如何认定也是实务中的一大难点。根据劳动部办公厅《关于劳动法若干条文的说明》（劳办发〔1994〕289号）第46条的解释：“本条中的同工同酬是指用人单位对于从事相同工作，付出等量劳动且取得相同劳绩的劳动者，应支付同等的劳动报酬。”实践中，员工“从事相同的工作”比较好把握，而“付出等量劳动且取得相同劳绩”却很难把握。由于劳动过程是一个抽象的过程，“等量的劳动”“相同的劳绩”，这些标准往往难以完全量化，正因如此，《修改决定》第63条提出了“相同的劳动报酬分配办法”的概念，即“用工单位应当按照同工同酬原则，对被派遣劳动者与本单位同类岗位的劳动者实行相同的劳动报酬分配办法”。也就是说，用工单位只要在劳动报酬分配办法上做到一视同仁，就会被认定为遵守了“同工同酬”原则，而员工之间的收入是否确实存在差距则在所不问。这就要求单位在制定薪酬管理制度时，应根据劳动者素质和工作表现的若干因素对工资等级、标准等作出具体规定，避免依员工的身份关系来划分不同的待遇标准。

【HR 应对】

1. 目前来讲，关于同工同酬案件鲜有员工胜诉的判例，员工举证不能，是败诉的主要原因。用工单位应做好薪酬制度等文件的规范和清理工作，避免在制度上出现针对派遣员工的歧视待遇，自掘坟墓。

2. 用工单位在设置用工体系时，应尽可能避免派遣员工与正式员工的“混岗”，一方面保证派遣员工只合法使用在“三性”岗位上，另一方面，也可以从根本上杜绝“同工不同酬”的现象。

【法条链接】

《中华人民共和国劳动合同法》

第十一条　用人单位未在用工的同时订立书面劳动合同，与劳动者约定的劳动报酬不明确的，新招用的劳动者的劳动报酬按照集体合同规定的标准执行；没有集体合同或者集体合同未规定的，实行同工同酬。

第六十三条　被派遣劳动者享有与用工单位的劳动者同工同酬的权利。用工单位应当按照同工同酬原则，对被派遣劳动者与本单位同类岗位的劳动者实行相同的劳动报酬分配办法。用工单位无同类岗位劳动者的，参照用工单位所在地相同或者相近岗位劳动者的劳动报酬确定。

劳务派遣单位与被派遣劳动者订立的劳动合同和与用工单位订立的劳务派遣协议，载明或者约定的向被派遣劳动者支付的劳动报酬应当符合前款规定。

第六十六条 劳动合同用工是我国的企业基本用工形式。劳务派遣用工是补充形式，只能在临时性、辅助性或者替代性的工作岗位上实施。

前款规定的临时性工作岗位是指存续时间不超过六个月的岗位；辅助性工作岗位是指为主营业务岗位提供服务的非主营业务岗位；替代性工作岗位是指用工单位的劳动者因脱产学习、休假等原因无法工作的一定期间内，可以由其他劳动者替代工作的岗位。

用工单位应当严格控制劳务派遣用工数量，不得超过其用工总量的一定比例，具体比例由国务院劳动行政部门规定。

《中华人民共和国劳动合同法实施条例》

第四条 劳动合同法规定的用人单位设立的分支机构，依法取得营业执照或者登记证书的，可以作为用人单位与劳动者订立劳动合同；未依法取得营业执照或者登记证书的，受用人单位委托可以与劳动者订立劳动合同。

《劳务派遣暂行规定》

第二条 劳务派遣单位经营劳务派遣业务，企业（以下称用工单位）使用被派遣劳动者，适用本规定。

依法成立的会计师事务所、律师事务所等合伙组织和基金会以及民办非企业单位等组织使用被派遣劳动者，依照本规定执行。

第三条 用工单位只能在临时性、辅助性或者替代性的工作岗位上使用被派遣劳动者。

前款规定的临时性工作岗位是指存续时间不超过 6 个月的岗位；辅助性工作岗位是指为主营业务岗位提供服务的非主营业务岗位；替代性工作岗位是指用工单位的劳动者因脱产学习、休假等原因无法工作的一定期间内，可以由其他劳动者替代工作的岗位。

用工单位决定使用被派遣劳动者的辅助性岗位，应当经职工代表大会或者全体职工讨论，提出方案和意见，与工会或者职工代表平等协商确定，并在用工单位内公示。

第四条 用工单位应当严格控制劳务派遣用工数量，使用的被派遣劳动者数量不得超过其用工总量的 10% 。

前款所称用工总量是指用工单位订立劳动合同人数与使用的被派遣劳动者人数之和。

计算劳务派遣用工比例的用工单位是指依照劳动合同法和劳动合同法实施条例可以与劳动者订立劳动合同的用人单位。

第九条 用工单位应当按照劳动合同法第六十二条规定，向被派遣劳动者提供与工作岗位相关的福利待遇，不得歧视被派遣劳动者。

第二十五条 外国企业常驻代表机构和外国金融机构驻华代表机构等使用被派遣劳动者的，以及船员用人单位以劳务派遣形式使用国际远洋海员的，不受临时性、辅助性、替代性岗位和劳务派遣用工比例的限制。

第二十六条 用人单位将本单位劳动者派往境外工作或者派往家庭、自然人处提供劳动的，不属于本规定所称劳务派遣。

《关于〈劳动法〉若干条文的说明》（劳办发〔1994〕289 号）

第四十六条 工资分配应当遵循按劳分配原则，实行同工同酬。

工资水平在经济发展的基础上逐步提高。国家对工作总量实行宏观调控。

本条中的“同工同酬”是指用人单位对于从事相同工作，付出等量劳动且取得相同劳绩的劳动者，应支付同等的劳动报酬。

五、劳务派遣的主体

劳务派遣的主体，包括劳务派遣单位，实际用工单位，以及被派遣的劳动者。其中，实际用工单位和劳动者，应符合法律的一般规定，这里，我们主要介绍对劳务派遣单位的相关特殊规定。

由于国内目前从事劳务派遣的企业良莠不齐，而其中皮包公司更是比比皆是，严重损害了劳动者的权益。因此，《修改决定》在之前相关规定的基础上提高了对劳务派遣单位的准入门槛，具体包括：

1. 提高最低注册资本

此前，原《劳动合同法》第 57 条规定，从事劳务派遣的单位注册资本不得少于 50 万元，而此次《修改决定》将劳务派遣单位的注册资本要求一举提高到不得少于 200 万元，同时要求派遣单位必须要具备与开展业务相适应的固定的经营场所和设施，以及具有符合法律、行政法规规定的劳务派遣管理制度。

2. 获得行政许可

除了提高注册资本要求，《修改决定》还首次明确提出，任何单位经营劳务派遣业务，都必须先向劳动行政部门依法申请行政许可；获得许可的，依法办理相应的公司登记，方能从事劳务派遣业务。由于这项新规定对之前已经发生的劳务派遣业务及派遣单位都将产生很大的影响，因此《修改决定》还特别规定了派遣单位取得行政许可的过渡期，即“本决定施行前经营劳务派遣业务的单位，应当在本决定施行之日起一年内依法取得行政许可并办理公司变更登记，方可经营新的劳务派遣业务”。也就是说，《修改决定》施行后，派遣单位最迟须在 2014 年 7 月 1 日前获得行政许可，才能开展新的派遣业务。因此，企业在与劳务派遣单位合作时，就必须严格审查其是否取得相应的行政许可，是否具备法律要求的从事劳务派遣业务的相应资质。

3. 用人单位不得自设劳务派遣单位

由于实践中，有的企业为了降低用工成本，将一些原来的正式职工分流到本企业设立的劳务派遣公司，然后又以劳务派遣公司的名义派遣到原岗位。为了解决上述问题，《劳动合同法》第 67 条规定，用人单位不得设立劳务派遣单位向本单位或者所属单位派遣劳动者。这里的“所属单位”主要包括以下几种形式：母公司之与子公司；总公司之与分公司，或是集团公司之与下属公司；以及其他具有关联性质的公司等。

解读：企业可以“逆向派遣”吗？

实务中，很多用人单位已经与劳动者签订了劳动合同或存在事实劳动关系，却找来劳务派遣单位与劳动者签订劳动合同。比如在劳动者连续工作年限即将满 10 年时将劳动者转给劳务派遣公司，再由劳务派遣公司派回本单位，以规避无固定期限劳动合同的签订。对于这种借用劳务派遣名义，企图逃避法律责任的所谓“逆向派遣”，一旦发生劳动争议或纠纷，司法实践中，一般认定该劳务派遣行为无效，用人单位不能摆脱其应当承担的法律责任。

六、劳务派遣法律关系

（一）基本法律关系

1. 劳务派遣单位和被派遣劳动者

劳务派遣单位与被派遣劳动者之间建立劳动关系，派遣单位是《劳动合同法》所称的“用人单位”，履行用人单位对劳动者的权利和义务，包括招用劳动者、订立劳动合同、对劳动者行使人事管理权、承担支付劳动报酬和缴纳社会保险等。

2. 劳务派遣单位和实际用工单位

劳务派遣单位与用工单位之间是一般的民事关系，即劳务派遣关系。双方订立劳务派遣协议，来确定双方的权利义务，派遣单位根据用工单位的要求派遣适合的劳动者，用工单位根据协议向派遣单位支付报酬或管理费。

3. 用工单位和被派遣劳动者

用工单位与被派遣劳动者之间构成劳务关系，用工单位负责在劳动过程中对被派遣劳动者进行指挥和管理，但无须承担订立劳动合同、支付劳动报酬和缴纳社会保险等《劳动合同法》规定的用人单位对劳动者的义务，劳动者应遵守用工单位的规章制度。

（二）各方的权利义务内容

1. 劳务派遣单位的权利义务

（1）劳务派遣单位的权利：①根据用工单位的要求，自主决定录用劳动者的条件、方式及人数等；②决定劳动者的内部调配、日常管理等；③决定劳动者的薪酬；④依法决定对违纪员工的处理；⑤法律规定用人单位享有的其他权利。

（2）劳务派遣单位的义务：①依法与劳动者签订二年以上固定期限劳动合同；②依法告知劳动者劳务派遣协议的内容以及被派遣岗位的工作内容、条件、地点、职业危害等事项；③建立培训制度，对被派遣劳动者进行上岗知识、安全教育培训；④按月向被派遣劳动者足额支付劳动报酬，缴纳各项社会保险费，并办理社会保险相关手续，被派遣劳动者在无工作期间，劳务派遣单位应当按照当地政府规定的最低工资标准，向其按月支付报酬；⑤督促用工单位依法为被派遣劳动者提供劳动保护和劳动安全卫生条件；⑥依法出具解除或者终止劳动合同的证明；⑦协助处理被派遣劳动者与用工单位的纠纷；⑧法律规定用人单位负有的其他义务。

2. 用工单位的权利义务

（1）用工单位的权利：①根据劳务派遣协议的规定，要求劳务派遣单位提供合适的劳动者；②根据劳务派遣协议的规定和本单位的规章制度，对被派遣劳动者进行用工管理；③根据法律规定和劳务派遣协议的约定，将不胜任工作或违纪的员工退回劳务派遣单位；④法律规定用工单位享有的其他权利。

（2）用工单位的义务：①执行国家劳动标准，提供相应的劳动条件和劳动保护；②告知被派遣劳动者工作要求和劳动报酬；③支付加班费、绩效奖金，提供与工作岗位相关的福利待遇；④对在岗被派遣劳动者进行工作岗位所必需的培训；⑤连续用工的，实行正常的工资调整机制；⑥根据劳务派遣协议的规定，向劳务派遣单位支付服务费用；⑦法律规定用工单位负有的其他义务。

3. 被派遣劳动者的权利义务

（1）被派遣劳动者的权利：①享有与劳务派遣单位签订劳动合同、领取劳动报酬、参加社会保险等《劳动合同法》所规定的劳动者的基本权利；②享有对劳务派遣协议及工作待遇的知情权；③享有与用工单位的劳动者同工同酬的权利；④有权在劳务派遣单位或者用工单位参加或组织工会；⑤获得劳动保护和接受岗位培训的权利；⑥法律规定劳动者享有的其他权利。

（2）被派遣劳动者的义务：①自觉遵守劳务派遣单位和用工单位的各项规章制度，按照要求提供劳动；②服从用工单位的日常管理；③认真完成用工单位指定的各项工作任务；④法律规定劳动者负有的其他义务。

解读：劳务派遣单位能否与劳动者约定试用期？

劳务派遣中，由于劳动者不向派遣单位提供劳动，因此，一般来说，派遣单位在劳动者的工作岗位尚未确定时，不应单独与劳动者约定试用期。如果用工单位及工作岗位确定后，派遣单位、用工单位和劳动者可以根据法律规定共同约定一个试用期，如果试用期内被派遣员工被用工单位证明不符合录用条件，用工单位可以将被派遣员工退回派遣单位。需要强调的是，《暂行规定》还明确规定了“劳务派遣单位与同一被派遣劳动者只能约定一次试用期”，这条规定实际上给派遣单位在劳动合同期内将被派遣员工改派至第二用工单位造成了极大的障碍，而对于用工单位而言，应在接受派遣时严格审查员工的劳动关系状况，确认属于首次派遣的才能放心使用。

解读：跨地区劳务派遣的社会保险如何缴纳？

此前，《劳动合同法》明确了在异地劳务派遣实务中，被派遣劳动者的劳动报酬和劳动条件，应按用工单位所在地的标准执行，但是，对于异地劳务派遣中，被派遣劳动者的社保如何缴纳，却一直没有明确的规定，这也进而使得一些单位利用社保缴纳的地域差别，“同工不同保”的现象大量出现。针对这种现状，本次《暂行规定》明确了用工单位所在地是被派遣劳动者的唯一参保地，如果劳务派遣单位在用工单位所在地设立分支机构的，由分支机构为被派遣劳动者办理参保手续，缴纳社会保险费；如果劳务派遣单位未在用工单位所在地设立分支机构的，则由用工单位代劳务派遣单位为被派遣劳动者办理参保手续，缴纳社会保险费。

解读：劳务派遣员工也必须订立无固定期限劳动合同吗？

从法律法规的规定层面上来看，2014 年 3 月起施行的《劳务派遣暂行规定》对于派遣员工是否有权要求订立无固定期限劳动合同，并没有作出明确规定，而仅在第五条规定，“劳务派遣单位应当依法与劳动者订立二年以上的固定期限劳动合同”，这与 2008 年《劳动合同法》第五十八条第二款的内容是一致的，因此，司法实践中关于此问题的争议一直存在。一种观点认为，劳务派遣被列入《劳动合同法》特别规定项下，有关派遣单位与派遣员工订立二年以上的固定期限劳动合同的内容属于特别规定，应优先适用。尤其是考虑到劳务派遣作为灵活用工方式被规定的立法初衷，不应强制派遣单位与符合条件的员工签订无固定期限劳动合同。而另一种观点则认为，劳务派遣的专章规定不应凌驾于《劳动合同法》的规定之上，即派遣员工只要符合《劳动合同法》第十四条规定的订立无固定期限合同条件的，就应有权要求与派遣单位续订无固定期限劳动合同，派遣单位不得拒绝。

2015 年以前，司法实践中第一种观点一直更占主流，即倾向于认为派遣单位无需与派遣员工订立无固定期限劳动合同，而且部分省市的司法裁判机关以及劳动行政部门的观点也认同劳务派遣并不属于强制性签订无固定期限劳动合同的范围，派遣单位可以不与派遣员工签订无固定期限劳动合同。所以，实践中可以看到很多派遣单位与派遣员工的合同都是一签两年，两年一续。

但是，最近一年多司法口径已经逐渐在发生变化，虽然暂无明确的规定及指导意见，但在北京地区的司法实践中第二种观点开始逐步占据主导地位，广州更是以发布《关于审理劳动人事争议案件若干问题的研讨会纪要》的方式明确了这样的观点，即认为劳务派遣单位作为用人单位，应当履行用人单位对劳动者的义务，包括被派遣劳动者同样适用《劳动合同法》第十四条关于无固定期限劳动合同的规定等。因此，企业 HR 应当时刻关注此类司法口径的变化，并对实务操作进行及时的调整，对于派遣员工符合《劳动合同法》第十四条规定的订立无固定期限劳动合同的法定条件的，如员工要求与派遣单位订立无固定期限劳动合同的，派遣单位应当予以续订。

以案说法

81. 派遣员工发生工伤，工伤保险待遇由谁负担？

林某于2018年7月与某劳务派遣公司签订书面劳动合同1份，合同期限为3年，合同签订后，林某被派遣公司派往某石油零售公司加油站上班。2018年11月5日，林某在上班途中因横穿公路被过往卡车撞倒，致使左锁骨骨折。伤情稳定后，林某要求继续上班遭到石油零售公司拒绝。之后，林某被石油零售公司退回派遣公司。林某经当地劳动保障行政部门认定为工伤，鉴定为9级伤残。但是，派遣公司与石油零售公司之间却相互推诿，均不愿承担或只承担部分赔偿责任。于是，林某向当地劳动争议仲裁委员会申请仲裁，请求裁决该劳务派遣公司向其支付工伤待遇，石油零售公司承担连带责任。

【审理结果】

劳动争议仲裁委员会经审理认为，劳务派遣公司与林某之间是劳动关系，因此，派遣公司作为“用人单位”应当承担工伤保险责任。石油零售公司作为实际用工单位，对工伤待遇的支付应承担连带责任。仲裁委员会最终裁决支持了林某的全部申诉请求。

【律师点评】

由于劳务派遣的特殊性，被派遣员工一旦发生工伤事故，涉及赔偿问题，很容易出现劳务派遣公司与实际用工单位相互推诿扯皮的现象。根据《劳动合同法》的相关规定，由于劳动者与劳务派遣公司是劳动合同的主体，也是劳动关系的双方，因此，在被派遣劳动者发生工伤后，应由派遣公司到有关部门申请工伤认定，并处理相关工伤保险事宜。如果派遣公司拖延或不予支付工伤保险待遇的，被派遣劳动者可以同时要求实际用工单位承担连带赔偿责任。对此，《暂行规定》第10条也作出了明确规定，即“被派遣劳动者在用工单位因工作遭受事故伤害的，劳务派遣单位应当依法申请工伤认定，用工单位应当协助工伤认定的调查核实工作。劳务派遣单位承担工伤保险责任，但可以与用工单位约定补偿办法”。因此，对于被派遣员工发生工伤事故时，工伤保险待遇的承担，派遣公司与用工单位可以在劳务派遣协议中事先对该问题作出明确的约定，只要该约定不违反法律法规，就是合法有效的，承担了工伤待遇的一方可以据此向另一方追偿。但是需要注意的是，上述约定不能对抗被派遣员工，任何一方不能以此为由拒绝被派遣员工工伤保险待遇的支付请求。

【HR应对】

1. 用工单位应尽量选择在用工所在地有分支机构的，或本地的派遣公司合作，避免出现社保代缴。如无法避免上述情形，用工单位代为参保的，一定要检查好被派遣劳动者与派遣单位的劳动合同的签署，以防与被派遣劳动者形成事实劳动关系。

2. 用工单位在签署劳务派遣协议时，应与派遣单位约定好工伤保险责任的承担和补偿办法。

【法条链接】

《中华人民共和国劳动合同法》

第五十七条 经营劳务派遣业务应当具备下列条件：

（一）注册资本不得少于人民币二百万元；

（二）有与开展业务相适应的固定的经营场所和设施；

（三）有符合法律、行政法规规定的劳务派遣管理制度；

（四）法律、行政法规规定的其他条件。

经营劳务派遣业务，应当向劳动行政部门依法申请行政许可；经许可的，依法办理相应的公司登记。未经许可，任何单位和个人不得经营劳务派遣业务。

第五十八条 劳务派遣单位是本法所称用人单位，应当履行用人单位对劳动者的义务。劳务派遣单位与被派遣劳动者订立的劳动合同，除应当载明本法第十七条规定的事项外，还应当载明被派遣劳动者的用工单位以及派遣期限、工作岗位等情况。

劳务派遣单位应当与被派遣劳动者订立二年以上的固定期限劳动合同，按月支付劳动报酬；被派遣劳动者在无工作期间，劳务派遣单位应当按照所在地人民政府规定的最低工资标准，向其按月支付报酬。

第五十九条 劳务派遣单位派遣劳动者应当与接受以劳务派遣形式用工的单位（以下称用工单位）订立劳务派遣协议。劳务派遣协议应当约定派遣岗位和人员数量、派遣期限、劳动报酬和社会保险费的数额与支付方式以及违反协议的责任。

用工单位应当根据工作岗位的实际需要与劳务派遣单位确定派遣期限，不得将连续用工期限分割订立数个短期劳务派遣协议。

第六十条 劳务派遣单位应当将劳务派遣协议的内容告知被派遣劳动者。

劳务派遣单位不得克扣用工单位按照劳务派遣协议支付给被派遣劳动者的劳动报酬。

劳务派遣单位和用工单位不得向被派遣劳动者收取费用。

第六十一条 劳务派遣单位跨地区派遣劳动者的，被派遣劳动者享有的劳动报酬和劳动条件，按照用工单位所在地的标准执行。

第六十二条 用工单位应当履行下列义务：（略）

用工单位不得将被派遣劳动者再派遣到其他用人单位。

第六十四条 被派遣劳动者有权在劳务派遣单位或者用工单位依法参加或者组织工会，维护自身的合法权益。

第六十七条 用人单位不得设立劳务派遣单位向本单位或者所属单位派遣劳动者。

《中华人民共和国劳动合同法实施条例》

第二十八条 用人单位或者其所属单位出资或者合伙设立的劳务派遣单位，向本单位或者所属单位派遣劳动者的，属于劳动合同法第六十七条规定的不得设立的劳务派遣单位。

第二十九条 用工单位应当履行劳动合同法第六十二条规定的义务，维护被派遣劳动者的合法权益。

第三十条　劳务派遣单位不得以非全日制用工形式招用被派遣劳动者。

《劳务派遣暂行规定》

第五条　劳务派遣单位应当依法与被派遣劳动者订立2年以上的固定期限书面劳动合同。

第六条　劳务派遣单位可以依法与被派遣劳动者约定试用期。劳务派遣单位与同一被派遣劳动者只能约定一次试用期。

第八条　劳务派遣单位应当对被派遣劳动者履行下列义务：

（一）如实告知被派遣劳动者劳动合同法第八条规定的事项、应遵守的规章制度以及劳务派遣协议的内容；

（二）建立培训制度，对被派遣劳动者进行上岗知识、安全教育培训；

（三）按照国家规定和劳务派遣协议约定，依法支付被派遣劳动者的劳动报酬和相关待遇；

（四）按照国家规定和劳务派遣协议约定，依法为被派遣劳动者缴纳社会保险费，并办理社会保险相关手续；

（五）督促用工单位依法为被派遣劳动者提供劳动保护和劳动安全卫生条件；

（六）依法出具解除或者终止劳动合同的证明；

（七）协助处理被派遣劳动者与用工单位的纠纷；

（八）法律、法规和规章规定的其他事项。

第十条　被派遣劳动者在用工单位因工作遭受事故伤害的，劳务派遣单位应当依法申请工伤认定，用工单位应当协助工伤认定的调查核实工作。劳务派遣单位承担工伤保险责任，但可以与用工单位约定补偿办法。

被派遣劳动者在申请进行职业病诊断、鉴定时，用工单位应当负责处理职业病诊断、鉴定事宜，并如实提供职业病诊断、鉴定所需的劳动者职业史和职业危害接触史、工作场所职业病危害因素检测结果等资料，劳务派遣单位应当提供被派遣劳动者职业病诊断、鉴定所需的其他材料。

第十八条　劳务派遣单位跨地区派遣劳动者的，应当在用工单位所在地为被派遣劳动者参加社会保险，按照用工单位所在地的规定缴纳社会保险费，被派遣劳动者按照国家规定享受社会保险待遇。

第十九条　劳务派遣单位在用工单位所在地设立分支机构的，由分支机构为被派遣劳动者办理参保手续，缴纳社会保险费。

劳务派遣单位未在用工单位所在地设立分支机构的，由用工单位代劳务派遣单位为被派遣劳动者办理参保手续，缴纳社会保险费。

七、劳务派遣的退回和劳动合同的解除

由于劳务派遣的特殊性，用工单位与被派遣劳动者之间建立的是劳务关系，而非劳动关系。因此，如果用工单位想要依法终止用工关系，并不直接涉及劳动合同的解除，而是将被派遣劳动者退回劳务派遣单位。对于被退回的劳动者，劳务派遣单位需根据被退回的情形依法决定是否解除劳动合同。实践中很多用工单位认为，

劳务派遣的灵活性很大程度上体现在无须征得劳动者同意，即可以随时将劳动者退回劳务派遣单位，且无须承担劳动法律法规关于用人单位单方解除劳动合同应当承担的义务和责任。但上述观点在《劳动合同法》出台后，就变得很危险了，《暂行规定》更是花较大篇幅进一步补充和完善了劳务派遣的退回与劳动合同的解除和终止的相关规定，旨在规范实务当中的违法退回和解约乱象。

（一）劳务派遣的退回

《劳动合同法》明确了法定退回的基本概念，本次《暂行规定》又基于实践的需要，进一步补充了用工单位单方退回的情形，根据《劳动合同法》第65条第2款和《暂行规定》第12条的规定，以及实践操作的情况，目前用工单位合法退回被派遣劳动者的情形主要有以下三种：

1. 法定退回

根据《劳动合同法》第65条第2款的规定，在下列法定情形下，用工单位可以将被派遣劳动者退回劳务派遣单位，同时，劳务派遣单位可以依法与劳动者解除劳动合同：

（1）被派遣劳动者在试用期内被证明不符合录用条件的；

（2）被派遣劳动者严重违反用工单位的规章制度的；

（3）被派遣劳动者严重失职，营私舞弊，给用工单位的利益造成重大损害的；

（4）被派遣劳动者同时与其他用人单位建立劳动关系，对完成本单位的工作任务造成严重影响，或者经用工单位提出，拒不改正的；

（5）被派遣劳动者以欺诈、胁迫的手段或者乘人之危，使对方在违背真实意思的情况下订立或者变更劳动合同，致使劳动合同无效的；

（6）被派遣劳动者被依法追究刑事责任的；

（7）被派遣劳动者患病或者非因工负伤，在规定的医疗期满后不能从事原工作，也不能从事由用工单位另行安排的工作的；

（8）被派遣劳动者不能胜任工作，经过培训或者调整工作岗位，仍不能胜任工作的。

2. 单方退回

根据《暂行规定》第12条的规定，在下列情形下，用工单位可以将被派遣劳动者退回劳务派遣单位，但劳务派遣单位不得因此与被派遣劳动者解除劳动合同，被派遣劳动者退回后在无工作期间，劳务派遣单位应当按照不低于所在地的最低工资标准，向其按月支付报酬：

（1）劳动合同订立时所依据的客观情况发生重大变化，致使劳动合同无法履行，经用工单位与被派遣劳动者协商，未能就变更劳动合同内容达成协议的；

（2）用工单位依照《劳动合同法》第41条进行经济性裁员的；

（3）用工单位被依法宣告破产、吊销营业执照、责令关闭、撤销、决定提前解散或者经营期限届满不再继续经营的；

（4）劳务派遣协议期满终止的。

此前，关于用工单位能否适用《劳动合同法》第40条第3项（即客观条件发生重大变化，双方无法就变更劳动合同内容达成一致意见）和第41条（经济性裁员）将被派遣劳动者退回劳务派遣单位，由于法律未作出明确规定，实务中一直存在争议，此次《暂行规定》终于给予了明确，由于上述情形都是客观情况发生变化，导致用工关系难以继续，因此，用工单位可以将劳动者退回劳务派遣单位，但由于退回不是因劳动者个人的过错或不能正常履行工作职责等原因造成的，因此，劳务派遣单位不能以此为由与劳动者解除劳动合同。

3. 协商退回

除了上述法定退回与单方退回两种情形之外，实务中普遍认为，如果用工单位与劳务派遣单位以及被派遣劳动者三方就退回经协商达成一致，那么，该种退回也是合法有效的。对于用工单位而言，应注意签署好三方的退回协议，否则，一旦派遣员工反悔，派遣退回很可能会被认定为违法。

（二）劳务派遣的退回限制

1. 禁止退回

此次《暂行规定》的一个亮点，就是首次明确了用工单位禁止退回被派遣劳动者的情形，即《暂行规定》第13条规定，“被派遣劳动者有劳动合同法第四十二条规定情形的，在派遣期限届满前，用工单位不得依据本规定第十二条第一款第一项规定将被派遣劳动者退回劳务派遣单位；派遣期限届满的，应当延续至相应情形消失时方可退回。”也就是说，如果被派遣劳动者属于《劳动合同法》第42条规定的享受解雇保护的特殊群体的，用工单位不得以客观情况发生重大变化或经济性裁员为由将其退回，同时，派遣期限也应当依法顺延至相应的情形消失时为止。

但是，应当注意的是，上述禁止退仅针对的是单方退回的情形，也就是说，即便被派遣劳动者属于《劳动合同法》第42条规定的解雇保护的特殊群体，但只要其符合《劳动合同法》第39条和第40条第1项及第2项情形的，用工单位仍然有权依法退回。只不过，对于用工单位退回的这部分特殊群体员工，派遣单位作为法律上的用人单位，不得依据《劳动合同法》第40条的规定与派遣员工解除劳动合同。

2. 关于以“超‘三性’岗位”或“超比例”为由的退回

在之前的《暂行规定（征求意见稿）》中，规定用工单位可以将在非“三性”岗位上的被派遣劳动者或超比例用工的被派遣劳动者退回劳务派遣单位。但是，在

《暂行规定》正式出台时，上述规定还是被删除了。这是考虑到，超“三性”岗位和超比例劳务派遣用工都是用工单位的违法行为，一旦允许其单方退回，对劳务派遣单位和被派遣员工都不公平，同时，立法者也担忧由此引发大规模的派遣退回。因此，虽然新规对于用工单位在“三性”岗位上按比例使用被派遣劳动者给予了明确的规定，但却禁止其以此为由退回被派遣劳动者。在这样的情况下，对于用工单位而言，如何在合法的前提下进行整改，以保证在 2 年过渡期内使派遣用工符合新规，无疑将是一个巨大的挑战。

（三）劳动合同的解除和终止

1. 劳动合同的解除

（1）协商一致解除

根据《劳动合同法》第 65 条第 1 款的规定，被派遣劳动者可以依照《劳动合同法》第 36 条与劳务派遣单位协商一致解除劳动合同。

（2）被派遣劳动者单方解除

《劳动合同法》第 65 条仅规定了在劳务派遣单位违法的情况下，被派遣劳动者根据《劳动合同法》第 38 条的规定单方解约的权利，本次《暂行规定》比照《劳动合同法》的一般规定，进一步补充和完善了被派遣劳动者单方解约的权利，即“被派遣劳动者提前 30 日以书面形式通知劳务派遣单位，可以解除劳动合同。被派遣劳动者在试用期内提前 3 日通知劳务派遣单位，可以解除劳动合同”。在上述预告辞职的情形下，劳务派遣单位应当将被派遣劳动者通知解除劳动合同的情况及时告知用工单位。

（3）劳务派遣单位单方解除

《劳动合同法》第 65 条第 2 款规定了在用工单位上述法定退回的情形下，劳务派遣单位可以与被派遣劳动者单方解除劳动合同，本次《暂行规定》又进一步明确了劳务派遣单位在依法改派，但劳动者不同意的情况下，可以单方解除劳动合同的权利，即“被派遣劳动者因本规定第十二条规定被用工单位退回，劳务派遣单位重新派遣时维持或者提高劳动合同约定条件，被派遣劳动者不同意的，劳务派遣单位可以解除劳动合同”。

同时，《暂行规定》也明确了，劳务派遣单位重新派遣时降低劳动合同约定条件，被派遣劳动者不同意的，劳务派遣单位不得解除劳动合同。

2. 劳动合同的终止

应该说，劳务派遣情形下劳动合同的终止与正常劳动合同的终止，在法律适用上并无区别，本次《暂行规定》只是特别强调了在劳务派遣单位主体资格消灭的情况下，劳动合同应依法终止，即“劳务派遣单位被依法宣告破产、吊销营业执照、责令关闭、撤销、决定提前解散或者经营期限届满不再继续经营的，劳动合同终止。用工单位应当与劳务派遣单位协商妥善安置被派遣劳动者”。这里，《暂行规定》还要求用工单位应协商安置被派遣劳动者，但是具体应操作到什么程度，却没有规定，因此，从立法本意和实务情况来看，并不是强制要求用工单位一定要接收全部的被派遣劳动者。

3. 经济补偿金的支付

劳务派遣单位解除或终止劳动合同时，除了应依据《劳动合同法》第46条的规定，向被派遣劳动者支付经济补偿以外，《暂行规定》还补充了依据其第15条和第16条解约的经济补偿的支付，即在下述情形下，劳务派遣单位应向被派遣劳动者支付解除或终止劳动合同的经济补偿金：

（1）依据《暂行规定》第15条解除劳动合同的：

①重新派遣时维持或者提高劳动合同约定条件，劳动者不同意，派遣单位解除劳动合同的；

②重新派遣时降低劳动合同约定条件，劳动者不同意，并提出解除劳动合同的。

（2）依据《暂行规定》第16条终止劳动合同的：

因劳务派遣单位主体资格消灭导致劳动合同终止的，劳务派遣单位应向被派遣劳动者支付经济补偿金。

以案说法

82. “用工单位有权随时将被派遣劳动者退工”的约定有效吗？

张某2013年被某荷兰公司设在北京的代表处聘用，与劳务派遣单位A公司签订了劳动合同后，由A公司派遣至该荷兰公司的北京代表处。2020年3月8日，张某感到身体不适，向主管提交申请，请假休息两天。张某休息两天后，由于身体状况未好转，所以打电话续请了5天假。2020年3月18日，张某到代表处上班，却收到了代表处已将其退回A公司的通知，理由是张某连续旷工超过3天，已经严重违反公司规章制度。A公司当日以严重违纪为由向张某发出了解除劳动合同的通知。张某不服，于是向当地劳动争议仲裁委员会申请仲裁，请求确认代表处单方退工和A公司解除劳动合同的行为违法，A公司支付违法解除劳动合同的经济赔偿金，代表处承担连带赔偿责任。

【审理结果】

庭审中，代表处提出，员工请假超过3天，必须提交书面申请，并且由部门经理批准。本案中，张某请假达到7天，且未得到部门经理的批准，构成旷工。况且，代表处和A公司的劳务派遣协议明确约定，“用工单位有权随时将被派遣劳动者退工”，因此，代表处的退工行为合法，不应对该争议承担连带责任。

经审理，仲裁委员会裁决 A 公司按张某工作年限一次性向其支付违法解除劳动合同的赔偿金 169554 元整，代表处承担连带赔偿责任。

【律师点评】

本案是因劳务派遣的退回引发的争议，比较具有代表性。实践中，劳务派遣之所以吸引用工单位的一个很重要的原因就在于，很多用工单位认为使用劳务派遣，可以随时将员工退回派遣单位，而无须承担劳动合同解除的任何责任。因此，不少强势的用工单位会据此在劳务派遣协议中约定，“用工单位有权随时将被派遣劳动者退工，而无须承担任何责任”。但当发生争议时，上述条款是否有效，用工单位能否据此免责呢？持肯定意见的一方认为，用工单位和劳动者没有劳动关系，用工单位将劳动者退工是基于劳务派遣协议的约定，而劳务派遣协议仅是用人单位和用工单位之间的民事合同，根据民事合同的意思自治原则，合同双方可以自由约定劳动者被退回的条件，因此，用工单位有权随时退工的约定是有效的，劳动者无权提出异议。

但是，《劳动合同法》出台后，对用工单位退回派遣员工的情形作出了明确规定，进而否定了用工单位可以依双方约定随时退工的做法。为了保障劳动者的权益，《劳动合同法》第 65 条将用人单位单方解除劳动合同的情形，适用于用工单位可以退工的情形，因此，用工单位单方退工也必须依法进行，而不能私自与派遣单位随意约定退工情形和条件。本案中，作为用人单位的 A 公司解除张某的劳动合同缺乏事实依据，仲裁委员会认定属于违法解除，A 公司应当向张某支付赔偿金。同时，代表处与 A 公司关于可以随时退工的约定，违反法律的强制性规定，因此，属于无效约定，代表处应对赔偿金的支付承担连带责任。

【法条链接】

《中华人民共和国劳动合同法》

第六十五条 被派遣劳动者可以依照本法第三十六条、第三十八条的规定与劳务派遣单位解除劳动合同。

被派遣劳动者有本法第三十九条和第四十条第一项、第二项规定情形的，用工单位可以将劳动者退回劳务派遣单位，劳务派遣单位依照本法有关规定，可以与劳动者解除劳动合同。

《中华人民共和国劳动合同法实施条例》

第三十一条 劳务派遣单位或者被派遣劳动者依法解除、终止劳动合同的经济补偿，依照劳动合同法第四十六条、第四十七条的规定执行。

第三十二条 劳务派遣单位违法解除或者终止被派遣劳动者的劳动合同的，依照劳动合同法第四十八条的规定执行。

《劳务派遣暂行规定》

第十二条 有下列情形之一的，用工单位可以将被派遣劳动者退回劳务派遣单位：

（一）用工单位有劳动合同法第四十条第三项、第四十一条规定情形的；

（二）用工单位被依法宣告破产、吊销营业执照、责令关闭、撤销、决定提前解散或者经营期限届满不再继续经营的；

（三）劳务派遣协议期满终止的。

被派遣劳动者退回后在无工作期间，劳务派遣单位应当按照不低于所在地人民政府规定的最低工资标准，向其按月支付报酬。

第十三条　被派遣劳动者有劳动合同法第四十二条规定情形的，在派遣期限届满前，用工单位不得依据本规定第十二条第一款第一项规定将被派遣劳动者退回劳务派遣单位；派遣期限届满的，应当延续至相应情形消失时方可退回。

第十四条　被派遣劳动者提前30日以书面形式通知劳务派遣单位，可以解除劳动合同。被派遣劳动者在试用期内提前3日通知劳务派遣单位，可以解除劳动合同。劳务派遣单位应当将被派遣劳动者通知解除劳动合同的情况及时告知用工单位。

第十五条　被派遣劳动者因本规定第十二条规定被用工单位退回，劳务派遣单位重新派遣时维持或者提高劳动合同约定条件，被派遣劳动者不同意的，劳务派遣单位可以解除劳动合同。

被派遣劳动者因本规定第十二条规定被用工单位退回，劳务派遣单位重新派遣时降低劳动合同约定条件，被派遣劳动者不同意的，劳务派遣单位不得解除劳动合同。但被派遣劳动者提出解除劳动合同的除外。

第十六条　劳务派遣单位被依法宣告破产、吊销营业执照、责令关闭、撤销、决定提前解散或者经营期限届满不再继续经营的，劳动合同终止。用工单位应当与劳务派遣单位协商妥善安置被派遣劳动者。

第十七条　劳务派遣单位因劳动合同法第四十六条或者本规定第十五条、第十六条规定的情形，与被派遣劳动者解除或者终止劳动合同的，应当依法向被派遣劳动者支付经济补偿。

八、违法劳务派遣的法律后果

2012年修正的《劳动合同法》在之前《劳动合同法》第92条和《劳动合同法实施条例》第35条规定的基础上，加大了对劳务派遣单位违法经营派遣业务和用工单位违法使用劳务派遣的处罚力度。

1. 没收违法所得和罚款

劳务派遣单位违反《劳动合同法》规定，未经许可，擅自经营劳务派遣业务的，由劳动行政部门责令停止违法行为，没收违法所得，并处违法所得一倍以上五倍以下的罚款；没有违法所得的，可以处五万元以下的罚款。

2. 责令改正、罚款和吊销许可

劳务派遣单位、用工单位违反《劳动合同法》有关劳务派遣规定的，由劳动行政部门责令限期改正；逾期不改正的，以每人五千元以上一万元以下的标准处以罚款，对劳务派遣单位，吊销其劳务派遣业务经营许可证。

3. 承担连带赔偿责任

用工单位违反《劳动合同法》和《暂行规定》有关劳务派遣规定，给派遣劳动者造成损害的，劳务派遣单位与用工单位承担连带赔偿责任。

以案说法

83. 劳务派遣违法，谁该承担责任？

2017 年 2 月，某劳务派遣公司将 4 名劳动者派遣到某学校从事后勤工作，工资及保险费由学校交劳务派遣公司支付和缴纳，同时，学校向劳务派遣公司支付每人每月 50 元的管理费。劳务派遣公司与 4 名劳动者的劳动合同，及与学校之间的劳务派遣协议都是两年一签，且期限相同。2019 年 2 月，劳动合同和劳务派遣协议均到期。在此之前，学校曾表示无法明确是否续签及续签多久，但仍将继续用工一段时间，劳务派遣公司与劳动者均未提出异议。因此合同到期后，这 4 名劳动者仍在该校工作。直到 2019 年 6 月，学校后勤表示将退工，并告知劳动者和劳务派遣公司。劳务派遣公司同时向劳动者发出了解除劳动合同的通知。于是，4 名劳动者将劳务派遣公司与学校一起列为被申请人，向当地劳动争议仲裁委员会提起申诉，要求其支付经济补偿金，以及 2019 年 3 月至 6 月没有签订劳动合同的双倍工资赔偿。

【审理结果】

庭审中，学校表示愿意承担支付经济补偿金的责任，但没有签订劳动合同是由劳务派遣公司造成的，因此，双倍工资应当由派遣公司来承担。劳务派遣公司则认为自己只是按照学校的要求来管理，没有续签劳动合同也是由于学校的拖延所导致的，因此，应当由学校来承担全部责任。仲裁委员会最终审理认定，劳务派遣公司未及时续签劳动合同的行为违法，由劳务派遣公司和学校对经济补偿金和双倍工资赔偿承担连带责任。

【律师点评】

这是一起典型的因劳务派遣用工引起的劳动争议案件，其争议焦点在于，当被派遣劳动者的合法权益受到侵害时，劳务派遣单位和用工单位如何分配责任。首先，根据法律法规的规定，无论是派遣单位违法，还是用工单位违法，只要给被派遣劳动者造成损害的，都应当对其承担连带赔偿责任。这里的连带责任，是指无论是哪方违法导致劳动者受损害，劳务派遣公司或用工单位均应独立地对被派遣劳动者承担所有的赔偿责任。

本案中，由于学校的原因导致未与派遣公司续签劳务派遣协议，而派遣公司以没有续签劳务派遣协议为由，未与被派遣员工续签劳动合同。但是，无论过错在谁，也无论双方对于此种情形下的责任承担有何约定，均不能对抗被派遣劳动者。因此，仲裁委员会裁定由劳务派遣公司和学校对劳动者的申诉请求承担连带责任。裁决生效以后，被派遣员工可以向劳务派遣公司主张经济补偿金和双倍工资赔偿，也可以向学校主张。劳务派遣公司和学校任何一方向被派遣员工支付完毕后，可以根据双方劳务派遣协议的约定来确定究竟是哪一方的责任，并向有责任的一方追偿。如果没有约定或约定不明的，可以按照“谁用工、谁受益、谁负责”的原则予以确定。

【法条链接】

《中华人民共和国劳动合同法》

第九十二条　违反本法规定，未经许可，擅自经营劳务派遣业务的，由劳动行政部门责令停止违法行为，没收违法所得，并处违法所得一倍以上五倍以下的罚款；没有违法所得的，可以处五万元以下的罚款。

劳务派遣单位、用工单位违反本法有关劳务派遣规定的，由劳动行政部门责令限期改正；逾期不改正的，以每人五千元以上一万元以下的标准处以罚款，对劳务派遣单位，吊销其劳务派遣业务经营许可证。用工单位给被派遣劳动者造成损害的，劳务派遣单位与用工单位承担连带赔偿责任。

《劳务派遣暂行规定》

第二十条　劳务派遣单位、用工单位违反劳动合同法和劳动合同法实施条例有关劳务派遣规定的，按照劳动合同法第九十二条规定执行。

第二十一条　劳务派遣单位违反本规定解除或者终止被派遣劳动者劳动合同的，按照劳动合同法第四十八条、第八十七条规定执行。

九、劳务派遣新规应对

近年来，劳务派遣以其机制灵活、用工效率高、便于管理而获得不少企业的青睐，但是，实务中劳务派遣被扩大使用的趋势却和《劳动合同法》对劳务派遣为“补充用工形式”的定位背道而驰，尤其是一些企业以大规模使用劳务派遣替代劳动合同用工的做法严重损害了劳动者的合法权益和国家正常的劳动用工制度。正是在这样的背景下，专门针对劳务派遣修正的《劳动合同法》出台了，如前所述，修正后的《劳动合同法》旨在严格规范劳务派遣，这将会给目前的劳务派遣用工带来巨大的冲击和改变，未来摆在企业面前的有三条路：

（1）将劳务派遣用工转换成劳动合同用工；

（2）将劳务派遣用工向业务外包等其他用工方式转化；

（3）在相关岗位上继续使用劳务派遣。

这三种选择或者方案，不是割裂和孤立的，往往需要企业根据不同的情况和不同岗位的要求区别对待和同时使用。第 1 种方案较为简单，发生争议的几率也较小，就不再赘述了，这里我们主要讨论和阐述一下第 2、3 种方案的操作实务与风险防范。

（一）劳务派遣与业务外包

其实严格来说，业务外包不是一种用工形式，它是企业将某项业务外包给其他专业的公司或组织来完成的一种对外合作形式，比如，企业将其法律事务的处理全部外包给律师事务所，由律所的律师来为其提供全面的法律服务。由于业务外包便于企业整合利用其外部最优秀的专业化资源，从而达到降低成本、提高效率、充分发挥自身核心竞争力的作用，近年来也被不少企业所青睐，尤其是针对不断收紧的劳务派遣用工形势，一些企业纷纷把注意力转向了业务外包，但由于在理解和适用上存在偏差，甚至常常是简单地改换名头，"换汤不换药"，由此引发了大量的劳动争议。

以案说法

84. 劳务派遣还是业务外包？

甲公司为一家软件系统服务提供商，乙公司为一家电子系统公司，2013 年双方签订了一份《工程承包服务协议》，协议约定，由甲公司为乙公司就某项软件系统工程提供技术服务，甲公司从事该项技术服务的工程师必须在乙公司办公地提供现场服务，如甲方工程师不胜任工作，或出现严重失误的，乙方可以要求更换工程师。费用计算上，每月乙方根据甲方实际派驻的工程师人数、级别和工作时间，于月底根据当月工程师的工作量与工程进度及验收情况，向甲方支付相应的工程款。根据该协议，甲方将李某派驻到乙方办公地提供现场服务，甲方与李某的《劳动合同书》中明确约定，李某月工资为 5000 元，甲方可以将李某派驻项目现场，李某应遵守项目客户的规章制度。该项目实施了 3 年，这期间李某一直在乙方公司上班，乙方按月支付给甲方的工程款中，李某项下，根据其级别和完成的工作量，平均每月的费用结算为 9000 元。2016 年 8 月项目结束后，甲方将李某等其他工程师从乙方公司撤回，由于公司业务缩减，无相关工作岗位提供给李某，于是，甲方向李某提出解除劳动合同，李某拒绝，甲方遂安排李某待岗，仅支付待岗工资。2017 年 4 月，李某以甲方未足额支付劳动报酬为由提出解约，后又向劳动争议仲裁委员会提出仲裁申请，要求确认李某与乙公司之间为劳务派遣关系，请求仲裁委员会裁决甲公司按照 9000 元/月标准补发其工资，支付拖欠工资的 25% 的经济补偿金，支付未休年假工资及解除劳动合同的经济补偿金，并由乙公司承担连带赔偿责任。

【审理结果】

庭审中，甲方与乙方均认可双方之间属于工程承包关系，乙方每月支付的是项目工程款，而非李某的工资，李某的工资标准在其《劳动合同书》中有明确的约定，甲公司作为用人单位每月均足额支付，不存在任何拖欠和克扣。因此，乙方不属于本劳动争议案适格的被申请人，请求仲裁委员会依法驳回李某对乙方的申请。

仲裁委员会经审理最终认定，因李某未能提供证据证明其与甲方及乙方之间系劳务派遣关系，而根据甲方与乙方签订的《工程承包服务协议》及该协议具体履行的相关证据，李某为甲方向乙方提供的项目服务人员，故对李某关于其与甲方及乙方之间系劳务派遣关系的主张不予采信。

【律师点评】

本案看似复杂，但其实核心和焦点问题只有一个，就是甲方与乙方之间的关系如何认定，到底是劳务派遣，还是业务外包？如果被认定为劳务派遣关系，则乙方支付给甲方的款项就会被认定为是工资，甲方要承担补发工资的义务以及随之而来的经济补偿金等全部法律责任，同时，乙方也不能逃脱连带责任的承担。反之，如果被认定为业务外包关系，则首先乙方可以完全撇清与本案的关联，同时，乙方基于工程承包关系向甲方支付的工程款与甲方基于劳动合同给付李某的工资也将被相互独立和分离，因此，甲方也无须承担由于拖欠工资所引发的补发工资及支付经济补偿金等一系列的法律责任。正因如此，庭审过程中，原被告双方的举证和辩论都围绕此问题展开，仲裁员也十分慎重，花费了大量时间来询问双方 3 年来履约和工作的细节。实践中，劳务派遣与业务外包之间常常是一线之隔，尤其是在服务行业，任何业务模式都离不开人，往往是企业相关协议或文件中的一些条款或用词使用欠考虑，就会给 HR 在未来的争议和诉讼中带来很大的障碍和不利，因此，如何拿捏好它们之间的区别，并在相关协议和具体实务中做好相应的安排，这对于企业 HR 来说是个不小的挑战。针对劳务派遣与业务外包的区别，这里我们提醒 HR 在实务操作中侧重从以下几个方面进行考量：

	劳务派遣	业务外包
关注重点	人／过程 关注的是派遣员工； 考察的是工作过程。	事／结果 关注的是业务本身； 考察的是工作成果。
（1）费用结算	派遣员工的工资按人按月支付	费用根据项目的完成情况结算
（2）人员任职资格	硬性规定派遣员工的任职资格	一般对提供的服务人员任职资格无硬性规定，但保留替换权
（3）对人员工作的管理和监督	用工单位负责对派遣员工工作过程的管理与监督	业务外包商负责对所提供的服务人员工作过程的管理与监督
（4）规章制度的遵守	要求派遣员工遵守用工单位的规章制度	不要求提供的服务人员遵守被服务企业的规章制度
（5）考核目标	用工单位对派遣员工进行考核	被服务企业对工作成果进行验收考核

明确以上几个方面的区别，能有效地指导 HR 在应对相关工作时，懂得如何发现问题和解决问题，从何处着手安排相关的协议和文件，一方面，可以避免真正的

业务外包被打上劳务派遣的烙印，引发员工恶意诉讼；另一方面，避免采用简单的“换汤不换药”“假外包、真派遣”的错误做法，尤其是在目前的环境下，不加判断地胡乱跟风将会给企业带来很大的风险和不利后果。

（二）依法使用劳务派遣

《修改决定》的宗旨虽然在于限制劳务派遣的使用，但并不是禁止，所以企业仍可以在法律规定的范围内继续使用劳务派遣，同时，对于已经发生的劳务派遣业务及劳务派遣单位，《修改决定》也安排了相应的过渡期。此外，《暂行规定》对于企业将劳务派遣用工比例调整到10%以内也规定了相应的过渡期，合理地利用好法律赋予的这段过渡时间，做好对企业劳务派遣用工的筹划，最大程度降低新法给企业经营管理带来的震荡，是企业HR需要高度关注和重视的问题。

1. 准确理解并适用好过渡期制度

（1）《修改决定》对过渡期的规定

根据《修改决定》的规定，对《修改决定》公布及施行前后发生的劳务派遣业务，就新法的不同方面，过渡期的安排是有区别的，具体如下：

① 2012年12月28日前已签约的劳务派遣业务

《修改决定》公布前已签约的劳务派遣业务享有完全的过渡期，即已依法订立的劳动合同和劳务派遣协议可以继续履行至期限届满，可以不受《修改决定》中关于劳务派遣适用范围、用工比例、劳务派遣单位资质要求的限制。根据目前劳务派遣用工的劳动合同多为“两年一签”的情况来看，“《修改决定》公布前”即2012年12月28日前已签约的这些劳务派遣业务最迟也将在2014年12月28日前履行完毕。

② 2012年12月28日至2013年7月1日期间签约的劳务派遣业务

《修改决定》公布后至正式施行前签约的劳务派遣业务不享有过渡期，即自2013年7月1日起必须符合劳务派遣的适用范围、用工比例等的要求，但是，劳务派遣单位仍然享有行政许可的过渡期，即只要最迟在2014年7月1日之前获得行政许可，该期间签约的劳务派遣业务就可以继续正常履行。

③ 2013年7月1日以后新签约的劳务派遣业务

《修改决定》施行后签约的劳务派遣业务不享有任何过渡期，即必须符合劳务派遣的适用范围、用工比例等的要求，同时签约时劳务派遣单位必须已依法取得行政许可。

这里需要特别指出的是，无论在以上哪种情形下，《修改决定》关于劳务派遣用工与劳动合同用工“同工同酬”的规定，自2013年7月1日起都必须执行。也就是说，对于2012年12月28日前已签约的劳动合同和劳务派遣协议，如果相关内容不符合《修改决定》“同工同酬”规定的，也必须自2013年7月1日起予以调整和变更。

(2)《暂行规定》对过渡期的规定

在确保《劳动合同法》相关规定落地的同时，为了避免引发大规模地对派遣工的集中清退，《暂行规定》就10%的派遣用工比例问题专门规定了过渡期，即允许用工单位自2014年3月1日起在2年内将派遣用工逐步整改到10%的法定比例。在上述2年的过渡期当中，用工单位应当注意以下几个方面的问题：

① 用工单位应当制定调整用工方案，并报当地人力资源社会保障行政部门备案。

此项规定旨在督促用工单位在过渡期届满前，应当积极地制定整改方案以符合新规，而不能坐等过渡期的到来。对此，各地也出台了相应的地方性规定，比如北京出台了《北京市劳务派遣用工企业备案办法》，明确规定了用工单位如何报备调整方案，以及报备的截止日期。

② 用工单位劳务派遣用工比例未降至10%之前，不得新招派遣员工。

为了增加对用工单位的压力，《暂行规定》明确了在用工比例未达标之前，即便在过渡期内，用工单位也不能再新招派遣员工。

③ 依法继续履行的劳动合同，可继续履行至期限届满。

此项规定和前述《修改决定》的立法本意是一致的，即便《暂行规定》的2年过渡期到期，即2016年3月1日后，2012年12月28日前签署的劳动合同和劳务派遣协议仍然可以不受本规定的限制，继续履行至期限届满。

2. 及时做好薪酬制度的规划与调整

由于“同工同酬”的要求适用于任何期间发生的劳务派遣业务，因此，对于在这方面存在问题的企业，HR应根据实际情况尽快拟订并敦促决策层出台企业薪酬制度调整办法及方案，以确保公司的薪酬制度符合新法的相关要求。实践中，由于薪酬在企业中是最为敏感甚至涉密的话题，因此，不少企业的薪酬制度常常是遮遮掩掩，规定模糊，甚至文件条款欠缺，前后矛盾混乱，新法施行后，如果仍不重视对薪酬的依法规划与调整，企业将会在劳务派遣员工要求与劳动合同员工同工同酬的劳动争议中面临十分被动的局面和不利的后果。就这方面的工作，我们提示企业HR注意以下两点：首先，应在薪酬规划中，区分不同的薪酬项目，就其属性与发放条件及标准作出明确的规定，比如区分工资与福利，区分工资中的固定工资与可变工资，区分固定工资中的基本工资、岗位工资与工龄工资等项目；其次，在设计上述不同薪酬项目的发放条件及标准时，应避免在员工工资上出现对劳务派遣与劳动合同员工相区别的规定，尤其是关于奖金、提成的分配制度。

3. 选择适格的劳务派遣单位

《修改决定》对劳务派遣单位的注册资本和行政许可都提出了明确的要求。因此，新法施行后，企业在选择劳务派遣单位时，应认真审查其经营资质及注册资本信息，选择与有资质、实力强、布点多的劳务派遣公司合作。对于之前已经在合作，但2014年7月1日前仍未取得行政许可的劳务派遣公司，用工单位应尽快就相关劳动合同和劳务派遣协议的履行或解除与派遣公司进行协商，避免由于派遣公司资质的欠缺而导致形成违法派遣的局面。

【法条链接】

《全国人民代表大会常务委员会关于修改〈中华人民共和国劳动合同法〉的决定》

……

本决定自2013年7月1日起施行。

本决定公布前已依法订立的劳动合同和劳务派遣协议继续履行至期限届满，但是劳动合同和劳务派遣协议的内容不符合本决定关于按照同工同酬原则实行相同的劳动报酬分配办法的规定的，应当依照本决定进行调整；本决定施行前经营劳务派遣业务的单位，应当在本决定施行之日起一年内依法取得行政许可并办理公司变更登记，方可经营新的劳务派遣业务。具体办法由国务院劳动行政部门会同国务院有关部门规定。

……

《劳务派遣暂行规定》

第二十七条 用人单位以承揽、外包等名义，按劳务派遣用工形式使用劳动者的，按照本规定处理。

第二十八条 用工单位在本规定施行前使用被派遣劳动者数量超过其用工总量10%的，应当制定调整用工方案，于本规定施行之日起2年内降至规定比例。但是，《全国人民代表大会常务委员会关于修改〈中华人民共和国劳动合同法〉的决定》公布前已依法订立的劳动合同和劳务派遣协议期限届满日期在本规定施行之日起2年后的，可以依法继续履行至期限届满。

用工单位应当将制定的调整用工方案报当地人力资源社会保障行政部门备案。

用工单位未将本规定施行前使用的被派遣劳动者数量降至符合规定比例之前，不得新用被派遣劳动者。

第二十九条 本规定自2014年3月1日起施行。

第二节 非全日制用工

非全日制用工，作为一种灵活的用工形式，近年来，在我国得到了广泛和迅速的发展。特别是在餐饮、超市、社区服务等领域，越来越多的用人单位通过非全日制用工形式，降低了用工成本，实现了灵活用工，同时，广大劳动者也由此获得了更多的就业机会，有效缓解了劳动力市场供求失衡的矛盾。因此，《劳动合同法》以“特别规定”的形式对非全日制用工进行了专门规定，这是继2003年5月30日劳动和社会保障部出台《关于非全日制用工若干问题的意见》后，第一次正式以法律的形式明确了非全日制用工为合法的用工形式，因非全日制用工形成的劳动关系为合法的劳动关系。

一、非全日制用工的界定

根据《劳动合同法》第68条的规定，所谓非全日制用工，“是指以小时计酬为主，劳动者在同一用人单位一般平均每日工作时间不超过四小时，每周工作时间累计不超过二十四小时的用工形式。”由此可见，我国对非全日制用工的界定标准主要依据的是工作时间，即一般平均每日工作时间不超过4小时，每周工作时间累计不超过24小时。

需要注意的是，《劳动合同法》出台之前，根据《关于非全日制用工若干问题的意见》的规定，非全日制用工为劳动者在同一用人单位平均每日工作时间不超过5小时，每周累计工作时间不超过30小时。但是，《劳动合同法》在工作时间标准上，将非全日制用工的日平均工作时间和周累计工作时间分别缩短了1小时和6小时。因此，用人单位应及时根据新的规定调整自己的用工形式和工作时间安排，以避免沿用过去的失效规定而带来用工风险。

以案说法

85. 非全日制用工日工作时间可以超过4小时吗？

某公司录用了一名非全日制的员工，安排其每天工作8小时，每周工作3天，该公司的做法是否符合法律规定？

86. 企业能否安排非全日制员工加班？

高某为某公司的非全日制员工，每日工作4小时，每周工作6天。但是，最近两个月，由于工作需要，公司经常安排高某加班，导致每周累计工作时间均超过了24小时。那么，高某还是非全日制员工吗？

【律师点评】

案例85，公司的做法符合法律规定。对于非全日制用工某一天的工作时间，法律并没有明确的限制，只要符合“平均每日工作时间不超过四小时，每周工作时间累计不超过二十四小时”的标准即可。本案中，该员工每周工作时间为24小时，平均每日工作时间未超过4小时，因此，不违反法律规定。

案例86，无论全日制用工还是非全日制用工，偶尔加班都是不可避免的，因此，如果用人单位只是偶尔安排加班，导致一周累计工作时间超过24小时，那么员工仍属于非全日制用工的范畴。但本案中，用人单位要求非全日制用工的劳动者经常加班，那么，这种情况还是否属于非全日制用工就应另当别论了。实务中，虽然法律规定对于如何界定“偶尔”与“经常”缺乏明确的衡量依据和标准，但仲裁庭或法庭一般会行使自由裁量权，将经常被安排加班的非全日制用工认定为全日制用工。

【HR应对】

1. 企业在使用非全日制用工方式时，应严格控制员工的工作时间，避免随意安排加班，或者恶意利用加班延长工作时间，而造成全日制用工之实。这样，非但不能达到降低用工成本的目的，还将面临非全日制劳动合同无效，须补签全日制劳动合同的窘境。

2. 由于非全日制用工存在不利于商业秘密的保护，以及工作时间的限制造成工作的不连贯等弊端，企业不应单纯为了降低用工成本盲目扩大非全日制用工的适用范围，一般应仅在企业临时性、辅助性的岗位上适用非全日制用工。

【法条链接】

《中华人民共和国劳动合同法》

第六十八条 非全日制用工，是指以小时计酬为主，劳动者在同一用人单位一般平均每日工作时间不超过四小时，每周工作时间累计不超过二十四小时的用工形式。

二、非全日制用工的特殊规定

与全日制用工相比，法律法规对于非全日制用工的要求有很大的不同，在订立劳动合同的形式、劳动者的计酬方式、社会保险的缴纳和劳动合同的解除等方面，由于非全日制用工的特殊性，法律对于用人单位的要求都相对宽松，具体区别见下表：

	全日制用工	非全日制用工
工作时间	一般每日工作时间不超过8小时，且每周工作时间累计不超过40小时	平均每日工作时间不超过4小时，且每周工作时间累计不超过24小时
合同形式要求	必须订立书面劳动合同，否则劳动者可以主张双倍工资	比较灵活，订立劳动合同，可以采用书面形式，也可以口头订立
计酬方式及工资支付周期	按月支付工资，且不得低于当地最低工资标准	按时计酬为主，且不得低于当地最低小时工资标准；工资支付周期不得超过15日
能否约定试用期	可以约定试用期	不得约定试用期
社会保险缴纳	用人单位必须依法为劳动者办理养老、医疗、工伤、生育、失业等“五险”	单位只须为劳动者缴纳工伤保险即可，其他险种由劳动者自行缴纳
劳动合同的解除	用人单位必须依法解除，并按照法律规定向劳动者支付经济补偿金	任何一方可随时提出终止劳动合同，且用人单位无需向劳动者支付经济补偿金

续表

	全日制用工	非全日制用工
合同主体要求	劳动者一般只能与一个用人单位建立劳动关系	劳动者可以与一个以上用人单位建立劳动关系
是否适用劳务派遣	劳务派遣单位可以以全日制用工形式招用被派遣劳动者	劳务派遣单位不得以非全日制用工形式招用被派遣劳动者

解读：非全日制用工的劳动者是否享受婚假、产假、医疗期等待遇？

虽然《劳动合同法》明确了非全日制用工的劳动者也依法享有各项劳动权益，这其中当然包括婚假、产假、医疗期等福利待遇。但是，由于根据法律规定，用人单位有权随时终止非全日制用工的劳动合同，因此，劳动者实际上是无法享受到的，这也是非全日制用工的特殊性和灵活性所决定的。

非全日制用工的劳动者能否要求计算工龄？

由于非全日制用工的特殊性，因此，不存在工龄计算的问题，凡是涉及工龄连续计算的相关规定均不适用于非全日制用工。比如，非全日制用工的劳动者在用人单位连续工作满10年要求签订无固定期限劳动合同的，单位可以拒绝签订；再如，非全日制员工转为全日制的，工龄既不连续计算，也不能以小时折算，而应重新起算工龄。

以案说法

87. 非全日制员工能主张加班费吗？

刘某在一家快餐店兼职当服务员，时薪是6元，每次工作满4小时，可享受快餐店的1份员工餐。每逢双休日或遇到重大节日，快餐店会因为客人多忙不过来而要求她加班，但是却从来没有支付过加班费。刘某能向快餐店主张加班费吗？

88. 临时工发生工伤事故，能主张工伤保险待遇吗？

秦某下岗后，应聘到某公司做保洁工。公司人力资源部告诉他，保洁工是非全日制的临时工，每天工作6小时，一周工作5天，主要工作是保持工作环境整洁及主管安排的其他工作，不上保险，工资按月发放。秦某刚上班后不久，在擦楼梯时，一不小心踩空，从楼梯上摔了下来，造成骨折，花去医药费6000多元。秦某能向公司主张工伤保险待遇吗？

【律师点评】

案例87，对于非全日制用工是否存在支付加班工资的问题，实务中，有人持否定意见，认为非全日制用工的特殊性决定了其不存在加班的问题。但事实上，即便是对于非全日制用工，实际工作中出现延长劳动时间的情形也是不可避免和不能禁止的，因此，企业应根据劳动法律法规的一般原则支付加班工资。至于加班工资按什么比例支付，法律没有明确规定。笔者认为，由于法律对非全日制用工并没有每周至少休息一天的要求，因此，日常延长工作时间可以按不低于工资标准的150%支付加班工资，法定节假日加班的应按不低于工资标准的300%支付加班工资。

案例88，公司安排秦某每天工作6小时，一周工作5天，已经超出了非全日制用工的工作时间限制，因此，秦某属于全日制用工，公司应当依法为秦某缴纳各项社会保险。当秦某发生工伤事故后，公司应承担相应的工伤保险待遇的支付。即便秦某属于非全日制用工，公司也应当依法为秦某缴纳工伤保险，如果未缴纳的，发生工伤事故时，公司应依法承担秦某的医疗费用及其他工伤保险待遇的给付。

【HR应对】

1. 企业在使用非全日制用工方式时，应严格遵守法律的相关规定，尤其是法律的强制性规定，如工资支付周期不得超过15日，不得为非全日制员工约定试用期等。同时，劳务派遣单位不得以非全日制用工形式招用被派遣劳动者。

2. 在程序上，用人单位招用劳动者从事非全日制工作的，应当在录用后到当地劳动保障行政部门办理录用备案手续。

【法条链接】

《中华人民共和国劳动合同法》

第六十九条 非全日制用工双方当事人可以订立口头协议。

从事非全日制用工的劳动者可以与一个或者一个以上用人单位订立劳动合同；但是，后订立的劳动合同不得影响先订立的劳动合同的履行。

第七十条 非全日制用工双方当事人不得约定试用期。

第七十一条 非全日制用工双方当事人任何一方都可以随时通知对方终止用工。终止用工，用人单位不向劳动者支付经济补偿。

第七十二条 非全日制用工小时计酬标准不得低于用人单位所在地人民政府规定的最低小时工资标准。

非全日制用工劳动报酬结算支付周期最长不得超过十五日。

《中华人民共和国劳动合同法实施条例》

第三十条 劳务派遣单位不得以非全日制用工形式招用被派遣劳动者。

《关于非全日制用工若干问题的意见》

一、关于非全日制用工的劳动关系

……5. 用人单位招用劳动者从事非全日制工作，应当在录用后到当地劳动保障行政部门办理录用备案手续。

第三节　新就业形态下的不完全劳动关系

随着互联网经济的发展，依托互联网平台就业的快递员、配送员、网约车驾驶员等新就业形态劳动者数量大幅增加。平台经济创造了大量就业机会，也涌现了不少争议和纠纷。因此，如何维护新就业形态劳动者的劳动保障权益成为新的问题。2021 年 7 月 16 日人社部等 8 部门联合发布了《关于维护新就业形态劳动者劳动保障权益的指导意见》（以下简称“指导意见”）以支持和规范新就业形态，促进平台经济规范健康持续发展。

一、不完全劳动关系的界定

在现有法律体系下，企业与劳动者之间的关系主要分为劳动关系和劳务关系两种，该两种关系或根据《劳动合同法》的规定纳入劳动法律关系范畴，或根据《民法典》的相关规定纳入民事法律关系范畴。随着移动互联网技术的发展，平台用工规模不断扩大，与传统劳动关系相比，平台的组织运营以及用工方式呈现新的特点。为了在现有劳动法律体系下，对确认劳动关系有难度的平台劳动者提供制度接口和逻辑依据，将原本无法被劳动法律体系所覆盖的劳动者纳入劳动法律保障范围，并赋予其相应的劳动权益保障，《指导意见》增加了“不完全劳动关系”这一新的劳动关系形态，这是为电商主播、网约车司机、外卖骑手等新业态灵活就业人员专门提出的权益保障制度。此制度既补充了新业态下劳动保障领域的制度空白，也为灵活就业人员提供了更切实的保障。与此同时，理论和实践中对于不完全劳动关系的理解尚存在诸多争议。

《指导意见》明确指出企业应当积极履行用工责任，根据实际用工情况，区分劳动者性质与其建立相应的法律关系。具体分为以下三类：

（1）对于符合确立劳动关系情形的，企业应当依法与劳动者订立劳动合同；

（2）对于不完全符合确立劳动关系情形的，企业应当与劳动者订立相关书面协议以合理确定双方的权利义务；

（3）对于个人依托平台自主开展经营活动的，按照民事法律调整双方的权利义务。

其中提到的第二类法律关系即不完全劳动关系。

2021 年 9 月 5 日，北京市就业工作领导小组发布《关于促进新就业形态健康发展的若干措施的通知》，进一步界定了新就业形态劳动者的范围，主要包括：

1. 依托互联网平台（以下简称“平台”），与平台企业不完全符合确立劳动关系情形，根据平台规则完成工作和接受劳动管理，获取劳动报酬的劳动者（以下简称“平台网约劳动者”）；

2. 依托平台，依法从事个体经营或个人自主利用自己的体力、专业技能等依法从事劳务、咨询、设计等活动，并取得劳动报酬的劳动者（以下简称“平台个人灵活就业人员”）；

3. 与平台企业或加盟、代理、外包平台业务的合作企业、劳务派遣企业（以下统称“企业”）建立劳动关系或形成事实劳动关系，完成平台企业、平台、平台内经营者等所赋予工作任务的劳动者（以下简称“平台单位就业员工”）。

根据现有法律规定，认定劳动关系的最重要标准是从属性，包括人格从属性、经济从属性和组织/业务从属性。而互联网平台对于劳动者没有传统意义上的人身自由管束，劳动者的工作时间、地点较为灵活，且互联网平台和劳动者之间费用往来形式多样，导致大量新就业形态劳动者难以与企业直接确认劳动关系，难以简单纳入我国现行劳动法律调整，而双方之间也不是完全平等的民事关系。为此，引入不完全劳动关系一定程度上有利于完善对相关劳动者的权益保护。

二、不完全劳动关系中劳动者的权益保障

为保障不完全劳动关系下劳动者的权益，《指导意见》指出要进一步健全最低工资和支付保障制度、完善休息休假制度、完善基本养老保险、医疗保险相关政策、强化职业伤害保障、督促企业制定修订制度规则和平台算法。此外，北京、上海等地对不完全劳动关系劳动者的权益保障进行了细化。如北京市《关于促进新就业形态健康发展的若干措施》规定，“平台网约劳动者”享有平等就业和选择职业、取得劳动报酬、享受社会保险、获得劳动安全卫生保护和休息休假等基本劳动权利。尽管如此，对不完全劳动关系中劳动者的权益保障仍有以下方面有待补充和完善：

1. 由于我国现行工伤保险制度是建立在劳动关系的基础之上，因此不完全劳动关系劳动者无法直接纳入现行的工伤保险制度。尽管部分平台会为劳动者购买意外伤害险等商业保险来加强职业伤害保障，但这一保障水平较低且无法涵盖所有不完全劳动关系劳动者。目前人社部正在探讨以出行、外卖、即时配送、同城货运等行业的平台企业为重点，组织开展平台灵活就业人员职业伤害保障试点，鼓励平台企业通过购买人身意外、雇主责任等商业保险，提升平台灵活就业人员保障水平，以尽早解决职业伤害保障不平衡、不充分的问题。

2. 目前，《指导意见》仅规定指导企业与劳动者订立书面协议，并未强制签订书面协议。目前部分省市已出台政策文件要求不完全劳动关系签订书面协议，如2022年1月4日上海人社局发布的《〈关于维护新就业形态劳动者劳动保障权益的实施意见〉的政策问答》明确规定，对不完全符合确立劳动关系情形但企业对劳动者进行劳动管理，劳动者的劳动过程要遵守平台企业确定的算法等相关规则的，企

业应当与劳动者订立书面协议。

【法条链接】

《人力资源社会保障部　国家发展改革委　交通运输部　应急部　市场监管总局　国家医保局　最高人民法院　全国总工会关于维护新就业形态劳动者劳动保障权益的指导意见》

一、规范用工，明确劳动者权益保障责任

（二）符合确立劳动关系情形的，企业应当依法与劳动者订立劳动合同。不完全符合确立劳动关系情形但企业对劳动者进行劳动管理（以下简称不完全符合确立劳动关系情形）的，指导企业与劳动者订立书面协议，合理确定企业与劳动者的权利义务。个人依托平台自主开展经营活动、从事自由职业等，按照民事法律调整双方的权利义务。

二、健全制度，补齐劳动者权益保障短板

（五）健全最低工资和支付保障制度，推动将不完全符合确立劳动关系情形的新就业形态劳动者纳入制度保障范围。督促企业向提供正常劳动的劳动者支付不低于当地最低工资标准的劳动报酬，按时足额支付，不得克扣或者无故拖欠。引导企业建立劳动报酬合理增长机制，逐步提高劳动报酬水平。

（六）完善休息制度，推动行业明确劳动定员定额标准，科学确定劳动者工作量和劳动强度。督促企业按规定合理确定休息办法，在法定节假日支付高于正常工作时间劳动报酬的合理报酬。

（八）完善基本养老保险、医疗保险相关政策，各地要放开灵活就业人员在就业地参加基本养老、基本医疗保险的户籍限制，个别超大型城市难以一步实现的，要结合本地实际，积极创造条件逐步放开。组织未参加职工基本养老、职工基本医疗保险的灵活就业人员，按规定参加城乡居民基本养老、城乡居民基本医疗保险，做到应保尽保。督促企业依法参加社会保险。企业要引导和支持不完全符合确立劳动关系情形的新就业形态劳动者根据自身情况参加相应的社会保险。

（九）强化职业伤害保障，以出行、外卖、即时配送、同城货运等行业的平台企业为重点，组织开展平台灵活就业人员职业伤害保障试点，平台企业应当按规定参加。采取政府主导、信息化引领和社会力量承办相结合的方式，建立健全职业伤害保障管理服务规范和运行机制。鼓励平台企业通过购买人身意外、雇主责任等商业保险，提升平台灵活就业人员保障水平。

（十）督促企业制定修订平台进入退出、订单分配、计件单价、抽成比例、报酬构成及支付、工作时间、奖惩等直接涉及劳动者权益的制度规则和平台算法，充分听取工会或劳动者代表的意见建议，将结果公示并告知劳动者。工会或劳动者代表提出协商要求的，企业应当积极响应，并提供必要的信息和资料。指导企业建立健全劳动者申诉机制，保障劳动者的申诉得到及时回应和客观公正处理。

《北京市就业工作领导小组关于印发〈关于促进新就业形态健康发展的若干措施〉的通知》

一、界定新就业形态劳动者的范围

（一）本文所称新就业形态劳动者，主要包括：

1. 依托互联网平台（以下简称“平台”），与平台企业不完全符合确立劳动关系情形，根据平台规则完成工作和接受劳动管理，获取劳动报酬的劳动者（以下简称“平台网约劳动者”）。

2. 依托平台，依法从事个体经营或个人自主利用自己的体力、专业技能等依法从事劳务、咨询、设计等活动，并取得劳动报酬的劳动者（以下简称“平台个人灵活就业人员”）。

3. 与平台企业或加盟、代理、外包平台业务的合作企业、劳务派遣企业（以下统称“企业”）建立劳动关系或形成事实劳动关系，完成平台企业、平台、平台内经营者等所赋予工作任务的劳动者（以下简称“平台单位就业员工”）。

二、维护新就业形态劳动者的劳动权益

（二）合理确定平台企业与“平台网约劳动者”的权利义务。“平台网约劳动者”享有平等就业和选择职业、取得劳动报酬、享受社会保险、获得劳动安全卫生保护和休息休假等基本劳动权利。引导平台企业依法依规制定修订直接涉及劳动保障权益的制度规则和平台算法，通过“算法取中”等方式，合理确定考核和奖惩要素，避免超强度劳动和因此造成的安全伤害问题。推动平台企业建立健全与工作任务、劳动强度相匹配的收入分配和调整机制，按时足额向提供正常劳动的“平台网约劳动者”支付不低于本市最低工资标准的劳动报酬，不得克扣或者无故拖欠。指导平台企业健全落实劳动安全卫生保护责任制，严格遵守安全卫生保护标准，建立安全生产规章制度和操作规程，减少安全生产事故和职业病危害。支持平台企业建立完善“平台网约劳动者”的申诉机制，客观公正处理纠纷问题。

三、健全新就业形态社会保障制度

（六）引导新就业形态劳动者参与“全民参保计划”。企业应依法为“平台单位就业员工”参加社会保险，引导和支持“平台网约劳动者”和“平台个人灵活就业人员”根据自身实际参加相应的社会保险。逐步完善灵活就业社会保险制度，稳定长期在京实际就业的“平台网约劳动者”和“平台个人灵活就业人员”可按规定参加本市职工基本养老、基本医疗和失业保险，也可选择在户籍地参加社会保险。加强社会保险公共服务平台建设，提供更加便捷优质的参保缴费、权益查询、待遇领取和结算、社会保险关系转移接续等服务。

（七）增强工伤和职业伤害保障。企业应为“平台单位就业员工”参加工伤保险，对在两个及以上企业同时就业的，涉及企业应当分别为其缴纳工伤保险费，发生工伤的企业依法承担工伤保险责任。按照国家部署，以出行、外卖、即时配送、同城货运等行业的平台企业为重点，建立职业伤害保障制度，保障遭受职业伤害的“平台网约劳动者”获得医疗救治和经济补偿。鼓励平台企业为新就业形态劳动者购买人身意外、雇主责任等商业保险，引导商业保险公司开发适合的产品，提升保障水平。

《上海市人力资源和社会保障局〈关于维护新就业形态劳动者劳动保障权益的实施意见〉的政策问答》

二、新就业形态劳动者可以与企业建立劳动关系么？

答：新就业形态劳动者和企业双方符合《关于确立劳动关系有关事项的通知》（劳社部发〔2005〕12号）规定的相关情形的，双方建立劳动关系。对不完全符合确立劳动关系情形但企业对劳动者进行劳动管理，劳动者的劳动过程要遵守平台企业确定的算法等相关规则的，企业应当与劳动者订立书面协议，承担维护劳动者权益的相应责任。个人依托平台自主开展经营活动、从事自由职业的，按照民事法律调整双方的权利义务。

第十六章 “三期”女职工劳动关系管理

“三期”女职工，是指处在孕期、产期和哺乳期的妇女。“三期”期间的经过，实践中分为两种情形：（1）女职工妊娠开始——生产——哺乳期满（婴儿满1周岁）；（2）女职工妊娠开始——流产——流产假结束。由于“三期”期间女职工特殊的生理特征，国家法律规定对处于“三期”的女职工实行特殊的劳动保护和待遇。尤其是2012年4月28日，国务院更是出台了新的《女职工劳动保护特别规定》，全面明确和提升了对“三期”女职工的劳动保护和福利待遇。当然，对本章实务影响最大的还要属2016年1月1日国家正式颁布和实施的《中华人民共和国人口与计划生育法》修正案（第一次修正）及2021年8月20日通过实施的《关于修改〈中华人民共和国人口与计划生育法〉的决定》（第二次修正），引发全民热议，各地紧接着出台了各项落地政策，企业“三期”女职工的劳动保护与用工管理由此将面临极大的影响和改变，尤其要求企业HR在聘用和管理“三期”女职工的过程中，必须正确解读和严格执行国家和地方最新的法律法规，依法为女职工提供各项劳动保护和福利待遇，避免因错误做法而引发劳动争议。

第一节 “三期”的休假与休息

一、产前休息时间和产前假

1. 产前休息时间，根据国务院颁布的《女职工劳动保护特别规定》，怀孕7个月以上的女职工，用人单位不得延长劳动时间或者安排夜班劳动，并应在劳动时间内应当安排一定的休息时间。一些地区对上述休息时间作出了明确的规定，如《上海市女职工劳动保护办法》规定，女职工妊娠7个月以上（按28周计算），应给予每天工间休息1小时，不得安排夜班劳动。《广东省实施〈女职工劳动保护特别规定〉办法》规定，女职工怀孕7个月以上（含7个月）的，每天安排1小时工间休息，工间休息时间视同其正常劳动并支付正常工作时间的工资，并不得安排其延长工作时间或者从事夜班劳动。

2. 产前假，是正常产假以外的假期，它不包括正常产假中可以产前休息的 15 天假期。国家对于产前假的相关内容并没有明确统一的规定，但一些地方性的法规对此作出了比较具体的规定，比如，《上海市女职工劳动保护特别规定》规定，女职工妊娠 7 个月以上的，经本人申请，单位批准，可请产前假两个半月。《江苏省女职工劳动保护特别规定》规定，怀孕 7 个月以上（含 7 个月）的女职工，上班确有困难者，应当根据医疗机构的证明安排其休息。但是，比如北京、广东等地则没有这方面的规定，这些地区的孕期女职工就无法申请产前假。因此，产前假在各地的适用是不一样的，应根据当地的规定执行。

解读：孕期任何时候都能申请产前假吗？

各地有关产前假的规定都明确，只有怀孕 7 个月以上的，经本人申请，单位批准，方能请产前假。因此，如果女职工在孕期的前 7 个月内申请产前假的，单位可不予批准。

二、产前检查假

根据《女职工劳动保护特别规定》，怀孕的女职工，在劳动时间内进行产前检查的，应当算作劳动时间，按正常出勤对待，不能按病假、事假或旷工处理。

解读：产前检查假怎么休？

关于产前检查假一共休几次，一次休多长时间，法律没有明确的规定。一般来说，产前检查，3～4 个月内：1 次，4～7 个月：1 次/月，7～9 个月：1 次/两周，9～10 个月：1 次/周，共 11 次，每次半天，如果有特殊情况需要增加产前检查次数的，应当出具医院的证明报告。

三、保胎假

根据《国家劳动总局保险福利司关于女职工保胎休息和病假超过六个月后生育时的待遇问题给上海市劳动局的复函》的规定，“女职工按计划生育怀孕，经过医师开具证明，需要保胎休息的，其保胎休息的时间，按照本单位实行的疾病待遇的规定办理。”该《复函》虽然当时针对的是国有企业，但是实践中，各地和各性质的企业基本都参照上述规定，对于符合相应条件的孕期女职工，即按计划生育规定怀孕和有医生诊断证明的女职工，允许请保胎假。虽然名为保胎假，但实际是按相关病假待遇来处理和执行的，而且没有期限的限制。

四、流产假

根据《女职工劳动保护特别规定》第 7 条，“女职工怀孕未满 4 个月流产的，享受 15 天产假；怀孕满 4 个月流产的，享受 42 天产假。”有些地区在此标准基础上做了更有利于劳动者的规定，实践中应根据当地的具体规定执行。如上海规定，妊娠 3 个月内自然流产或子宫外孕者，给予产假 30 天；妊娠 3 个月以上，7 个月以下自然流产者，给予产假 45 天。江苏规定，怀孕 2 个月以内流产的女职工，给予不少于 20 天的产假；3 个月以下，给予 30 天的产假；3 个月以上 7 个月以下的，产假 42 天；7 个月以上的，产假 98 天。

五、产假

1. 基本产假：根据《女职工劳动保护特别规定》，女职工生育享受不少于 98 天的产假，其中产前休息 15 天，产后休息 83 天。难产的，增加产假 15 天。

2. 多胞胎生育的，每多生育 1 个婴儿，增加产假 15 天。

3. 延长产假：符合法律、法规规定生育的，享受延长生育假。

2016 年 1 月 1 日起正式实施的《中华人民共和国人口与计划生育法》修正案（第一次修正），删除了晚婚晚育的规定，也取消了晚育奖励假的待遇，但同时规定合法生育的可享受延长生育假。关于延长生育假的天数国家并未作出统一的规定，实践中根据各地的具体规定执行。也就是说，自 2016 年 1 月 1 日起，不再有晚育奖励假这一概念，合法生育子女的员工，无论是一孩还是二孩，均可按照各省市地方的具体规定，享受延长生育假的待遇。2021 年 8 月 20 日《中华人民共和国人口与计划生育法》第二次修正后，各地也相应修订了《人口与计划生育条例》，进一步延长生育假。关于延长生育假，北京、上海、江苏、天津、湖北等地均由 30 天延长至 60 天，四川、安徽、山西等地规定仍为 60 天，广东则规定仍为 80 天，江西则由 60 天延长至 90 天，河南及海南则规定仍为 3 个月。浙江及广西则进行了进一步区分，如浙江规定一孩延长产假为 60 天，二孩、三孩延长产假为 90 天，广西规定一孩增加产假为 60 天，二孩增加产假为 70 天，三孩增加产假为 80 天。

4. 增加产假：在上述产假基础上，个别地区还规定了再增加产假。该类产假国家并无统一规定，如各地有相应规定的，按其规定执行即可。例如，《北京市人口与计划生育条例》规定，女职工经所在机关、企业事业单位、社会团体和其他组织同意，可以再增加假期一至三个月。需要注意的是，该类假期并非强制性的产假，而是需经单位同意的弹性调节假期，法律对此也给予用人单位和女职工灵活安排的空间，因此女职工请休增加产假的，用人单位可以根据单位的工作安排需要，结合女职工的个体情况决定是否同意，并非必须准假。

以下为部分省市产假天数新旧对比一览表：

	旧法	新法	法律依据(各省市)
北京	98 + 30(晚育)=128 天 独生子女且经单位批准的,可再增加产假3个月	98+60(延长产假)=158天 经单位同意的,可再增加假期1至3个月	修订后的《北京市人口与计划生育条例》第十九条　按规定生育子女的夫妻,女方除享受国家规定的产假外,享受延长生育假六十日,男方享受陪产假十五日。……女方经所在机关、企业事业单位、社会团体和其他组织同意,可以再增加假期一至三个月。
上海	98 + 30(晚育)=128 天	98+60(延长产假)=158天	修订后的《上海市人口与计划生育条例》第三十一条　……符合法律法规规定生育的夫妻,女方除享受国家规定的产假外,还可以再享受生育假六十天,……
广东(不含深圳)	98 + 15(晚育)+35(独生子女)=148天	98+80(延长产假)=178天	修订后的《广东省人口与计划生育条例》第三十条　符合法律、法规规定生育子女的夫妻,女方享受八十日的奖励假,……
深圳	98 + 15(晚育)+35(独生子女)+15(特区增加)=163天	98+80(延长产假)=178天	修订后的《广东省人口与计划生育条例》第三十条　符合法律、法规规定生育子女的夫妻,女方享受八十日的奖励假,……
天津	98 + 30(晚育)=128 天	98+60(延长产假)=158天	修订后的《天津市人口与计划生育条例》第十八条　……符合法律、法规规定生育子女的夫妻,女方在享受国家规定的生育假(产假)的基础上增加生育假(产假)六十日,……
浙江	98 天	一孩,98+60(延长产假)=158天 二孩、三孩,98+90(延长产假)=188天	修订后的《浙江省人口与计划生育条例》第二十二条　符合法律、法规规定生育子女的夫妻,可以获得下列福利待遇:(一)女方在享受国家规定产假的基础上,一孩延长产假六十天,二孩、三孩延长产假九十天,自生育之日起按照自然日计算;……
湖北	98 + 30(晚育)=128 天	98+60(延长产假)=158天	修订后的《湖北省人口与计划生育条例》第三十一条　符合法律法规规定生育的妇女,除享受国家规定的产假外,增加产假60天,……
安徽	98 + 30(晚育)+30(独生子女)=158天	98+60(延长产假)=158天	修订后的《安徽省人口与计划生育条例》第三十二条　对符合本条例规定生育子女的夫妻,国家机关、社会团体、企业事业单位应当给予以下奖励:(一)女方在享受国家规定产假基础上,延长产假六十天;……
山西	符合晚育规定的,4个月	98+60(延长产假)=158天	修订后的《山西省人口和计划生育条例》第二十五条　……符合本条例规定生育子女的,女方在享受国家和本省规定产假的基础上,奖励延长产假60日,男方享受护理假15日。……

续表

	旧法	新法	法律依据(各省市)
江西	98 + 30(晚育)=128天	98+90(延长产假)=188天	修订后的《江西省人口与计划生育条例》第三十一条 符合法律、行政法规和本条例规定结婚、生育的夫妻,除享受国家规定的假期外,增加婚假十五日;增加产假九十日,……
宁夏	98 + 14(晚育)+40(独生子女)=152天	98+60(延长产假)=158天	修订后的《宁夏回族自治区人口与计划生育条例》第三十七条 对符合法律、法规规定生育的产妇,除享受国家规定的产假外,增加产假60天,……
广西	98 + 14(晚育)+20(独生子女)=132天	一孩,98+60(延长产假)=158天 二孩,98+70(延长产假)=168天 三孩,98+80(延长产假)=178天	修订后的《广西壮族自治区人口和计划生育条例》第二十七条 符合法律、法规规定生育子女的夫妻,女方除享受国家规定的生育假期以外,一孩增加产假六十天,二孩增加产假七十天,三孩增加产假八十天,……
四川	98 + 30(晚育)=128天	98+60(延长产假)=158天	修订后的《四川省人口与计划生育条例》第二十四条 符合本条例规定生育子女的夫妻,除法律、法规规定外,延长女方生育假60天,给予男方护理假20天。……
山东	98 + 60(晚育)=158天	98+60(延长产假)=158天	修订后的《山东省人口与计划生育条例》第二十五条 符合法律和本条例规定生育子女的夫妻,除国家规定的产假外,增加产假六十日,并给予男方护理假七日。……
福建	135—180天(98+独生子女+晚育)	158—180天(含98天)	修订后的《福建省人口与计划生育条例》第二十四条 ……符合本条例生育子女的夫妻,女方产假延长为一百五十八日至一百八十日,男方照顾假为十五日。……
湖南	98 + 30(晚育)+30(产假期间领取光荣证)=158天	98+60(延长产假)=158天	修订后的《湖南省人口与计划生育条例》第十六条 符合法定生育条件的夫妻,女方除享受国家规定的产假外增加产假六十天,男方享受护理假二十天。
辽宁	98 + 60(晚育)=158天	98+60(延长产假)=158天	修订后的《辽宁省人口与计划生育条例》第十九条 ……符合本条例规定生育子女的,女方除享受国家规定的产假外,增加产假六十日,……

续表

	旧法	新法	法律依据(各省市)
江苏	98 + 30(晚育)=128 天	98+60(延长产假)=158 天	修订后的《江苏省人口与计划生育条例》第二十四条 ……符合本条例规定生育子女的夫妻,女方在享受国家规定产假的基础上,延长产假不少于三十天,男方享受护理假不少于十五天。…… 《江苏省关于优化生育政策促进人口长期均衡发展实施方案》13. 完善生育休假制度。严格落实产假、护理假、哺乳假等制度,保障生育妇女休假合法权益。符合政策规定生育子女的夫妻,女方在享受国家规定产假的基础上,延长产假60 天,达到 158 天,男方享受护理假 15 天。
重庆	98 + 20 个工作日(晚育)晚育并只生育一个子女的女职工,经本人申请,单位批准,产假期满后可连续休假至子女一周岁止	98+80(延长产假)=178 天	修订后的《重庆市人口与计划生育条例》第二十三条 ……符合法律法规规定生育的女职工,在国家规定产假的基础上增加产假八十天。……
河北	98 + 45(晚育)+30(产假期间领取光荣证)=173 天	一孩、二孩,98+60(延长产假)=158 天 三孩,98+90(延长产假)=188 天	修订后的《河北省人口与计划生育条例》第二十五条 ……符合法律法规规定生育子女的夫妻,除享受国家规定的产假外,生育第一、二个子女的延长产假六十天,生育第三个以上子女的延长产假九十天,……
河南	98 + 三个月(晚育)	98 + 三个月(延长产假)	修订后的《河南省人口与计划生育条例》第二十五条 ……符合法律、法规规定生育子女的,除国家规定的产假外,增加产假三个月,……
云南	98 + 30(晚育)+15(产假期间领取光荣证)=143 天	98+60(延长产假)=158 天	修订后的《云南省人口与计划生育条例》第十八条 ……符合法律、法规规定生育子女的,除按照国务院《女职工劳动保护特别规定》休假外,女方延长生育假 60 天,……
黑龙江	晚育 180 天(含 98 天)	180 天(含98 天)	修订后的《黑龙江省人口与计划生育条例》第三十四条 ……女职工享受产假一百八十日,……
甘肃	晚育 105 天(含 98 天)+50(产假期满前领取光荣证)=155 天	180 天(含98 天)	修订后的《甘肃省人口与计划生育条例》第十八条 ……符合本条例规定生育子女的,女方享受产假 180 日。……

续表

	旧法	新法	法律依据(各省市)
内蒙古	98 + 30(晚育)+ 30(领取光荣证)= 158天	一孩、二孩,98 + 60(延长产假)=158天 三孩,98 + 90(延长产假)=188天	修订后的《内蒙古自治区人口与计划生育条例》第三十条 ……符合本条例规定生育子女的夫妻,女方除享受国家规定的产假外,生育第一、二个子女的增加产假六十日,生育第三个子女的增加产假九十日,……
陕西	98 + 15(晚育)+ 30(产假期间领取光荣证)= 143天	一孩、二孩,98 + 60(延长产假)+ 10(孕前检查)=168天 三孩,98 + 60(延长假)+ 10(孕前检查)+ 15 =183天	修订后的《陕西省人口与计划生育条例》第四十五条 ……职工符合政策生育子女的,在国家规定产假的基础上增加产假六十天,同时给予男方护理假十五天,夫妻异地居住的给予男方护理假二十天。女职工参加孕前检查的,在国家规定产假的基础上增加产假十天。 女职工生育三孩的,在前款规定的产假基础上增加产假十五天,男方增加护理假十天。
吉林	98 + 30(晚育)= 128天 晚育且持光荣证女职工,经本人申请,单位同意,可延长产假至一年	180天(含98天) 经本人申请,单位同意,可延长产假至一年	修订后的《吉林省人口与计划生育条例》第四十二条 ……符合法律、法规规定,结婚、生育子女的夫妻,按照下列规定给予奖励或者福利待遇:(二)按政策生育子女的夫妻,可以获得延长生育假、护理假奖励,具体办法由省人民政府制定;……女职工经本人申请,单位同意,可延长产假至一年,…… 《吉林省关于优化生育政策促进人口长期发展事实方案》7.修订完善产假等制度。在国家98天产假基础上,按政策生育女职工产假增至180天……
贵州	98 + 30(晚育)+ 90(光荣证)=218天	98 + 60(延长产假)= 158天	修订后的《贵州省人口与计划生育条例》第三十三条 ……符合政策生育的,除享受国家规定的产假外,女方增加产假60天,……
青海	98 + 30(晚育)= 128天 持光荣证的,产假可以延长到半年	98 + 90(延长产假)= 188天	修订后的《青海省人口与计划生育条例》第十六条 ……符合法律法规规定生育子女的夫妻,除享受国家规定的假期外,奖励女方生育假九十日……
海南	98 + 15(晚育)+ 三个月(领取光荣证)	98 + 三个月(延长产假)	修订后的《海南省人口与计划生育条例》第四十四条 符合本条例规定生育子女的夫妻,享受下列奖励与优待:(一)属机关、社会团体、企业事业组织工作人员的,女职工除享受国家规定的产假外,增加产假三个月,……

解读：产假是否包含法定节假日和公休日？

根据《中华人民共和国劳动保险条例实施细则修正草案》的规定，产假（不论正产或小产）应包括星期日及法定假日在内，不再补假。虽然这个《实施细则》是1953年颁布的，但目前并没有被废止，仍然具有法律效力。因此，实践中，法定节假日和公休日都是包含在正常产假中的，不再另行补假。

关于延长产假中是否包含法定节假日和公休日，目前国家没有统一的规定，实践中，只有个别地区进行了明确，如根据上海卫计委发布的关于《上海市人口与计划生育条例》（修正案）政策解读规定，增加婚假、延长产假及陪产假遇法定节假日顺延。根据上述规定，延长产假中包含公休日，但不包含法定节假日，遇有法定节假日应当顺延。对于其他没有作出上述相关规定的地区，实践中延长产假都参照正常产假的规定，遇法定节假日不予顺延。

六、护理假

护理假/陪产假是由产期女职工的配偶享受的假期。国家法律法规对护理假/陪产假未做明确规定，2016年以前，各地的人口与计划生育条例基本是将护理假作为对女职工晚育或遵守国家计划生育政策的奖励规定的，具体天数各地规定不一。但是自2016年1月1日起，各地的人口与计划生育条例则基本上规定符合法律、法规生育的女职工配偶均可获得护理假/陪产假。2021年“三孩政策”施行后，部分地区进一步延长了陪产假，大部分地区则未进行调整。如北京、广东及浙江仍规定，女职工按规定生育的，其配偶享受陪产假15天；上海仍规定，女职工按规定生育的，其配偶享受陪产假10天，云南及甘肃仍规定，女职工按规定生育的，其配偶享受陪产假30天。而天津规定的陪产假则由7天延长至15天，安徽由10天（夫妻异地生活20天）延长至30天，江西由15天延长至30天。

以下为部分省市护理假/陪产假天数新旧对比一览表：

	旧法	新法	法律依据（各省市）
北京	无	15天	修订后的《北京市人口与计划生育条例》第十九条　按规定生育子女的夫妻，女方除享受国家规定的产假外，享受延长生育假六十日，男方享受陪产假十五日。…… 夫妻双方经所在机关、企业事业单位、社会团体和其他组织同意，可以调整延长生育假、育儿假的假期分配。女方自愿减少延长生育假的，男方享受的陪产假可以增加相应天数；……
上海	晚育护理假3天	10天	修订后的《上海市人口与计划生育条例》第三十一条　……符合法律法规规定生育的夫妻，女方除享受国家规定的产假外，还可以再享受生育假六十天，男方享受配偶陪产假十天。……

续表

	旧法	新法	法律依据(各省市)
广东(不含深圳)	独生子女父母,10天	15天	修订后的《广东省人口与计划生育条例》第三十条 符合法律、法规规定生育子女的夫妻,女方享受八十日的奖励假,男方享受十五日的陪产假。……
深圳	独生子女父母,10天	15天	修订后的《广东省人口与计划生育条例》第三十条 符合法律、法规规定生育子女的夫妻,女方享受八十日的奖励假,男方享受十五日的陪产假。……
天津	晚育护理假7天	15天	修订后的《天津市人口与计划生育条例》第十八条 符合法律、法规规定生育子女的夫妻,男方享受十五日的陪产假。……
浙江	晚育护理假7天	15天	修订后的《浙江省人口与计划生育条例》第二十二条 符合法律、法规规定生育子女的夫妻,可以获得下列福利待遇:(二)男方享受十五天护理假,……
湖北	晚育护理假10天	15天	修订后的《湖北省人口与计划生育条例》第三十一条 符合法律法规规定生育的妇女,除享受国家规定的产假外,增加产假60天,其配偶享受15天护理假;……
安徽	在产假期间申请领取独生子女父母光荣证的,10天(异地生活20天)	30天	修订后的《安徽省人口与计划生育条例》第三十二条 对符合本条例规定生育子女的夫妻,国家机关、社会团体、企业事业单位应当给予以下奖励:(二)男方享受三十天护理假;……
山西	晚育护理假15天	15天	修订后的《山西省人口和计划生育条例》第二十五条 依法办理结婚登记的夫妻……男方享受护理假15日。……
江西	晚育护理假10天	30天	修订后的《江西省人口与计划生育条例》第三十一条 符合法律、行政法规和本条例规定结婚、生育的夫妻,除享受国家规定的假期外,增加婚假十五日;增加产假九十日,并给予男方护理假三十日;……
宁夏	在产假期间申请领取独生子女父母光荣证的,10+30天(如异地)	25天	修订后的《宁夏回族自治区人口与计划生育条例》第三十七条 对符合法律、法规规定生育的产妇,除享受国家规定的产假外,增加产假60天,并给予其配偶25天护理假;……
广西	晚育护理假10天	产前检查陪护假5天,产后护理假25天	《广西壮族自治区人口和计划生育条例》第二十七条 符合法律、法规规定生育子女的夫妻,女方怀孕期间,男方享受产前检查陪护假五天;分娩后,女方除享受国家规定的生育假期以外,一孩增加产假六十天,二孩增加产假七十天,三孩增加产假八十天,同时给予男方护理假二十五天;夫妻双方在子女零至三周岁期间,每年分别累计享受育儿假十天。

续表

	旧法	新法	法律依据(各省市)
四川	晚育护理假15天	20天	修订后的《四川省人口与计划生育条例》第二十四条　符合本条例规定生育子女的夫妻,除法律、法规规定外,延长女方生育假60天,给予男方护理假20天。……
山东	晚育护理假7天	7天	修订后的《山东省人口与计划生育条例》第二十五条　符合法律和本条例规定生育子女的夫妻,除国家规定的产假外,增加产假六十日,并给予男方护理假七日。…… 《山东省人口与计划生育条例(修正草案)》十五、将第二十五条改为第二十六条,修改为:"符合法律和本条例规定生育子女的夫妻,除国家规定的产假外,女职工增加六十日产假,配偶享受不少于十五日陪产假,三周岁以下婴幼儿父母各享受每年累计不少于十日育儿假。
福建	晚育且独生子女7—10天	15天	修订后的《福建省人口与计划生育条》第二十四条　……符合本条例生育子女的夫妻,女方产假延长为一百五十八日至一百八十日,男方照顾假为十五日。……
湖南	在产假期间领取独生子女父母光荣证的,护理假15天	20天	修订后的《湖南省人口与计划生育条例》第十六条　符合法定生育条件的夫妻,女方除享受国家规定的产假外增加产假六十天,男方享受护理假二十天。
辽宁	晚育护理假15天	20天	修订后的《辽宁省人口与计划生育条例》第十九条　……符合本条例规定生育子女的,女方除享受国家规定的产假外,增加产假六十日,男方享有护理假二十日。……
江苏	晚育护理假10天	15天	修订后的《江苏省人口与计划生育条例》第二十四条　……符合本条例规定生育子女的夫妻,女方在享受国家规定产假的基础上,延长产假不少于三十天,男方享受护理假不少于十五天。…… 《江苏省关于优化生育政策促进人口长期均衡发展实施方案》 13. 完善生育休假制度。严格落实产假、护理假、哺乳假等制度,保障生育妇女休假合法权益。符合政策规定生育子女的夫妻,女方在享受国家规定产假的基础上,延长产假60天,达到158天,男方享受护理假15天。
重庆	晚育7个工作日	20天	修订后的《重庆市人口与计划生育条例》第二十三条　……符合法律法规规定生育的女职工产假期间,男方所在单位应当给予男方护理假二十天。……
河北	晚育10天	15天	修改后的《河北省人口与计划生育条例》第二十五条　……符合法律法规规定生育子女的夫妻,除享受国家规定的产假外,生育第一、二个子女的延长产假六十天,生育第三个以上子女的延长产假九十天,并给予配偶护理假十五天……
河南	晚育一个月	1个月	修订后的《河南省人口与计划生育条例》第二十五条　……符合法律、法规规定生育子女的,除国家规定的产假外,增加产假三个月,给予其配偶护理假一个月……

续表

	旧法	新法	法律依据(各省市)
云南	晚育7天	30天	修订后的《云南省人口与计划生育条例》第十八条 ……符合法律、法规规定生育子女的,除按照国务院《女职工劳动保护特别规定》休假外,女方延长生育假60天,男方给予护理假30天。……
黑龙江	晚育5至10日特殊情况可以参照医疗单位意见适当延长	15天特殊情况可以参照医疗单位意见适当延长	修订后的《黑龙江省人口与计划生育条例》第三十四条 ……男职工享受护理假十五日,特殊情况可以参照医疗单位意见适当延长,护理假期间工资照发。
甘肃	晚育15天产假期满前领取光荣证,增加5天	30天	修订后的《甘肃省人口与计划生育条例》第十八条 ……符合本条例规定生育子女的,女方享受产假180日;男方享受护理假30日。……
内蒙古	晚育10天	25天	修订后的《内蒙古自治区人口与计划生育条例》第三十条 ……符合本条例规定生育子女的夫妻,女方除享受国家规定的产假外,生育第一、二个子女的增加产假六十日,生育第三个子女的增加产假九十日,并给予男方护理假二十五日。……
陕西	晚育10天	15天(异地居住20天)	修订后的《陕西省人口与计划生育条例》第四十五条 ……职工符合政策生育子女的,在国家规定产假的基础上增加产假六十天,同时给予男方护理假十五天,夫妻异地居住的给予男方护理假二十天。女职工参加孕前检查的,在国家规定产假的基础上增加产假十天。
吉林	晚育7天	25天	修订后的《吉林省人口与计划生育条例》第四十二条 ……符合法律、法规规定,结婚、生育子女的夫妻,按照下列规定给予奖励或者福利待遇:(二)按政策生育子女的夫妻,可以获得延长生育假、护理假奖励,具体办法由省人民政府制定;…… 《吉林省关于优化生育政策促进人口长期发展事实方案》7.修订完善产假等制度。在国家98天产假基础上,按政策生育女职工产假增至180天,男方护理假在15天基础上增至25天。

续表

	旧法	新法	法律依据(各省市)
贵州	晚育7天	15天	修订后的《贵州省人口与计划生育条例》第三十三条 ……符合政策生育的,除享受国家规定的产假外,女方增加产假60天,男方享受护理假15天;……
青海	晚育10天持光荣证的,15天(含晚育护理假10天)	15天	修订后的《青海省人口与计划生育条例》第十六条 ……符合法律法规规定生育子女的夫妻,除享受国家规定的假期外,奖励女方生育假九十日;给予男方看护假十五日。……
海南	领取光荣证的,10天	15天	修订后的《海南省人口与计划生育条例》第四十四条 ……符合本条例规定生育子女的夫妻,享受下列奖励与优待:(一)属机关、社会团体、企业事业组织工作人员的,女职工除享受国家规定的产假外,增加产假三个月,给予男方护理假十五日……

七、哺乳时间和哺乳假

1. 哺乳时间

根据《女职工劳动保护特别规定》，女职工生育后，在其婴儿1周岁，即哺乳期内，单位应当在每天的劳动时间内为哺乳期女职工安排1小时哺乳时间；女职工生育多胞胎的，每多哺乳1个婴儿，每天增加1小时哺乳时间。哺乳时间算作劳动时间。

一些地区还规定，哺乳期届满后，如婴儿被诊断为体弱儿的，可以适当延长授乳时间。如《上海市女职工劳动保护办法》规定，婴儿满一周岁后，经区、县级以上医疗保健机构诊断为体弱儿的，可适当延长女职工授乳时间，但最多不超过6个月。授乳时间及在本单位内授乳往返时间，应算作劳动时间。

2. 哺乳假

一些地区在国家上述有关哺乳时间的规定的基础上，还规定了哺乳假，即女职工在产假期满后，如果确有困难，经单位批准可以在哺乳期内休假。如《上海市女职工劳动保护办法》规定，女职工生育后，若有困难且工作许可，由本人提出申请，经单位批准，可请哺乳假六个半月。另外，女职工六个半月哺乳假期满后，确有困难，要求继续请假为婴儿哺乳的，单位可以根据生产和女职工的实际情况酌情延长，但不得超过1年。《广东省实施〈女职工劳动保护特别规定〉办法》规定，女职工假期满后，若有实际困难，经本人申请，领导批准的，可请哺乳假至婴儿1周岁。《江苏省女职工劳动保护特别规定》规定的哺乳假期限为6个月。在规定有哺乳假的地区，经过本人申请和单位批准，哺乳期的女职工可以休哺乳假。

以案说法

89. 产假逾期能否定为旷工？

梅某在上海青浦区一家公司工作，几年后怀孕了，临近预产期遵医嘱在预产期前15天经所在公司批准开始休产假。30天后产下一男婴。产后第60天，公司发通知要其上班，提出按梅某的休息时间推算已休足90天产假，如到期不上班，将按旷工处理。梅某接到通知，认为自己尚未休满产后假，因此没去上班。公司见此情况就按照企业规章制度，以梅某连续旷工3天为由，对梅某作出违纪辞退的决定。梅某不服，向当地劳动争议仲裁委员会申请了仲裁，要求单位撤销辞退决定。

【审理结果】

开庭审理时，梅某认为，产假90天，其中产前休假15天，产后休假75天，现在其产后假未休满75天，所以没去上班不能认定其为旷工。公司的这种做法是错误的。

公司则认为，产假总共90天，申诉人已休满，但是梅某在接到单位通知后仍不上班，其行为已经构成旷工，按照公司规章制度，连续旷工3天可以辞退，因此，公司的做法是符合法律规定的。

青浦区劳动争议仲裁委员会经审理认为双方对假期的理解存在差异，国家法律规定，女职工产假为90天，其中产前休假15天，产后休息75天，如此规定，目的是保证产妇恢复身体健康，因此产妇在产后休息75天应得到保障。现梅某产后只休息了60天，还应再休15天，对超出法定产假的时间可根据国家相关规定算作病假。因此，单位认为梅某旷工的主张是不能成立的，最终仲裁委员会裁决支持了梅某的请求。

【律师点评】

本案的焦点是女职工生育的休假期限如超出90天该如何处理。原《女职工劳动保护规定》中明确，女职工产假为90天（新规定已改成98天），其中产前可以休假15天。由于预产期只是一种预测，实践中很难保证产前恰好休15天，产后恰好休75天，对此，原劳动部《〈女职工劳动保护规定〉问题解答》中进一步明确，女职工产假90天，分为产前假、产后假两部分，即产前假15天，产后假75天。若孕妇提前生育，可将不足的天数和产后假合并使用；若孕妇推迟生育，可将超出的天数按病假处理。

本案中梅某由于超过预产期生产，虽然总的时间已满90天，但产后假未满75天，根据上述规定，她还可以再休15天，超出部分可按病假处理，公司无权以产假假期已满为由剥夺梅某继续休假的权利。

【HR应对】

1. 对于法定的女职工必须享受的假期，包括产前休息时间、产前检查假、保胎假、流产假、产假和哺乳时间等，只要女职工提前告知，就可以依法享受，企业不得有任何限制。

2. 对于需要单位批准才能休的假，包括产前假和哺乳假，企业则可以要求在工作安排允许的情况下，经本人申请，单位批准后，女职工方能享受。

【法条链接】

《女职工劳动保护特别规定》

第六条 ……对怀孕 7 个月以上的女职工，用人单位不得延长劳动时间或者安排夜班劳动，并应当在劳动时间内安排一定的休息时间。

怀孕女职工在劳动时间内进行产前检查，所需时间计入劳动时间。

第七条 女职工生育享受 98 天产假，其中产前可以休假 15 天；难产的，增加产假 15 天；生育多胞胎的，每多生育 1 个婴儿，增加产假 15 天。

女职工怀孕未满 4 个月流产的，享受 15 天产假；怀孕满 4 个月流产的，享受 42 天产假。

第九条 对哺乳未满 1 周岁婴儿的女职工，用人单位不得延长劳动时间或者安排夜班劳动。

用人单位应当在每天的劳动时间内为哺乳期女职工安排 1 小时哺乳时间；女职工生育多胞胎的，每多哺乳 1 个婴儿每天增加 1 小时哺乳时间。

《广东省实施〈女职工劳动保护特别规定〉办法》

第十条 ……（三）女职工怀孕 7 个月以上的，每天安排 1 小时工间休息，工间休息时间视同其正常劳动并支付正常工作时间的工资，并不得安排其延长工作时间或者从事夜班劳动；对从事立位作业的女职工，还应在其工作场所设休息座位。……

第十六条 女职工产假期满，确有实际困难的，经本人申请，用人单位批准，可以请哺乳假至婴儿1 周岁。……

《江苏省女职工劳动保护特别规定》

第十一条 （五）怀孕不满 3 个月需要保胎休息或者怀孕 7 个月以上且上班确有困难的，应当根据医疗机构的证明安排其休息。

第十二条 用人单位应当给予生育或者终止妊娠的女职工下列保护：……（二）怀孕不满 2 个月流产的，享受不少于 20 天的产假；（三）怀孕满 2 个月不满 3 个月流产的，享受不少于 30 天的产假；（四）怀孕满 3 个月不满 7 个月流产、引产的，享受不少于 42 天的产假；（五）怀孕满 7 个月引产的，享受不少于 98 天的产假。……

第十七条 经本人申请，用人单位批准，女职工可以休不超过 6 个月的哺乳假，待遇不得低于当地最低工资标准的 80%，超过 6 个月的，待遇由双方协商确定。

《〈女职工劳动保护规定〉问题解答》

10. 如何理解产前休假十五天的规定？

答：……所谓产前假十五天，系指预产期前十五天的休假。产前假一般不得放到产后使用，若孕妇提前生产，可将不足的天数和产后假合并使用；若孕妇推迟生产，可将超出的天数按病假处理。

《北京市人口与计划生育条例》

第十九条 ……按规定生育子女的夫妻，女方除享受国家规定的产假外，享受延长生育假六十日，男方享受陪产假十五日。……

《广东省人口与计划生育条例》

第三十条 符合法律、法规规定生育子女的夫妻，女方享受八十日的奖励假，男方享受十五日的陪产假。在规定假期内照发工资，不影响福利待遇和全勤评奖。

《上海市人口与计划生育条例》

第三十一条 ……符合法律法规规定生育的夫妻，女方除享受国家规定的产假外，还可以再享受生育假六十天，男方享受配偶陪产假十天。……

《上海市女职工劳动保护办法》

第十二条 女职工妊娠七个月以上（按二十八周计算），应给予每天工间休息一小时，不得安排夜班劳动。如工作许可，经本人申请，单位批准，可请产前假两个半月。

第十五条 ……婴儿满一周岁后，经区、县级以上医疗保健机构确诊为体弱儿的，可适当延长女职工授乳时期，但最多不超过六个月。……

第十六条 女职工生育后，若有困难且工作许可，由本人提出申请，经单位批准，可请哺乳假六个半月。

《南京市人民政府关于贯彻女职工劳动保护法规有关问题的通知》

3. 怀孕女职工的产前检查，定为十一次，每次半天，应算作劳动时间，并扣除相应的劳动定额。如有特殊情况，根据医务部门证明可增加次数。

《国家劳动总局保险福利司关于女职工保胎休息和病假超过六个月后生育时的待遇问题给上海市劳动局的复函》

一、女职工按计划生育怀孕，经过医师开具证明，需要保胎休息的，其保胎休息的时间，按照本单位实行的疾病待遇的规定办理。

第二节 “三期”的工资和福利待遇

根据《女职工劳动保护特别规定》，“用人单位不得因女职工怀孕、生育、哺乳降低其工资、予以辞退、与其解除劳动或者聘用合同。”一般来说，“三期”内女职工正常工作和出勤的，企业均应按正常工资标准向其支付工资，但是，如果女职工按照相关规定休假的，对于假期内工资的支付，则需区别对待。

1. 产前假工资，按本人原工资的一定比例支付。

产前假属于地方性的规定，因此，应根据当地的具体规定支付相应待遇。如上海、江苏等规定了产前假的地区，同时规定了产前假的工资按本人原工资的80%支付，并且在增加工资时应作出勤对待。

2. 保胎假工资，按照病假工资支付。

根据《国家劳动总局保险福利司关于女职工保胎休息和病假超过六个月后生育

时的待遇问题给上海市劳动局的复函》的规定，保胎假的假期工资可按病假工资标准发放。

3. 产假工资和流产假工资，由生育保险基金支付或按照劳动合同约定的本人工资标准支付。

根据《女职工劳动保护特别规定》，“女职工产假期间的生育津贴，对已经参加生育保险的，按照用人单位上年度职工月平均工资的标准由生育保险基金支付；对未参加生育保险的，按照女职工产假前工资的标准由用人单位支付。”也就是说，产假工资的支付分为两种情况，即员工参加了生育保险的和未参加生育保险的。对于参加了生育保险的员工，根据各地生育保险的规定享受生育津贴；对于没有参加生育保险的员工，产假期间单位应当按劳动合同约定的本人工资标准支付。实践中，企业HR应当参考各地对于产假工资标准的具体规定执行。

需要注意的是，流产假的工资待遇标准跟上述产假工资待遇标准是完全一致的，员工按照应休流产假的天数领取生育津贴或由单位按照劳动合同约定的本人工资标准支付。

解读：单位缴纳了生育保险，女职工产假期间，单位还需再支付工资吗？

单位依法缴纳了生育保险后，产假期间的工资由生育保险基金以生育津贴的形式支付，但由于根据《社会保险法》和《女职工劳动保护特别规定》等新的规定，生育津贴是按照女职工所在用人单位的上年度全部职工的月平均工资计发的，因此就出现了女职工所领生育津贴和其本人产前工资标准不一致的问题，如果生育津贴低于本人产前工资标准的，企业是否有义务按照本人工资标准予以补足？目前法律法规尚没有明确的规定，对此各地基本都出台了地方性规定，总的来说，普遍要求企业在上述情况下应按女职工本人产前工资标准予以补足。

4. 陪产假工资，按劳动合同约定的本人工资标准支付。

陪产假的工资标准与产假工资标准的确定依据相同，都是按劳动合同约定的本人工资标准支付。

5. 哺乳假工资，按本人原工资的一定比例支付。

哺乳假属于地方性的规定，因此，企业应根据当地的具体规定支付相应待遇。如上海、江苏等地规定哺乳假的工资按本人原工资的80%支付，并且在增加工资时应作出勤对待，其中，上海还规定，哺乳假满后，如女职工仍有困难，哺乳假可酌情延长，但不得超过1年，延长期间的工资按本人工资的70%支付。广东则规定，企业应按不低于本人标准工资的75%支付哺乳假工资。

6. 生育费用的支付。

根据《女职工劳动保护特别规定》的规定，女职工怀孕，其检查费、接生费、手术费、住院费和药费由所在单位负担。但对于参加了生育保险的女职工，根据各地的生育保险规定，由生育保险基金支付所有的生育医疗费用，包括女职工因怀孕、生育发生的医疗检查费、接生费、手术费、住院费和药品费，企业无需再另行支付。

以案说法

90. “三期”女职工工资，到底该怎么发？

2015年6月，章某到某信息公司工作，任市场部经理一职，月工资5000元。由于章某是外地户口，公司未为其缴纳生育保险。2015年10月，章某怀孕，并于2016年7月开始休产假，章某休产假后，公司停发其工资。2016年10月，章某上班，要求公司补发2016年7月至9月的工资，公司表示，鉴于她在产假期间未提供劳动，因此只同意补发其基本工资1600元。章某不服，于是向劳动争议仲裁委员会提出仲裁申请，要求公司支付所欠工资15000元及25%的经济补偿金。

【审理结果】

仲裁委员会经审理，裁决支持了章某的全部申诉请求，要求信息公司支付拖欠工资及经济补偿金。

信息公司不服裁决，诉至一审法院。一审法院经审理，判决维持仲裁裁决。信息公司不服，以公司支付章某的工资中包括交通补贴、业务提成款等费用，自2016年7月章某没有为公司提供劳动，因此，公司不能支付其全额工资为由上诉至中级人民法院，要求按章某的月基本工资，即1600元的标准支付所欠的工资。

中级人民法院经审理认为，《女职工劳动保护规定》中第4条规定，“不得在女职工怀孕期、产期、哺乳期降低其基本工资。”章某提供的工资条确认其月工资为5000元，信息公司主张章某月基本工资为1600元，但未能提供相关的证据加以佐证，故该公司应承担举证不能的法律责任。法院对信息公司要求按照每月1600元的标准支付章某2006年7月至9月的工资的上诉请求，不予支持。

【律师点评】

《女职工劳动保护特别规定》规定，“用人单位不得因女职工怀孕、生育、哺乳降低其工资、予以辞退、与其解除劳动或者聘用合同。”根据上述规定，企业不能以女职工处在“三期”期间为由降低其工资，但实践中的难点在于对“工资”应如何界定，何种行为构成降低“工资”。实践中，很多用人单位由于对“工资”的概念存在误读和曲解，导致某些做法违反法律规定而面临承担不利的法律后果。

（1）“基本工资”或“工资”是否包含岗位（职位）工资？

原劳动部《工资支付暂行规定》确定假期工资的支付原则为，按劳动合同规定的标准支付劳动者工资。《对〈工资支付暂行规定〉有关问题的补充规定》中进一步明确，“按劳动合同规定的标准”，系指劳动合同规定的劳动者本人所在的岗位（职位）相对应的工资标准。

从上述规定可以看出，如果单位通过劳动合同的约定，来确定劳动者的工资标准，该标准应当是包含岗位工资的。对于劳动合同未作约定的情形，一些地方性法规又做了进一步的规定，如《北京市工资支付规定》，支付女职工“三期”工资时，应当按照下述原则确定：首先，按照劳动合同约定的劳动者本人工资标准确定；如果劳动合同没有约定的，按照集体合同约定的休假期间工资标准确定；劳动合同、集体合同均未约定的，按照劳动者本人正常劳动应得的工资确定。从上述规定来看，假期工资中应包含岗位（职位）工资，这一点是很明确的。

（2）“基本工资”或“工资”是否包含各类津贴、补贴等福利？

原劳动部《关于贯彻执行〈中华人民共和国劳动法〉若干问题的意见》第 53 条规定，劳动法中的“工资”是包含奖金、津贴和补贴的。对此，各地也有一些专门的法律规定，如《广东省实施〈女职工劳动保护特别规定〉办法》规定，女职工产假期间照发工资，不影响原有福利待遇和全勤评奖。如《安徽省人口与计划生育条例》规定，职工在产假、护理假期间，享受其在职在岗的工资、奖金、福利待遇。

由于过去很长一段时间里，实践中很多单位都是将工资和各种福利费用分开列支的，因此，不少企业认为，工资和福利是两码事，在女职工休产假期间，扣减部分或全部福利费用，不违反法律规定。但是，2009 年财政部发布了《关于企业加强职工福利费财务管理的通知》，其中明确规定，企业按月按标准发放或支付的住房补贴、交通补贴或者车改补贴、通讯补贴，应当纳入职工工资总额；企业给职工发放的节日补助、未统一供餐而按月发放的午餐费补贴，应当纳入工资总额。因此，全勤奖、交通补贴、餐费补贴等补贴或福利，应作为工资的一部分支付给“三期”女职工，而不应以“三期”休假为由扣发。

（3）“工资”是否包含绩效奖金？

对于“工资”是否包含绩效奖金，这一点由于缺乏权威解释，不仅用人单位的做法比较混乱，司法实践中也存在一定的分歧。笔者认为，“三期”内的工资支付，无论使用的是“基本工资”，还是“工资”的概念，从根本上来说，都是以固定工资为原则的，它是与奖金及浮动工资等可变工资概念相对应的，与职工工资周期内的绩效没有直接联系，不具有浮动性。而绩效奖金，作为与劳动者的绩效考核和评估相挂钩的工资收入，直接和劳动者在工资周期内的劳动贡献相关联。由于“三期”内，女职工的劳动能力受到了一定程度的影响，产假期间内，劳动者并没有实际付出任何劳动，因此，用人单位可以根据女职工在“三期”内的实际工作情况确定绩效奖金的发放数额，只要相关考核符合规章制度或劳动合同的约定，奖金数额有所降低或扣减都是合法的。

另外，需要指出的是，原《女职工劳动保护规定》中使用的“基本工资”的概念属于计划经济的产物，是与我国计划经济体制下的劳动工资行政管理制度相对应的，已经不符合目前社会发展和市场经济的需要了。因此，在新出台的《女职工劳动保护特别规定》中也摒弃了这一提法，而直接使用“工资”的概念，未来企业再试图通过使用“基本工资”这类提法来规避自己应当依法承担的责任和义务，是不可能获得支持的。

以案说法

91. 休了产假就不能加工资吗？

王某是一家公司的女职工，公司每年年初都会根据对前一年员工工作情况的考核按照5%到10%不等的比例给员工涨工资，但对考核不合格的员工则不予加薪。张某于2018年6月生育，并休息了法定产假98天，2019年2月，部门领导通知王某，由于其去年生孩子休过产假，考勤不是全勤，所以此次加薪人员的名单中没有王某。王某不服，向公司提出异议。

【律师点评】

公司的做法是不符合法律规定的。怀孕生育乃至哺乳的过程对女职工的劳动能力毫无疑问会产生影响，法律法规对于这段时间内女职工的权益给予了特别的保护。对于女职工休产假，还有休产前假和哺乳假期间，在加薪考核中是否应算作出勤，有些地区作出了明确的规定，如《上海市劳动局关于〈上海市女职工劳动保护办法〉中有关问题的解释》明确规定，女职工两个半月产前假，产假和六个半月哺乳假在增加工资时应作出勤对待。《广东省实施〈女职工劳动保护特别规定〉办法》也规定，女职工产假期间照发工资，不影响原有福利待遇和全勤评奖。因此，实践中，对于女职工的法定产假，还有根据地方性规定可以享受的其他假期，如产前假和哺乳假等，只要履行了法定的手续，企业都应当按照全勤对待，不能在进行与之相关的考核和评级中有所区别或歧视。

【HR应对】

1. 企业应根据法律规定给予“三期”女职工相应的薪酬待遇，对于实行结构工资制的企业，不能滥用“基本工资”的概念变相剥夺“三期”女职工的合法权益。对于工资为固定数额，不做结构区分和浮动的单位，企业应当按照该固定数额向“三期”女职工支付工资。

2. 对于绩效奖金，包括按月发放的奖金，及年终奖，女职工“三期”内是否发放及如何发放，企业应在规章制度中作出明确的规定，以便使相关薪酬的支付有所依据。

【法条链接】

《女职工劳动保护特别规定》

第五条 用人单位不得因女职工怀孕、生育、哺乳降低其工资、予以辞退、与其解除劳动或者聘用合同。

第八条 女职工产假期间的生育津贴，对已经参加生育保险的，按照用人单位上年度职工月平均工资的标准由生育保险基金支付；对未参加生育保险的，按照女职工产假前工资的标准由用人单位支付。

女职工生育或者流产的医疗费用，按照生育保险规定的项目和标准，对已经参加生育保险的，由生育保险基金支付；对未参加生育保险的，由用人单位支付。

《上海市女职工劳动保护办法》

第十八条 女职工在产假期间的工资照发。按本规定享受的产前假和哺乳假的工资按本人原工资的百分之八十发给。单位增加工资时，女职工按规定享受的产前假、产假、哺乳假，应作出勤对待。

《广东省实施〈女职工劳动保护特别规定〉办法》

第十六条 女职工产假期满，确有实际困难的，经本人申请，用人单位批准，可以请哺乳假至婴儿1周岁。哺乳假期间的工资待遇由双方协商决定。

《上海市劳动局关于〈上海市女职工劳动保护办法〉中有关问题的解释》

六、关于产前假、产假和哺乳假问题

女职工六个半月哺乳假期满后，确有困难，要求继续请假为婴儿哺乳的，各单位可按照上海市人民政府办公厅转发市劳动局《关于整顿企业劳动组织工作中若干具体政策的意见》（沪府办发［1983］67号），根据生产和女职工的实际情况，哺乳假可酌情延长，但不得超过一年，其中两个半月产前假，产假和六个半月哺乳假在增加工资时应作出勤对待。

七、关于按《办法》享受的产前假、哺乳假工资的计算基数问题

按《办法》享受的两个半月产前假和六个半月哺乳假的女职工，其工资按本人工资的百分之八十发给；若女职工仍有困难，继续请哺乳假，不超过一年的，其工资按本人工资的百分之七十发给（生活确实有困难的，可适当提高，但最高不超过本人工资的百分之八十）。

这里的本人工资是指按女职工请产前假或请产假前正常出勤月的实得工资（不包括生产性津贴和奖金）计算。若女职工生活困难，符合本市生活困难补助标准的，单位应按有关规定给予困难补助。

第三节 “三期”的劳动保护与岗位调整

一、“三期”劳动保护

对于“三期”女职工的劳动保护，主要体现在对劳动强度的限制、不得安排加班、不得安排夜班劳动等方面：

（1）对于孕期的女职工，企业不得安排其从事第三级体力劳动强度的劳动和其他孕期禁忌从事的活动。女职工在孕期不能适应原劳动的，企业应当根据医疗机构的证明，予以减轻劳动量或者安排其他能够适应的劳动。

（2）对怀孕7个月以上的女职工，企业不得安排其加班和夜班劳动，并应在劳动时间内安排一定的休息时间。

（3）对于哺乳期的女职工，企业不得安排其从事第三级体力劳动强度的劳动和其他哺乳期禁忌从事的活动，不得安排其加班和夜班劳动。

解读：女职工怀孕后可以要求不上夜班吗？

夜班劳动是指企业实行多班制的情况下，安排劳动者轮流从事夜间劳动的组织形式，夜班工作时间是当日的22时至翌日晨6时。对孕期女职工的夜班劳动我国《劳动法》有明确规定，即对怀孕7个月以上的女职工，不得安排其加班加点和夜班劳动。也就是说，用人单位可以安排怀孕不满7个月的女职工从事夜班劳动。但是，如果怀孕女职工确实不能胜任原劳动或夜班劳动的，根据《女职工劳动保护特别规定》，女职工可以根据医疗机构的证明，要求单位减轻劳动量或安排其他能够适应的劳动，单位应当同意。

二、“三期”岗位调整

1. 女职工申请调岗

如果女职工由于怀孕不能胜任原劳动的，根据医疗机构的证明，可以要求单位减轻其劳动量或者安排其他能够适应的劳动。对于上述调岗申请，单位应当批准，并给予合理安排。

2. 单位安排调岗

单位安排调岗的情形比较复杂，法律未作出明确规定，实践中争议也比较多。一般来说，单位安排女职工调岗时，调岗的理由应正当合理，并且尽量采取协商一致的方式，试图利用调岗变相降薪，或借此逼迫女职工主动辞职的做法，都很可能招致不利的法律后果。

解读：女职工不同意调岗，单位能解除劳动合同吗？

在针对“三期”女职工调岗时，如果女职工不同意，单位应尽可能协商解决。由于法律对于“三期”女职工规定了特殊的解雇保护制度，因此即便调岗理由充分合理，也不能因女职工拒绝到新岗位报到，而认定其违反单位规章制度，单方解除劳动合同。

以案说法

92. 用人单位能否对“三期”内的女职工调岗降薪？

刘某于2018年与某公司签订1年期劳动合同，合同中约定的职务为总经理助理兼销售经理，月薪10000元，半年后，刘某怀孕，公司于是向其发出了调岗通知，内容为：“根据你过往销售拓展结果及综合表现评估，公司认为你不能胜任目前的工作岗位，因此，将你的岗位调整为销售内勤。”调岗后，刘某的工资由之前的10000元/月降为3000元/月，刘某不服，向公司提出了异议。公司告知刘某，如不同意，则只能在家待岗。

【律师点评】

实践中，企业通过调整“三期”期间女职工的工作岗位，以变相达到降薪目的的现象屡见不鲜。

首先，无论是否调整女职工的工作岗位，如前面“‘三期’的工资和福利待遇”一节中所介绍的，对“三期”女职工降薪是绝对违法的。

其次，对于用人单位能否单方面作出调岗的决定，笔者认为，应明确两点：第一，对员工的调岗降薪属于对原劳动合同的变更，根据《劳动合同法》第38条的规定，劳动合同必须经双方协商一致，方能变更。第二，用人单位在某些情形下享有单方调岗的权利，但其行使必须符合法律规定，并且具有合理性。比如，劳动者不能胜任工作，是用人单位可以进行单方调岗的理由，但用人单位必须有充分的证据证明劳动者确实不能胜任工作，且鉴于“三期”女职工的特殊情况，调整后的岗位不应是其不宜从事的工作，否则用人单位擅自作出的调岗决定无效。

本案中，公司的调岗理由是，根据刘某过往销售拓展结果及综合表现评估，认为刘某不能胜任目前的工作岗位。显然，公司必须同时拿出充分的证据以证明刘某确实不能胜任目前的工作，单凭这一句话是不能够随意调岗的。至于销售拓展结果和综合表现评估如何证明其不能胜任工作，公司必须拿出相应的考评制度和考评记录，并且前述制度应是经过民主程序制定并向劳动者公示过的。

因此，本案中公司如不能举证证明其变更刘某岗位的合理性，则其调岗行为应属无效。更何况，公司最终的单方待岗决定属于不提供劳动条件的情形，完全违反了劳动法律法规的相关规定。

以案说法

93. “三期”女职工工作时间流产，能要求公司赔偿吗？

28岁的女工李某在一家快餐店工作，2016年8月底怀孕，9月15日在上班时，突然感觉肚子疼痛难忍，被同事送到医院，发现已经流产了，之后一直在家休养。事后快餐店不闻不问，李某认为其在工作期间流产属于工伤，用人单位应该依法赔偿。但是快餐店认为，李某流产原因是其自身体格虚弱，与工作没有任何关系。

【律师点评】

到底李某在工作期间流产是否属于工伤呢，笔者认为，首先，比较明确的一点是，李某是在工作时间和工作场所内受到伤害；其次，很关键的一点是，要看单位有没有让其从事孕期妇女不宜从事的工作，即是否有医疗报告证明李某从事的工作和流产之间存在因果关系。

我国劳动法律法规就女职工的特殊劳动保护作出了专门规定，即不得安排女职工在怀孕期间从事国家规定的第三级体力劳动强度的劳动和孕期禁忌从事的劳动。根据国家的相关标准，“劳动强度指数越大，体力劳动强度也越大，劳动强度指数小于15，体力劳动强度为Ⅰ级；大于15小于20，为Ⅱ级；大于20小于50，为Ⅲ级。”从医学角度来看，孕妇最忌长时间站立，长时间站立无异于重体力劳动，而快餐店的工作基本上是属于长时间站立性质的，李某的流产在一定程度上很可能是由于劳动强度太大而引起的。因此，李某应当去医院做全面的检查，向医生咨询流产原因，并由医生开具诊断证明。

李某依据医院的诊断证明，可以申请工伤认定，并要求单位按照工伤保险待遇的标准支付赔偿。

【HR应对】

1. 对于孕期女职工调岗的问题，企业应尽量通过与女职工协商一致解决。如果协商不成，企业单方面调岗时一定要谨慎，调岗理由必须合理正当，前后岗位具有关联性，才能避免违法的不利后果。

2. 企业出于对孕期女职工的关心，单方作出对女职工有利的调岗，是完全可以的，无需取得当事人的同意，但绝对不能降薪。

3. 对于不适合“三期”女职工从事的工作岗位，如需常年出差的销售人员、公共交通的司乘人员、需长时间站立的商场专柜或电梯小姐等，可以在订立劳动合同时，对其怀孕后工作岗位的调整作出相关的约定。企业之后根据该约定作出的调岗决定，即是合法有效的。

【法条链接】

《中华人民共和国劳动法》

第六十条 不得安排女职工在经期从事高处、低温、冷水作业和国家规定的第三级体力劳动强度的劳动。

第六十一条 不得安排女职工在怀孕期间从事国家规定的第三级体力劳动强度和孕期禁忌从事的活动。对怀孕七个月以上的女职工，不得安排其延长工作时间和夜班劳动。

第六十三条 不得安排女职工在哺乳未满一周岁的婴儿期间从事国家规定的第三级体力劳动强度的劳动和哺乳期禁忌从事的其他劳动，不得安排其延长工作时间和夜班劳动。

《女职工劳动保护特别规定》

第四条 用人单位应当遵守女职工禁忌从事的劳动范围的规定。用人单位应当将本单位属于女职工禁忌从事的劳动范围的岗位书面告知女职工。

女职工禁忌从事的劳动范围由本规定附录列示。……

第六条 女职工在孕期不能适应原劳动的，用人单位应当根据医疗机构的证明，予以减轻劳动量或者安排其他能够适应的劳动。

对怀孕 7 个月以上的女职工，用人单位不得延长劳动时间或者安排夜班劳动，并应当在劳动时间内安排一定的休息时间。……

第九条 对哺乳未满 1 周岁婴儿的女职工，用人单位不得延长劳动时间或者安排夜班劳动。……

第四节 “三期”劳动合同的解除

根据《劳动合同法》第 42 条的规定，女职工在孕期、产期、哺乳期的，用人单位不得依照《劳动合同法》第 40 条、第 41 条的规定解除劳动合同。《女职工劳动保护特别规定》第 5 条规定，“用人单位不得因女职工怀孕、生育、哺乳降低其工资、予以辞退、与其解除劳动或者聘用合同。”

“三期”内用人单位不能解除劳动合同，是指“三期”内用人单位不能以女职工处在“三期”为由解除劳动合同。同时，某些情形下用人单位享有的合法解除劳动合同的权利，如特定情形下的非过错性辞退（《劳动合同法》第40条）和经济性裁员（《劳动合同法》第41条）等条款，对“三期”女职工是不适用的。

以案说法

94. “三期”女职工严重违纪，能解除劳动合同吗？

王某 2015 年 8 月入职，与公司签订了为期 3 年的劳动合同。2018 年 1 月，王某怀孕，之后多次迟到早退，并且无故旷工数日，公司于是以严重违反规章制度为由作出辞退王某的决定。但王某认为，公司不能与“三期”内的女职工解除劳动合同，于是向当地劳动争议仲裁委员会申请仲裁，要求撤销辞退决定，继续履行劳动合同。

【审理结果】

仲裁委员会经审理认为，王某因其怀孕，便无视单位的规章制度，其行为已构成严重违纪，因此仲裁委员会认定用人单位解除劳动合同的行为合法有效，驳回了王某的申诉请求。

【律师点评】

根据《劳动合同法》第 42 条的规定，女职工在孕期、产期、哺乳期内享受特殊的劳动解雇保护，但这种保护并不是无限的，“三期”女职工也不能因此而享有任何特权。

根据《劳动合同法》第 39 条的规定，如果“三期”女职工的行为属于以下法律规定的情形的，用人单位仍然可以解除劳动合同：（1）在试用期间被证明不符合录用条件的；（2）严重违反用人单位的规章制度的；（3）严重失职，营私舞弊，给用人单位的利益造成重大损害的；（4）劳动者同时与其他用人单位建立劳动关系，对完成本单位的工作任务造成严重影响，或者经用人单位提出，拒不改正的；（5）因采用欺诈、胁迫等手段或者乘人之危，使用人单位在违背真实意思的情况下订立或者变更劳动合同致使劳动合同无效的；（6）被依法追究刑事责任的。

本案中，王某虽然怀孕，但其无视单位的规章制度，数次迟到早退及旷工等行为已经构成严重违纪，因此，用人单位仍然可以与其解除劳动合同，仲裁委员会据此驳回了王某的申诉请求。

以案说法

95. 违法解除“三期”劳动合同，企业承担何种法律责任？

2018 年 9 月王某被 A 公司录用，与该公司签订了 5 年期限的劳动合同。2019 年 8 月，该公司以王某不胜任工作为由，作出与其解除劳动合同的决定。王某收到解除决定后，向公司表示，自己已经怀孕 4 个多月，根据法律规定，公司不能与其解除劳动合同。但公司认为，王某既然不胜任工作，公司就有权解除合同，而且解除决定做出之前，王某也从未向公司告知过其怀孕的事实，因此，坚持原解除决定不变。王某不服，向当地劳动争议仲裁委员会提起仲裁申请，请求撤销公司解除劳动合同的决定，恢复劳动关系。

【审理结果】

劳动争议仲裁委员会经过审理，认为公司以不能胜任工作为由解除与孕期女职工王某的劳动合同，已经构成违法解除劳动合同，因此，支持了王某的申诉请求，要求公司继续履行与王某之间的劳动合同，并向王某支付解除决定做出之日至劳动关系恢复之日期间的工资损失。

【律师点评】

法律对单位解除与“三期”女职工的劳动合同的规定十分严格，即除了依据《劳动合同法》第 39 条的规定，以任何其他理由与“三期”女职工解除劳动合同的行为都会构成违法解除劳动合同。比如，本案中，不能胜任工作不属于《劳动合同法》第 39 条规定的可以解除劳动合同的情形，即便单位经过给员工调岗和做出两次不胜任工作的考核，也不能依《劳动合同法》第 40 条的规定与“三期”女职工解除劳动合同。如果单位解除劳动合同的行为一旦被认定为违法解除，单位就须承担相应的法律责任。

首先，如果被辞退员工不同意用人单位解除劳动合同的决定，可主张要求继续履行合同，并可主张用人单位赔偿劳动合同解除日至恢复日之间的工资损失。

其次，如果被辞退员工不要求继续履行合同，可以根据《劳动合同法》第 87 条的规定，要求用人单位按经济补偿金的 2 倍标准支付赔偿金。

最后，对于被辞退员工不要求继续履行合同的，能否主张解除日至“三期”期满的工资，实践中，各地做法不一，争议较大。比较有代表性的是深圳的规定，《深圳市中级人民法院关于审理劳动争议案件相关法律适用问题的座谈纪要》（2006 年出台）明确，如女职工未要求继续履行劳动合同，可视为用人单位提出，双方协商一致解除劳动合同，同时，用人单位应支付女职工工资至“三期”期满之日。但 2009 年 4 月深圳出台了新的《深圳市中级人民法院关于审理劳动争议案件若干问题的指导意见》，对上述问题也根据新的司法实践做出了一定的调整，根据该《指导意见》，如用人单位无法定理由解除与“三期”女职工的劳动合同，用人单位应承担的法律责任为依照《劳动合同法》第 87 条的规定支付经济赔偿金，因双方劳动合同已解除，用人单位应无须再支付双方解除劳动合同后女职工相关的“三期”待遇。

笔者认为，《劳动合同法》施行后，各地关于女职工不要求继续履行劳动合同，能否主张“三期”工资的审判实践已经比较趋同，即用人单位无须支付劳动合同解除日至“三期”期满的工资。这是因为，根据劳动合同实际履行的原则，工资支付的前提条件是双方存在劳动关系，没有劳动关系就不存在支付工资一说，劳动者因不主张继续履行劳动合同，自愿放弃了自己的劳动权利，双方劳动关系解除，其要求赔偿解除劳动合同之日至哺乳期满的工资自然没有法律依据。另外，如果员工的主张被支持的话，选择不劳动，既能获得 2 倍赔偿金，又有“三期”工资，试问，还有谁会选择继续履行合同呢，这种事实上鼓励不劳而获的结果与立法本意也是完全背道而驰的。

【HR 应对】

1. 企业单方与“三期”女职工解除劳动合同时，应十分谨慎，只有女职工存在严重过失等符合《劳动合同法》第 39 条规定的情形时，企业才有权解除与“三期”

女职工的劳动合同。

2. 无论从法律还是人性的角度，对于“三期”内的女职工给予一定的照顾都是应该提倡的。但对于以处在“三期”为由就不服从企业管理，甚至任意违纪的女职工，企业 HR 应有效运用《劳动合同法》第 39 条的规定，在岗位录用条件、规章制度和入职审查等方面做好相应规范，使得企业在依法与有过失的“三期”女职工解除劳动合同时，有章可循，避免承担违法解除的法律风险。

【法条链接】

《中华人民共和国劳动合同法》

第四十二条　劳动者有下列情形之一的，用人单位不得依照本法第四十条、第四十一条的规定解除劳动合同：

……（四）女职工在孕期、产期、哺乳期的；

《女职工劳动保护特别规定》

第五条　用人单位不得因女职工怀孕、生育、哺乳降低其工资、予以辞退、与其解除劳动或者聘用合同。

《深圳市中级人民法院关于审理劳动争议案件若干问题的指导意见》

103. 用人单位违法解除与“三期”内女职工的劳动合同，……如女职工未要求继续履行劳动合同或劳动合同已经不能履行的，应认定双方劳动合同解除，并依照《劳动合同法》第四十八条和第八十七条的规定，由用人单位支付赔偿金。

第五节　“三期”劳动合同的终止

根据《劳动合同法》的规定，劳动合同期满，女职工在孕期、产期、哺乳期的，劳动合同应当续延至相应的情形消失时终止。但是，在《劳动合同法》规定的劳动合同期满以外的其他终止情形下，单位与“三期”女职工的劳动合同也正常终止，毫无例外。

以案说法

96. 公司解散，“三期”内的女职工还能享受生育待遇吗？

张某 2018 年 11 月进入北京某公司工作，2019 年 3 月，张某怀孕，2019 年 6 月 10 日，公司通过股东大会决议的形式决定提前解散，公司同时决定将终止与所有员工的劳动关系，并将依法支付经济补偿金。但张某认为，由于她正处于孕期，公司除支付经济补偿外，还应向其支付“三期”内的生活费、产假工资、生育费用等待遇（以下简称“生育待遇”）。公司不同意支付，于是，张某向当地劳动争议仲裁委员会提起仲裁申请，要求该公司支付1个月工资作为经济补偿金，同时支付全部生育待遇。

【审理结果】

仲裁委员会经审理，仅支持了公司应支付1个月工资给张某作为经济补偿金的请求，驳回了张某的其他申诉请求。

【律师点评】

无论是从劳动法律法规，还是从其他相关规范的表述来看，对企业解散时员工权益的规定，都只涉及法定经济补偿金的支付，对“三期”女职工的相关利益，企业并不负有特别照顾的义务。这是因为，企业解散是劳动合同法定终止的原因，当企业解散时，用人单位这一主体在法律上死亡，劳动合同也不得不终止。尽管劳动合同终止对劳动者就业、收入、生活都有影响，但用人单位没有过失，这种影响通常视为劳动者应负担的风险。因此，原则上来说，劳动法律法规既然没有规定，用人单位也无需对“三期”女职工做出额外的补偿。本案中，仲裁委员会据此仅支持了张某有关经济补偿的请求。

但是，实践中，一些地方性规定肯定了上述情形下“三期”女职工的额外补偿请求权，如《江苏省劳动仲裁案件研讨会纪要》第7条规定，用人单位解散，或被依法撤销是终止劳动合同的法定情形。故用人单位出现上述终止劳动合同的情形后，亦应终止“三期”女职工的劳动合同，并依据规定支付女职工经济补偿金。为保护女职工的合法权益，从有利于劳动者的原则出发，用人单位应一次性支付女职工“三期”内的生活费、产假工资、生育费用等。

再如，广州市中级人民法院2009年出台的《关于审理劳动争议案件的参考意见》第22条规定，因用人单位的原因造成劳动合同终止或解除，劳动者不能享受哺乳期待遇提出赔偿损失的，可以以劳动者上年度本人月平均工资的20%为基数，按哺乳期至婴儿1周岁期限计发。

解读：“三期”劳动合同的到期顺延，导致达到无固定期限劳动合同的签订条件，女职工可以要求单位订立无固定期限劳动合同吗？

对此问题，实践中出现两种截然相反的观点，一种是否定派，比如，上海市高级人民法院《关于适用〈劳动合同法〉若干问题的意见》中规定，因法定顺延事由，使得劳动者在同一单位工作时间超过10年的，法定的续延事由消失时，合同自然终止，不能违反法律关于合同终止的有关规定随意扩大解释，将订立无固定期限合同的后果纳入其中。另一种是肯定派，比如，江苏省高级人民法院《关于审理劳动争议案件的指导意见》中规定，劳动合同期限届满后，因法定顺延事由，致使劳动者在同一用人单位连续工作满10年，劳动者提出订立无固定期限劳动合同的，应予支持。因此，如果出现相关争议，最终还要取决于当地的司法实践。

笔者认为，根据《劳动合同法》第14条第1款的规定，劳动者在该用人单位连续工作满10年的，单位应与劳动者订立无固定期限劳动合同。相关法律规定只要求有劳动合同实际履行连续满10年的事实，而并没有区别导致连续工作满10年的原因。因此，虽然劳动合同正常到期，并没有达到订立无固定期限劳动合同的条件，但顺延后达到了法律规定的订立无固定期限劳动合同的条件的，单位也应当与“三期”女职工订立无固定期限劳动合同。

劳动合同终止后，女职工发现怀孕，能要求恢复劳动关系吗？

对于上述问题，首先需要查明和确认的是，是女职工怀孕的确切时间，是终止劳动合同以后怀孕的，还是终止劳动合同以前怀的孕，对此，女职工应当提供医院的证明报告。对于前者，由于怀孕的事实发生在终止劳动合同之后，因此，劳动合同可以到期终止；对于后者，由于怀孕的事实发生在女职工在职期间，因此，单位应当撤销终止劳动合同的决定，及时恢复与女职工的劳动关系。

【HR应对】

1. 与“三期”女职工终止到期劳动合同，应严格依据相应的“续延”规定，否则，很可能构成违法终止，而承担不利的法律后果。

2. 除劳动合同到期以外的其他情形导致的劳动合同终止，对处于“三期”内的女职工是否需做出额外的补偿，企业可以根据当地的相关法规予以确定。

【法条链接】

《中华人民共和国劳动合同法》

第四十五条 劳动合同期满，有本法第四十二条规定情形之一的，劳动合同应当续延至相应的情形消失时终止……

上海市高级人民法院《关于适用〈劳动合同法〉若干问题的意见》四

……

（三）因法定顺延事由，使得劳动者在同一单位工作时间超过十年的，是否作为签订无固定期限劳动合同的理由。

劳动合同期满，合同自然终止。合同期限的续延只是为了照顾劳动者的特殊情况，对合同终止时间进行了相应的延长，而非不得终止。《劳动合同法》第四十五条也明确规定：“劳动合同期满，有本法第四十二条规定情形之一的，劳动合同应当延续至相应的情形消失时终止。”在法律没有对终止的情况做出特别规定的情况下，不能违反法律关于合同终止的有关规定随意扩大解释，将订立无固定期限合同的后果纳入其中。因此，法定的续延事由消失时，合同自然终止。

江苏省高级人民法院《关于审理劳动争议案件的指导意见》

第九条 劳动合同期限届满后，因下列情形而续延，致使劳动者在同一用人单位连续工作满十年，劳动者提出订立无固定期限劳动合同的，应予支持：

……

（三）女职工在孕期、产期、哺乳期的。

第六节　违反计划生育规定的“三期”女职工劳动关系管理

我国法律中关于女职工生育保护规定的适用，都有一个前提，即该女职工的生育是符合国家计划生育政策的。2016年1月1日起，我国全面开放二孩政策；2021年5月31日起，我国开放三孩政策，并取消社会抚养费等制约措施、清理和废止相关处罚规定，制定并落实了相关政策和配套支持措施。目前的计划生育政策有两个基本原则：一是生育以结婚为前提；二是一对夫妻可以生育两个子女，除非符合再生育的条件。实践中，违反上述计划生育政策的行为主要有未婚生育和已婚夫妻违法再生育这两种情形。另外，实务中还涉及未婚先孕流产和已婚再生育流产这两种特殊情况，虽然未形成生育的事实，但由于涉及流产假和流产待遇的享受，所以处理起来也比较复杂。

原《女职工劳动保护规定》第15条明确规定，“女职工违反国家有关计划生育规定的，其劳动保护应当按照国家有关计划生育规定办理，不适用本规定。”而根据各地人口与计划生育条例的规定，对违反国家计划生育规定生育子女的公民，分娩的住院费和医药费等均需自理，且不享受生育保险待遇和产假期间的工资待遇。同时，单位还可以对其作出行政处分或纪律处分等其他处理。虽然新出台的《女职工劳动保护特别规定》删除了上述第15条的规定，但就目前来看，只要国家的计划生育政策不变，违反计划生育规定生育的员工，就不太可能享受到相关的生育待遇。

一、未婚生育和已婚夫妻违法再生育

以案说法

97. 违反计划生育规定的女职工生育后能休产假吗？

张某为已婚女职工，2011年与北京某公司签订5年期劳动合同，2013年生育一女孩，并依法享受了国家规定的产假和生育待遇。2014年2月，张某又怀孕，且其情况不符合合法生育二孩的条件。公司多次做工作劝其流产，但张某执意不肯，后张某于11月向单位请产假回家待产，并要求公司支付产假工资和生育待遇。

【律师点评】

首先，根据我国《女职工劳动保护特别规定》的规定：“女职工生育享受98天产假。”可见，妇女生育产假是法定的，只要有怀孕和生育的事实，员工提出要求休产假，单位都应当无条件批准。

其次，2016 年 1 月 1 日之前，张某生育二孩违反计划生育政策，故不能享受产假待遇。根据《北京市人口与计划生育条例》的规定，违反国家计划生育规定生育子女的公民，除了要缴纳社会抚养费外，不享受生育津贴（产假工资）、医疗服务等生育保险待遇，即产假期间停止其工资福利待遇，同时，妊娠、分娩、产褥期发生的检查费、接生费、手术费、住院费和药费等一切费用均由本人自理。2021 年 11 月 26 日，北京市通过《关于修改〈北京市人口与计划生育条例〉的决定》，已删除了前述规定。

本案中，张某可以要求休 98 天产假，但无权要求单位支付产假期间的工资，相关生育费用也应自理。当然，如果张某在 2016 年 1 月 1 日以后生育二孩的话，情况就又不一样了。根据现行的国家法律规定以及生育政策，张某生育二孩系合法生育，仍可享受产假待遇。但是，张某如再有违反法律规定的再生育行为，仍属违反计划生育政策，相关假期及产假待遇的处理与 2016 年 1 月 1 日前违法生育二孩的结果相同。

以案说法

98. 企业能与违反计划生育政策的女职工解除劳动合同吗？

李某 2008 年与某公司签订 1 年期劳动合同，半年后其怀孕，但尚未办理结婚登记，公司知道后，认为其未婚先孕，违反国家计划生育政策，要求其做流产手术，否则将与其解除劳动合同。李某认为怀孕是自己的事情，单位无权干涉，拒绝流产。于是，公司向李某送达了解除劳动合同的通知。

【律师点评】

《劳动合同法》第 42 条明确规定，用人单位不得与“三期”女职工解除劳动合同，而且，法律对“三期”女职工的解雇保护是不具体区分何种原因导致的怀孕的，是否违反国家的计划生育政策也在所不问，因此，只要是女职工处于“三期”，只要有怀孕和生育的事实，用人单位就不能以此为由与女职工解除劳动合同。

但是，需要注意的是，个别地区对于用人单位能否以女职工违反计划生育规定为由解除劳动合同，有例外规定。《深圳市劳动合同管理疑难问题研讨会纪要》（深人社专纪〔2012〕11 号）规定，“七、女职工违法计划生育问题。女职工违法计划生育仍然适用《女职工劳动保护特别规定》的有关条款，用人单位不得以女职工违法计划生育为由解除劳动合同。劳动合同、集体合同、规章制度另有约定的除外。”因此，根据上述规定，用人单位如在劳动合同、规章制度中另行约定女职工违反计划生育政策生育属于严重违纪的，则有权据此单方解除劳动合同。

本案中，公司以李某未婚先孕为由解除劳动合同缺乏法律依据，应属违法解除。另外，未婚先孕和未婚生育是两个概念，女职工即便是未婚先孕，只要在实际生育之前办理了结婚登记并完成了生育登记等相关手续，就不违反国家计划生育规定，应享受全部生育保险待遇。

解读：企业规定员工违反国家计划生育政策的，视为严重违反用人单位的规章制度，企业可以解除劳动合同。这样规定有效吗？

关于这一问题，实务当中一直存在争议，包括各地司法机关的裁判口径也有很大差别，企业 HR 应当尽可能了解和掌握本地的司法口径，以防范由此引发的法律风险。就北京的司法实践来看，如果劳动合同或单位的规章制度中，作出上述约定，那么一旦发生劳动争议，很可能被认定为违反了法律法规中强制性的规定，即用人单位不得解除与“三期”女职工的劳动合同，因此这种约定应属无效，除非当地的法规有专门的规定，认可某些特殊情况下合同解除的效力，如上述案例中广东及深圳的规定，否则单位的解除行为将构成违法解除劳动合同。

企业与违反计划生育政策的女职工的劳动合同在“三期”内到期的，可以不予顺延吗？

不能。根据《劳动合同法》第 45 条的规定，劳动合同期满，女职工在孕期、产期、哺乳期的，劳动合同应当续延至相应的情形消失时终止。从上述规定来看，关于劳动合同在“三期”内期满的顺延，法律并未区分女员工是否违反计划生育规定而有所不同。另外，从劳动法律法规的立法本意来看，法律对处于特殊生理状态的女职工予以基本的保护，这种保护并不因女职工未遵守计划生育规定而有所差异，因此，企业不能以违反计划生育政策为由剥夺这部分“三期”女职工的合法权益。

【HR 应对】

1. 企业应当允许违反计划生育政策的女职工享受法定产假

根据《女职工劳动保护特别规定》的规定，违反计划生育政策的女职工依法享有 98 天的产假，企业不能人为设置障碍，不予批准，更不能按旷工处理或辞退。另外，对于产前检查假和哺乳时间这些基本的假期，从保障妇女和胎儿及婴儿权益的角度出发，应当允许违反计划生育政策的女职工按照法律规定实际享有。至于产前假、保胎假、延长产假和哺乳假等各地法规明确规定只有符合法律规定生育的女职工才享受的假期，违反计划生育政策的女职工申请的，企业可以不予批准。

2. 对于产假期间的待遇，企业可自主决定

各地的人口与计划生育条例均规定，对违反计划生育政策的女职工，单位可以不支付其产假期间工资。同时，根据《劳动部工资局复女职工非婚生育时是否享受

劳保待遇问题》的规定，“女职工非婚生育时，不能按照劳动保险条例的规定享受生育待遇。其需要休养的时间不应发给工资。对于生活有困难的，可以由企业行政方面酌情给予补助。”因此，女职工休产假期间，单位是按病假待遇支付工资，还是按事假处理，不予支付工资福利，以及是否给予一定的生活补助，企业HR均可根据本企业的情况自行选择确定。另外，对于产前检查假和哺乳时间这些基本假期的待遇，企业HR也可参照前述产假待遇自行确定。

3. 对于违反计划生育政策的女职工，企业有权作出内部处理

虽然根据法律规定，企业不能解除或终止与违反计划生育政策的女职工之间的劳动合同，但是，女职工的行为毕竟违反了国家的计划生育政策和相关法规，因此法律赋予企业给予违反计划生育政策的女职工内部处分的权力。如《北京市人口与计划生育条例》规定，机关、社会团体、企业事业组织的职工违反本条例规定生育的，由其所在单位给予行政处分或者纪律处分；三年内不得被评为先进个人、不得提职，并取消一次调级。《上海市人口与计划生育条例》规定，对违反本条例规定生育子女的公民，如果系国家工作人员的，依法给予行政处分；系其他人员的，所在单位可以给予纪律处分。笔者建议，用人单位可以将“违反计划生育规定”列为违纪行为之一，并规定以适当的处分形式，如取消评级、调薪资格，书面警告，记过处分等。当然，上述纪律处分或其他处理不仅限于女职工，也包括对其配偶。

二、未婚先孕流产和计划外生育的流产

以案说法

99. 女职工计划外生育流产能享受流产假待遇吗？

江某，已婚育有一子，于2006年7月1日进入上海某酒店管理公司工作，双方签订了1份3年期劳动合同，约定工资为3500元/月。2009年5月10日江某被确诊怀孕，6月20日自然流产，故向单位要求休流产假15天，并要求支付流产假工资。公司认为，江某系第二胎计划外生育流产，不应享受流产假待遇。

【律师点评】

该案例发生于2016年1月1日以前，根据当时国家及地方性法律法规和生育政策的规定，已婚第二胎流产仍属于计划外生育流产。对于未婚先孕流产和已婚计划外生育的流产，无论是意外流产，还是人工流产，女职工是否能享受法律规定的有关流产的生育保险待遇呢？一般来说，各地的生育保险法规均规定，女职工享受生育保险待遇，必须满足的条件之一为，属于计划内生育。但就通常的理解而言，计划内生育和计划内怀孕还是有区别的，由于女职工在怀孕期间还没有形成违反政策

生育的事实，而且孕期内流产的话，从根本上就不会形成计划外生育的事实。因此，对于这部分女职工能否享受生育保险待遇，一直是有较大争议的。

实践中，有的地区作出了进一步明确的规定，如上海市劳动和社会保障局根据当时国家及地方性法律法规的相关规定，在《关于〈上海市城镇生育保险办法〉的问答》中明确，生育妇女符合下列情形之一的，均属于“计划内生育”：（1）计划内生育第一胎的；（2）符合计划内生育第二个孩子条件并经市或区县计生委批准的；（3）属于计划内生育但妊娠后流产的。可见，根据该《问答》，计划内生育并非单指生育，也包括属计划内生育的流产。基于此规定，未婚先孕的流产和计划外生育的流产就都被排除在外了，在这两种情况下，女职工是不能享受生育保险待遇的。

此外，“三孩政策”实施后，关于在 2021 年 5 月 31 日之后至 2021 年 11 月 25 日新修订的《上海市人口与计划生育条例》出台实施前这段时间生育子女如何享受生育假的问题，上海市卫健委答复称在此期间内凡孩子出生日期在 2021 年 5 月 31 日及之后的员工，即使其已在休产假或产假已经休完，也可以按照新政策再补享受三十天生育假期。补假期间的工资待遇应该与该员工原产假期间待遇相同。上海市《关于支持三孩政策生育保险工作的通知》进一步明确，2021 年 5 月 31 日（含）之后生育或流产的符合条件的参保生育妇女可享受生育保险待遇。

其他很多地区，虽然在法规和政策上并没有明确规定，违反计划生育政策怀孕后的流产不能享受生育保险待遇，但是在实际申领生育保险待遇的过程中，基本都要求女职工提供生育证或准生证，计划生育服务手册等手续才能办理。因此，这部分违反计划生育政策怀孕后流产的女职工实际也是无法享受到生育保险待遇的。

【HR 应对】

1. 企业应允许违反计划生育政策怀孕后流产的女职工休流产假。

虽然女职工的行为违反了国家的计划生育政策，但流产毕竟是事实，企业应根据医生的证明，按照法定流产假的天数给予休假，以保证女职工的身体恢复。

2. 对于流产假期间的待遇，企业可参照前述违反计划生育政策的产假待遇自主确定。

3. 关于生育保险和计划生育的相关规定，具有较强的地方性，企业 HR 应关注和了解本地的相关特殊规定。尤其是对于女职工何种情况下流产能享受生育保险待遇，能享受几次，各地社保的规定和操作更是五花八门，企业 HR 需要具体咨询和确定。

4. 企业 HR 在“三期”女职工劳动关系的管理中，需要特别注意的是，有关提供劳动保护和调整工作岗位，解除和终止劳动合同的法律规定和司法实践是比较明确和一致的，可以直接适用相关的规定。但是，关于“三期”内各种假期的期限、“三期”工资和福利待遇以及对违反计划生育政策女职工的处理，各地的规定和司法实践都不尽相同，企业 HR 应根据当地的具体规定执行，必要时还应咨询当地的相关部门，以免因违反地方性规定而承担不利的法律后果。

【法条链接】

《深圳市劳动合同管理疑难问题研讨会纪要》

七、女职工违法计划生育问题。女职工违法计划生育仍然适用《女职工劳动保护特别规定》的有关条款，用人单位不得以女职工违法计划生育为由解除劳动合同。劳动合同、集体合同、规章制度另有约定的除外。

《关于〈上海市城镇生育保险办法〉的问答》

问：哪些是属于“计划内生育”？

答：生育妇女符合下列情形之一的，均属于“计划内生育”：（一）计划内生育第一胎的；（二）符合计划内生育第二个孩子条件并经市或区县计生委批准的；（三）属于计划内生育但妊娠后流产的。

《上海市医疗保障局、上海市财政局、上海市卫生健康委员会关于支持三孩政策生育保险工作的通知》

二、2021 年 5 月 31 日（含）之后生育或者流产的符合条件的参保生育妇女，按照下列标准享受生育医疗费补贴：

（一）生育的，生育医疗费补贴按 4200 元计发，其中危重孕产妇生育医疗费补贴按 8000 元计发；

（二）妊娠 4 个月以上（含 4 个月）自然流产的，生育医疗费补贴按 700 元计发；妊娠不满 4 个月自然流产的，生育医疗费补贴按 500 元计发。

第十七章 涉外劳动关系管理

涉外劳动关系是指劳动合同主体或劳动合同的履行地点具有涉外因素的劳动法律关系。具体表现形式有外国公司雇用中国人在外国工作、外国公司雇用中国人在中国工作、外国公司雇用外国人在中国工作、中国公司雇用外国人在外国工作、中国公司雇用外国人在中国工作和中国公司雇用中国人在外国工作。

涉外劳动关系与国内劳动关系相比，较为复杂，笔者在本章将重点介绍发生在我国境内，即劳动合同的履行地在国内的涉外劳动法律关系的相关内容，主要包括国内企业雇用外国人工作和外国企业雇用中国人工作两种情形。根据“属地管辖原则”，上述两类涉外劳动关系受我国法律的管辖，既应遵循我国劳动法律法规的一般规定，还应符合相关法律规定的特殊要求。

第一节 涉外劳务派遣

根据《中华人民共和国国务院关于管理外国企业常驻代表机构的暂行规定》，外国企业常驻代表机构在中国境内不能直接聘用劳动者，而必须由外事服务单位派遣雇员到外企代表机构提供劳务。从劳动法律关系上说，其属于劳务派遣范畴，因此，适用我国《劳动合同法》中关于劳务派遣的规定，我们称之为“涉外劳务派遣”。目前，我国境内的涉外劳务派遣主要集中在外企、外事、外航三大涉外服务领域，主要是为外国及台、港、澳地区的经济组织和企业的在华商务代表机构，外国驻华使馆、领馆、联合国及境外媒体驻华机构，外国航空公司在华常设机构等提供各种人力资源服务。

外事服务单位，也就是涉外劳务派遣公司，是指经国家有关部门批准，专门从事向外国企业常驻代表机构提供中国雇员业务的企业。目前国内主要的外事服务单位有：北京外企人力资源服务有限公司（简称FESCO）、中国国际技术智力合作公司（简称CIIC）和中国国际企业合作公司等。

外事服务单位与外企代表机构签订劳务派遣合同，约定双方的相关权利义务，以及应向劳动者承担的权利和义务。外事服务单位与派遣员工签订劳动合同，约定派遣期限、工作岗位及薪酬待遇等。劳务派遣合同是外事服务单位与员工建立劳动关系的前提和基础，也是劳动合同实际履行的保障。实务中，为了保障外企员工的权益，劳务派遣合同和劳动合同应各自独立履行，如果外企代表机构违约，外事服务单位应先行履行劳动合同，再向外企代表机构追偿损失。

以案说法

100. 外企代表处可以直接招用中国员工吗？

刘某于2016年1月进入某外企深圳代表处工作，该外企深圳代表处没有法人资格，其隶属于美国某实业有限公司。2016年1月1日双方签订了1份《劳动合同书》，约定合同期限为3年，月薪为5300元。双方还约定“根据《中华人民共和国劳动法》和《深圳经济特区劳动合同条例》（已失效）及其他有关法律法规的规定，如甲方（外企深圳代表处）违反本合同，应当依法承担经济补偿金等法定责任。”2018年3月，该外企深圳代表处以刘某违反劳动合同为由停发其工资津贴1500元，并通知刘某，“公司现决定自即日起解除与你签订的劳动合同，请你于3日内办妥离职手续。”2018年6月27日，刘某向深圳市劳动争议仲裁委员会提出申诉，要求代表处一次性支付违法解除劳动合同的赔偿金和拖欠的工资。

【审理结果】

仲裁委员会以“该外企深圳代表处是美国公司驻深圳的代表机构，并非中国境内的企业，不属于《劳动合同法》中规定的‘用人单位’，双方之间的法律关系不适用《劳动合同法》，被诉主体不适格”为由裁定不予受理。刘某不服，向深圳市某区人民法院提起诉讼。

一审法院在审理过程中认为本案不属于劳动争议案件，依法向刘某行使释明权，刘某变更了诉讼请求。一审法院最终判决该外企深圳代表处一次性支付刘某经济损失人民币13250元（工作年限×月工资5300元），一次性支付拖欠的工资1500元。外企深圳代表处不服，提出上诉，深圳市中级人民法院经审理，维持了原判。

【律师点评】

外企代表处是境外企业驻我国境内的办事机构，根据我国法律规定，其不具备独立的用工主体资格，因此，不能直接在境内聘用中国员工。但事实上，这些外企代表处直接雇佣劳动者的情况却大量存在，那么，代表处与其直接雇佣的员工之间构成何种法律关系，代表处应承担何种法律责任呢？

本案仲裁委员会和法院认为，代表处与其直接雇佣的员工之间不是劳动关系，而是劳务关系，因此，不属于劳动争议的受案范围，这也是目前司法实践在认定此类问题上普遍采纳的观点。但问题的关键是，基于劳务关系的认定，被直接雇佣的员工是否还能享受到劳动法律法规所规定的休息休假、保险福利、解除劳动合同补偿金、赔偿金等权利和待遇呢？过去不少案例由于适用一般的民事法律规范来解决双方之间的纠纷，因此，客观上剥夺了被直接雇佣的员工所应享有的上述权利。这样就导致一个现象，外企代表机构本身违法招用员工，结果最后还逃避了作为用人单位本该承担的责任和义务，这显然不符合法律的基本原则和精神。本案中，法院认为代表处明知其没有用工权，但却直接聘用员工，导致双方建立的劳动关系无效，对此造成的后果，代表处应依法承担相应的责任，即参照劳动法律法规的相关规定赔偿员工一定的损失。

【HR 应对】

1. 关于外企代表机构聘用中国人，即涉外劳务派遣，同样适用我国《劳动合同法》有关劳务派遣的相关规定。外企 HR 可参考本书第十五章第一节有关“劳务派遣”的相关内容，来规范与外事服务单位的关系，履行对中国雇员应当承担的责任和义务。

2. 外企代表机构直接聘用中国人，属于违法用工行为，不但在民事诉讼中难逃相关的法律责任，而且还将受到行政部门的处罚。因此，外企 HR 应当正确引导企业负责人了解和遵守国内法律的相关规定，通过合法形式招聘和使用员工，避免由于认识上的误区或抱有侥幸心理，而盲目违法用工，引发民事纠纷和法律风险。

第二节　外国人在中国就业

外国人在中国就业，是指没有取得定居权的外国人在中国境内依法从事社会劳动并获取劳动报酬的行为。《外国人在中国就业管理规定》是目前对外国人在中国就业进行管理和规范的主要依据，该《规定》对于外国人就业的申请条件、程序、审批和劳动合同的管理等作出了全面规定。

一、外国人就业的条件

外国人在中国就业须具备下列条件：

（1）年满 18 周岁，身体健康；

（2）具有从事其工作所必需的专业技能和相应的工作经历；

（3）无犯罪记录；

（4）有确定的聘用单位；

（5）持有有效护照或能代替护照的其他国际旅行证件。

外国人取得在中国就业的资格，需要事先经用人单位所在地的劳动行政部门审批，除满足上述条件外，行政部门在进行审批时，会着重审查企业拟聘用外国人所从事的岗位。根据《外国人在中国就业管理规定》，用人单位聘用外国人从事的岗位应是有特殊需要，国内暂缺适当人选，且不违反国家有关规定的岗位。

近年来，随着外籍人员来华就业数量的增加，以北京、上海、广州为代表的一线城市也开始出台政策进一步规范外籍人员来华就业的聘用管理工作，例如，北京在2014年9月发布了《关于进一步加强北京市外籍人员聘用工作的通知》，在上述规定的基础上，进一步提高了外籍人员来华就业的门槛，要求外籍人员应当具有学士及以上学位和2年及以上相关工作经历，其中外籍教师应具有5年及以上相关工作经历（语言教师除外）；不具有学士及以上学位，来京承担急需紧缺工种关键技术工艺研发任务的高级技能人才应具有国外技术资格认证。

二、外国人就业的程序

根据《外国人在中国就业管理规定》，外国人就业手续的办理应遵循如下程序：

1. 申请就业许可

在外国人入境之前，用人单位应先为该外国人申请就业许可，经获批准并取得《外国人就业许可证书》（以下简称“许可证书”）后方可聘用。

2. 发出通知签证函

用人单位获准聘用外国人后，须由单位向拟聘用的外国人发出通知签证函及许可证书。

3. 申请职业签证

获准来中国就业的外国人，应凭劳动行政部门签发的许可证书、单位的通知函电及本国有效护照或能代替护照的证件，到中国驻外使、领馆处申请职业签证。

4. 办理就业证

用人单位应在被聘用的外国人入境后15日内，持许可证书、与被聘用的外国人签订的劳动合同及其有效护照或能代替护照的证件到原发证机关为其办理《外国人就业证》（以下简称“就业证”），并填写《外国人就业登记表》。

5. 办理居留许可

已办理就业证的外国人，应在入境后30日内，持就业证到公安机关申请办理居留证。居留证件的有效期限可根据就业证的有效期确定。

持有就业证和居留许可的外国人方可在中国合法就业，并受中国法律保护。对此，《最高人民法院关于审理劳动争议案件适用法律若干问题的解释（四）》（已失效）、2021年1月1日施行的《最高人民法院关于审理劳动争议案件适用法律问题的解释（一）》明确规定，对未依法取得就业证件即与中国境内的用人单位签订劳动合同的外国人，当事人请求确认与用人单位存在劳动关系的，人民法院不予支持。另外，实务中外国人持职业签证入境后，还需要先到指定的医疗机构体检，体检合格后，方能办理就业证。

以案说法

101. 外国人能同时在我国境内两家企业兼职吗？

英国人 Jacky 于 2017 年 4 月受英国总公司派遣，分别在驻沪房产公司和网络公司担任部门经理和项目主管，上述两家公司都由英国总公司投资和管理。Jacky 能否在两家公司兼职，其就业证该如何办理呢？

【律师点评】

根据《外国人在中国就业管理规定》，外国人在中国就业的，用人单位必须与其就业证所注明的单位相一致。因此从理论上排除了外国人同时在两家以上公司兼职的可能性。但是，从方便和经济的角度考虑，境外投资方派遣同一外国人到其投资的境内不同公司兼职的情况却普遍存在。因此，上海出台的《关于贯彻〈外国人在中国就业管理规定〉的若干意见》专门就此问题作出了规定，即如果属于境外投资方派遣，外国人可以在同一投资方举办的几家企业中兼职，但只能由其中一家企业出面办理就业手续。也就是说，只有在境外投资方派遣的情形下，外国人才能在其投资的不同境内企业中兼职，除此之外，外国人在我国境内就业不得兼职。

以案说法

102. 企业擅自聘用外国人，应承担何种责任？

某公司于 2016 年招用了一名古巴员工保罗，双方签订了聘用协议，但公司未办理就业许可，保罗也未取得就业证。2016 年年底，市劳动局、公安局共同对该市《外国人在中国就业管理规定》的贯彻实施情况展开检查，发现该公司在未取得雇佣外国人就业许可的前提下擅自聘用外国人。公司与保罗之间构成何种法律关系，应承担何种法律责任？

【律师点评】

根据《外国人在中国就业管理规定》，公司在未办理许可证书的前提下，擅自雇佣外国人，其行为构成非法用工。对此，公安机关可以按《中华人民共和国出境入境管理法》的规定，要求企业终止雇佣行为，并可对企业处每非法聘用一人一万元，总额不超过十万元的罚款；有违法所得的，没收违法所得。同时，责令企业承担遣送私自雇佣的外国人回国的全部费用。

【法条链接】

《外国人在中国就业管理规定》

第五条 用人单位聘用外国人须为该外国人申请就业许可，经获准并取得《中华人民共和国外国人就业许可证书》（以下简称许可证书）后方可聘用。

第六条 用人单位聘用外国人从事的岗位应是有特殊需要，国内暂缺适当人选，且不违反国家有关规定的岗位。用人单位不得聘用外国人从事营业性文艺演出，但符合本规定第九条第三项规定的人员除外。

第七条　外国人在中国就业须具备下列条件：（略）

第十一条　用人单位聘用外国人，须填写《聘用外国人就业申请表》（以下简称申请表），向其与劳动行政主管部门同级的行业主管部门（以下简称行业主管部门）提出申请，并提供下列有效文件：

（一）拟聘用外国人履历证明；

（二）聘用意向书；

（三）拟聘用外国人原因的报告；

（四）拟聘用的外国人从事该项工作的资格证明；

（五）拟聘用的外国人健康状况证明；

（六）法律、法规规定的其他文件。

行业主管部门应按照本规定第六条、第七条及有关法律、法规的规定进行审批。

第十二条　经行业主管部门批准后，用人单位应持申请表到本单位所在地区的省、自治区、直辖市劳动行政部门或其授权的地市级劳动行政部门办理核准手续。省、自治区、直辖市劳动行政部门或授权的地市级劳动行政部门应指定专门机构（以下简称发证机关）具体负责签发许可证书工作。发证机关应根据行业主管部门的意见和劳动力市场的需求状况进行核准，并在核准后向用人单位签发许可证书。

第十三条　中央级用人单位、无行业主管部门的用人单位聘用外国人，可直接到劳动行政部门发证机关提出申请和办理就业许可手续。

外商投资企业聘雇外国人，无须行业主管部门审批，可凭合同、章程、批准证书、营业执照和本规定第十一条所规定的文件直接到劳动行政部门发证机关申领许可证书。

第十四条　获准来中国工作的外国人，应凭许可证书及本国有效护照或能代替护照的证件，到中国驻外使、领馆、处申请Z字签证。

第十五条　用人单位应在被聘用的外国人入境后十五日内，持许可证书、与被聘用的外国人签订的劳动合同及其有效护照或能代替护照的证件到原发证机关为外国人办理就业证，并填写《外国人就业登记表》。

就业证只在发证机关规定的区域内有效。

第十六条　已办理就业证的外国人，应在入境后30日内，持就业证到公安机关申请办理居留证。居留证件的有效期限可根据就业证的有效期确定。

第二十三条　外国人在中国就业的用人单位必须与其就业证所注明的单位相一致。

外国人在发证机关规定的区域内变更用人单位但仍从事原职业的，须经原发证机关批准，并办理就业证变更手续。

外国人离开发证机关规定的区域就业或在原规定的区域内变更用人单位且从事不同职业的，须重新办理就业许可手续。

第二十七条　对违反本规定未申领就业证擅自就业的外国人和未办理许可证书擅自聘用外国人的用人单位，由公安机关按《中华人民共和国外国人入境出境管理法实施细则》第四十四条处理。

《中华人民共和国出境入境管理法》

第八十条 外国人非法就业的，处五千元以上二万元以下罚款；情节严重的，处五日以上十五日以下拘留，并处五千元以上二万元以下罚款。

介绍外国人非法就业的，对个人处每非法介绍一人五千元，总额不超过五万元的罚款；对单位处每非法介绍一人五千元，总额不超过十万元的罚款；有违法所得的，没收违法所得。

非法聘用外国人的，处每非法聘用一人一万元，总额不超过十万元的罚款；有违法所得的，没收违法所得。

《最高人民法院关于审理劳动争议案件适用法律的解释（一）》

第三十三条 外国人、无国籍人未依法取得就业证件即与中华人民共和国境内的用人单位签订劳动合同，当事人请求确认与用人单位存在劳动关系的，人民法院不予支持。

持有《外国专家证》并取得《外国人来华工作许可证》的外国人，与中华人民共和国境内的用人单位建立用工关系的，可以认定为劳动关系。

《关于进一步加强北京市外籍人员聘用工作的通知》

一、加强外籍人员及用人单位的资质管理

（一）外籍人员来京工作，应当具备以下条件：

……2. 具有学士及以上学位和2年及以上相关工作经历，其中外籍教师应具有5年及以上相关工作经历（语言教师除外）；不具有学士及以上学位，来京承担急需紧缺工种关键技术工艺研发任务的高级技能人才应具有国外技术资格认证；……

三、外国人劳动合同关系的管理

企业聘用外国人，也必须与被聘用的外国人依法订立劳动合同，但是该劳动合同的订立与解除，与聘用国内员工的劳动合同还是有所区别的，主要表现在：

1. 劳动合同的期限

企业与国内员工订立劳动合同的期限有3种，固定期限、无固定期限和以完成一定工作任务为期限，但与外国人订立劳动合同，合同期限只有1种，即必须是固定期限，且最长不得超过5年。

合同期限届满，劳动合同即行终止，就业证也同时失效。如需续订劳动合同，双方不得自行协商后直接续订，企业应在原合同期满前30日内，向劳动行政部门提出延长聘用时间的申请，经批准并办理就业证延期手续后，方能续订劳动合同。

2. 就业证年检

根据《外国人在中国就业管理规定》，劳动行政部门对就业证实行年检。用人单位聘用外国人就业每满1年，应在期满前30日内到劳动行政部门为被聘用的外国人办理就业证年检手续。逾期未办的，就业证自行失效。也就是说，在劳动合同的履行过程中，企业应当按时到劳动行政部门办理外国人就业证的年检，否则就业证失效后，企业继续用工的行为将构成违法用工。

3．办理和缴纳社会保险

随着《在中国境内就业的外国人参加社会保险暂行办法》（以下简称"《暂行办法》"）的出台，从2011年10月15日起，来华就业的外国人将全部被纳入我国的社会保障体系，多年来各地外籍员工社保缴纳各自为政、操作混乱的局面将被终结，在我国就业的外籍员工将统一比照国内员工的社保标准办理参保手续和缴纳社会保险费。

（1）适用范围

《暂行办法》适用于所有在我国合法就业的外国人和依法雇用外国人的用人单位。在我国合法就业的外国人，是指依法获得外国人就业证、外国专家证、外国常驻记者证等就业证件和外国人居留证件，以及持有外国人永久居留证，在我国境内合法就业的非中国国籍的人员。这主要包括两种情形：一是，在我国境内依法注册或者登记的企业、事业单位、社会团体、民办非企业单位、基金会、律师事务所、会计师事务所等组织直接招用的外国人；二是，与境外雇主订立雇用合同后，被派遣到在我国境内注册或者登记的分支机构、代表机构工作的外国人。

这里需要注意，《暂行办法》所界定的外籍员工，对于境外公司将外籍员工派遣到在我国境内的分支机构、代表机构的，如果上述机构具备用工主体资格的，应当直接为被派遣的外籍员工办理和缴纳社保，如果上述机构不具备用工主体资格的，应当首先在我国境内办理劳务派遣用工手续，其相应的参保手续应由国内劳务派遣单位办理。

（2）社会保险的参保险种

根据《暂行办法》的规定，用人单位为外籍员工参保的险种，同国内员工完全一致，包括基本养老保险、基本医疗保险、工伤保险、失业保险和生育保险等全部"五险"。上述规定使得外籍员工在参保险种上完全享受国民待遇，结束了此前各个地区对外籍员工参保险种要求各异的局面。

但是，对于已经和我国签订了社会保险双边协议的国家，其本国员工在我国就业的，则需根据双方之间的社保互免协定的内容确定参保险种。目前，我国先后分别与德国、韩国、丹麦、芬兰、加拿大、瑞士、荷兰及法国签署了社保双边协议，针对德籍、韩籍及荷兰籍等员工，能够提供在其本国参保证明的，可以不缴纳养老保险和失业保险；针对丹麦籍及瑞士籍等员工，能够提供在其本国参保证明的，可以不缴纳养老保险。对于社保互免协议未涉及的其他险种，企业仍然应当按照《暂行办法》的规定为上述国家员工办理参保手续。

（3）社会保险待遇的享受

原则上，根据《暂行办法》的规定，参加社会保险的外国人，符合条件的，都可以依法享受社会保险待遇。但是，事实上，由于外国人身份和用工手续的特殊，相关保险待遇在实际落实上确实还存在很大的问题。比如外国人不执行计划生育政策，享受生育保险时是否可以多次报销生育费用和领取生育津贴；再如，外国人失业后又未在我国国内签约到新的用人单位的，其就业证将面临被依法注销，那么其还能否按我国法律享受失业保险待遇。这些问题都有待国家或地方进一步出台相关的实施细则予以明确。

根据《暂行办法》的规定，外籍员工在达到规定的领取养老金年龄前离境的，其个人账户予以保留，再次来中国就业的，缴费年限可以累计计算；如果本人书面申请终止社保关系的，其社保个人账户储存额可以一次性支付给其本人。另外，如果外籍员工死亡的，其社会保险个人账户余额可以由其合法继承人依法继承。

（4）未依法为外籍员工缴纳社保的法律后果

用人单位在《暂行办法》实施后，如果未依法为本单位的外籍员工办理参保手续和缴纳社会保险费的，须根据《社会保险法》的相关规定承担法律责任，包括限期缴纳、支付滞纳金以及上缴罚款。

《暂行办法》的出台，明确了为外籍员工缴纳社会保险已成为企业的法定强制性义务，这对于雇佣外籍员工的企业无疑将产生重大的影响。企业 HR 应密切关注当地的法规政策，依据社保机构的要求尽快为外籍员工办理参保手续。对于因缴纳社保而带来的企业用工成本的增加，建议 HR 给予全面估算，必要时，可根据实际情况重新调整外籍员工的工资待遇和福利待遇分配。

4. 劳动合同的解除

企业与外国人解除劳动合同，也应遵循我国《劳动合同法》的相关规定。需要注意的是，合同解除后，企业还应及时向劳动行政、公安部门报告，并交还该外国人的就业证和居留证件。

以案说法

103. 聘用外国人，能约定劳动合同的终止条件吗？

2017 年 1 月，美国人 David（中文名字陈大卫，以下称陈某）入职上海某公司，担任副总经理，双方订立了 1 年期的劳动合同。合同中写明：合同期满后，除非有一方在开始延长合同之日前至少两个月提出书面的不续签合同意见，否则劳动合同自动延长，每次延长 3 年；合同任何一方要终止合同必须提前 1 个月书面通知对方。2018 年 1 月合同期满后，双方均未提出任何意见，根据劳动合同约定，陈某与公司的劳动合同自动延长至 2021 年 1 月。但是，2018 年 3 月 15 日，公司通知陈某，公司将与其解除劳动合同，请其于 2018 年 4 月 15 日之前办理好离职手续。陈某表示合同已自动延长，因此不同意公司的解除决定，公司又于 2018 年 3 月 30 日，正式向陈某发出终止劳动合同通知书。

于是，陈某向上海市劳动争议仲裁委员会提起仲裁，要求公司继续履行劳动合同。

【审理结果】

上海市劳动争议仲裁委员会经审理，认为公司与陈某在劳动合同中明确约定任何一方要终止合同必须提前1个月书面通知，而公司又是按照这一约定解除双方劳动关系的，其行为并无不当。因此，裁决驳回陈某继续履行合同的请求。

陈某不服，向法院提起诉讼，法院以同样的理由判决驳回陈某继续履行合同的请求。

【律师点评】

本案的争议焦点在于外国人是否适用《劳动合同法》及其相关法律规定。理论上来讲，我国的《劳动合同法》及其相关法律规定适用于一切在我国境内提供劳动，并和用人单位构成劳动关系的劳动者，这其中当然包括外国人。但实务中，由于涉外劳动关系的特殊性，各地在实际处理的把握上与国内员工还是不太相同。

比如本案发生在上海，当地仲裁委员会和法院审判此类纠纷的主要依据是，上海市《关于贯彻〈外国人在中国就业管理规定〉的若干意见》，根据该《意见》第16条的规定，用人单位与获准聘雇的外国人之间有关聘雇期限、岗位、报酬、保险、工作时间、解除聘雇关系条件、违约责任等双方的权利义务，通过劳动合同约定。因此，法院认为，根据上述规定，有关企业与外国人之间的劳动合同的解除或终止条件是可以通过合同约定的方式进行明确的，属于劳动合同意思自治的范畴，因此，认定公司提前1个月书面通知陈某终止劳动合同，是符合合同约定的。

但是，根据我国《劳动合同法》及其相关法律规定，用人单位的解聘权是受到严格限制的，即不能在法定情形之外与劳动者约定劳动合同的解除或终止条件。即便自行约定了，该约定也属无效。笔者认为，即使是外国人与我国境内的用人单位订立的劳动合同，也当然受到我国《劳动合同法》和相关法律规定的规范和约束，有关用人单位解聘权利的约定也不能违反上述相关法律规定。但是，对于涉外劳动关系中的争议究竟应如何适用《劳动合同法》等相关法律规定，比如本案中，用人单位能否在劳动合同中约定终止条件，这还有待相关部门尽快出台专门的规定来予以明确。在此之前，HR处理此类争议时，还是应当具体参考当地的审判实践和相关规定。

【HR应对】

1. 企业聘用外国人，在聘用手续上将承担比聘用国内员工更多的义务，需要依法履行严格的审批手续。在合同履行期间，发生任何变更或解除，涉及需要到相关部门登记或备案的，也应及时办理，以免造成非法用工。

2. 由于相关法律规定的欠缺，企业HR在遇到实际问题时，应尽量多咨询当地的劳动行政部门和其他相关机构，以避免因违反当地规定而引发劳动争议，增加企业的用工风险和成本。

【法条链接】

《中华人民共和国社会保险法》

第九十七条 外国人在中国境内就业的，参照本法规定参加社会保险。

《外国人在中国就业管理规定》

第十七条 用人单位与被聘用的外国人应依法订立劳动合同。劳动合同的期限最长不得超过五年。劳动合同期限届满即行终止，但按本规定第十八条的规定履行审批手续后可以续订。

第十八条 被聘用的外国人与用人单位签订的劳动合同期满时，其就业证即行失效。如需续订，该用人单位应在原合同期满前30日内，向劳动行政部门提出延长聘用时间的申请，经批准并办理就业证延期手续。

第十九条 外国人被批准延长在中国就业期限或变更就业区域、单位后，应在十日内到当地公安机关办理居留证件延期或变更手续。

第二十条 被聘用的外国人与用人单位的劳动合同被解除后，该用人单位应及时报告劳动、公安部门，交还该外国人的就业证和居留证件，并到公安机关办理出境手续。

第二十七条 劳动行政部门对就业证实行年检。用人单位聘用外国人就业每满一年，应在期满前三十日内到劳动行政部门发证机关为被聘用的外国人办理就业证年检手续。逾期未办的，就业证自行失效。

外国人在中国就业期间遗失或损坏其就业证的，应立即到原发证机关办理挂失、补办或换证手续。

《在中国境内就业的外国人参加社会保险暂行办法》（略）

第十八章　劳动争议的解决

在劳动合同的签订、履行和解除过程中，用人单位和劳动者会由于各种原因发生纠纷，从而形成劳动争议。2008 年 5 月 1 日施行的《中华人民共和国劳动争议调解仲裁法》（以下简称《劳动争议调解仲裁法》），从法律层面构建了我国处理劳动争议的基本体系和机制。根据《劳动争议调解仲裁法》的规定，发生劳动争议，劳动者可以与用人单位协商解决；当事人不愿协商、协商不成或者达成和解协议后不履行的，可以向调解组织申请调解；不愿调解、调解不成或者达成调解协议后不履行的，可以向劳动争议仲裁委员会申请仲裁；对仲裁裁决不服的，除《劳动争议调解仲裁法》另有规定的外，可以向人民法院提起诉讼。

由此可见，我国对劳动争议案件实行“一调一裁两审、仲裁前置”的处理模式，具体来说，当事人可以通过自行协商和解、第三方调解、仲裁和诉讼等途径解决劳动争议。

第一节　和解与调解

劳动争议发生后，用人单位和劳动者可自行协商或由第三方参与调解解决争议。和解和调解虽然不是解决劳动争议的必经程序，但由于它们具有简捷、及时和成本低等优点，因此，不失为解决劳动争议的最佳途径。

一、和解

根据《劳动争议调解仲裁法》的规定，“发生劳动争议，劳动者可以与用人单位协商，也可以请工会或者第三方共同与用人单位协商，达成和解协议。”自行协商解决是最为常见，也是双方都最容易接受的解决方式。

如果用人单位和劳动者经协商达成和解，应当签订和解协议，并按其约定履行各自相应的义务。但需要注意的是，和解协议不具有强制性，任何一方事后反悔，另一方均无法凭和解协议向法院申请强制执行，双方当事人仍然有申请仲裁或提起诉讼的权利。

二、调解

调解是由第三者居间调和，通过疏导协商，促使双方当事人互谅互让，达成调解协议，从而使纠纷得到解决。

1. 劳动争议调解组织

根据《劳动争议调解仲裁法》的规定，发生劳动争议，当事人可以到下列调解组织申请调解：企业劳动争议调解委员会；依法设立的基层人民调解组织；在乡镇、街道设立的具有劳动争议调解职能的组织。

其中，企业劳动争议调解委员会由职工代表和企业代表组成。职工代表由工会成员担任或者由全体职工推举产生，企业代表由企业负责人指定。企业劳动争议调解委员会主任由工会成员或者双方推举的人员担任。

2. 调解程序

（1）提出调解申请

根据《劳动争议调解仲裁法》的规定，当事人申请劳动争议调解的，既可以书面申请，也可以以口头方式向调解组织提出申请。口头申请的，调解组织应当当场记录申请人基本情况、申请调解的争议事项、理由和时间。

（2）调解期限

根据《劳动争议调解仲裁法》的规定，自劳动争议调解组织收到调解申请之日起 15 日内未达成调解协议的，当事人可以依法申请仲裁。也就是说，法律规定的调解期限是 15 日，在 15 日内未达成协议的，视为调解不成，任何一方当事人均可向劳动争议仲裁委员会申请仲裁。

（3）调解结果

双方当事人经调解达成协议的，应当制作调解协议书。如果调解不成，调解组织应告知当事人向劳动争议仲裁委员会申请仲裁。关于调解协议书的内容，法律未作出明确规定，一般来说，调解协议书应载明双方达成的权利义务内容和履行期限等事项，并经双方当事人签名或者盖章，经调解员签名并加盖调解组织印章后生效。

3. 调解协议的法律效力

（1）调解协议对双方当事人具有约束力

2011 年 1 月 1 日起施行的《中华人民共和国人民调解法》第 31 条规定，“经人民调解委员会调解达成的调解协议，具有法律约束力，当事人应当按照约定履行。”根据上述规定，生效的调解协议书，具有合同的性质，对双方当事人均具有法律约束力，当事人应当依约履行。

（2）经过司法确认的调解协议具有强制执行的效力

一般来说，调解协议达成后，一方当事人在协议约定期限内不履行调解协议的，当事人可以以调解协议书作为证据申请仲裁，但不能依调解协议书直接向法院申请强制执行。为了在一定程度上解决因调解协议不具有强制执行力，而给当事人造成的诉累的增加和司法资源的浪费，2011 年 1 月 1 日起施行的《中华人民共和国人民调解法》，首次以立法形式确定了有关调解协议的“司法确认”机制，即经人民调解委员会调解达成调解协议后，双方当事人认为有必要的，可以自调解协议生效之日起 30 日内共同向人民法院申请司法确认，经过确认有效的调解协议，则权利人在对方拒绝履行或者未全部履行时可向人民法院申请强制执行。因此，对于经过司法确认的调解协议，当事人必须履行，否则，另一方可直接申请强制执行。

另外，需要注意的是，为了维护劳动者的权益，调解协议的效力在个别情况下也有例外，根据《劳动争议调解仲裁法》第 16 条的规定，因支付拖欠劳动报酬、工伤医疗费、经济补偿或者赔偿金事项达成调解协议，用人单位在协议约定期限内不履行的，劳动者无须申请仲裁，可以持调解协议书直接向人民法院申请支付令。

【HR 应对】

1. 企业与员工通过自行协商达成和解后，应及时签订书面和解协议，一方面，可以避免员工反悔；另一方面，一旦员工反悔，可以将和解协议作为证据提交给仲裁委员会和法院，供其审理案件时参考。

2. 企业采用协商或调解方式解决争议，尤其是追究员工的相关责任时，应尽量确保在较短的时间内达成一致，以防止久拖不决，而耽误了申请仲裁的时效，使企业丧失胜诉权。

【法条链接】

《中华人民共和国劳动争议调解仲裁法》

第四条　发生劳动争议，劳动者可以与用人单位协商，也可以请工会或者第三方共同与用人单位协商，达成和解协议。

第五条　发生劳动争议，当事人不愿协商、协商不成或者达成和解协议后不履行的，可以向调解组织申请调解；不愿调解、调解不成或者达成调解协议后不履行的，可以向劳动争议仲裁委员会申请仲裁；对仲裁裁决不服的，除本法另有规定的外，可以向人民法院提起诉讼。

第十条　发生劳动争议，当事人可以到下列调解组织申请调解：

（一）企业劳动争议调解委员会；

（二）依法设立的基层人民调解组织；

（三）在乡镇、街道设立的具有劳动争议调解职能的组织。

企业劳动争议调解委员会由职工代表和企业代表组成。职工代表由工会成员担任或者由全体职工推举产生，企业代表由企业负责人指定。企业劳动争议调解委员会主任由工会成员或者双方推举的人员担任。

第十二条　当事人申请劳动争议调解可以书面申请，也可以口头申请。口头申请的，调解组织应当当场记录申请人基本情况、申请调解的争议事项、理由和时间。

第十三条 调解劳动争议，应当充分听取双方当事人对事实和理由的陈述，耐心疏导，帮助其达成协议。

第十四条 经调解达成协议的，应当制作调解协议书。

调解协议书由双方当事人签名或者盖章，经调解员签名并加盖调解组织印章后生效，对双方当事人具有约束力，当事人应当履行。

自劳动争议调解组织收到调解申请之日起十五日内未达成调解协议的，当事人可以依法申请仲裁。

第十五条 达成调解协议后，一方当事人在协议约定期限内不履行调解协议的，另一方当事人可以依法申请仲裁。

第十六条 因支付拖欠劳动报酬、工伤医疗费、经济补偿或者赔偿金事项达成调解协议，用人单位在协议约定期限内不履行的，劳动者可以持调解协议书依法向人民法院申请支付令。人民法院应当依法发出支付令。

《中华人民共和国人民调解法》

第三十一条 经人民调解委员会调解达成的调解协议，具有法律约束力，当事人应当按照约定履行。

人民调解委员会应当对调解协议的履行情况进行监督，督促当事人履行约定的义务。

第三十三条 经人民调解委员会调解达成调解协议后，双方当事人认为有必要的，可以自调解协议生效之日起三十日内共同向人民法院申请司法确认，人民法院应当及时对调解协议进行审查，依法确认调解协议的效力。

人民法院依法确认调解协议有效，一方当事人拒绝履行或者未全部履行的，对方当事人可以向人民法院申请强制执行。

人民法院依法确认调解协议无效的，当事人可以通过人民调解方式变更原调解协议或者达成新的调解协议，也可以向人民法院提起诉讼。

第二节　申请仲裁

劳动争议经协商或调解不成的，当事人可以向劳动争议仲裁委员会申请仲裁；当事人也可以不经调解直接向劳动争议仲裁委员会申请仲裁。劳动争议仲裁是解决劳动争议的法定和必经程序，因此，在解决劳动争议案件中发挥着举足轻重的作用。

一、仲裁申请的受理范围

根据《劳动争议调解仲裁法》的规定，劳动争议仲裁委员会仅受理属于劳动争议的仲裁申请，对于非劳动争议，当事人只能通过其他司法途径解决。那么，究竟哪些争议属于劳动争议呢？《劳动争议调解仲裁法》对此作出了明确规定，具体包括：

（1）因确认劳动关系发生的争议；

（2）因订立、履行、变更、解除和终止劳动合同发生的争议；

（3）因除名、辞退和辞职、离职发生的争议；

（4）因工作时间、休息休假、社会保险、福利、培训以及劳动保护发生的争议；

（5）因劳动报酬、工伤医疗费、经济补偿或者赔偿金等发生的争议；

（6）法律、法规规定的其他劳动争议。

一般来说，判断某项纠纷是否构成劳动争议，主要考察两个方面，一是，争议双方主体是否为具有劳动关系的用人单位和劳动者；二是，争议事项是否为由劳动关系引起的或与之直接相关的事项。《最高人民法院关于审理劳动争议案件适用法律若干问题的解释（二）》（已失效）、2021 年 1 月 1 日施行的《最高人民法院关于审理劳动争议案件适用法律问题的解释（一）》中还专门对不属于劳动争议的纠纷进行了规定，具体包括：

（1）劳动者请求社会保险经办机构发放社会保险金的纠纷；

（2）劳动者与用人单位因住房制度改革产生的公有住房转让纠纷；

（3）劳动者对劳动能力鉴定委员会的伤残等级鉴定结论或者对职业病诊断鉴定委员会的职业病诊断鉴定结论的异议纠纷；

（4）家庭或者个人与家政服务人员之间的纠纷；

（5）个体工匠与帮工、学徒之间的纠纷；

（6）农村承包经营户与受雇人之间的纠纷。

上述纠纷之所以不构成劳动争议，主要是由于争议双方之间不存在劳动关系，如4、5、6 项，或者是劳动者和第三方行政机关之间发生的纠纷，属于行政争议，如1、3 项。

关于劳动仲裁案件的受理范围，实务中争议一直很大，各地也相继出台了审判指导意见，对此进行规范，但具体内容不尽相同，概括起来，以下几类纠纷，普遍认为不构成劳动争议，不属于劳动仲裁的受案范围：

（1）用人单位未为劳动者建立社会保险关系、欠缴社会保险费或未按规定的工资基数足额缴纳社会保险费，劳动者主张予以补缴而发生的纠纷；

（2）劳动者与用人单位因住房公积金产生的纠纷；

（3）劳动者与用人单位因参加工作时间认定、出生年龄确认、工龄折算、特种工认定、退休审批、退休基本养老保险或者退休金待遇等发生的纠纷；

（4）在校学生在勤工俭学或实习期间，与所在用人单位发生的争议；

（5）外国企业常驻代表机构或台港澳企业未依规定通过相关就业服务单位，而直接招用劳动者发生的纠纷。

以案说法

104. 企业欠缴社会保险费，员工能申请仲裁或提起诉讼吗？

李某于2017年7月1日入职北京某公司，公司于2018年1月1日才开始为李某缴纳社会保险费。2018年7月，公司因李某所在部门撤并，于是决定解除与李某的劳动合同。李某不服，于是向朝阳区劳动争议仲裁委员会提出申请，要求公司支付违法解除劳动合同的双倍赔偿金，并补缴2017年7月至12月的社会保险费。

【审理结果】

劳动争议仲裁委员会经审理，支持了李某要求支付违法解除劳动合同的赔偿金的请求，但对于补缴社会保险费的请求，裁决不予受理。仲裁裁决作出后，李某不服，向朝阳区人民法院提起诉讼，法院经审理，判决支持了李某要求补缴社会保险费的诉讼请求，要求公司于判决生效之日起30日内，为李某补缴2017年7月至12月的社会保险费，补缴金额由社会保险经办部门具体核定。

【律师点评】

对于有关因缴纳社会保险费而发生的纠纷，是否属于劳动争议，实践一直比较混乱。近年来，实务中普遍认为，征缴社会保险费属于社会保险部门的职责，社会保险部门征缴不到的，可依法申请人民法院强制执行。因此，劳动者要求补缴社会保险费的请求，不属于劳动争议，应告知劳动者通过劳动行政部门解决。据此，很多地方的仲裁机构和人民法院一律不受理有关请求补缴社会保险费的案件，有的地方虽然仲裁机构不受理此类案件，但人民法院予以受理，比如本案就是这种情况。

目前，审判实务中的基本趋势是，无论是劳动仲裁机构，还是人民法院，均不再受理有关缴纳社会保险费的申请或诉讼请求，劳动者可以通过当地劳动监察等行政部门解决上述问题。

【HR 应对】

对于员工提起的劳动仲裁，即使仲裁委员会受理了，企业也应当在收到立案通知书或应诉通知书后审查该纠纷是否为劳动争议，对于不属于劳动争议的，应在答辩期内向仲裁委员会提出异议。

【法条链接】

《中华人民共和国劳动争议调解仲裁法》

第二条 中华人民共和国境内的用人单位与劳动者发生的下列劳动争议，适用本法：（略）

《最高人民法院关于审理劳动争议案件适用法律问题的解释（一）》

第二条 下列纠纷不属于劳动争议：（略）

二、劳动争议仲裁时效

根据《劳动争议调解仲裁法》的规定，劳动争议申请仲裁的时效期间为1年，仲裁时效期间从当事人知道或者应当知道其权利被侵害之日起计算。也就是说，当事人从知道或者应当知道其权利被侵害之日起超过1年，未申请劳动仲裁的，就丧失了劳动仲裁的胜诉权，其在1年时效期间届满之后才提出劳动仲裁申请的，其仲裁请求将无法得到仲裁委员会的支持。

在《劳动争议调解仲裁法》出台之前，劳动仲裁的申请期限主要是依据《劳动法》第82条的规定，即提出仲裁要求的一方应当自劳动争议发生之日起60日内向劳动争议仲裁委员会提出书面申请。但《劳动争议调解仲裁法》出台后，劳动仲裁时效制度和之前的规定有了很大的不同，首先，仲裁时效期间延长为1年；其次，遵循了诉讼时效制度的一般原理，以“权利被侵害之日”取代“劳动争议发生之日”；最后，完善了仲裁时效的中断、中止等制度。

1. 仲裁时效期间的起算

由于过去很长一段时间，实务中都是依据《劳动法》的规定，从劳动争议发生之日起计算仲裁时效期间。因此，即便《劳动争议调解仲裁法》出台后，仍有不少HR甚至一些专业律师，还在沿用上述规定计算仲裁时效期间，结果发生错误给企业造成了损失。在《劳动争议调解仲裁法》构建的仲裁时效制度框架下，由于1年的时效期间已经足够长，因此，仲裁时效期间应严格从当事人知道或应当知道其权利被侵害之日起计算。

以案说法

105. 应签未签书面劳动合同的“二倍工资”赔偿，应如何计算仲裁时效？

员工李某于2012年10月15日入职北京某公司，一直未签订书面劳动合同，并于2014年2月14日离职，后于2014年2月20日申请劳动仲裁，请求裁决支付2012年11月15日至2014年2月14日未签订书面劳动合同的二倍工资差额。劳动争议仲裁委以双方不存在劳动关系为由，驳回了李某的仲裁请求。裁决作出后，李某不服诉至一审法院。

【审理结果】

法院经审理认为，公司与李某存在劳动关系，但未与李某签订劳动合同，故公司应向李某支付2012年11月15日至2013年10月14日期间未签劳动合同的二倍工资差额。但因李某于2014年2月20日才申请仲裁，因此，其要求支付2012年11月15日至2013年2月19日期间未签订劳动合同二倍工资差额的诉讼请求已超过仲裁时效，同时，自2013年10月15日至2014年2月14日期间，应视为双方已经订立无固定期限劳动合同，因此，相应的二倍工资差额的诉讼请求于法无据，不予支持。综上，判决公司向李某支付2013年2月20日至2013年10月14日期间的未签劳动合同的二倍工资差额。

【律师点评】

《劳动合同法》出台后，增加了不少用人单位因违法用工向劳动者承担赔偿责任的情形，如违法约定试用期的赔偿金，未签书面劳动合同和未签无固定期限劳动合同的二倍工资赔偿等。对于上述赔偿责任追诉时效的计算，成了劳动仲裁实务中的一大难点。经过一段时间的争论和实践，过去那种认为“未签劳动合同二倍工资的赔偿属于劳动报酬，因此不受1年普通仲裁时效的限制”的观点已经在全国范围内被摒弃，普遍观点认为，上述企业应承担的赔偿责任，受1年仲裁时效的限制，应自当事人知道或应当知道其权利被侵害之日起计算。

但上述观点在实践操作中又分为两派，一种是逐月计算仲裁时效，另一种是整体计算仲裁时效。之后实务中经过了从“逐月”到“整体”的演进，即目前不少地区，比如浙江、青岛等地的规定，只要最后一个月的二倍工资请求未超过一年仲裁时效，那么最多11个月的二倍工资，都应予以全额支持。但是，近两年，北京、上海、广州等地区又明确和统一了新的时效计算方法，不同于过去“从前往后”的起算方法，即“自当事人知道或应当知道其权利被侵害之日起计算”，新的“从后往前”的倒推方法在实务中被进一步适用和采纳。比如，根据北京市2014年5月发布的《北京市高级人民法院、北京市劳动争议仲裁委员会关于劳动争议案件法律适用问题研讨会会议纪要（二）》，鉴于“未签劳动合同行为处于持续状态，故时效可从劳动者主张权利之日起向前计算一年，据此实际给付的二倍工资不超过十二个月”。

本案中，法院即是依据上述新规定来计算和认定二倍工资时效的。具体来说，李某于2014年2月20日申请仲裁，即为“主张权利之日”，仲裁时效期间向前计算至2013年2月20日，故李某主张该日期以前的二倍工资的诉讼请求，因超过仲裁时效而不被支持。同时，由于李某于2012年10月15日入职，至2013年10月14日劳动关系已满一年，自2013年10月15日起视为双方已订立无固定期限劳动合同，无须支付二倍工资，故李某主张的2013年10月15日至2014年2月14日的二倍工资差额的诉讼请求，未被支持。因此，法院最终判定，公司向李某支付2013年2月20日至2013年10月14日期间的二倍工资差额。

另外，还需要强调的是，目前在二倍工资时效计算方面，虽然北京、上海和广州都采用了这种倒推1年的时效计算方法，不过稍有不同的是，上海和广州都是逐月计算二倍工资，只有北京实务中采用了逐日计算二倍工资的方式，虽然这种计算方式稍显麻烦，但是更加合理，对双方当事人，尤其是用人单位，都更为公平。

2. 特殊仲裁时效

根据《劳动争议调解仲裁法》的规定，劳动关系存续期间因拖欠劳动报酬发生争议的，劳动者申请仲裁不受 1 年仲裁时效期间的限制；但是，劳动关系终止的，应当自劳动关系终止之日起 1 年内提出。

比如，员工甲 2007 年 10 月 1 日—10 月 5 日，在公司加班 5 天，但公司一直没支付加班费，2009 年 3 月 4 日，员工甲与公司解除劳动关系，员工甲只要在 2010 年 3 月 4 日前提出仲裁，就有权请求公司支付 2007 年 5 天的加班工资。

由于劳动关系存续期间，劳动者处于弱势，即便知道自己的劳动报酬被拖欠，往往也会为了维持劳动关系而委曲求全。如果直接适用 1 年的仲裁时效并从当事人知道或应当知道权利被侵害之日起计算，不利于保护劳动者利益，因此，法律针对拖欠劳动报酬案件的时效作出了特别规定，即劳动者凡是追讨工资的，包括加班费、奖金、津贴等各种形式的劳动报酬，其仲裁时效均不受 1 年时效期间的限制。仲裁时效限制的放宽，要求企业更应重视依法支付劳动报酬，否则，将难逃司法追诉。

3. 仲裁时效的中断和中止

劳动仲裁时效的中断，是指在仲裁时效进行中，因法定事由的发生而阻碍时效的进行，致使以前经过的时效期间全部归于无效，从中断时起，劳动仲裁时效期间重新计算。根据《劳动争议调解仲裁法》和《劳动人事争议仲裁办案规则》的规定，导致仲裁时效中断的原因有：当事人一方向对方当事人主张权利，或者向有关部门请求权利救济，以及对方当事人同意履行义务等。

（1）一方当事人通过协商、申请调解等方式向对方当事人主张权利的，仲裁时效自当事人主张权利之日或对方当事人明确拒绝之日起重新计算；

（2）一方当事人通过向有关部门投诉，向仲裁委员会申请仲裁，向人民法院提起诉讼或者申请支付令等方式请求权利救济的，仲裁时效自有关部门作出处理或受理决定之日起重新计算；

（3）对方当事人同意履行义务的，仲裁时效从对方当事人承诺同意履行义务之日起重新计算。

劳动仲裁时效的中止，是指在仲裁时效进行中，当不可抗力或其他法定情形发生时，仲裁时效期间停止计算，自阻碍时效继续的情形消失之日起，仲裁时效继续计算。根据《劳动争议调解仲裁法》和《劳动人事争议仲裁办案规则》的规定，导致仲裁时效中止的情形有：发生不可抗力事件，或者有其他正当理由，包括无民事行为能力或者限制民事行为能力劳动者的法定代理人未确定等。

【HR 应对】

1. 企业应当重视仲裁时效的规定，其中对员工提起劳动仲裁的，一定要在仲裁时效期满前提出；被员工提起仲裁的，应注意审查员工的申诉请求是否已经超过仲裁时效。

2. 企业作出各种决定或发出任何通知，尤其是对与劳动关系变更和解除有关的决定或通知，均应当以书面形式作出并及时送达劳动者，以避免双方在仲裁时效的起算、中断和中止等问题上发生争议。

【法条链接】

《中华人民共和国劳动争议调解仲裁法》

第二十七条 劳动争议申请仲裁的时效期间为一年。仲裁时效期间从当事人知道或者应当知道其权利被侵害之日起计算。

前款规定的仲裁时效，因当事人一方向对方当事人主张权利，或者向有关部门请求权利救济，或者对方当事人同意履行义务而中断。从中断时起，仲裁时效期间重新计算。

因不可抗力或者有其他正当理由，当事人不能在本条第一款规定的仲裁时效期间申请仲裁的，仲裁时效中止。从中止时效的原因消除之日起，仲裁时效期间继续计算。

劳动关系存续期间因拖欠劳动报酬发生争议的，劳动者申请仲裁不受本条第一款规定的仲裁时效期间的限制；但是，劳动关系终止的，应当自劳动关系终止之日起一年内提出。

《劳动人事争议仲裁办案规则》

第二十七条 在申请仲裁的时效期间内，有下列情形之一的，仲裁时效中断：

（一）一方当事人通过协商、申请调解等方式向对方当事人主张权利的；

（二）一方当事人通过向有关部门投诉，向仲裁委员会申请仲裁，向人民法院起诉或者申请支付令等方式请求权利救济的；

（三）对方当事人同意履行义务的。

从中断时起，仲裁时效期间重新计算。

第二十八条 因不可抗力，或者有无民事行为能力或者限制民事行为能力劳动者的法定代理人未确定等其他正当理由，当事人不能在规定的仲裁时效期间申请仲裁的，仲裁时效中止。从中止时效的原因消除之日起，仲裁时效期间继续计算。

《北京市高级人民法院、北京市劳动争议仲裁委员会关于劳动争议案件法律适用问题研讨会会议纪要（二）》

28.《劳动合同法》第八十二条“二倍工资”的认定与起止时间、计算方法？

……（5）二倍工资中属于劳动者正常工作时间劳动报酬的部分，适用《调解仲裁法》二十七条第四款的规定；增加一倍的工资属于惩罚性赔偿的部分，不属于劳动报酬，适用《调解仲裁法》二十七条第一款的规定，即一年的仲裁时效。

二倍工资适用时效的计算方法为：在劳动者主张二倍工资时，因未签劳动合同行为处于持续状态，故时效可从其主张权利之日起向前计算一年，据此实际给付的二倍工资不超过十二个月，二倍工资按未订立劳动合同所对应时间用人单位应当正常支付的工资为标准计算。

三、劳动争议仲裁管辖

劳动争议仲裁管辖，是指确定各个仲裁机构审理裁决劳动争议仲裁案件的权限，明确当事人应当向哪一仲裁机构申请仲裁，由哪一仲裁机构受理仲裁申请。目前我国对劳动争议仲裁，采取以地域管辖为主，级别管辖为辅的原则。

1. 一般地域管辖

根据《劳动争议调解仲裁法》的规定，劳动争议由劳动合同履行地或者用人单位所在地的劳动争议仲裁委员会管辖。双方当事人分别向劳动合同履行地和用人单位所在地的劳动争议仲裁委员会申请仲裁的，由劳动合同履行地的劳动争议仲裁委员会管辖。

比如，员工甲与乙公司订立劳动合同，乙公司在 A 地，但是甲实际上被派往 B 地工作，这种情况下，A 地是用人单位所在地，B 地是劳动合同履行地。如果甲与乙公司发生劳动争议，则 A 地和 B 地的劳动争议仲裁委员会对此争议都享有仲裁管辖权，双方当事人均可向其中任一劳动争议仲裁委员会申请仲裁。如果甲与乙公司各自分别向 A 地和 B 地劳动争议仲裁委员会申请仲裁的，则由 B 地劳动争议仲裁委员会管辖。

另外，《劳动人事争议仲裁办案规则》还进一步明确了上述管辖地的内涵，即劳动合同履行地为劳动者实际工作场所地，用人单位所在地为用人单位注册、登记地或者主要办事机构所在地。用人单位未经注册、登记的，其出资人、开办单位或主管部门所在地为用人单位所在地。

2. 级别管辖

级别管辖，是指在劳动争议仲裁机关的组织系统内，确定上下级仲裁机关受理仲裁案件的权限划分。目前，我国相关的法律法规对于劳动争议仲裁的级别管辖未作出明确规定，实务中，各地通过制定相关的规范性文件来确定本地的级别管辖，如北京市劳动和社会保障局《关于进一步明确我市劳动争议仲裁案件管辖的通知》（京劳社仲发［2009］35 号）等是确定当地劳动仲裁管辖的重要依据。一般来说，区（县）一级劳动争议仲裁委员会管辖本区内普通劳动争议；市一级劳动争议仲裁委员会管辖中央、市属单位，外商投资企业或本市重大劳动争议。

对于属于市一级劳动争议仲裁委员会管辖的案件，双方当事人应当直接向市劳动争议仲裁委员会提出申请。

3. 选择管辖

选择管辖，是指对同一劳动争议，多个仲裁委员会都有管辖权的，由先受理的仲裁委员会管辖。

4. 移送管辖

移送管辖，是指劳动争议仲裁委员会对已受理的无管辖权的或不便于管辖的劳动争议案件，应移送至有权或便于审理此案的劳动争议仲裁委员会，并应书面通知当事人。

5. 指定管辖

指定管辖，是指受移送的劳动争议仲裁委员会认为受移送的案件依照规定不属于该仲裁委员会管辖，或仲裁委员会之间因管辖争议协商不成的，应当报请共同的上一级仲裁委员会主管部门指定管辖。

6. 管辖异议

管辖异议，是指仲裁委员会受理劳动争议仲裁申请后，当事人提出该仲裁委员会对该案无管辖权的意见或主张。但是，当事人提出管辖异议的，应当在答辩期满前以书面形式提出。当事人逾期提出的，不影响仲裁程序的进行，当事人因此对仲裁裁决不服的，可以依法向人民法院起诉或者申请撤销仲裁裁决。

以案说法

106. 企业能在劳动合同中约定劳动争议仲裁管辖地吗?

肖某于2017年入职到北京某公司太原分公司，负责太原地区的市场推广和销售工作。肖某与北京总公司签订劳动合同，并约定与劳动合同相关的争议由北京市朝阳区劳动争议仲裁委员会管辖。肖某在太原分公司工作期间，其工资表由北京总公司制作，北京总公司按月将其工资汇入太原分公司账户，由太原分公司发放给其本人。2019年，肖某因奖金支付问题与北京总公司发生争议，于是向太原市某区劳动争议仲裁委员会提起仲裁申请。太原市某区劳动争议仲裁委员会受理此案后，向北京总公司邮寄送达了应诉通知书，北京总公司当即提出管辖异议申请，认为太原市某区劳动争议仲裁委员会对该案无管辖权，应将案件移送至北京市朝阳区劳动争议仲裁委员会。

【审理结果】

太原市某区劳动争议仲裁委员会在收到被申请人提出的管辖异议申请后，对案件事实进行了调查，认为肖某系太原市居民，其工资关系虽在北京，但系在太原市签订并履行劳动合同，本着方便职工的原则，裁定太原市某区劳动争议仲裁委员会对本案具有管辖权，驳回北京总公司的管辖异议申请。

【律师点评】

实务中，正确选择劳动争议仲裁管辖地，对当事人双方来说意义重大，由于受地域保护因素，以及各地在具体规定上的差异的影响，仲裁管辖地是否合适，可能直接关系到案件的成败。根据现行的法律规定，并不排斥企业在劳动合同中事先约定对自己有利的管辖地，但是，这种约定不能违反法定管辖规定，即不能在劳动合同履行地和用人单位所在地以外约定仲裁管辖地。本案中，用人单位北京总公司注册在北京朝阳区，而且工资关系所在地也在北京，因此，劳动合同中关于管辖地的约定合法有效，北京市朝阳区劳动争议仲裁委员会对本案享有管辖权。

本案中，太原作为劳动合同履行地，和北京作为劳动合同约定管辖地，对本案均具有管辖权。但是，当两者发生冲突时，由于劳动合同的特殊性，约定管辖地并没有更高的效力，相反，基于方便职工当事人的原则，劳动合同履行地管辖具有优先效力，据此，劳动争议仲裁委员会驳回了北京总公司的管辖异议申请。

【法条链接】

《中华人民共和国劳动争议调解仲裁法》

第二十一条　劳动争议仲裁委员会负责管辖本区域内发生的劳动争议。

劳动争议由劳动合同履行地或者用人单位所在地的劳动争议仲裁委员会管辖。双方当事人分别向劳动合同履行地和用人单位所在地的劳动争议仲裁委员会申请仲裁的，由劳动合同履行地的劳动争议仲裁委员会管辖。

《劳动人事争议仲裁办案规则》

第八条　劳动合同履行地为劳动者实际工作场所地，用人单位所在地为用人单位注册、登记地或者主要办事机构所在地。用人单位未经注册、登记的，其出资人、开办单位或者主管部门所在地为用人单位所在地。

双方当事人分别向劳动合同履行地和用人单位所在地的仲裁委员会申请仲裁的，由劳动合同履行地的仲裁委员会管辖。有多个劳动合同履行地的，由最先受理的仲裁委员会管辖。劳动合同履行地不明确的，由用人单位所在地的仲裁委员会管辖。

案件受理后，劳动合同履行地或者用人单位所在地发生变化的，不改变争议仲裁的管辖。

第九条　仲裁委员会发现已受理案件不属于其管辖范围的，应当移送至有管辖权的仲裁委员会，并书面通知当事人。

对上述移送案件，受移送的仲裁委员会应当依法受理。受移送的仲裁委员会认为移送的案件按照规定不属于其管辖，或者仲裁委员会之间因管辖争议协商不成的，应当报请共同的上一级仲裁委员会主管部门指定管辖。

第十条　当事人提出管辖异议的，应当在答辩期满前书面提出。仲裁委员会应当审查当事人提出的管辖异议，异议成立的，将案件移送至有管辖权的仲裁委员会并书面通知当事人；异议不成立的，应当书面决定驳回。

四、劳动争议仲裁主体

根据《劳动争议调解仲裁法》的规定，发生劳动争议的劳动者和用人单位为劳动争议仲裁案件的双方当事人。但是，对于某些特殊劳动争议，还需要根据法律的相关规定，具体确定劳动争议仲裁主体。

（1）劳务派遣单位或者用工单位与劳动者发生劳动争议的，劳务派遣单位和用工单位为共同当事人。

（2）劳动者与未办理营业执照、营业执照被吊销或者营业期限届满仍继续经营的用人单位发生争议的，用人单位或者其出资人为当事人。

（3）未办理营业执照、营业执照被吊销或者营业期限届满仍继续经营的用人单位，以挂靠等方式借用他人营业执照经营，发生劳动争议的，用人单位和营业执照出借方为当事人。

（4）发生劳动争议的用人单位被吊销营业执照、责令关闭、撤销以及用人单位决定提前解散、歇业，不能承担相关责任的，用人单位的出资人、开办单位或主管部门为共同当事人。

（5）劳动者与个人承包经营者发生劳动争议的，发包的组织和个人承包经营者为当事人。

（6）劳动者在用人单位与其他平等主体之间的承包经营期间，与发包方和承包方双方或者一方发生劳动争议的，承包方和发包方为当事人。

（7）用人单位与其他单位合并的，合并前发生的劳动争议，由合并后的单位为当事人。

（8）用人单位分立为若干单位的，其分立前发生的劳动争议，由分立后的实际用人单位为当事人；用人单位分立为若干单位后，对承受劳动权利义务的单位不明确的，分立后的单位均为当事人。

解读：用人单位招用尚未解除劳动合同的劳动者，给原用人单位造成损失发生争议的，如何确定案件当事人？

根据2021年1月1日施行的《最高人民法院关于审理劳动争议案件适用法律问题的解释（一）》的规定，用人单位招用尚未解除劳动合同的劳动者，原用人单位与劳动者发生的劳动争议，可以列新的用人单位为第三人。原用人单位以新的用人单位侵权为由提起诉讼的，可以列劳动者为第三人。原用人单位以新的用人单位和劳动者共同侵权为由提起诉讼的，新的用人单位和劳动者列为共同被告。企业可以根据案件的具体情况确定诉请理由和司法救济途径。

【法条链接】

《中华人民共和国劳动争议调解仲裁法》

第二十二条 发生劳动争议的劳动者和用人单位为劳动争议仲裁案件的双方当事人。

劳务派遣单位或者用工单位与劳动者发生劳动争议的，劳务派遣单位和用工单位为共同当事人。

第二十三条 与劳动争议案件的处理结果有利害关系的第三人，可以申请参加仲裁活动或者由劳动争议仲裁委员会通知其参加仲裁活动。

第二十四条　当事人可以委托代理人参加仲裁活动。委托他人参加仲裁活动，应当向劳动争议仲裁委员会提交有委托人签名或者盖章的委托书，委托书应当载明委托事项和权限。

《最高人民法院关于审理劳动争议案件适用法律问题的解释（一）》

第二十六条　用人单位与其他单位合并的，合并前发生的劳动争议，由合并后的单位为当事人；用人单位分立为若干单位的，其分立前发生的劳动争议，由分立后的实际用人单位为当事人。

用人单位分立为若干单位后，对承受劳动权利义务的单位不明确的，分立后的单位均为当事人。

第二十七条　用人单位招用尚未解除劳动合同的劳动者，原用人单位与劳动者发生的劳动争议，可以列新的用人单位为第三人。

原用人单位以新的用人单位侵权为由向人民法院起诉的，可以列劳动者为第三人。

原用人单位以新的用人单位和劳动者共同侵权为由向人民法院起诉的，新的用人单位和劳动者列为共同被告。

第二十八条　劳动者在用人单位与其他平等主体之间的承包经营期间，与发包方和承包方双方或者一方发生劳动争议，依法向人民法院起诉的，应当将承包方和发包方作为当事人。

第二十九条　劳动者与未办理营业执照、营业执照被吊销或者营业期限届满仍继续经营的用人单位发生争议的，应当将用人单位或者其出资人列为当事人。

第三十条　未办理营业执照、营业执照被吊销或者营业期限届满仍继续经营的用人单位，以挂靠等方式借用他人营业执照经营的，应当将用人单位和营业执照出借方列为当事人。

《劳动人事争议仲裁办案规则》

第六条　发生争议的用人单位未办理营业执照、被吊销营业执照、营业执照到期继续经营、被责令关闭、被撤销以及用人单位解散、歇业，不能承担相关责任的，应当将用人单位和其出资人、开办单位或者主管部门作为共同当事人。

第七条　劳动者与个人承包经营者发生争议，依法向仲裁委员会申请仲裁的，应当将发包的组织和个人承包经营者作为共同当事人。

第六十三条　因履行集体合同发生的劳动争议，经协商解决不成的，工会可以依法申请仲裁；尚未建立工会的，由上级工会指导劳动者推举产生的代表依法申请仲裁。

五、劳动争议仲裁程序

从当事人一方向劳动争议仲裁委员会提出仲裁申请开始，劳动争议案件就依法进入仲裁程序，虽然每个案件的具体情况不同，但都需要遵循法定的相关程序。

1. 提出仲裁申请

申请人应当在仲裁时效期限内，向有管辖权的劳动争议仲裁委员会提交仲裁申请。仲裁申请应当以书面形式提出，并按照被申请人人数提交副本。但如果书写仲裁申请确有困难的，可以口头申请，由劳动争议仲裁委员会记入笔录，并经申请人签名或者盖章确认。

仲裁申请书应当载明下列事项：

（1）劳动者的姓名、性别、年龄、职业、工作单位、住所、通讯地址和联系电话，用人单位的名称、住所、通讯地址、联系电话和法定代表人或者主要负责人的姓名、职务；

（2）仲裁请求和所根据的事实、理由；

（3）证据和证据来源，证人姓名和住所。

2. 受理

对于当事人提出的劳动仲裁申请，符合下列条件的，劳动争议仲裁委员会在收到仲裁申请之日起5日内，将出具《受理通知书》，并通知申请人：

（1）申请仲裁的争议属于劳动争议；

（2）有明确的仲裁请求和事实理由；

（3）在申请仲裁的法定时效期间内；

（4）属于仲裁委员会的管辖范围。

对于不符合上述第1、2、3项规定之一的仲裁申请，仲裁委员会在收到仲裁申请之日起5日内会向申请人出具《不予受理通知书》。对不符合上述第4项规定的仲裁申请，仲裁委员会在收到仲裁申请之日起5日内，应向申请人作出书面说明并告知申请人向有管辖权的仲裁委员会申请仲裁。

实务中，劳动争议仲裁委员会一般在当事人提起仲裁申请的当时即会决定是否受理，如果仲裁委员会作出不予受理的决定，或者自收到仲裁申请之日起5日内仍未作出决定的，申请人可以就该劳动争议事项向人民法院提起诉讼。

3. 送达仲裁申请书副本

劳动争议仲裁委员会受理仲裁申请后，将在5日内将仲裁申请书副本送达被申请人。

4. 提交答辩书

被申请人收到仲裁申请书副本后，应当在10日内向劳动争议仲裁委员会提交答辩书。劳动争议仲裁委员会收到答辩书后，应在5日内将答辩书副本送达申请人。被申请人未提交答辩书的，不影响仲裁程序的进行。也就是说，被申请人可以提交答辩书，也可以不提交，均不影响案件的审理。

5. 提出管辖异议

当事人对案件管辖有异议的，应当在答辩期满前以书面形式提出。当事人超过答辩期未提出的，不影响仲裁程序的进行。当事人因此对仲裁裁决不服的，可以依法向人民法院起诉或者申请撤销仲裁裁决。可见，被申请人对劳动争议仲裁管辖有异议的，必须在答辩期内提出，否则就丧失了提出管辖异议的权利。

6. 提出反申请

被申请人可以在答辩期内，向劳动争议仲裁委员会提出反申请，这就是《劳动人事争议仲裁办案规则》中首次确立的劳动仲裁程序中的“反申请”制度，其主要内容包括：

（1）被申请人应当在答辩期内提出反申请；

（2）仲裁委员会应当自收到被申请人反申请之日起5日内决定是否受理并通知被申请人。仲裁委员会决定受理的，可以将反申请和申请合并处理。反申请应当另行申请仲裁的，仲裁委员会应当书面告知被申请人另行申请仲裁；反申请不属于劳动争议仲裁委员会应当受理的，仲裁委员会应当向被申请人出具《不予受理通知书》。

（3）被申请人答辩期满后对申请人提出反申请的，应当另行申请仲裁。

7. 提交证据

当事人双方应当在劳动争议仲裁委员会指定的期限内，按照法律规定和仲裁委员会的要求提交证据，具体请参考本章第四节“举证实务操作”的相关介绍。

8. 开庭前准备

仲裁委员会在受理仲裁申请之日起5日内将组成仲裁庭，并应将仲裁庭的组成情况书面通知当事人。对于权利义务明确、事实清楚的简单争议案件或经双方当事人同意的其他争议案件，仲裁委员会也可以指定一名仲裁员独任处理。

仲裁庭在开庭5日前，应将开庭日期、地点书面通知双方当事人。当事人有正当理由的，可以在开庭3日前请求延期开庭。是否延期，由仲裁委员会根据实际情况决定。

9. 开庭审理

（1）按时到庭和参加庭审

当事人应当按照开庭通知的内容，准时到庭参加庭审，如果申请人无正当理由拒不到庭或者未经仲裁庭同意中途退庭的，仲裁委员会可以按撤回仲裁申请处理，申请人重新申请仲裁的，仲裁委员会将不予受理。如果被申请人无正当理由拒不到庭或者未经仲裁庭同意中途退庭的，仲裁委员会可以缺席裁决。

（2）核实当事人身份

仲裁员或书记员对仲裁当事人和其他仲裁参加人的身份进行核对，当事人应出示有效身份证、工作证等证件。如果当事人委托代理人出庭的，代理人还应当提交授权委托手续。

（3）仲裁员宣读庭审纪律，并宣布开庭

（4）仲裁员告知仲裁庭组成情况，及当事人有关权利和义务，并询问当事人是否申请回避

如果当事人认为仲裁庭组成人员与案件有利害关系的，应在此时提出回避申请，并应当说明理由；如果回避事由是在案件开始审理后才知道的，最迟也必须在庭审辩论终结前提出。当事人在庭审辩论终结后才提出回避申请的，不影响仲裁程序的

进行，当事人因此对仲裁裁决不服的，可以依法向人民法院起诉或者申请撤销仲裁裁决。

一般来说，被申请回避的人员在仲裁委员会作出是否回避的决定前，应当暂停参与案件的处理。

（5）申诉与答辩

申请人陈述仲裁请求、事实和理由；被申请人对申请人的仲裁请求和事实理由进行答辩。申请人当庭变更、追加、撤回仲裁请求时，被申请人表示当庭答辩有困难的，仲裁庭可安排适当的答辩时限。

（6）调查举证与质证

根据申请人提出的申诉事实和理由，及被申请人提出的答辩意见，仲裁庭将组织双方围绕争议焦点进入证据举证、质证程序，当事人应提交证据原件及复印件以供质证。未经庭审质证的证据不能作为定案的依据。质证时，当事人应围绕证据的真实性、关联性、合法性进行质疑。

（7）辩论

当事人应根据仲裁庭调查和双方质证的情况，围绕争议的焦点提出自己的辩论意见。

（8）调解

调解是劳动争议案件处理中的必经程序，庭审辩论结束后，仲裁庭应征询双方当事人是否愿意在仲裁庭主持下进行调解。双方当事人愿意调解的，可由双方各自提出调解意见，也可由仲裁员根据庭审调查的事实和法律规定提出调解方案，让双方当事人进行协商。调解达成一致意见的，仲裁员应当庭宣布调解达成的协议，并制作调解书。

调解书应当写明仲裁请求和当事人协议的结果，并由仲裁员签名，加盖仲裁委员会印章，送达双方当事人。调解书经双方当事人签收后，发生法律效力。

双方当事人不愿调解或调解达不成一致意见的，仲裁员宣布双方当事人调解未达成协议。

（9）闭庭

仲裁庭应当将开庭情况记入笔录，调解不成的，由仲裁庭作出闭庭后，将庭审笔录交由双方校阅，证实无误后在上面签字。当事人或者其他仲裁参加人认为对自己陈述的记录有遗漏或者差错的，有权申请补正。但如果仲裁庭认为申请无理由或者无必要的，可以不予补正，但是应当记录该申请。

10. 裁决

经调解当事人未达成一致，或者调解书送达前，一方当事人反悔的，仲裁庭应当及时作出裁决。为了提高仲裁办案效率，《劳动争议调解仲裁法》对劳动仲裁案件的审限作出了明确规定，即仲裁庭裁决劳动争议案件，应当自劳动争议仲裁委员会受理仲裁申请之日起45日内结束。案情复杂需要延期的，经劳动争议仲裁委员会主任批准，可以延期并书面通知当事人，但是延长期限不得超过15日。也就是说，劳动仲裁案件审理期限最长不应超过60日，逾期未作出仲裁裁决的，当事人可以就该劳动争议事项向人民法院提起诉讼。

【HR应对】

劳动仲裁的专业性较强，任何一个阶段的任何一个法律问题，都可能直接关系到案件的成败。如果当事人未在规定的期限内意识到并采取相应的法律手段，就很可能错失良机，输掉官司。因此，建议企业委托专业的律师作为代理人参与仲裁，以最大程度地保护企业的利益。

【法条链接】

《中华人民共和国劳动争议调解仲裁法》（略）

《劳动人事争议仲裁办案规则》（略）

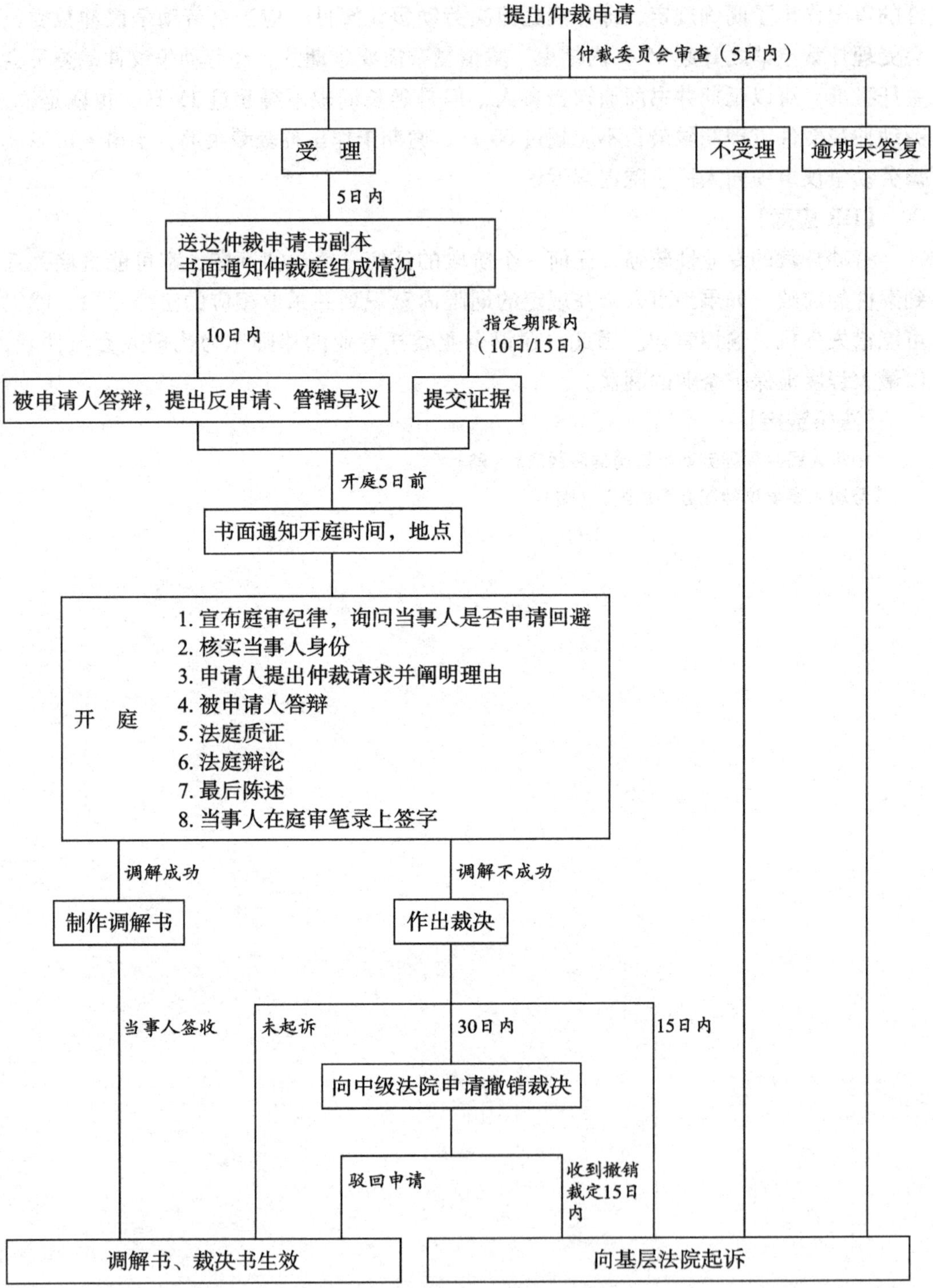

劳动争议仲裁程序流程图

六、劳动争议“终局裁决”

根据现行的劳动仲裁诉讼制度和上述仲裁流程，我们不难发现，当事人对仲裁裁决不服的，可以在其正式生效前向当地人民法院提起诉讼。但是，为了解决实务中劳动争议案件处理周期长，劳动者维权成本高的问题，《劳动争议调解仲裁法》特别规定，对以下两类劳动争议仲裁案件适用“一裁终局”，即对这两类劳动争议作出的仲裁裁决为终局裁决，裁决书自作出之日起发生法律效力：

一是小额仲裁案件，即追索劳动报酬、工伤医疗费、经济补偿或者赔偿金，不超过当地月最低工资标准 12 个月金额的争议；

二是标准明确的仲裁案件，即因执行国家的劳动标准在工作时间、休息休假、社会保险等方面发生的争议。

当企业面对“终局裁决”时，应当注意把握以下几个问题：

（1）以上所说的“终局裁决”，是相对的，即仅针对用人单位，如果劳动者对上述仲裁裁决不服的，同样可以自收到仲裁裁决书之日起 15 日内向人民法院提起诉讼。

（2）因劳动者追索劳动报酬、工伤医疗费、经济补偿或者赔偿金等作出的仲裁裁决，如果仲裁裁决涉及数项的，以下两种情况均按“终局裁决”处理：

①劳动报酬、工伤医疗费、经济补偿或者赔偿金等各项总和，不超过当地月最低工资标准 12 个月金额的；

②劳动报酬、工伤医疗费、经济补偿或者赔偿金等每项确定的数额均不超过当地月最低工资标准 12 个月金额的。

（3）如果劳动争议仲裁委员会作出的同一仲裁裁决，同时包含终局裁决事项和非终局裁决事项，任一方当事人不服该仲裁裁决的，均可以向人民法院提起诉讼，该裁决应当按照“非终局裁决”处理，也就是“终局”就“非终局”。

以案说法

107. 确定是否属于“终局裁决”，其金额是分项算，还是合并算？

2018 年 6 月 24 日，林某入职北京某公司，双方签订了 3 年期的劳动合同，月薪为 3000 元，2019 年 9 月，林某被公司以不能胜任工作为由单方解雇。林某不服，向北京海淀区劳动争议仲裁委员会提出申请，要求公司支付违法解除劳动合同的经济赔偿金 9000 元和工作期间的加班费 1658 元。

【审理结果】

海淀区劳动争议仲裁委员会经审理，裁决支持了林某的全部申诉请求，要求公司向林某支付加班费 1658 元和经济赔偿金 9000 元，两项合计 10658 元。

公司不服仲裁裁决，于是向海淀区人民法院提起诉讼。开庭审理时，林某提出，根据《劳动争议调解仲裁法》第 47 条的规定，本案仲裁裁决应为“终局裁决”，因此，请求法院驳回公司的起诉。但法院经审查，认为林某在向劳动争议仲裁委员会递交的申请书中列明的各项争议金额之和 10658 元，已超过北京 2008 年度 12 个月的月最低工资总额，即 800×12＝9600 元，因此，劳动仲裁裁决不是“终局裁决”，公司起诉属于基层人民法院受理民事案件的管辖范围。法院经审理，判决公司向林某支付加班费 1658 元和经济赔偿金 9000 元。

【律师点评】

“一裁终局”制度，是《劳动争议调解仲裁法》针对劳动案件久拖不决的顽疾，作出的一项突破性的规定，尤其是对于小额仲裁案件，由于大量的劳动争议都属于这类案件，因此，该制度一经出台，就得到了来自劳动者群体的一致认可。但是，就是这项看似标准明确的制度，在审判实践中，却发生了分歧。一种意见认为，仲裁裁决涉及数项的，应当以仲裁裁决支持的各项请求的总金额为标准确定是否属于适用“一裁终局”的劳动争议案件，也就是说，只有仲裁裁决支持的请求总额不超过当地月最低工资标准 12 个月金额的，才能适用“一裁终局”；但另一种意见认为，仲裁裁决涉及数项的，只要分项计算数额均不超过当地月最低工资标准 12 个月的金额，仲裁裁决即为“终局裁决”。本案仲裁裁决是否为“终局裁决”，根据上述两种意见得出的结论是相左的。

对此，2010 年《最高人民法院关于审理劳动争议案件适用法律若干问题的解释(三)》(已失效)、2021 年 1 月 1 日施行的《最高人民法院关于审理劳动争议案件适用法律问题的解释（一)》中作出了明确规定，即只要仲裁裁决每项确定的数额均不超过当地月最低工资标准 12 个月的金额，就应按照“终局裁决”处理。上述规定的出台，将统一目前司法实务中存在的分歧，使“一裁终局”制度保护劳动者权益，提高仲裁效率的初衷得以实现。

【HR 应对】

现行司法解释对“一裁终局”的裁决做了对企业不利的解释，对此，企业应当准确把握相应的规定，以免因不服仲裁裁决向法院起诉后，不但基层法院不予受理，还耽搁了向中级法院申请撤销裁决的时限。

【法条链接】

《中华人民共和国劳动争议调解仲裁法》

第四十七条 下列劳动争议，除本法另有规定的外，仲裁裁决为终局裁决，裁决书自作出之日起发生法律效力：

（一）追索劳动报酬、工伤医疗费、经济补偿或者赔偿金，不超过当地月最低工资标准十二个月金额的争议；

（二）因执行国家的劳动标准在工作时间、休息休假、社会保险等方面发生的争议。

《最高人民法院关于审理劳动争议案件适用法律若干的解释（一）》

第十九条　仲裁裁决书未载明该裁决为终局裁决或者非终局裁决，劳动者依据调解仲裁法第四十七条第一项规定，追索劳动报酬、工伤医疗费、经济补偿或者赔偿金，如果仲裁裁决涉及数项，每项确定的数额均不超过当地月最低工资标准十二个月金额的，应当按照终局裁决处理。

第二十条　劳动争议仲裁机构作出的同一仲裁裁决同时包含终局裁决事项和非终局裁决事项，当事人不服该仲裁裁决向人民法院提起诉讼的，应当按照非终局裁决处理。

七、对仲裁裁决不服的救济

1. 普通裁决

对于“终局裁决”以外的普通裁决不服的，当事人可以自收到仲裁裁决书之日起15日内向人民法院提起诉讼；期满不起诉的，裁决书发生法律效力。

2. “终局裁决”

劳动者对“终局裁决”不服的，可以自收到仲裁裁决书之日起15日内向人民法院提起诉讼。

用人单位有证据证明“终局裁决”有下列情形之一的，可以自收到仲裁裁决书之日起30日内向劳动争议仲裁委员会所在地的中级人民法院申请撤销裁决：

（1）适用法律、法规确有错误的；

（2）劳动争议仲裁委员会无管辖权的；

（3）违反法定程序的；

（4）裁决所根据的证据是伪造的；

（5）对方当事人隐瞒了足以影响公正裁决的证据的；

（6）仲裁员在仲裁该案时有索贿受贿、徇私舞弊、枉法裁决行为的。

人民法院经组成合议庭审查核实裁决有上述情形之一的，应当裁定撤销。仲裁裁决被人民法院裁定撤销的，当事人可以自收到裁定书之日起15日内就该劳动争议事项向人民法院提起诉讼。

解读：仲裁裁决书未载明该裁决为终局裁决或非终局裁决，用人单位不服该仲裁裁决向基层人民法院提起诉讼的，该如何处理？

根据《最高人民法院关于审理劳动争议案件适用法律若干问题的解释（四）》（已失效）、2021年1月1日施行的《最高人民法院关于审理劳动争议案件适用法律问题的解释（一）》的规定，上述情况下，基层法院应对该仲裁裁决进行审查，经审查认为该仲裁裁决为非终局裁决的，法院应予受理；经审查认为该仲裁裁决为终局裁决的，法院不予受理，但应告知用人单位可以自收到不予受理裁定书之日起30

日内向劳动人事争议仲裁委员会所在地的中级人民法院申请撤销该仲裁裁决；已经受理的，裁定驳回起诉。

【法条链接】

《中华人民共和国劳动争议调解仲裁法》

第四十八条 劳动者对本法第四十七条规定的仲裁裁决不服的，可以自收到仲裁裁决书之日起十五日内向人民法院提起诉讼。

第四十九条 用人单位有证据证明本法第四十七条规定的仲裁裁决有下列情形之一，可以自收到仲裁裁决书之日起三十日内向劳动争议仲裁委员会所在地的中级人民法院申请撤销裁决：（略）

仲裁裁决被人民法院裁定撤销的，当事人可以自收到裁定书之日起十五日内就该劳动争议事项向人民法院提起诉讼。

第五十条 当事人对本法第四十七条规定以外的其他劳动争议案件的仲裁裁决不服的，可以自收到仲裁裁决书之日起十五日内向人民法院提起诉讼；期满不起诉的，裁决书发生法律效力。

《最高人民法院关于审理劳动争议案件适用法律问题的解释（一）》

第十八条 仲裁裁决的类型以仲裁裁决书确定为准。

仲裁裁决书未载明该裁决为终局裁决或非终局裁决，用人单位不服该仲裁裁决向基层人民法院提起诉讼的，应当按照以下情形分别处理：

（一）经审查认为该仲裁裁决为非终局裁决的，基层人民法院应予受理；

（二）经审查认为该仲裁裁决为终局裁决的，基层人民法院不予受理，但应告知用人单位可以自收到不予受理裁定书之日起三十日内向劳动人事争议仲裁委员会所在地的中级人民法院申请撤销该仲裁裁决；已经受理的，裁定驳回起诉。

第三节 提起诉讼

根据《劳动争议调解仲裁法》规定，除了作出“终局裁决”的情形外，当事人可以自收到仲裁裁决书之日起 15 日内向人民法院提起诉讼。劳动争议案件进入诉讼程序后，适用《民法典》《民事诉讼法》等法律法规关于普通民事诉讼程序的相关规定。但是，由于劳动争议案件处理机制的特殊性，因此，其诉讼程序也具有一些自己的特点，需要 HR 在实务操作中特别注意。

一、劳动争议诉讼时效

劳动争议案件的诉讼时效为 15 日，自当事人收到仲裁裁决书之日起计算。如果超过 15 日不起诉的，则裁决书发生法律效力。

比如，当事人于2009年1月6日签收的仲裁裁决书，那么，诉讼时效届满日为1月21日，即当事人应在1月21日前（含1月21日）提起诉讼；如果1月21日是周六的，则诉讼时效顺延至休息日后的第一个工作日，即1月23日。

【法条链接】

《中华人民共和国劳动争议调解仲裁法》

第五十条　当事人对本法第四十七条规定以外的其他劳动争议案件的仲裁裁决不服的，可以自收到仲裁裁决书之日起十五日内向人民法院提起诉讼；期满不起诉的，裁决书发生法律效力。

《中华人民共和国民法典》

第二百条　民法所称的期间按照公历年、月、日、小时计算。

第二百零一条　按照年、月、日计算期间的，开始的当日不计入，自下一日开始计算。

按照小时计算期间的，自法律规定或者当事人约定的时间开始计算。

第二百零二条　按照年、月计算期间的，到期月的对应日为期间的最后一日；没有对应日的，月末日为期间的最后一日。

第二百零三条　期间的最后一日是法定休假日的，以法定休假日结束的次日为期间的最后一日。

期间的最后一日的截止时间为二十四时；有业务时间的，停止业务活动的时间为截止时间。

第二百零四条　期间的计算方法依照本法的规定，但是法律另有规定或者当事人另有约定的除外。

《中华人民共和国民事诉讼法》

第八十五条　期间包括法定期间和人民法院指定的期间。

期间以时、日、月、年计算。期间开始的时和日，不计算在期间内。

期间届满的最后一日是法定休假日的，以法定休假日后的第一日为期间届满的日期。

期间不包括在途时间，诉讼文书在期满前交邮的，不算过期。

二、劳动争议管辖法院

劳动争议的诉讼管辖，遵循和仲裁管辖一样的原则，即由用人单位所在地或者劳动合同履行地的基层人民法院管辖，如劳动合同履行地不明确的，则由用人单位所在地的基层人民法院管辖。

实务中，有些劳动争议仲裁裁决书末尾会写明“若当事人不服，可以向某某法院提起诉讼”，这种情况下，当事人可直接向该法院提起诉讼；但有的仲裁裁决书则只载明“若当事人不服，可以向有管辖权的法院提起诉讼”，这种情况下，当事人还需要根据上述原则先确定管辖法院。

【法条链接】

《最高人民法院关于审理劳动争议案件适用法律问题的解释（一）》

第三条　劳动争议案件由用人单位所在地或者劳动合同履行地的基层人民法院管辖。

劳动合同履行地不明确的，由用人单位所在地的基层人民法院管辖。

三、劳动争议诉讼请求

虽然劳动争议案件在进入诉讼程序后，遵循我国《民事诉讼法》有关民事诉讼程序的相关规定，但由于实行诉讼前的“仲裁前置”程序，因此，在“裁审衔接”过程中，相关法律和程序的适用就变得相对复杂，尤其是在劳动争议仲裁请求与劳动争议诉讼请求的衔接上。

1. 能否增加诉讼请求

如果当事人对仲裁裁决不服，向法院提起诉讼时，提出的诉讼请求中增加了原仲裁程序中未提起的请求，法院是否受理？由于仲裁程序是处理劳动争议案件的前置程序，无论是申请人，还是被申请人，其提出的诉讼请求只要未经过仲裁程序的审理，就不符合人民法院的受理条件，原则上法院不予受理。但是，根据《最高人民法院关于审理劳动争议案件适用法律若干问题的解释》（已失效）、2021 年 1 月 1 日施行的《最高人民法院关于审理劳动争议案件适用法律问题的解释（一）》的规定，如果增加的诉讼请求与诉争的劳动争议具有不可分性，则法院应当合并审理。对于如何判定新增的诉讼请求与劳动争议具有不可分性，由于缺乏明确的法律规定和解释，实务中主要依据法官的自由裁量。一般来说，法官主要考察新增加的诉讼请求是否与原仲裁事项基于同一法律关系或同一事实而产生。

2. 能否减少诉讼请求

减少诉讼请求是当事人自由行使处分权的表现，因此，理论上，法院无权干涉。实务中，有时候，当事人一方减少诉讼请求，是由于仲裁裁决未支持上述请求，提出仲裁申请的一方对此也表示认可，因此，在提起诉讼时，主动放弃了未获支持的请求；但有些时候，是由于当事人对相关法律规定和程序缺乏正确的认识，结果错误地减少了诉讼请求。比如，仲裁裁决支持了部分仲裁请求，当事人想当然地认为只需要就其他未获支持的请求提起诉讼即可。这种情况下减少诉讼请求的，法院一般依据“不告不理”的诉讼原则，对减少的诉讼请求不进行审理，而支持上述请求的仲裁裁决又未发生法律效力，结果导致相关权益的救济落空。

3. 能否提出反诉

反诉，是指在已经开始的诉讼中，本诉被告通过法院向本诉原告提出的一种独立诉讼请求。根据一般民事诉讼的原理，反诉得以成立应当具备 3 个构成要件：（1）反诉是用来抵消本诉的；（2）反诉是独立的诉；（3）反诉与本诉具有一定的关联性。

关于劳动争议诉讼中，当事人能否提起反诉，实践中一直争议很大，相关法律也未给出明确规定。实务中普遍认为，由于反诉请求没有经过仲裁程序的审理，而且，本诉原告是因不服仲裁裁决书而向法院起诉的，而不是向反诉人提出的独立的诉讼请求，反诉人的反诉不能达到抵消和吞并本诉原告诉请的目的，因此，劳动争议诉讼中的反诉一般很难被支持。

比如，对于劳动者因失职被扣发工资而申请劳动仲裁，仲裁委员会作出裁决后，劳动者对仲裁裁决不服而向法院提起诉讼。诉讼程序中，用人单位向人民法院提起反诉，指出劳动者擅离岗位给单位造成较大损失，要求法院责令劳动者进行赔偿，对此反诉，法院裁定不予受理。

再如，对于劳动者因支付工伤保险待遇而申请劳动仲裁，但未要求解除劳动关系，仲裁委员会作出裁决后，用人单位对仲裁裁决不服而向法院提起诉讼。诉讼程序中，劳动者向人民法院提起反诉，要求解除与用人单位的劳动合同，并要求支付一次性伤残就业补助金，对此反诉，法院裁定不予受理。

解读：仲裁裁决作出后，未起诉的一方在答辩中提出仍然坚持仲裁时的全部请求，法院将如何处理？

实务中，裁决作出后，一方未起诉，但在答辩时要求法院支持其仲裁时的全部请求，包括仲裁裁决未支持的请求的，这种情况下，由于未起诉方未在法定期限内起诉，所以法院将视为其认同裁决结果，因此只会审理原告，也就是起诉方的请求，并要求未起诉的一方在原告起诉的范围内进行答辩。

【法条链接】

《最高人民法院关于审理劳动争议案件适用法律问题的解释（一）》

第十四条 人民法院受理劳动争议案件后，当事人增加诉讼请求的，如该诉讼请求与讼争的劳动争议具有不可分性，应当合并审理；如属独立的劳动争议，应当告知当事人向劳动争议仲裁机构申请仲裁。

第十六条 劳动争议仲裁机构作出仲裁裁决后，当事人对裁决中的部分事项不服，依法提起诉讼的，劳动争议仲裁裁决不发生法律效力。

四、劳动争议诉讼程序

1. 提起诉讼

原告提起诉讼时，应当向法院递交起诉状，并按照被告人数提出副本。和仲裁申请书一样，起诉状也必须列明当事人双方的情况，诉讼请求和事实与理由，以及证据和证据来源，证人姓名和住所等信息。

2. 受理

人民法院收到起诉状后，经审查，认为符合以下起诉条件的，将在7日内立案，并通知当事人；认为不符合的，将在7日内裁定不予受理：

（1）原告是与本案有直接利害关系的公民、法人和其他组织；

（2）有明确的被告；

（3）有具体的诉讼请求和事实、理由；

（4）属于法院受理民事诉讼的范围和受诉法院的管辖范围。

3. 交纳诉讼费

原告自接到法院的《受理通知书》或预交诉讼费的通知次日起 7 日内交纳案件受理费，即诉讼费，原告逾期未交的，法院将按自动撤诉处理。劳动争议案件的诉讼费统一为 10 元/件，实务中，大多数情况下，法院在受理劳动案件时会先直接适用简易程序，诉讼费也会相应减半收取，即 5 元/件。

4. 审理前的准备

（1）法院将在立案之日起 5 日内将起诉状副本发送被告，被告应在收到之日起 15 日内提交答辩状。

（2）被告提交答辩状的，法院将在收到之日起 5 日内将答辩状副本发送原告。被告不提交答辩状的，不影响法院的审理。

（3）当事人应当在法院指定的期限内提交与案件相关的证据。

（4）合议庭组成人员确定后，法院将在 3 日内告知当事人。

（5）法院将在开庭 3 日前通知当事人和其他诉讼参与人开庭的时间和地点。

5. 开庭审理

庭审程序和仲裁庭审程序基本一致。

6. 判决

与仲裁程序一样，庭审结束后，法庭应当先对双方当事人的争议进行调解。调解成功的，应当制作调解书；对于调解不成的，法院应当及时作出判决。如果人民法院适用普通程序审理劳动案件，则审限为 6 个月，即自立案之日起 6 个月内审结。有特殊情况需要延长的，由法院院长批准，可以延长 6 个月；还需要延长的，应报请上级人民法院批准。如果人民法院适用简易程序审理劳动案件，则审限为 3 个月。

当事人对法院一审判决不服的，可以在收到判决书之日起 15 日内向上一级人民法院提起上诉。二审人民法院作出的判决为终审判决，一经作出即发生法律效力。

【HR 应对】

实务中，法院的诉讼程序往往要比仲裁程序更为严谨和复杂，当事人有关程序性的权利和义务更加广泛，专业性也更强，企业应认真准备和分析案情，做好证据的收集，找到案件切入点，明确案件处理思路，切忌打无准备之仗。

【法条链接】

《中华人民共和国民事诉讼法》（略）

第四节 举证实务操作

俗话说，“打官司就是打证据”，尤其是劳动争议案件中，由于企业往往被课以更重的举证责任，所以证据不充足，常常成为企业最终败诉的主要原因，同时也暴露出 HR 日常管理工作中存在的瑕疵和漏洞。对此，企业 HR 应在工作中树立起证据意识，加强证据的管理，并掌握基本的举证技巧，这样争议发生时才能从容面对，有理有据，游刃有余。

一、举证责任的分配

所谓举证责任，是指当事人对诉讼中提出的主张提供证据加以证明的义务，如果当事人无法提出充分的证据证明自己的主张，将承担不利的法律后果。实践中，举证责任的分配，直接关系到案件审理的结果。对于劳动争议案件而言，既遵循举证责任分配的一般原则，也存在特殊情形下的举证责任倒置。

1. 一般原则

举证责任分配最基本的原则是，“谁主张、谁举证”，即当事人对自己提出的主张，有责任提供证据加以证明。

2. 举证责任倒置

举证责任倒置，是指在某些法定情形下，把通常应当由提出事实主张的当事人所负担的举证责任，直接分配给对方，由对方对于否认该事实存在提供证据。根据《劳动争议调解仲裁法》的规定，“与争议事项有关的证据属于用人单位掌握管理的，用人单位应当提供；用人单位不提供的，应当承担不利后果。”本条对劳动争议案件中举证责任倒置的情形做了原则性规定，总的来说，覆盖面较宽，凡是与争议事项有关的证据，用人单位都应当提供，这大大加重了用人单位的举证责任。

同时，相关司法解释对某些具体情况下的举证责任倒置作了进一步明确的规定：

（1）根据《最高人民法院关于审理劳动争议案件适用法律问题的解释（一）》的规定，“因用人单位作出的开除、除名、辞退、解除劳动合同、减少劳动报酬、计算劳动者工作年限等决定而发生的劳动争议，用人单位负举证责任。”

（2）根据《最高人民法院关于审理劳动争议案件适用法律问题的解释（一）》的规定，“劳动者主张加班费的，应当就加班事实的存在承担举证责任。但劳动者有证据证明用人单位掌握加班事实存在的证据，用人单位不提供的，由用人单位承担不利后果。”

以案说法

108. 员工主张加班，到底该由谁举证？

林某于2016年7月入职某资源公司北京分公司，担任地质工程师。北京分公司的主要业务是到境外开发油田，因此，林某作为北京分公司招聘的技术人员，基本上是在境外开展工作。2018年3月，北京分公司被总公司决定撤销，于是与全体员工办理劳动合同的终止手续。此时，林某提出，其在境外工作期间，从未休过双休日和法定节假日，回国期间还在双休日和节假日为公司工作了29天，因此，公司共应支付其加班费309158元。公司不认可林某加班，于是，林某向北京市某区劳动争议仲裁委员会提起仲裁，要求公司支付加班费。

【审理结果】

庭审过程中，林某提交了由分公司总工程师和负责人签字批准的《休假申请报告》，其中载明林某在境外期间应休的双休日和法定节假日，以及在国内时的双休日和节假日加班时间，共59天，批准安排补休或补发加班工资。分公司指出，《休假申请报告》的签字时间是3月28日，可是分公司在3月18日，即已向全体员工宣布了被撤销的决定，而且，公司没有任何有关该《休假申请报告》的记录，仲裁开庭时，两名签字人也均已与分公司办理完毕离职手续，因此，其真实性无从考证，公司不予认可。最后，劳动争议仲裁委员会以证据不足为由，驳回了林某的加班费请求。

林某不服，向区人民法院提起了诉讼。诉讼过程中，林某又向法院提交了其在境外的工作周报，以及回国期间双休日和节假日收发的电子邮件。林某提供的工作周报以7天为一期，具体写明了本周油田全部人员的工作内容和计划，以此证明其7天连续工作；林某提供的在国内期间的双休日和节假日的电子邮件均为工作内容，以此证明其双休日和节假日加班。

与此同时，法院要求分公司提供考勤记录。由于业务性质和工作地点的特殊性，分公司对外派技术人员的考勤记录仅是记录其在国内的日期和在境外的日期，而且外派技术人员回国基本都是回家休假，不会到分公司办公室上班，因此，无法提供林某每天的考勤。另外，技术人员在境外时，除了到油田现场勘查外，吃、住和其他工作的完成都在由公司在当地租住的一幢别墅内，因此，员工境外工作时间比较机动，也无考勤记录。于是，分公司将员工在国内和境外的实际工作和休息情况形成书面说明提交给法院。

对于林某提交的证据，分公司指出，首先，由于林某提交的所有证据均为电子邮件形式或打印文件，上面均无任何签字或盖章，因此，分公司对其真实性不予认可；其次，以7天为周期的工作周报最多只能表明油田一周工作内容，不能证明其7天都在连续工作，从未休息；同样，双休日和节假日收发了一两封与工作相关的电子邮件，也不能证明其在加班。

最终，法院判决驳回林某的全部诉讼请求。之后，林某又向中级人民法院提起上诉，中级法院经审理，判决维持原审判决。

【律师点评】

本案是一起典型的加班费争议案件，也是双方围绕举证责任展开的一场较量。对于是否加班，应由谁举证，实践中一直争议不断，有的地方要求由用人单位举证证明不存在加班，否则即按劳动者的主张认定存在加班事实；有的地方则要求劳动者须举证证明加班事实的存在。本案中，法官的思路是，首先依据“谁主张、谁举证”的原则，还是要求劳动者对加班事实的存在承担举证责任；其次，要求用人单位提供与之相关的证据，即考勤。分公司虽然无法提供考勤，但对此作出了合理的解释和说明，而非故意不提供。这种情况下，林某提出的证据，不能证明加班事实的存在，同时，也无证据证明分公司掌握其加班事实存在的证据，比如考勤，而故意不提供，因此，林某最终因证据不足而败诉。

随着《最高人民法院关于审理劳动争议案件适用法律若干问题的解释（三）》（已失效）的出台和《最高人民法院关于审理劳动争议案件适用法律问题的解释（一）》的进一步施行，有关加班费举证责任的分配原则进一步得到了明确，即劳动者主张加班费的，应当就加班事实的存在承担举证责任。但劳动者有证据证明用人单位掌握加班事实存在的证据，用人单位不提供的，由用人单位承担不利后果。因此，本案法院关于加班费举证责任的分配思路，将会是未来此类争议的审判趋势。

【法条链接】

《中华人民共和国劳动争议调解仲裁法》

第六条 发生劳动争议，当事人对自己提出的主张，有责任提供证据。与争议事项有关的证据属于用人单位掌握管理的，用人单位应当提供；用人单位不提供的，应当承担不利后果。

《劳动人事争议仲裁办案规则》

第十三条 当事人对自己提出的主张有责任提供证据。与争议事项有关的证据属于用人单位掌握管理的，用人单位应当提供；用人单位不提供的，应当承担不利后果。

第十四条 法律没有具体规定、按照本规则第十三条规定无法确定举证责任承担的，仲裁庭可以根据公平原则和诚实信用原则，综合当事人举证能力等因素确定举证责任的承担。

《中华人民共和国民事诉讼法》

第六十七条 当事人对自己提出的主张，有责任提供证据。

《最高人民法院关于审理劳动争议案件适用法律问题的解释（一）》

第四十二条 劳动者主张加班费的，应当就加班事实的存在承担举证责任。但劳动者有证据证明用人单位掌握加班事实存在的证据，用人单位不提供的，由用人单位承担不利后果。

第四十四条 因用人单位作出的开除、除名、辞退、解除劳动合同、减少劳动报酬、计算劳动者工作年限等决定而发生的劳动争议，用人单位负举证责任。

二、举证期限

举证期限，是指当事人向人民法院履行提供证据责任的期间，在举证期限内，当事人应当向人民法院提交证据材料，当事人在举证期限内不提交的，则视为放弃举证权利，承担举证不能的法律后果。

1. 仲裁阶段的举证期限

实务中，不少经验丰富的HR，甚至很多律师都认为举证期限，是到了诉讼阶段才存在的问题，至于劳动仲裁阶段，只要在第一次开庭时携带相关证据到庭，仲裁庭基本上都会安排质证，因此，不存在超过期限就不能举证的问题。但是，2017年5月8日公布的《劳动人事争议仲裁办案规则》，对劳动仲裁阶段的举证期限问题作出了明确规定，即“承担举证责任的当事人应当在仲裁委员会指定的期限内提供有关证据。当事人在指定期限内不提供的，应当承担不利后果。”因此，根据上述规定，如果当事人开庭时才提交证据，将面临仲裁委员会不予组织质证的风险。

目前的实践中，仲裁阶段的举证期限由仲裁委员会受理案件后，根据案件的具体情况指定，并且会在《举证通知书》或《应诉通知书》中写明，一般为10天或15天，自当事人收到案件《受理通知书》或《立案通知书》之日起计算。

因此，企业HR在处理劳动争议时，应全面了解和重视相关法律法规和仲裁委员会送达的各种与案件相关的文件和材料，尤其是对有经验的HR，更应随时更新相关知识，切忌犯经验主义的错误。

2. 诉讼阶段的举证期限

诉讼阶段对举证期限的要求比较明确，根据《最高人民法院关于适用〈中华人民共和国民事诉讼法〉的解释》的相关规定，人民法院在受理劳动争议案件后，将根据审理程序确定举证期限，适用一审普通程序的，举证期限不得少于15日；适用简易程序的，举证期限举证期限由人民法院确定，也可以由当事人协商一致并经人民法院准许，但不得超过15日。法院送达的《举证通知书》中，会明确告知当事人法院指定的举证期限和相关的权利义务。

3. 特殊证据的举证申请期限

对于某些特殊证据，如需要仲裁委员会或法院调查取证的，或需要证人出庭作证的，当事人应在规定的期限内提出申请：

（1）当事人及其诉讼代理人因客观原因不能自行收集的证据，可以在举证期限届满前书面申请人民法院调查收集。

（2）当事人申请证人出庭作证的，应当在举证期限届满前提出。

（3）当事人申请保全证据的，可以在举证期限届满前书面提出。

证据保全可能对他人造成损失的，人民法院应当责令申请人提供相应的担保。

（4）当事人申请鉴定的，可以在举证期限届满前提出。

【法条链接】

《劳动人事争议仲裁办案规则》

第十五条 承担举证责任的当事人应当在仲裁委员会指定的期限内提供有关证据。当事人在该期限内提供证据确有困难的，可以向仲裁委员会申请延长期限，仲裁委员会根据当事人的申请适当延长。当事人逾期提供证据的，仲裁委员会应当责令其说明理由；拒不说明理由或者理由不成立的，仲裁委员会可以根据不同情形不予采纳该证据，或者采纳该证据但予以训诫。

第十六条 当事人因客观原因不能自行收集的证据，仲裁委员会可以根据当事人的申请，参照民事诉讼有关规定予以收集；仲裁委员会认为有必要的，也可以决定参照民事诉讼有关规定予以收集。

第十七条 仲裁委员会依法调查取证时，有关单位和个人应当协助配合。

仲裁委员会调查取证时，不得少于两人，并应当向被调查对象出示工作证件和仲裁委员会出具的介绍信。

第十八条 争议处理中涉及证据形式、证据提交、证据交换、证据质证、证据认定等事项，本规则未规定的，可以参照民事诉讼证据规则的有关规定执行。

《最高人民法院关于适用〈中华人民共和国民事诉讼法〉的解释》

第九十四条 民事诉讼法第六十七条第二款规定的当事人及其诉讼代理人因客观原因不能自行收集的证据包括：

（一）证据由国家有关部门保存，当事人及其诉讼代理人无权查阅调取的；

（二）涉及国家秘密、商业秘密或者个人隐私的；

（三）当事人及其诉讼代理人因客观原因不能自行收集的其他证据。

当事人及其诉讼代理人因客观原因不能自行收集的证据，可以在举证期限届满前书面申请人民法院调查收集。

第九十八条 当事人根据民事诉讼法第八十四条第一款规定申请证据保全的，可以在举证期限届满前书面提出。

证据保全可能对他人造成损失的，人民法院应当责令申请人提供相应的担保。

第九十九条 人民法院应当在审理前的准备阶段确定当事人的举证期限。举证期限可以由当事人协商，并经人民法院准许。

人民法院确定举证期限，第一审普通程序案件不得少于十五日，当事人提供新的证据的第二审案件不得少于十日。

举证期限届满后，当事人对已经提供的证据，申请提供反驳证据或者对证据来源、形式等方面的瑕疵进行补正的，人民法院可以酌情再次确定举证期限，该期限不受前款规定的限制。

第一百条 当事人申请延长举证期限的，应当在举证期限届满前向人民法院提出书面申请。

申请理由成立的，人民法院应当准许，适当延长举证期限，并通知其他当事人。延长的举证期限适用于其他当事人。

申请理由不成立的，人民法院不予准许，并通知申请人。

第一百零一条 当事人逾期提供证据的，人民法院应当责令其说明理由，必要时可以要求其提供相应的证据。

当事人因客观原因逾期提供证据，或者对方当事人对逾期提供证据未提出异议的，视为未逾期。

第一百零二条 当事人因故意或者重大过失逾期提供的证据，人民法院不予采纳。但该证据与案件基本事实有关的，人民法院应当采纳，并依照民事诉讼法第六十八条、第一百一十八条第一款的规定予以训诫、罚款。

当事人非因故意或者重大过失逾期提供的证据，人民法院应当采纳，并对当事人予以训诫。

当事人一方要求另一方赔偿因逾期提供证据致使其增加的交通、住宿、就餐、误工、证人出庭作证等必要费用的，人民法院可予支持。

第一百一十七条 当事人申请证人出庭作证的，应当在举证期限届满前提出。

符合本解释第九十六条第一款规定情形的，人民法院可以依职权通知证人出庭作证。

未经人民法院通知，证人不得出庭作证，但双方当事人同意并经人民法院准许的除外。

第一百二十一条 当事人申请鉴定，可以在举证期限届满前提出。申请鉴定的事项与待证事实无关联，或者对证明待证事实无意义的，人民法院不予准许。

人民法院准许当事人鉴定申请的，应当组织双方当事人协商确定具备相应资格的鉴定人。当事人协商不成的，由人民法院指定。

符合依职权调查收集证据条件的，人民法院应当依职权委托鉴定，在询问当事人的意见后，指定具备相应资格的鉴定人。

三、证据种类与提交规则

证据，是指能够证明案件真实情况的事实资料。我国现行《民事诉讼法》规定了 7 种证据，包括书证、物证、视听资料、电子数据、证人证言、当事人陈述、鉴定意见与勘验笔录。我们将重点介绍每种证据的基本内容和提交规则。

1. 证据种类

书证，是以文字、符号、图案所反映出来的思想内容来证明案件事实的证据。劳动争议案件中大部分的证据都是书证，如劳动合同、规章制度、解除劳动合同通知或辞职报告等等。

物证，是以物品本身所存在的物理性特征来证明案件事实的证据，比如被员工毁坏的公司物品。

视听资料，是以录音、录像所反映的音响、图像等作为证明案件事实的证据。随着数码时代的到来，视听资料在实务中被广泛运用。劳动争议案件中，劳动者经常会拿出与企业协商劳动纠纷的对话录音或视频。

电子数据是指通过电子邮件、电子数据交换、网上聊天记录、博客、微博客、手机短信、电子签名、域名等形成或者存储在电子介质中的信息。劳动争议案件中，较为常见的是，劳动者或企业提交双方的往来电子邮件、手机短信及微信聊天记录或微信朋友圈发表的内容。

证人证言，是证人所作的证明案件事实情况的陈述。根据法律规定，除法定情形外，证人必须出庭接受当事人的质证，否则该证人证言不得作为定案依据。劳动争议案件中最常见的是，劳动者为证明劳动关系的存在，请同事出具证言。

当事人陈述，是当事人所作的关于案件事实情况的描述。当事人陈述，是庭审过程中很重要的一环，很多时候，当事人认真准备了其他证据，却往往忽略了对自己陈述的准备，导致在庭上无意中认可了对方提出的某些事实或请求，或作出与自己提交的证据相左的陈述。因此，庭审过程中一定要谨慎发言，避免受到其他人的干扰或误导。劳动争议案件中，当事人陈述的表现形式，除了双方提交的仲裁申请书、起诉状、答辩状等，主要就是庭审笔录了。当事人的每一句发言都会写入庭审笔录，庭审结束后，由双方当事人在庭审笔录上签字。当事人如果认为对自己陈述的记录有遗漏或者差错的，应及时申请补正。

鉴定意见，是鉴定机构对案件中需要解决的专门性问题进行鉴定后作出的结论性意见。劳动争议案件中使用较多的主要是文书司法鉴定，包括笔迹鉴定，伪造、变造文书鉴定，打印、复印、印刷文书鉴定，文书物质材料鉴定和文书制作时间鉴定等。

勘验笔录，是仲裁委员会或人民法院指派的勘验人员对案件的诉讼标的物和有关证据，经过现场勘验、调查所作的记录。劳动争议案件中较少涉及此类证据。

2. 证据提交规则

企业在向劳动争议仲裁委员会或人民法院提交证据时，应遵守以下基本规则：

（1）在举证期限内提交证据或举证申请，具体规定参考本节“举证期限”的内容。

（2）须提交证据原件，实务中，立案时或开庭前一般可提供与原件核对无异的复印件，开庭时须出具原件以供质证。如果提供物证的，可以提交对物进行拍摄的照片；如果提供视听资料证据的，应当提交拷贝件及完整的书面对话记录。

（3）以外文书证或者外文说明资料作为证据的，应当附有中文译本，中文译本应是由有关机构认可的有翻译资质的单位翻译，并加盖该翻译机构的公章。

（4）提供的证据如果是在境外形成的，则该证据应当经所在国公证机关予以证明，并经中国驻该国使领馆予以认证，或者履行中华人民共和国与该所在国订立的有关条约中规定的证明手续。

（5）应提供证据目录，企业应对提交的证据逐一分类编号，写明证据材料的来源、证明对象和内容以及提交日期和页码等。

以案说法

109. 电子邮件能否作证据？

案例 1 王某是一家广告公司的销售主管，由于在一笔销售提成款的问题上与公司产生分歧，她一气之下于 2019 年 4 月 20 日向公司发送了一封电子邮件，其中写明："我决定今天辞职，希望公司可以安排交接人员于 5 月 19 日前将我的工作交接完毕。" 人力资源部门于 5 月 10 日向王某作出同意其辞职的答复。王某十分意外，本以为公司会挽留她，没想到公司竟然同意了自己的辞职请求。王某离开公司后，感觉十分懊恼，于是，于 6 月 10 日向当地劳动争议仲裁委员会提出仲裁申请，要求公司恢复她的职务，继续履行原劳动合同。

【审理结果】

庭审过程中，公司提交了那封署名王某的辞职电子邮件，并出示了对该电子邮件的公证书。但王某否认其向公司提交过任何辞职申请，而且对于公司提交的电子邮件的真实性不予认可，因此，不同意公司作出的解除劳动关系的决定。

劳动争议仲裁委员会对电子邮件进行认证后认为，从常理看，只有电子邮件持有者本人才能使用其邮箱地址，尽管在技术上存在冒名顶替的可能性，但综合王某在接到公司同意辞职的电子邮件后，即不再上班等相关证据，可以认定王某确实向公司发出了辞职申请。因此，仲裁委员会最终裁决驳回了王某的申诉请求。

案例 2 张某是一家公司的出纳，2018 年 11 月，张某发现自己怀孕，经过检查，医生告诉张某由于其身体较弱，所以要注意保胎休息。之后张某经常请假，给工作造成了很大影响。2019 年 1 月 13 日，张某在家休息期间，公司人力资源经理向其邮箱发出了一封电子邮件，内容是"鉴于你 2018 年 11 月以来，多次请假，且擅自超假不归，已经严重违反了公司的规章制度，公司通知你，即日起解除与你的劳动合同，请你尽快到公司办理离职手续。"之后，张某未作出任何回复，也再未去公司。2019 年 11 月，张某向当地劳动争议仲裁委员会提起仲裁，要求公司支付其 2019 年 1 月—11 月的工资及报销生育费用。

【审理结果】

庭审过程中，公司提交了 1 月 13 日向张某发出的解除劳动关系的电子邮件，并出示了对该电子邮件的公证书。但张某表示，怀孕后其从不使用电脑和上网，所以从未收到过公司发出的任何电子邮件，因此，双方劳动关系仍然存续，公司应当支付工资和生育保险待遇。

劳动争议仲裁委员会经审理认为，由于公司通过电子邮件形式发出解除通知，无法证明张某确实收到该邮件并了解了相关内容，因此，仲裁委员会认定公司的解除决定并未送达劳动者，双方劳动关系未依法解除，鉴于张某未实际提供劳动，裁决公司按当地月最低工资标准的80%向其支付2019年1月—6月的待岗工资，按其原工资标准支付7月—11月的产假工资，以及按相关规定支付生育费用。

【律师点评】

同样是以电子邮件形式解除劳动合同，一个是劳动者单方解除，一个是用人单位单方解除；一个企业胜诉，一个企业败诉；一个肯定了电子邮件的证明力，一个否定了电子邮件的证明力。

虽然两个案子具体案情有所差别，但我们还是不难看出，电子邮件能否作为证据以及其证明效力到底有多大，是不能一概而论的。由于电子邮件具有易被人为破坏、伪造和篡改等缺陷，因此，在作为证据使用时，其“客观性”受到了很大的挑战。目前实务中，仲裁委员会或法院会根据具体案情不同程度地采纳电子邮件证据，但一般需满足2个条件：一是，已经通过技术手段获取，或者通过公证机关对电子邮件内容及源代码等进行公证取证；二是，相关案件事实除电子邮件证据外，还有其他证据来佐证，并能形成完整的证据链。

科技的发展给HR的日常工作带来了便捷，但同时也给证据的固定和收集带来了困难，因此，从避免争议和法律风险的角度出发，我们还是建议企业HR对通过电子邮件与员工沟通确认的内容务必再以书面形式固定下来，并要求员工签字确认。尤其是对事关变更或解除劳动合同等重要事项的电子邮件，切不可图一时方便而给将来留下隐患。

【HR应对】

1. 劳动争议案件中，企业HR必须在举证期限内举证，所有的证据都应当按法律要求的形式提交。如果举证确实存在困难的，应及时向法院作出说明，申请延期举证或由法院调取证据。

2. 劳动争议案件中，企业HR应根据案情准备相应的证据，各项证据力求做到环环相扣，形成一条完整的证据链，以达到自己的证明目的，切忌举出与证明目的无关甚至自相矛盾的证据。

3. 企业HR在日常工作中应树立起证据意识，需要送达劳动者的各种决定或通知务必以书面形式作出，并请其本人签收，各种文件的归档和存放应规范有序，这样才能在发生争议时从容面对。

【法条链接】

《中华人民共和国民事诉讼法》

第六十六条 证据包括：

（一）当事人的陈述；

（二）书证；

（三）物证；

（四）视听资料；

（五）电子数据；

（六）证人证言；

（七）鉴定意见；

（八）勘验笔录。

证据必须查证属实，才能作为认定事实的根据。

第六十七条 当事人对自己提出的主张，有责任提供证据。

当事人及其诉讼代理人因客观原因不能自行收集的证据，或者人民法院认为审理案件需要的证据，人民法院应当调查收集。

人民法院应当按照法定程序，全面地、客观地审查核实证据。

第六十八条 当事人对自己提出的主张应当及时提供证据。

人民法院根据当事人的主张和案件审理情况，确定当事人应当提供的证据及其期限。当事人在该期限内提供证据确有困难的，可以向人民法院申请延长期限，人民法院根据当事人的申请适当延长。当事人逾期提供证据的，人民法院应当责令其说明理由；拒不说明理由或者理由不成立的，人民法院根据不同情形可以不予采纳该证据，或者采纳该证据但予以训诫、罚款。

第六十九条 人民法院收到当事人提交的证据材料，应当出具收据，写明证据名称、页数、份数、原件或者复印件以及收到时间等，并由经办人员签名或者盖章。

第七十条 人民法院有权向有关单位和个人调查取证，有关单位和个人不得拒绝。

人民法院对有关单位和个人提出的证明文书，应当辨别真伪，审查确定其效力。

第七十一条 证据应当在法庭上出示，并由当事人互相质证。对涉及国家秘密、商业秘密和个人隐私的证据应当保密，需要在法庭出示的，不得在公开开庭时出示。

第七十二条 经过法定程序公证证明的法律事实和文书，人民法院应当作为认定事实的根据，但有相反证据足以推翻公证证明的除外。

第七十三条 书证应当提交原件。物证应当提交原物。提交原件或者原物确有困难的，可以提交复制品、照片、副本、节录本。

提交外文书证，必须附有中文译本。

第七十四条 人民法院对视听资料，应当辨别真伪，并结合本案的其他证据，审查确定能否作为认定事实的根据。

第七十五条 凡是知道案件情况的单位和个人，都有义务出庭作证。有关单位的负责人应当支持证人作证。

不能正确表达意思的人，不能作证。

第七十八条　人民法院对当事人的陈述，应当结合本案的其他证据，审查确定能否作为认定事实的根据。

当事人拒绝陈述的，不影响人民法院根据证据认定案件事实。

第七十九条　当事人可以就查明事实的专门性问题向人民法院申请鉴定。当事人申请鉴定的，由双方当事人协商确定具备资格的鉴定人；协商不成的，由人民法院指定。

当事人未申请鉴定，人民法院对专门性问题认为需要鉴定的，应当委托具备资格的鉴定人进行鉴定。

第八十条　鉴定人有权了解进行鉴定所需要的案件材料，必要时可以询问当事人、证人。

鉴定人应当提出书面鉴定意见，在鉴定书上签名或者盖章。

第八十一条　当事人对鉴定意见有异议或者人民法院认为鉴定人有必要出庭的，鉴定人应当出庭作证。经人民法院通知，鉴定人拒不出庭作证的，鉴定意见不得作为认定事实的根据；支付鉴定费用的当事人可以要求返还鉴定费用。

第八十二条　当事人可以申请人民法院通知有专门知识的人出庭，就鉴定人作出的鉴定意见或者专业问题提出意见。

第八十三条　勘验物证或者现场，勘验人必须出示人民法院的证件，并邀请当地基层组织或者当事人所在单位派人参加。当事人或者当事人的成年家属应当到场，拒不到场的，不影响勘验的进行。

有关单位和个人根据人民法院的通知，有义务保护现场，协助勘验工作。

勘验人应当将勘验情况和结果制作笔录，由勘验人、当事人和被邀参加人签名或者盖章。

第八十四条　在证据可能灭失或者以后难以取得的情况下，当事人可以在诉讼过程中向人民法院申请保全证据，人民法院也可以主动采取保全措施。

因情况紧急，在证据可能灭失或者以后难以取得的情况下，利害关系人可以在提起诉讼或者申请仲裁前向证据所在地、被申请人住所地或者对案件有管辖权的人民法院申请保全证据。

证据保全的其他程序，参照适用本法第九章保全的有关规定。

《最高人民法院关于适用〈中华人民共和国民事诉讼法〉的解释》

第一百一十一条　民事诉讼法第七十三条规定的提交书证原件确有困难，包括下列情形：

（一）书证原件遗失、灭失或者毁损的；

（二）原件在对方当事人控制之下，经合法通知提交而拒不提交的；

（三）原件在他人控制之下，而其有权不提交的；

（四）原件因篇幅或者体积过大而不便提交的；

（五）承担举证证明责任的当事人通过申请人民法院调查收集或者其他方式无法获得书证原件的。

前款规定情形，人民法院应当结合其他证据和案件具体情况，审查判断书证复制品等能否作为认定案件事实的根据。

第一百一十二条　书证在对方当事人控制之下的，承担举证证明责任的当事人可以在举证期限届满前书面申请人民法院责令对方当事人提交。

申请理由成立的，人民法院应当责令对方当事人提交，因提交书证所产生的费用，由申请人负担。对方当事人无正当理由拒不提交的，人民法院可以认定申请人所主张的书证内容为真实。

第五百二十五条 当事人向人民法院提交的书面材料是外文的，应当同时向人民法院提交中文翻译件。

当事人对中文翻译件有异议的，应当共同委托翻译机构提供翻译文本；当事人对翻译机构的选择不能达成一致的，由人民法院确定。

《最高人民法院关于民事诉讼证据的若干规定》

第十一条 当事人向人民法院提供证据，应当提供原件或者原物。如需自己保存证据原件、原物或者提供原件、原物确有困难的，可以提供经人民法院核对无异的复制件或者复制品。

第十六条 当事人提供的公文书证系在中华人民共和国领域外形成的，该证据应当经所在国公证机关证明，或者履行中华人民共和国与该所在国订立的有关条约中规定的证明手续。

中华人民共和国领域外形成的涉及身份关系的证据，应当经所在国公证机关证明并经中华人民共和国驻该国使领馆认证，或者履行中华人民共和国与该所在国订立的有关条约中规定的证明手续。

当事人向人民法院提供的证据是在香港、澳门、台湾地区形成的，应当履行相关的证明手续。

第十七条 当事人向人民法院提供外文书证或者外文说明资料，应当附有中文译本。

第十九条 当事人应当对其提交的证据材料逐一分类编号，对证据材料的来源、证明对象和内容作简要说明，签名盖章，注明提交日期，并依照对方当事人人数提出副本。

第五节 裁决的执行

负有履行义务的当事人对生效法律文书所确定的义务，应当在规定的期限内履行。当事人逾期不履行的，另一方当事人可以根据《民事诉讼法》的相关规定向人民法院申请强制执行。

一、申请执行的条件

1. 据以申请执行的法律文书已发生法律效力

一方当事人向法院申请强制执行的前提是，有关劳动争议案件的裁判文书已经发生法律效力。由于案件经过的法律程序及审结方式不同，相关法律文书的生效时间和情形也不相同。

（1）仲裁调解书，经双方当事人签收后，发生法律效力；

（2）仲裁裁决书，“一裁终局”的，除非劳动者对裁决不服提起诉讼，否则裁决书自作出之日起发生法律效力；其他裁决，当事人收到裁决书满 15 日未起诉的，裁决书发生法律效力；

（3）一审判决书，当事人收到判决书满 15 日未上诉的，判决书发生法律效力；

（4）二审判决书，判决书自作出之日起发生法律效力。

2. 当事人逾期不履行义务

负有履行义务的当事人对生效法律文书所确定的义务，超过履行期限仍未履行的，另一方当事人可以向法院申请强制执行。仲裁裁决书或判决书生效后，企业应当积极依据其内容履行相应的义务，如果履行义务确有困难的，也应主动和劳动者进行沟通和协商，切不可盲目逃避。

3. 法定的执行期间内提出申请

生效的法律文书使双方当事人之间形成确定的权利义务关系，享有债权的一方当事人应及时行使权利。和普通诉讼时效的规定一致，申请执行的期间为 2 年，从法律文书规定履行期间的最后一日起计算；若法律文书规定分期履行的，从规定的每次履行期间的最后一日起计算；若法律文书未规定履行期间的，从法律文书生效之日起计算。如当事人未在上述规定的期间内申请强制执行的，其相关权益将失去法律的保护。

【法条链接】

《中华人民共和国民事诉讼法》

第二百四十三条　发生法律效力的民事判决、裁定，当事人必须履行。一方拒绝履行的，对方当事人可以向人民法院申请执行，也可以由审判员移送执行员执行。

调解书和其他应当由人民法院执行的法律文书，当事人必须履行。一方拒绝履行的，对方当事人可以向人民法院申请执行。

第二百四十六条　申请执行的期间为二年。申请执行时效的中止、中断，适用法律有关诉讼时效中止、中断的规定。

前款规定的期间，从法律文书规定履行期间的最后一日起计算；法律文书规定分期履行的，从最后一期履行期限届满之日起计算；法律文书未规定履行期间的，从法律文书生效之日起计算。

二、受理申请执行的法院

劳动争议的执行案件，根据《民事诉讼法》的有关规定，由被执行人住所地或者被执行的财产所在地的一审人民法院执行。一般来说，当事人一方申请执行生效判决书的，可直接向案件的一审法院申请；当事人一方申请执行生效仲裁裁决书或仲裁调解书的，可向被执行人住所地或者被执行的财产所在地的基层法院申请。

【法条链接】

《中华人民共和国民事诉讼法》

第二百三十一条　发生法律效力的民事判决、裁定，以及刑事判决、裁定中的财产部分，由第一审人民法院或者与第一审人民法院同级的被执行的财产所在地人民法院执行。

法律规定由人民法院执行的其他法律文书，由被执行人住所地或者被执行的财产所在地人民法院执行。

三、仲裁裁决不予执行的情形

仲裁裁决书、调解书发生法律效力后，当事人向法院申请执行，被申请人提出证据证明仲裁裁决书、调解书有下列情形之一的，经法院组成合议庭审查核实，可裁定不予执行：

（1）裁决的事项不属于劳动争议仲裁范围，或者劳动争议仲裁机构无权仲裁的；

（2）适用法律确有错误的；

（3）仲裁员仲裁该案时，有徇私舞弊、枉法裁决行为的；

（4）人民法院认定执行该劳动争议仲裁裁决违背社会公共利益的。

这项权利对于当事人，尤其是企业而言尤为重要。对于“一裁终局”的仲裁裁决，劳动者申请执行的，如果该裁决确实存在上述情形，企业可以使用这项救济途径，请求不予执行。但需要注意的是，根据 2021 年 1 月 1 日施行的《最高人民法院关于审理劳动争议案件适用法律问题的解释（一）》的规定，“用人单位向人民法院申请撤销仲裁裁决被驳回后，又在执行程序中以相同理由提出不予执行抗辩的，人民法院不予支持。”因此，如果企业已经向劳动争议仲裁委员会所在地的中级人民法院申请撤销裁决，但被裁定驳回的，企业就不能在执行程序中再以同样的理由申请不予执行。

上述情形下，如果人民法院作出不予执行裁定的，当事人可以在收到裁定书之次日起 30 日内，就该劳动争议事项向人民法院起诉。

【法条链接】

《最高人民法院关于审理劳动争议案件适用法律问题的解释（一）》

第二十四条 当事人申请人民法院执行劳动争议仲裁机构作出的发生法律效力的裁决书、调解书，被申请人提出证据证明劳动争议仲裁裁决书、调解书有下列情形之一，并经审查核实的，人民法院可以根据民事诉讼法第二百三十七条规定，裁定不予执行：

（一）裁决的事项不属于劳动争议仲裁范围，或者劳动争议仲裁机构无权仲裁的；

（二）适用法律、法规确有错误的；

（三）违反法定程序的；

（四）裁决所根据的证据是伪造的；

（五）对方当事人隐瞒了足以影响公正裁决的证据的；

（六）仲裁员在仲裁该案时有索贿受贿、徇私舞弊、枉法裁决行为的；

（七）人民法院认定执行该劳动争议仲裁裁决违背社会公共利益的。

人民法院在不予执行的裁定书中，应当告知当事人在收到裁定书之次日起三十日内，可以就该劳动争议事项向人民法院提起诉讼。

第二十五条 劳动争议仲裁机构作出终局裁决，劳动者向人民法院申请执行，用人单位向劳动争议仲裁机构所在地的中级人民法院申请撤销的，人民法院应当裁定中止执行。

用人单位撤回撤销终局裁决申请或者其申请被驳回的，人民法院应当裁定恢复执行。仲裁裁决被撤销的，人民法院应当裁定终结执行。

用人单位向人民法院申请撤销仲裁裁决被驳回后，又在执行程序中以相同理由提出不予执行抗辩的，人民法院不予支持。

四、先予执行

先予执行，是指人民法院在作出判决之前，为解决权利人生活或生产经营的急需，依法裁定义务人预先履行一定数额的金钱或者财物的给付义务。根据《劳动争议调解仲裁法》的规定，仲裁庭对追索劳动报酬、工伤医疗费、经济补偿或者赔偿金的案件，根据当事人的申请，可以裁决先予执行，移送人民法院执行。

仲裁庭裁决先予执行的，应当符合两个条件：（1）当事人之间权利义务关系明确；（2）不先予执行将严重影响申请人的生活。一般来说，裁决先予执行时都要求申请人提供相应的担保，但劳动争议案件中考虑到劳动者生活的困难，因此，劳动者申请先予执行的，可以不提供担保。

【法条链接】

《中华人民共和国劳动争议调解仲裁法》

第四十四条　仲裁庭对追索劳动报酬、工伤医疗费、经济补偿或者赔偿金的案件，根据当事人的申请，可以裁决先予执行，移送人民法院执行。

仲裁庭裁决先予执行的，应当符合下列条件：

（一）当事人之间权利义务关系明确；

（二）不先予执行将严重影响申请人的生活。

劳动者申请先予执行的，可以不提供担保。

五、执行异议

根据《民事诉讼法》的规定，当事人、利害关系人认为执行行为违反法律规定的，可以向负责执行的人民法院提出书面异议。当事人、利害关系人提出书面异议的，人民法院应当自收到书面异议之日起15日内审查，理由成立的，裁定撤销或者改正；理由不成立的，裁定驳回。当事人、利害关系人对裁定不服的，可以自裁定送达之日起10日内向上一级人民法院申请复议。

六、执行和解

根据《民事诉讼法》的规定，在执行中，双方当事人可以就执行事项自行达成和解协议，执行员应当将协议内容记入笔录，由双方当事人签名或者盖章。申请执行人因受欺诈、胁迫与被执行人达成和解协议，或一方当事人不履行和解协议的，人民法院可以根据对方当事人的申请，恢复对原生效法律文书的执行。

七、暂缓执行

根据《民事诉讼法》的规定，在执行中，被执行人向人民法院提供担保，并经申请执行人同意的，人民法院可以决定暂缓执行及暂缓执行的期限。被执行人逾期仍不履行的，人民法院有权执行被执行人的担保财产或者担保人的财产。

八、中止执行

有下列情形之一的，人民法院应当裁定中止执行：

（1）申请人表示可以延期执行的；

（2）案外人对执行标的提出确有理由的异议的；

（3）作为一方当事人的公民死亡，需要等待继承人继承权利或者承担义务的；

（4）作为一方当事人的法人或者其他组织终止，尚未确定权利义务承受人的；

（5）人民法院认为应当中止执行的其他情形。

中止执行的裁定，送达当事人后立即生效。但中止的情形消失后，应恢复执行。

九、终结执行

有下列情形之一的，人民法院应裁定终结执行：

（1）申请人撤销申请的；

（2）据以执行的法律文书被撤销的；

（3）作为被执行人的公民死亡，无遗产可供执行，又无义务承担人的；

（4）追索赡养费、扶养费、抚育费案件的权利人死亡的；

（5）作为被执行人的公民因生活困难无力偿还借款，无收入来源，又丧失劳动能力的；

（6）人民法院认为应当终结执行的其他情形。

终结执行的裁定，送达当事人后立即生效。

以案说法

110. 案件执行程序中，双方能达成和解吗？

孙某于2020年1月入职某公司，担任华南区市场主管，月薪10000元。由于岗位需要，孙某基本上每月至少要去华南区分公司出差一次。根据公司的差旅费报销制度，孙某每次出差前向财务部请款，出差回来后按其级别规定的标准范围内报销费用。2020年7月，孙某出差前，在财务部填写了《借款单》，领取了10000元差旅费。回来后，公司通知孙某，由于其任职期间，华南区市场业绩持续下滑，因此公司认定其无法胜任华南区市场主管的职位，即日起将与其解除劳动合同，请他在 3 日内结清出差款项并办理工作交接。孙某不服，向劳动争议仲裁委员会提起仲裁，要求公司支付违法解除劳动合同的赔偿金 20000 元和加班费 9000 元。

【审理结果】

劳动仲裁开庭前，公司提出反申请，要求孙某返还对公司的 1 万元借款，但被仲裁委员会告知与本案无关，应另行申请仲裁。劳动争议仲裁委员会经审理，支持了孙某关于违法解除劳动合同赔偿金的申诉请求，驳回关于加班费的请求。

公司不服，向法院提起诉讼，诉讼请求中仍写明要求孙某返还对公司的 1 万元借款。法庭审理过程中，法院告知公司应就该项请求先申请仲裁后，再向法院起诉。因此，法院裁定不予受理该项诉讼请求。

仲裁裁决生效后，公司与孙某协商履行裁决内容，但要求孙某先按公司规定结清出差款项并办理完工作交接后，才能向其支付赔偿金。孙某不同意，于是向法院执行庭申请了强制执行。执行过程中，执行法官组织双方调解，发现争议的焦点后，提出由孙某将最后一次出差的相关差旅费票据通过法院提交给公司，由公司进行审核确认后，按其金额结算孙某的借款。双方表示同意，最终经审核确认孙某应报销的差旅费金额为 4356 元，因此，剩余款项由公司在应支付的赔偿金中抵扣，即公司共向其支付 14356 元即可，双方达成执行和解。

【律师点评】

实务中，法院执行程序不光是执行法律文书确定内容的一个过程，同时也常常是处理和解决仲裁或诉讼中未决纠纷的一个时机。很多时候，一方当事人，尤其是员工并不是不愿意解决问题，而是由于对另一方当事人已经失去了信任，因此，拒绝给予配合。本案给我们的经验是，在执行程序中，对于与案件相关的，但在仲裁和诉讼阶段尚未解决的问题，企业应争取通过法官的参与和调解，尽量达成执行和解，以避免再次仲裁而增加追诉成本。

【HR 应对】

企业应当按照生效法律文书规定的期限，全面履行自己的义务，如对其有异议的，应当根据法律规定及时提出异议申请。企业如未按规定的期限履行义务，员工申请执行时，除了可以要求执行法律文书上确定的义务，还可以要求企业加倍支付迟延履行期间的债务利息，或支付迟延履行金。

【法条链接】

《中华人民共和国民事诉讼法》

第二百三十二条　当事人、利害关系人认为执行行为违反法律规定的，可以向负责执行的人民法院提出书面异议。当事人、利害关系人提出书面异议的，人民法院应当自收到书面异议之日起十五日内审查，理由成立的，裁定撤销或者改正；理由不成立的，裁定驳回。当事人、利害关系人对裁定不服的，可以自裁定送达之日起十日内向上一级人民法院申请复议。

第二百三十七条 在执行中，双方当事人自行和解达成协议的，执行员应当将协议内容记入笔录，由双方当事人签名或者盖章。

申请执行人因受欺诈、胁迫与被执行人达成和解协议，或者当事人不履行和解协议的，人民法院可以根据当事人的申请，恢复对原生效法律文书的执行。

第二百三十八条 在执行中，被执行人向人民法院提供担保，并经申请执行人同意的，人民法院可以决定暂缓执行及暂缓执行的期限。被执行人逾期仍不履行的，人民法院有权执行被执行人的担保财产或者担保人的财产。

第二百六十条 被执行人未按判决、裁定和其他法律文书指定的期间履行给付金钱义务的，应当加倍支付迟延履行期间的债务利息。被执行人未按判决、裁定和其他法律文书指定的期间履行其他义务的，应当支付迟延履行金。

第二百六十三条 有下列情形之一的，人民法院应当裁定中止执行：（略）

第二百六十四条 有下列情形之一的，人民法院裁定终结执行：（略）